Barbara Schneyer
Leben – ein Selbstversuch

Barbara Schneyer

Leben – ein Selbstversuch

Rediroma-Verlag

Bibliografische Information der Deutschen Nationalbibliothek:
Die Deutsche Nationalbibliothek verzeichnet diese Publikation in der Deutschen Nationalbibliografie; detaillierte bibliografische Daten sind im Internet über http://dnb.ddb.de abrufbar.

ISBN 978-3-96103-187-0

Umschlagillustration: Sabine Hahnel
(www.sabinehahnel.wix.com)

www.rediroma-verlag.de
14,95 Euro (D)

Inhalt:

Erinnerungen sind Wärmflaschen für's Herz.

(Rudolf Fernau)

Der Hortensienmord

Endlich habe ich die Erlaubnis erhalten, meine Freundin in Klingrode zu besuchen.

So lange habe ich mich danach gesehnt und genieße jetzt die Vorfreude mit allen Sinnen.

Ich schließe die Augen und sauge die Luft durch die geöffneten Busfenster tief ein.

Für viele ist das kein Genuss; für mich ist es Heimat.

Das Chemiefaserwerk – die Alten sagen noch immer Zellwolle – lässt aus seinen Schornsteinen graue Wolken aufsteigen, die nach Abgasen aus vielerlei chemischen Prozessen riechen. Sie vernebeln die Luft so sehr, dass ich die Sonne dahinter kaum wahrnehme. Ich fühle sie angenehm auf meiner Haut. Es ist warm, wir haben Juli. Im Bus drängen sich die Fahrgäste und zanken sich um die noch freien Plätze. Sie sind verschwitzt. Große Schweißränder haben sich unter ihren Acheln gebildet und auch ihre Gesichter glänzen vom Schweiß.

Warum muss der Bus hier schon wieder halten? Ach so, die Bahnschranke.

Der Straßenzustand ist hier besonders schlecht. Immer schon.

Nun sind wir ja gleich da. Ab hier kenne ich jeden Zaun und jeden Strauch.

Seltsam, nichts hat sich verändert. Und doch war ich fast eineinhalb Jahre weg.

Es hätte sich doch eigentlich bei meinem Weggehen die Erde auftun oder eine andere spektakuläre Katastrophe ereignen müssen. Aber nein, alles scheint wie früher.

Ich kann es kaum erwarten, dass ich endlich in Klingrode ankomme.

Susi läuft wie ein junger Hund an der Haltestelle auf und ab. Ich sehe sie schon von weitem.

Ich stolpere förmlich aus dem Bus heraus in ihre Arme.

Wir lachen und weinen beide vor Freude über unser Wiedersehen nach sechszehn Monaten.

„Komm schnell nach Hause“, drängt Susi und zieht mich an der Hand. „Meine Mutti hat extra *Semmelessen* für dich gemacht.“

„Nach Hause? Was ist das? Wo ist das?“ Ich sage das nicht laut. Überhaupt will ich mich sehr zurückhalten mit depressiven Stimmungsäußerungen. Ich will an diesem Wochenende nur fröhlich und glücklich sein.

„Was denkst du, was hier alles passiert ist?“, schnattert Susi drauf los.

„Ach, was red‘ ich, das hab‘ ich dir ja alles schon geschrieben.“

Gottseidank konnten sie sich wenigstens schreiben. Zwar las Tante Klara auch diese Briefe – wie alle Post an mich – bevor ich sie bekam. Aber da stand ja nur belangloser Mädchenkram drin, alles unverfänglich.

Deshalb hat sie schließlich meinem ständigen Bitten nachgegeben und mir erlaubt, diese Busfahrt anzutreten.

Frau Feldmann begrüßt mich herzlich, indem sie mich einfach in die Arme nimmt.

Sie streichelt mir übers Haar: „Es ist schön, dich endlich wieder mal zu sehen.“

An ihrer Stimme kann ich erkennen, dass sie weint. Ihr Gesicht sehe ich nicht, da ich meinen Kopf von ihrer großen Brust am liebsten nicht wegnehmen will.

Dann hält sie mich mit ausgestreckten Armen von sich: „Du hast ja mächtig abgenommen.“

Ich muss lachen. „Das wollte ich ja immer, aber *so* wollte ich das nicht!“

„Susi, ruf deinen Papa zum Mittagessen. Da können wir gleich ausführlich reden, wie es dir geht und was Du so treibst.“

Herr Feldmann kommt lachend auf mich zu, hebt mich hoch und wirbelt mich einmal um sich herum: „Na, du bist vielleicht ein Fliegengewicht!“

Sein herzliches Lachen tut mir so gut und ich genieße schon jetzt den Aufenthalt in dieser Familie. So vieles erinnert mich an frühere, glücklichere Zeiten.

„Wir wollen dich nicht bedrängen. Du sollst nur über Dinge reden, über die du auch reden willst. Ihr beide sollt euren Spaß haben.

Wenn morgen das Wetter schön bleibt, könnten wir zum Stausee baden fahren. Habt ihr Lust? Heute Abend wollten wir auf den Rummel, Rolf kommt auch mit.“ Erwartungsvoll schaut er in die Runde.

„Toll, ich freu‘ mich.“ Ich kann meine Begeisterung nicht in Worte kleiden.

„Ach Paps, du bist der Beste!“ Susi küsst ihren Vater überschwänglich und plumpst dann auf ihren Küchenstuhl.

„Semmelessen war doch immer das Lieblingsgericht deines Vaters?“ Es ist eher eine Feststellung, als eine Frage von Herrn Feldmann.

„Ja, auch meins“, antworte ich und die aufsteigenden Tränen verderben mir den Geschmack.

„Jetzt lass uns doch erstmal essen!“, ermahnt Susis Mutter.

Von meinem Platz am Küchentisch aus kann ich auf das Nachbarhaus sehen. *Mein* Haus! Mein ehemaliges Haus für die ersten elf Jahre meines Lebens.

Ich habe dort nichts mehr zu suchen. Aber ich möchte so vieles finden!

Sehnsüchtig blicke ich immer wieder mit einem Schleier vor den Augen hinüber. So viele Dinge fallen mir ein. Ich sehe mich missmutig in der Küche sitzen und in der alten Kaffeemühle die Gewürze malen, oder am Küchentisch freudig einen Stapel Lebensmittelmarken auf einen Abrechnungsbogen kleben, den am Freitag Herr Pfotenhauer braucht. Wie gern ich aus der Schule nach Hause stürmte, wenn ich wusste, die Küche wurde gemalert. Dann spielte sich unser Alltag in dem großen, gefliesten Flur ab. Ich liebte dieses Durcheinander!

Auf dieser Bank vor dem Küchenfenster habe ich so oft mit Susi oder meinen Schwestern gesessen und wir haben flüsternd unsere Geheimnisse ausgetauscht. Eigentlich möchte ich nicht hinsehen, aber es zieht mich magisch an.

„Wer wohnt da jetzt drüben? Wie geht es Opa Hupel?“ Meine Stimme ist belegt. Feldmanns schauen sich an und er antwortet:

„Da sind Leute aus Jena eingezogen. Die haben das Haus auf Rentenbasis gekauft. Es sind keine angenehmen Nachbarn. Sehr arrogant, sehr unfreundlich. Die haben im Ort noch mit niemandem Kontakt.“

„Ich würde den Opa Hupel gern mal besuchen. Ob das geht?"

„Ach Henri, davon würde ich dir abraten. Behalt ihn in Erinnerung, wie du ihn kanntest. Er hat eine sehr schlimme Altersdemenz, er würde dich bestimmt gar nicht erkennen. Er ist auch sehr aggressiv.

Susi hatte dir ja geschrieben, dass die Oma Hupel verstorben ist, vier Wochen, nachdem du nach Saalfeld gingst.

Es war gerade so, als hätte sie darauf gewartet, dass sie nun auch gehen kann.

Danach verschlechterte sich der Zustand der Alten auch sehr schnell."

„Wieso darf er dann noch dort wohnen, wenn ihm das Haus nicht mehr gehört und er so böse ist?", will ich nun wissen.

„Das besagt diese Vertragsform ′Rentenbasis′. Da wird für das Haus ein relativ geringer Kaufpreis gezahlt. Andererseits hat der ehemalige Eigentümer ein lebenslanges Wohnrecht – mietfrei natürlich."

„Das hatten sich diese Winters sicher auch leichter vorgestellt. Jetzt versuchen sie, mit ständigen Umbaumaßnahmen dem Alten das Leben zu erschweren. Bei ihm dürfen sie aber nichts umbauen, wenn er nicht einverstanden ist.Das kontrolliert in solchen Fällen das Gericht."

Frau Feldmann ist darüber schadenfroh.

„Und die Nachbarn", ergänzt Herr Feldmann noch lachend.

„Ich versuch′s trotzdem mal. Ich hab' die beiden Alten so geliebt."

Dabei schau ich schon ständig zum Haus hinüber, ob ich den Opa nicht vielleicht am Fenster sehen kann.

„Tu dir das nicht an. Selbst wenn sie dich 'reinlassen würden, er erkennt dich nicht und ist vielleicht recht garstig."

„Ich versuch's", sag' ich nochmal ein wenig trotzig. Als ich vom Tisch aufstehe, räume ich die Teller zusammen und stelle sie neben die Spüle.

„Ich mach das schon, geht ihr spielen."

Frau Feldmann gibt uns beiden einen Klaps auf den Po.

Im nächsten Moment stürmen wir die Treppe hinunter.

„Ich geh' da aber nicht mit!", stellt Susi klar.

„Brauchst du auch nicht. Ich halte mich nicht lange auf!"

„Komm dann zu unseren Holzstapeln!" ruft sie mir noch hinterher.

Als ich zum dritten Mal klingele, komme ich mir schon richtig blöd vor.

Ich habe drinnen Geräusche gehört, also ist jemand zu Hause.

Endlich öffnet sich die Tür: „Was willst du?“, fragt sehr barsch eine Frau mittleren Alters, die so schaut, als trüge sie die Last der ganzen Welt.

„Ich wollte gern Herrn Hupel besuchen.“

„Der empfängt keine Besuche; der kennt keine Leute!“, versucht sie, mich abzuwimmeln. „Wer bist du überhaupt? Glaubst du, da wäre was zu holen?“

„Ich,... wir haben hier bis vor zwei Jahren gewohnt. Opa Hupel war mein Opa...“, ich beginne zu stottern.

„Na, das ist ja interessant! Du bist also die kleine König! Wir haben hier noch ′ne Menge Müll von euch wegräumen müssen. Dafür müsstest du was zahlen. Und überall noch dieser Fleisch- und Wurstgestank!“

„Das stimmt nicht, ich weiß, dass alles ordentlich ausgeräumt wurde. Ich will doch auch nur mal zu Opa ...“ Ich bin total eingeschüchtert.

„Tu nicht so scheinheilig. Die Wenzeln hat erst vorige Woche gesagt, du würdest schon noch kommen, und dir das Geschirr und die Möbel einfordern.

Da brauchst du dir gar keine Hoffnungen zu machen, es gibt kein Testament und außerdem hat der Alte das alles schon verschachert.“

Frau Winter schaut so böse auf mich herab. Es hätte mich nicht gewundert, wenn plötzlich eine schwarze Katze auf ihrer Schulter erschienen wäre.

„Schleich dich!“, ruft der Mann, der jetzt aus unserer ehemaligen Küche herauskommt.

„Du brauchst auch nicht mehr wiederzukommen. Hier gibt es für dich nichts zu holen!“ Und die Haustür knallt vor meiner Nase zu.

Ich schleiche tatsächlich aus dem Hoftor. Erschöpft, wie nach einem langen Lauf, lehne ich mich an den Wasserhydranten, der solange ich denken kann, auf dem Bürgersteig im Wege steht.

Als die Haustür geöffnet war, habe ich einen Blick in den Flur werfen können.

Auf dem Terrazzoboden, der geradewegs in den Boden des Ladengeschäfts überging, lagen handgeknüpfte Läufer. Das Treppengeländer, auf dem wir immer auf dem Hosenboden heruntergerutscht sind, war durch ein neues ersetzt worden.

Ich sehe vor meinem geistigen Auge noch, wie Vati mit Schwung vom Geländer sprang und geradewegs in die Arme von Herrn Pfotenhauer.

Der war ziemlich pikiert: „na ja, Sie sind ja noch ein junger Mann. Da hat man noch solchen Schwung."

Sehnsüchtig blicke ich zum Haus zurück und streichle gedankenverloren den rostigen Hydranten. Vor drei Jahren hatte Vati schon gesagt: „Der müsste auch mal gestrichen werden."

Aber bisher hatte sich da nichts getan.

Ich bücke mich ganz automatisch und reiße das Unkraut heraus, das sich zwischen unserem Zaun und dem Hydranten breitgemacht hat. Diese Aufgabe hatte mir früher immer meine Mutter übertragen. Ganz automatisch empfinde ich das auch nun als meine Verpflichtung.

Als ich Minuten später mit Susi auf unseren Holzstapeln sitze, kann ich das Heulen doch nicht mehr unterdrücken.

Sie tröstet mich ganz unbeholfen: „Paps hat gesagt, die sind blöd. Vergiss die einfach. Lass uns unseren Spaß haben. Schau, was ich gefunden hab'!"

Susi hält triumphierend einen Fetzen Gardinenstoff in die Höhe. Wir müssen beide lachen, weil uns die Geschichte dazu einfällt, die sich vor einer gefühlten Ewigkeit abspielte.

„Entschuldige!" Ich schüttele abwesend den Kopf.

„Ich weiß wirklich nicht, warum die mich so beschimpft haben."

Wir tauschen eine Menge alter Erinnerungen aus.

Viele Begebenheiten, die sich nach meinem Wegzug ereignet hatten, hatte ich aus ihren Briefen erfahren. Es ist etwas anderes, ihr wieder so vertraut gegenüber zu sitzen.

„Alles macht nur noch halb so viel Spaß, seit du weg bist. Ehrlich." Susi schaut mich mit den Kulleraugen an, mit denen sie immer ihren Paps einlullt.

„Ich kann mir ja wohl mit dreizehn Jahren nicht selbst eine Wohnung in Klingrode suchen", gebe ich zu bedenken. „Glaub' mir, lieber heute als morgen würde ich da oben wieder weggehen. Wenn ich nur wüsste, wohin ich gehen sollte.

Na, sicher holen mich meine Eltern bald!"

Als wenig später Rolf über den Hof stürmt, wird es auch schon Zeit, dass wir uns für den Rummel fertig machen.

Rolf ist echt erfreut, mich zu sehen. Wir lachen, herzen und küssen uns, und in ganz kurzer Zeit haben wir unsere eingeschworene Kameradschaftsstimmung erneut heraufbefördert.

Dabei denken wir auch kurz ganz wehmütig an Doris. Aber wie das bei Kindern so ist, gehen wir ganz schnell zu unserer spannenden Tagesordnung über.

Auf dem Rummel lassen wir kaum ein Karussell aus. Thüringer Rostbratwurst vom Grill ist unser Abendbrot und zwischendurch verwöhnen uns Feldmanns mit erfrischendem Eis.

„Denen wird's hoffentlich nicht schlecht. Eis und Karussell, Karussell und Eis."

„Es macht so viel Freude, sie alle drei so vergnügt zu sehen. Ob die Königs wissen, wie unglücklich Henriette in Saalfeld ist?"

„Besser fragen wir nicht danach. Sie soll sich hier ein wenig ablenken. Sicher holen sie das Kind ja bald nach, wenn sie sich dort eingerichtet und sich mit unseren Behörden arrangiert haben."

Frau Feldmann schaut ihren Mann vorwurfsvoll an: „Ich will mir sowas gar nicht vorstellen – in unserer Familie!"

Auf dem Heimweg kann sich Herr Feldmann kaum auf den Verkehr konzentrieren. Der Lärmpegel der drei ist nicht zu toppen. Wir reden auch wieder über Doris. Die war so mir nichts, dir nichts mit ihrer Mutter verschwunden. Man hatte nichts mehr von ihr gehört.

Aber gleich lachen und singen wir wieder, kichern und streiten uns. Beim Aussteigen bittet Susi um Erlaubnis, dass Rolf auch morgen zum Schwimmen mitgehen darf.

Ihre Eltern hätten es nicht über 's Herz gebracht, das abzulehnen.

„Also, bis Morgen!", rufen wir Rolf fröhlich nach.

Auf dem Weg zur Wohnung nimmt mich Frau Feldmann ganz beiläufig an der Hand.

Sofort schießen mir die Tränen in die Augen. Wann hat mich zum letzten Mal jemand so liebevoll berührt? (Ich will aber nicht ungerecht sein, auch bei der Mutti meiner neuen Freundin Katarina in Saalfeld empfinde ich Geborgenheit, die mir so gut tut.)

Ich spüre wieder diese unbändige Sehnsucht nach Wärme und Sicherheit – Sehnsucht nach meiner Mutti.

„Hat es euch heute ein wenig gefallen?“, will Frau Feldmann gerade von uns wissen. Ich schlucke und sage nur für sie hörbar: „ Es war wunderschön, vielen Dank.“

Susi grübelt: „Es war der schönste Tag seit langem. Kann Henri nicht einfach hierbleiben?“

„Ach Schatz, du weißt, dass das nicht geht. Wir haben's dir doch schon erklärt!“

„Und was liegt jetzt an?“, will Herr Feldmann von uns wissen.

„Na Quatschen – Frauensachen“, klärt ihn Susi auf.

„Das könnte nicht eventuell noch ein wenig warten? Der Köhlers Otto hat das Skatspielen abgesagt, da könnten wir dich gut als ′dritten Mann′ brauchen, wenn du Lust hättest?“

Wie auf das Stichwort poltert Karl gerade zur Tür herein.

„Hallo, alle zusammen. Können wir trotzdem spielen?“ Er blickt in die Runde.

Susi schaut etwas verlegen zu mir. Ich weiß, dass sie gern Skat spielt.

„Auf mich musst du keine Rücksicht nehmen“, sage ich ehrlich. Und Frau Feldmann bietet mir an: „Ich mach uns einen Kakao und bringe dir das Häkeln bei, wenn du magst.“

„Oh ja!“ Ich bin erfreut. Nur einfach hier sein, hier dazu gehören. Das genügt mir schon.

Die drei Spieler nehmen am Tisch Platz. „Ich mach euch fertig!“, tönt Susanne siegessicher während sie die Karten austeilt.

Die Männer lachen, wissen aber wohl, dass das nicht nur Angabe ist. Sie hat sie mit ihren zehn Jahren schon oft verblüfft. Sie spielt leidenschaftlich und kann sich jede Karte und jeden Spielzug merken.

Wenig später sitzen wir alle in dieser trauten Runde. Susis Mutter hat Garn und Häkelnadel parat und erklärt mir geduldig, wie ich die Maschen entstehen lassen muss und wie es geht, dass sie mir nicht immer wieder entfallen.

Hier sind *meine* Stärken, ich handarbeite gern. Susi schüttelt sich bei dem Gedanken, eine Nadel in die Hand zu nehmen.

Sie knallt gerade eine Karte nach der anderen auf den Tisch und ruft triumphierend: „Und die, und die und die auch noch! Na, noch Fragen Jungs?“

Karl grinst süffisant und Susis Paps blickt stolz auf seine Kleine; auch noch, als sie nach seinem Bierkrug greift und sich einen großen Schluck genehmigt.

Provokant schaut sie mit ihrem weißen Schaumschnurrbart um ihre kleine Schnute zu ihrer Mutter.

Sie weiß, dass die gleich protestiert: „Also Erich! Das geht nun wirklich nicht!“

„Doch, doch. Wer Skat spielt, muss auch Bier trinken.“ Die Antwort kommt von Susi und Herr Feldmann schmunzelt nur. Er lässt ihr alles durchgehen.

Wir ziehen uns nach zwei Stunden in Susis Zimmer zurück. Wir wollen vor dem Schlafen noch ausgiebig quatschen.

Nachdem ich zwei Pullis aus meiner Reisetasche gekramt habe, übergebe ich sie Susi mit den Worten: „Magst du die haben? Ich hab sie gerettet. Die sind mir zu groß, nachdem ich jetzt so abgenommen habe. Wenn sie dir gefallen…?“

„Danke! Die sehen toll aus. Aus dem Westen?“ Ich nicke nur.

„Ha, da ist es ja von Vorteil, dass ich noch so mollig bin, wie früher!“ ruft sie lachend.

„Glaub mir, *lieber* wäre ich noch dick und dürfte dafür noch hier sein.“

Sie antwortet nichts darauf, ist auch damit beschäftigt, die Pullis anzuprobieren.

„Was heißt denn, du hast sie gerettet?“

„Meine Eltern – vor allem auch Marion - schicken mir viele Klamotten, damit ich den Lehmanns finanziell nicht so zur Last falle.

Die verstehen das aber so, dass sie darüber verfügen können und verkaufen vieles davon. Auch wenn es mir passt und vor allem auch gefällt.

Meist sind es topmodische Sachen.

Tante Klara zerrt die Dinge sogar aus meinem Schrank, wenn ich sie schon getragen habe und behalten möchte.“

„Na, die spinnt doch wohl! Beschwere dich doch im Brief bei deinen Eltern!“, schlägt Susanne vor.

„Die Briefe liest doch Tante Klara alle, also die Antworten, die aus dem Westen kommen.

Da hätte ich gleich wieder zusätzlichen Ärger, wenn sie erfahren, dass ich petzte."

„Ach Manno! Die sind ja wirklich fies!" Susi schüttelt ratlos den Kopf.

Inzwischen krame ich noch ein Stofftuch aus der Tasche, mit dem ich zurück zu Frau Feldmann gehe.

Schüchtern gebe ich ihr das Knäuel: „Könnten Sie mir das bitte waschen? Das kann ich Tante Klara nicht geben."

„Natürlich mache ich dir das, was ist das denn?"

„Das ist ein Wandbehang, den hat mir Oma Hupel mal gestickt. Er hing hier immer neben meinem Bett. In Saalfeld möchte ich ihn nicht aufhängen. Ich lege ihn aber jeden Abend auf 's Kopfkissen und verstecke ihn über den Tag."

Frau Feldmanns Mine ist sehr verwundert, als sie das Leinentuch entgegennimmt.

Ich gehe zurück in Susis Zimmer und sie faltet den Stoff auseinander.

Der Spruch ist in rotem und blauem Garn in sauberen Kreuzstichen gestickt und mit verschiedenen Blümchen umrandet.

Der Mensch braucht ein Plätzchen,
und wär 's noch so klein,
von dem er kann sagen:
Sieh her, das ist mein!
Hier leb ich, hier lieb ich,
hier ruhe ich aus.
Hier ist meine Heimat.
Hier bin ich zu Haus.

Frau Feldmann rennt mit dem Wandbehang zu ihrem Mann ins Wohnzimmer:

„Mein Gott, schau dir das mal an!" Sie schluchzt regelrecht.

„Was muss das Mädchen nur durchmachen! Was haben sich Königs dabei gedacht?"

Sie berichtet ihm von meinem Ritual und er sagt mitleidig: „Wir müssen sie halt so oft kommen lassen wie es geht, bis sie schließlich auch nach dem Westen kann.

Susi freut sich da ja auch drüber."

Frau Feldmann wäscht das Tuch sofort durch, damit es morgen Nachmittag wieder trocken ist. In Susis Zimmer haben wir indes noch mehr Erinnerungen ausgetauscht und immer fällt einer noch irgendetwas Berichtens Wertes ein.

„Kannst du dich noch an die Gardinenstory erinnern?", fragt Susi kichernd.

„Na ja sicher doch. Daraus wurde ja eine Gardinen*predigt*."

„Aus heutiger Sicht weiß ich auch, dass das meiner Mutter gegenüber frech war."

„Du wusstest aber ganz genau, dass du deinen Vater um den Finger wickeln konntest."

„Das kann ich auch heute noch!", lacht sie selbstbewusst. Dann löschen wir das Licht.

Ich liege wach und denke an die schöne Zeit, in der Susanne und ich unzertrennlich waren und täglich etwas gemeinsam unternahmen.

Als ich sicher bin, dass alle im Haus schlafen, schleiche ich mich aus dem Bett.

„Nimm dir die Taschenlampe mit", kommt es aus Susis Richtung, die glaubt, dass ich zur Toilette will.

„Ja mach ich, schlaf weiter."

Die Toilette ist immer noch über dem Hof, bei Feldmanns hat sich wenig verändert.

So würde es auch keinen verwundern, wenn ich mitten in der Nacht nach draußen gehe.

Von Susis Nachtschrank nehme ich die Taschenlampe und eine Schere mit und ziehe noch schnell eine Strickjacke über den Pyjama. Die Lampe benötige ich gar nicht. Der Vollmond weist mir den Weg aus der Toreinfahrt, den steinigen Bürgersteig entlang bis zum Nachbarhaus.

Vor dem Hoftor bleibe ich einen kurzen Moment stehen. Ich lausche, mein Herz klopft ganz wild. Eine vorbeifliegende Fledermaus erschreckt mich.

Ich hebe die Tür mit Hilfe des Türdrückers an, damit ich das Tor ohne Geräusche leicht öffnen kann.

Ich habe mich auch schon früher ins Haus geschlichen und weiß, wie ich vorgehen muss.

Ja, es funktioniert noch. Geräuschlos geht das Tor auf und ich schlüpfe in den Hof. Zuerst schleiche ich mich hinter den Holzstapel, den Opa Hupel zusammengetragen hat.

Dort steht tatsächlich noch der Bollerwagen, *mein* Bollerwagen.

Den trage ich lieber, weil ich weiß, dass er quietscht.

Danach bücke ich mich in die großen, ausladenden Hortensienbüsche, die meine Mutter vor acht Jahren als Topfpflanzen entlang des Gartenzaunes gepflanzt hatte.

Hortensien in allen Farben, hoch und dicht gewachsen und jetzt in voller Blüte. Die Blumen hatte Marion zu ihrer Konfirmation bekommen.

Wir hatten eine Menge Freunde und Kunden, damit auch eine Menge Blumen. Es war eine gute Idee, sie alle ins Freie zu pflanzen, denn so hatten wir die Blütenpracht nun schon so viele Jahre.

Systematisch schneide ich alle Blütenstängel ab und lege sie behutsam in den Bollerwagen.

Ich bin sehr darauf bedacht, auch nicht einen Stängel zu übersehen.

Ich habe nicht erwartet, dass das so mühsam ist.

Die Büsche sind frisch gegossen worden. Meine leichten Schuhe sind schon vom Schlamm durchgeweicht. Aber das muss ich nun zu Ende bringen.

Plötzlich kommen mir Bedenken, wie es mir gelingen soll, den vollbeladenen Wagen aus dem Hof herauszubringen.

Ich muss ihn tragen, er macht Geräusche.

Aber er ist so hoch beladen, dass ich mit den Armen nicht beide Seiten fassen kann.

Dabei schlägt mir das Herz bis zum Hals und meine Knie zittern vor Aufregung.

Ich lade die Hälfte der Hortensienblüten wieder ab und trage den Wagen aus dem Hof zum Bürgersteig. Ich laufe zurück, um den Rest zu holen, als im hinteren Hof das Licht angeht.

Das Gehöft ist mit einem dichten Bretterzaun in zwei Bereiche getrennt worden.

Das hatte der Opa Hupel schon vor vielen Jahren gebaut.
Hinter dem Zaun befindet sich die Trockentoilette.
Wahrscheinlich geht nur jemand zur Toilette, ich verhalte mich ganz still.
Es scheint mir eine Ewigkeit zu dauern, bis endlich die hintere Haustür zuknallt und das Licht wieder gelöscht wird.
Ich warte angespannt noch einige Augenblicke, um dann die Blumen noch draußen auf dem Bürgersteig zu verladen.
Schnell ziehe ich den Bollerwagen zu Feldmanns.
Ich stelle ihn in unserem Bretterstapel unter.
An der Haustür ziehe ich meine schmutzigen Schuhe aus und schleiche mich in die Wohnung zurück. Es dauert sehr lange, bis ich endlich zufrieden einschlafen kann.

„Du Ferkel! Hast du schmutzige Füße! Und deine Schlafanzughose, die ist ja auch ganz dreckig!", weckt mich Susi empört.
Schuldbewusst schaue ich auf meine Füße, die unter der Bettdecke hervorragen.
Sie ist recht verwundert, als ich herzlich zu lachen anfange.
„Komm mit, ich muss dir was zeigen!" Übermütig zerre ich sie aus dem Bett.
„Zieh dir ´was über, wir müssen zum Bretterstapel."
Verwundert folgt sie mir. „Jetzt bin ich aber neugierig."
Ich lege ihr von hinten beide Hände auf die Schultern, als wir vor dem schwer beladenen Bollerwagen angekommen sind.
„Hast du die geholt? Von wo? Und wann?" Susi reibt sich die verschlafenen Augen.
„Heute Nacht, bei uns drüben", ist meine trotzige Antwort.
„Ich glaube, du bist verrückt!" Susi schüttelt den Kopf. „Aber mutig!"
Minuten später stehen wir beide im Pyjama, ungekämmt und ungewaschen, aber jede mit einem riesigen Hortensienstrauß im Arm vor Frau Feldmann.
„Ich wollte mich nochmal für das wunderschöne Wochenende bedanken", bringe ich mit einer Stimme voller schlechtem Gewissen heraus.
„Um Himmels Willen, was ist das denn?" Susis Mutter schreit es fast, so dass auch Herr Feldmann gleich auf der Bildfläche erscheint.

Beide können sich die Blumenfülle in unseren Armen nicht erklären.

Nun muss ich beichten.

Trotzig beende ich meinen Bericht: „Die Hortensien hat schließlich meine Mutti gepflanzt, die gehören mir!“

Herr Feldmann wagt einen versteckten Blick hinter der Gardine auf das Nachbargrundstück.

„Das sieht ja grauenhaft aus. Es war eine so schöne Blütenhecke – auch aus unserer Sicht.

Gemetzelt, gemordet. Nein, du hast vielleicht Einfälle!“

Seine Mine ist streng. Ich wollte ihn nicht enttäuschen. Ich stammele eine Entschuldigung.

Da stupst er mir einen Finger auf die Nase: „Aber verstehen kann ich dich auch. Noch dazu, weil sie gestern so garstig zu dir waren.“

„Außerdem wachsen die im nächsten Jahr wieder nach“, lässt Frau Feldmann hören, die gerade alle Blumen auf fünf große Vasen verteilt.

„Am besten stellen wir wenigstens zwei Vasen hier ins Fenster.“ Susis Vater findet jetzt Spaß an meiner Tat.

Frau Lehmann schüttelt entsetzt den Kopf: „Das meinst du aber nicht im Ernst?“

Erst als wir schon beim Frühstück sitzen, öffnet sich gegenüber die Haustür und die alte Hexe entdeckt die Bescherung.

Sie schreit aus Leibeskräften: „Friedhelm, komm sofort mal ′raus. Hier waren Vandalen am Werk! Wer macht denn so was? Die schöne Hecke, das sieht ja scheußlich aus!“

Herr Winter geht zu seiner Frau, um sie zu beruhigen.

Plötzlich bückt er sich und hebt etwas auf: „Siehe da, der Räuber hat etwas verloren.“

Mir bleibt fast das Herz stehen, mir war wohl die Lampe aus der Tasche der Strickjacke gerutscht.

Mit aufgerissenen Augen erkennt das auch Susi: „Das ist meine Taschenlampe!“

„Die Dinger gibt’s im KONSUM, die hat hier Jeder“, beruhigt uns Susis Vater schnell.

Die beiden Nachbarn hüpfen noch eine Weile aufgeregt und ratlos im Garten herum wie Rumpelstilzchen.

„Die bringen‘ s fertig und zeigen das bei der Polizei an.“

„Na da hätten die Bullen aber viel zu tun, sich um so was zu kümmern.“ Wir haben alle Vier gute Laune.

„Wenn das der Opa Hupel noch mitbekommen könnte, hätte er seine Freude daran“, meint Herr Feldmann befriedigt.

Von Susis Mutter erfahre ich dann in aller Ausführlichkeit, welche Bewandtnis es mit der Bemerkung von Frau Winter hatte, die sie mir am Vortag an den Kopf geworfen hatte.

Oma Hupel sammelte in einem Regal wunderschönes, handbemaltes Kaffeegeschirr.

Außerdem gab es in ihrer Wohnung eine sogenannte *gute Stube*, die niemals benutzt wurde. Sie war eingerichtet mit wertvollen Biedermeier-Möbeln, mit kunstvollen Tischdecken und Sofakissen und zwei mondän gekleideten Puppen auf der Lehne.

„Das bekommst du alles einmal, wenn wir gestorben sind“, höre ich sie noch sagen, als sie mir das alles vor Jahren schon zeigte.

Ich durfte mir die Möbel und das Geschirr immer anschauen, wenn ich Lust darauf hatte.

Das war kein Geheimnis. Auch Frau Wenzel wusste davon und ließ keine Gelegenheit aus, das der Nachbarschaft mitzuteilen.

Sie war über viele Jahre die Putzfrau von Hupels, auch schon, als wir noch hier wohnten.

Aber wie Frau Winter schon erwähnte, gab es kein Testament und ob die Sachen noch vorhanden sind, oder nicht, ist mir eigentlich egal.

Als Kind von dreizehn Jahren fehlt einem wahrscheinlich jegliches Interesse an solchen materiellen Dingen.

Die Feldmanns regt es viel mehr auf und wahrscheinlich ist das Verhalten der Winters mehr als boshaft. Susis Eltern meinen, es sei kriminell.

Wenn es aber kein Testament gibt – und Frau Wenzel hat beim Putzen oft danach gesucht – könne niemand dagegen vorgehen. Hupels hatten keine Verwandtschaft.

„Sie bekommen dann ja sogar ihren Kaufpreis für das Haus zurück, wenn der Alte mal gestorben ist.

Die Frau Wenzel will sich jetzt schon mal bei ihrem Neffen erkundigen – der hat Jura studiert – wie so etwas abgewickelt wird.“ Herr Feldmann entrüstet sich geradezu über die Unverfrorenheit der Familie Winter.

Aber Susi und mir ist das gleichgültig.

Am Nachmittag toben wir uns am Stausee aus und haben wieder viel Freude.

Von meinem Hortensienmord haben wir Rolf aber nichts berichtet, aus Angst, er könnte sich mal verplappern.

Auf der Rückfahrt macht Herr Lehmann einen kleinen Umweg und bringt mich gleich nach Saalfeld. Susis Mutter steckt mir noch schnell einen Beutel mit meinem Wandbehang zu.

Beim Abschied bittet Susi: „Aber nicht heulen!"

„Nein", lache ich, „ich hab' jetzt für ein Wochenende genug geheult. Und gelacht…" Dabei drücke ich alle herzlich und bedanke mich nochmal.

„Bis bald!"

„Bis bald!" Und doch habe ich noch ein paar Tränen übrig.

So oft denkt Henriette an ihre unbeschwerten Kindertage.

Obwohl Sie mit fast siebzig Jahren ein gestandenes Weibsbild ist, hadert sie noch immer mit den Ereignissen ihrer Jugend.

Sie hinterfragt gern, wie sich alles entwickelt hätte, wenn dieser oder jener Umstand anders – und nicht so eingetreten wäre.

Hat es ihr geschadet, so früh auf sich allein gestellt zu sein?

Dabei hatte alles so vielversprechend angefangen:

Willkommen

Die Geburt ist meist ein freudiges Ereignis, ein erstes Willkommen.

Als Henriette König im Jahr 1946 als drittes Kind des Fleischerehepaares Max und Frieda König geboren wurde, war das nicht so sonnenklar.

Der Vater lag mit Herzschwäche und Kreislaufproblemen im elterlichen Schlafzimmer, als die Mutter, das Neugeborene auf dem Arm, im Türrahmen erschien.

Die Sonne fiel auf den kleinen Kopf und ließ die kurzen schwarzen Haare rötlich glänzen.

„Schau, was ich Dir mitgebracht habe."

„Ja, ja, ich seh´s schon, wieder ein Mädchen. Und rote Haare hat sie auch noch!" Welch ein Empfang!

Gut, er war krank. Eigentlich wollte er keine Kinder mehr. Mit 43 hatten beide auch mehr an die Wechseljahre gedacht als an eine neue Schwangerschaft.

Und wenn es nun schon nochmal sein musste, dann wären potentielle Männerhände für den Handwerkerbetrieb willkommener als ein drittes Mädchen.

Die beiden *Großen* freuten sich sehr, sie hatten nun eine neue Puppe zum Spielen.

Marion war 10 und Evelyn 7 Jahre alt; liebe Mädchen, die wegen des Geschäftsbetriebes schon viel im Haushalt helfen mussten.

Henriette weinte als Baby viel (vielleicht ärgerte sie der ungebührliche Empfang ihres Vaters), was seiner schnellen Genesung nicht förderlich war.

Das dachten sich auch die beiden Alten, die als Hausbesitzer noch mit Königs unter einem Dach wohnten.

Herr und Frau Hupel – er sehr streng (böse, sagten manche Nachbarn), sie sehr lieb – sie waren kinderlos.

Als nun die kleinste *Königin* dauernd plärrte, Frau König im Laden stand, Marion in der Schule und Evelyn in Saalfeld war, holte sich Frau Hupel die Kleine mitsamt dem Babykörbchen in ihre Wohnung. Sie schaukelte sie, sang ihr Wiegenlieder und selbst der Alte fand Gefallen an dem süßen kleinen Ding, das plötzlich lachte und fröhlich gurrte.

Henriette wurde zu *ihrem* Kind.

Dabei blieb es in den nächsten Wochen, Monaten und Jahren.

Frau König war sehr dankbar. Als Oma (wie Henriette Frau Hupel mit ihren ersten Worten schon nannte) auch noch beteuerte, dass ihr die Aufsicht eine große Freude und keinerlei Belastung sei, hatte sie auch kein schlechtes Gewissen. Als Ausgleich gab es dafür ab und zu einen leckeren Sonntagsbraten oder spezielle Wurst und Aufschnitt als Präsent, was zu dieser Nachkriegszeit gar nicht selbstverständlich zu bekommen war.

So wurde also Henriettes Wohlbefinden mit Nahrungsmitteln erkauft. Das ganze Dorf war erstaunt darüber, wie sanft und rücksichtsvoll der alte Hupel mit dem Kind umging. Als die Kleine älter wurde, sah man die beiden – ein sehr ungleiches, aber unzertrennliches Paar – oft auf Streifzügen, wo sie in Wald und Flur stromerten, um Brennholz zu sammeln.

Der Alte schleppte dann ganze Stämme auf seiner Schulter. Er war ein großer Mann und trotz seiner Jahre sehr kräftig. Henri trug ein paar kleine Holzstücke und immer einen selbst gepflückten Blumenstrauß nach Hause, den sie für die Mutti und die Oma teilte.

Der König war oft krank. Der Krieg hatte ihm arg mitgespielt, aber er war glücklich, ihn überlebt zu haben. Er war nicht zimperlich und verkniff sich Schmerzen, denn das Geschäft war wichtig.

Die Fleischerei der Königs lief sehr gut, die Leute kamen von weit her, um die *Königssalami* und die besonders schmackhaften Wiener Würstchen zu ergattern.

Die KONSUM-Fleischerei am Ort machte nur wenig Konkurrenz, weil die Waren weder frisch noch besonders schmackhaft waren.

Die Zeiten waren trotzdem schlecht, alles wurde rationiert und auf Lebensmittelmarken verkauft.

Manchmal kam es vor, dass Henriettes Vater noch nach Einbruch der Dunkelheit zum Schlachthof musste, weil da ein Bauer Tiere „schwarz" schlachtete und einige Fleischer ihm die Teile dann abkauften. Das war ein illegaler Nebenerwerb und diese Aktionen dauerten oft bis mitten in der Nacht. Eines Abends kam er erschöpft nach Hause.

Die Fensterläden waren zu, die Haustür mit einem schweren Riegel versperrt. Durch die Läden konnte er in der Küche Licht erkennen. Er klopfte und rief, wurde aber nicht eingelassen.

Hupels hörten ihn schließlich und öffneten ihm die Haustür.

In der Küche fand er seine Frau auf dem Küchentisch sitzend und verängstigt auf den Boden starrend.

Dort soll eine Maus ihr Unwesen getrieben haben – sicher war sie schon längst unter den Schrank geflüchtet. Um keinen Preis der Welt hätte Frau König ihre sichere Position verlassen. Großes Gelächter gab es da natürlich auf ihre Kosten.

Wegen ihrer panischen Angst vor Mäusen musste die *Hupeln* noch einen weiteren Dienst für sie erledigen.

„Braucht Frau Königin heute eventuell Kartoffeln?", war dann die Frage. Und wenn ja, wurde die im Boden des Hausflures eingelassene schwere Tür an einem großen Eisenring hochgehoben, und Frau Hupel stieg mit einer Taschenlampe und einem Korb eine steile Treppe in ein finsteres Kellergewölbe hinab, um Einkellerungskartoffeln zu holen.

Ein weiterer Ort des Grauens war das Trockenklo hinter dem Haus, das man nur sehr widerstrebend und bei akutem Bedarf frequentierte. An der Holztür unter dem eingesägtem Herz hatte Opa Hupel ein Schild angebracht, das folgenden Wortlaut hatte: *„Fünf Minuten wird geschissen, wer länger scheißt, wird rausgeschmissen"*

Der einzige, der sich daran nicht hielt, war der Verfasser der Anweisung. Er las dort regelmäßig seine Tageszeitung und Frau König schüttelte immer wieder den Kopf darüber, wie man dort länger als unbedingt nötig verweilen könnte.

Henriettes Mutter regte sich furchtbar über den Spruch auf. Sie verlangte auch, dass er umgehend entfernt würde. „*So* erziehe ich meine Kinder nicht!"

„Mir war gar nicht bekannt, dass Sie Ihre Kinder überhaupt erziehen!", konterte Opa Hupel.

Frau König war dermaßen vor den Kopf gestoßen, dass sie gar nichts antworten konnte.

Frau Hupel schalt ihren Mann und verlangte, dass er sich bei der Königin entschuldigt.

Zuerst sah er nicht ein, warum er sich bei *Ihrer Majestät* kleinmachen sollte.

„Also hör mal, ich habe doch recht. Die Große wächst heran wie Unkraut, sie macht, was sie will. Die zweite haben sie zur Adoption weggegeben und die Kleine ist doch mehr bei uns als bei ihren Eltern – gottseidank!“

Schließlich rang er sich dazu durch, Henriettes Mutter eine halbherzige Entschuldigung zu gönnen.

„Sie wissen gar nicht, wie weh Sie mir damit taten.“

„Nun ja“, druckste er herum. „Bei allem Respekt, Frau König. Sie sind ein äußerst attraktives Weib und eine sehr gute Geschäftsfrau dazu. Aber eine gute Mutter sind Sie nicht. Nein! Das sind Sie nicht!“ Damit ließ er sie erneut betroffen stehen.

Was die Angelegenheit der Trockentoilette betraf, hatten Königs durchgesetzt, dass neben einem Regenwasserfass eine Art Fließwassersystem für ein Waschbecken installiert worden war.

Über die Investition eines Wasserklosetts wurde noch heftig diskutiert, schließlich waren Königs nur Mieter. Herr Hupel hatte als Hauseigentümer mit dem Argument: „schließlich sei es so doch viele Jahre gegangen“, die Oberhand.

Fleischermeister König hatte nun schon in Erwägung gezogen, heimlich die Handwerkskammeraufsicht herzubitten und von dieser eine Auflage zu erwirken. Natürlich durfte Opa Hupel von dieser Initiative keinen Wind bekommen.

Der schönste Ort im Haus war für Henriette der Fleischerladen.

Frau König stand adrett gekleidet mit einer täglich frisch gestärkten Schürze, akkurat nach hinten gekämmtem und mit Spangen gehaltenem Haar und dezent geschminkten Lippen hinter der Ladentheke.

Gegen ein Häubchen hatte sie sich vehement gewehrt. Das fand sie albern. Sie wollte für ihren Max und auch die Kunden ein hübscher Anblick sein, argumentieret sie.

Alles hier war sehr sauber und frisch. Die Würste hingen an den Kachelwänden auf speziell dafür vorgesehenen spitzen Haken und strömten einen ganz charakteristischen Duft aus.

Die Glastheke glänzte und gab den Blick auf verschiedene Fleisch- und Wurstwaren frei, die anschaulich nebeneinander lagen und den Leuten Appetit machten.

Die Auswahl war nicht groß, und die Kundinnen erzählten Frau König, dass sie immer erst im Laden entscheiden konnten, was es am Sonntag für einen Braten geben würde.

Das war aber ganz normal. Entweder war gerade Schweinefleisch im Angebot oder es gab sogar Rind. Nur sehr selten war beides vorhanden – eventuell nach einer nächtlichen Aktion ihres Vaters.

Wer Pech hatte, und sich nicht spätestens neun Uhr vor dem Laden anstellen konnte, bekam mitunter gar nichts mehr.

Das tat Frau König immer extrem leid und es kam mehr als einmal vor, dass sie ihren eigenen Sonntagsbraten verkaufte, weil sie wusste, dass in der betroffenen Familie mehrere Mäuler zu stopfen waren.

„Wir sind dick genug", sagte sie dann lachend und tischte der Familie gesundes Gemüse auf – wenn es im KONSUM zu haben war – oder Eierkuchen, die Henri und ihr Vati besonders mochten.

Henriette hielt sich gern im Laden auf. Wenn sie sich still auf die Wartebank setzte, konnte sie ihrer Mutti interessiert zuschauen, wie sie mit gleich bleibender Freundlichkeit und oft einem kleinen Scherz ihre Kundinnen bediente, am Hackklotz mit viel Geschick Knochen zerhackte, eiligen Schrittes von der Wurstküche Nachschub holte und zwischendurch auch immer mit der Reinigung von Tisch und Platten beschäftigt war. Oft fragten Kundinnen, ob Henriette später auch einmal einen Fleischerladen führen möchte.

Da wusste sie aber schon mit 5 Jahren, dass das für sie nicht in Frage käme. Altklug sagte sie dann, dass ihre Interessen mehr auf dem Gebiet der Buchhaltung lägen.

Tatsächlich hatte sie vor dieser Tätigkeit eine regelrechte Hochachtung, wegen der von ihr gemachten Beobachtungen.

Jeden Donnerstag kam der Buchhalter der Handwerkskammer Herr Pfotenhauer punkt acht Uhr ins Haus, Sommer wie Winter im Anzug mit Weste und Krawatte.

Er wurde von Herrn König in die Ladenstube geleitet, wo auf dem Tisch bereits alle Kassenbücher, Lebensmittelkarten und Abrechnungen bereitlagen.

Als erstes gab es aber einen guten Bohnenkaffee – keinen *Muggefugg* – und ein kräftiges Frühstück.

So gestärkt räumte Herr Pfotenhauer seine Stifte und Lineale aus seiner wichtigen Aktentasche und setzte bedeutungsschwanger eine halbe Brille auf die Nase.

Von nun an durfte man ihn nicht mehr stören. Unter gar keinen Umständen.

Wenn er etwas wissen wollte, rief er mit einem strengen „Meister!" Henriettes Vater zum Rapport.

Da die Eltern bereits am Abend vorher alle Unterlagen ordentlich vorbereitet hatten, gab es selten Rückrufe.

Sein wöchentlicher Aufenthalt währte zirka 2 Stunden. Als Ergebnis seiner Arbeit konnte Henriette – wenn sie dann aus lauter Neugier vorgab, mal eben in diesem Raum etwas holen zu müssen – zwischen akkuraten Linien in einem großen Buch eine gestochen saubere Handschrift und Zahlen, die wie gedruckt aussahen, entdecken.

Mitunter verblieb auch eine Aufstellung oder Liste in Königs Unterlagen, die dann die ganze Familie hochachtungsvoll ob ihrer Akkuratesse bewunderte.

„Das werde ich später auch mal", ließ Henriette verlauten. „Da mögen mich alle Leute und haben Respekt vor mir."

Na ja, das mit dem Mögen stellte sie dann doch bald in Frage, als Herr Pfotenhauer eine Inventur ankündigte.

Einmal im Jahr ließ er sich vom Meister eine gestreifte Fleischerjacke geben, die an ihm fast wie ein Mantel wirkte. Herr König war 1,86 m groß und kräftig, Herr Pfotenhauer nur so um 1,60 m und ein wenig verwachsen. Er hatte auf einer Klemmmappe eine Aufstellung vor sich und einen Rotstift in der Hand.

„Also Meister", stellte er sich wichtig in Positur, denn er hatte auch ein *1,60 m-Syndrom*. „Sie müssen mir heute schon mal erklären, wieso Ihr Verbrauch an Därmen und Gewürzen im Verhältnis zu den abgerechneten Wurstmengen und den Lebensmittelkarten so hoch ist. Ich zähle aber vorher noch ihren Warenbestand."

Natürlich hätte der Meister aus dem Stehgreif die Frage beantworten können, er wusste um die Entstehung der Differenzen und bemühte sich auch, diese so gering wie möglich zu halten. Das zuzugeben wäre das Geständnis einer Straftat. Er sagte also vorläufig erstmal nichts und wartete die Inventurergebnisse ab.

Dann hörte man aus der Wurstküche aber doch eine erregte Auseinandersetzung und Frau König lauschte ängstlich vor der Tür.

„Es ist doch ganz offensichtlich, dass hier etwas nicht zusammenpasst“, hörte man den Prüfer in scharfem Ton, „Da wird doch was gemauschelt!“

„Aber Herr Pfotenhauer, ich bitte Sie, was kann man hier schon mauscheln? Sie wissen, alles wird zugeteilt und rationiert, da bleibt kein Spielraum.“

„Ja, ja ich weiß schon; Ihr Selbständigen seid sehr erfinderisch. Fakt ist nun mal, dass entsprechend Ihres Umsatzes viel mehr Därme und Gewürze im Bestand sein müssten, als ich gesehen habe.“

„Nun ja, sie kennen aber auch die Qualität dieser Zutaten. Wenn ich meinen bekannten Standard halten will, kann ich gar nicht alles verwenden und muss die schlechten Gewürze und kaputten Därme aussondern.“

„Na gut, dann heben Sie die Fehlwaren aber wenigstens auf, dass ich sie mal abschätzen kann“, gab Herr Pfotenhauer dann begütigend nach.

Schließlich wollte er zum nächsten Weihnachten wieder einen schönen Schinken oder besondere Rouladen zu Ostern.

Insgeheim lachte sich Henris Vater ins Fäustchen und küsste seine Frieda scherzend auf die Wange, als der Inquisitor die Haustür hinter sich geschlossen hatte.

„War ja klar, dass ich einige Zentner Fleisch mehr als das Soll verarbeitet habe und dafür die Zutaten draufgingen. Jetzt haben wir erstmal wieder ein Jahr Ruhe und in der Zwischenzeit zeige ich ihm immer mal *abgestandene Gewürze und defekte Därme*, die natürlich in Ordnung sind, als ausgesonderte Waren. Der versteht was von Zahlen, aber nichts vom Handwerk und wird den Bluff nicht merken.“

„Übertreib bloß nicht“, sagt seine Frau ängstlich. „Du weißt, wie schnell die eine Tiefenprüfung anordnen und dann kommen Leute, die etwas vom Fleischerhandwerk verstehen.“

„Du hast ja Recht, wir dürfen es nicht übertreiben. Man muss den Hund immer so führen, dass er nicht auf die Leine scheißt.“

Diesen Spruch wollte sich Henriette unbedingt merken, auch wenn sie in diesem Moment noch nicht wusste, was er eigentlich bedeutete. Als sie den Sinn später erfasste, machte sie diese These für sich selbst zum Motto.

Sie wusste, dass ihre Eltern immer in der Angst lebten, das Geschäft an einen KONSUM oder die HO zu verlieren, wenn die Partei ein *sozialistisches Dorf* durchsetzen wollte.

Ihre Schwestern hatten ihr erklärt, dass es dann keine privaten Handwerker oder Geschäfte mehr geben würde und auch der Bäcker Fuchs, die Tischlerei von Susannes Vater und die Gärtnerei Schulte nicht mehr von den Familien geführt würden.

Sie konnte nicht einschätzen, ob das für die Leute schlecht wäre, aber da alle Erwachsenen solch eine Angst davor hatten und nur unter vorgehaltener Hand – mit ängstlichen Blicken nach rechts und links abgesichert – darüber diskutierten, musste es wohl nichts Gutes bedeuten.

Marion hatte dazu ihre eigene Meinung. Sie war in der Schule ein aktiver Pionier und sammelte dabei viele Pluspunkte bei dem jungen, gut aussehenden Klassenlehrer, in den sie unsterblich verliebt war.

Zu Hause diskutierte sie immer wieder mit ihrem Vater und man hörte bei jedem zweiten Satz „Aber Herr Kunstmann hat gesagt... “

Die Krönung setzte sie dem Ganzen auf, als sie sich drohend vor ihrem Vater aufbaute und kategorisch verlangte: „Mach sofort den RIAS aus, sonst melde ich das in der Schule.“

Da bekam Herr König doch einen mächtigen Schrecken und es folgte ein sehr eindringliches Vieraugengespräch zwischen Vater und Tochter. Dazu musste er sich einmal mehr Zeit nehmen, als er eigentlich für Gespräche mit seinen Kindern hatte. Denunziation konnte er auch in Marions Interesse nicht zulassen, das musste ihr klar sein. Sollte bekannt werden, dass er diesen amerikanischen Sender empfing, der verboten war, weil er den Bürgern der DDR die Augen über verschiedene Machenschaften des sozialistischen Regimes öffnete, konnte er eingesperrt werden; verlor aber auf jeden Fall sein Geschäft.

Marion begriff das schließlich und entschuldigte sich tränenreich.

Es war aber schon bedeutsam, dass das Radio immer ausgeschaltet wurde, wenn Marion zu Hause war.

Als Herr Kunstmann schließlich heiratete und nicht mehr so viele Freizeitaktivitäten mit seinen Schülern organisierte, relativierte sich auch Marions Fanatismus.

Das alles änderte aber nichts an der Tatsache, dass in der Fleischerei oft über eine gewisse Grundunzufriedenheit gesprochen wurde und Henriette nicht ahnen konnte, welche schwerwiegenden Folgen all diese problematischen Diskussionen speziell für sie haben würde.

Immer öfter kamen die privaten Handwerker des Ortes – manchmal mit und manchmal ohne Ehepartner – bei einer der Familien zusammen, um über die aktuelle Situation zu reden.

Henri wunderte sich, wenn sie in ihrem Bett DDR-Radiomusik hören konnte. Ein Sender, der sonst niemals lief. Dies war eine Vorsichtsmaßnahme, um potentiellen Lauschern vor dem Haus das Abfangen brisanter Informationen unmöglich zu machen.

Und tatsächlich: eines Abends hatte der Hupel-Opa einen großen Topf kaltes Wasser aus seinem Fenster heruntergeschüttet und damit einen Lauscher unter einem Schreckensschrei und Fluchen in die Flucht getrieben.

Opa Hupel wollte sich vor Lachen ausschütten. Er hatte den Parteigenossen in der Dunkelheit anschleichen sehen und dann dieses listige Manöver gestartet.

„Ach Erwin, du hast auf unserer Bank gesessen? Das tut mir jetzt aber leid, ich leere hier immer meinen Nachttopf!“

Kleine Leute mit kleinen Sorgen

Henriette war die jüngste Tochter der Fleischerfamilie König.

In dem gutgehenden Geschäft hatten ihre Eltern täglich viel zu tun. Deshalb waren sie froh, dass Henri auch ohne ihr Zutun keine Langeweile hatte.

Direkt auf dem Nachbargrundstück hatte Herr Feldmann eine Tischlerei.

Susanne, das Nesthäkchen und Tochter seiner zweiten Ehe, lernte Henri sogar schon als Kleinkind kennen. Die Mütter unternahmen gemeinsame Spaziergänge und Besorgungen.

Fasziniert schaute Henri damals zu, wenn Susis Mutter auf dem Treppenabsatz hinterm Haus die Kleine stillte. Da war Susi bereits zweieinhalb und Henri fast fünf.

„Das hat meine Mutti mit mir noch nie gemacht", teilte sie Frau Feldmann verwundert mit.

„Doch, doch", widersprach diese lachend. „Das war, als du so klein warst wie Susi jetzt, nein, noch kleiner."

Zu ihrer Tochter sagte sie: „Das müssen wir uns nun aber auch bald mal abgewöhnen."

Die Kinder wurden älter und blieben Freundinnen Jeden Tag hatten sie Pläne. Wenn gerade kein Straßenkrieg war, spielten sie zu viert.

In der Bachstraße wohnten Henriette und Susanne. Hinter den Bahngleisen Doris und Rolf.

Sie waren schon Freunde, bevor sie eingeschult wurden.

Sie spielten viel auf der Straße. Die war steinig und staubig. Das bemerkten sie gar nicht. Ihre Schürfwunden auf Armen und Beinen, in denen sich Blut und Straßenstaub vermischten, schmerzten erst am Abend beim Waschen. Ihre Popel waren schwarz vom Kohlendreck in der Luft. Sie legten sie auf die Spitze ihrer Zeigefinger und schnippten sie mit dem Daumen weg.

Immer gewann Rolf diesen Wettbewerb.

Eine Bahnüberführung kreuzte ihre Straße und alle zwei Wochen war Hugo da, ein besonders netter Bahnwärter. Er gestattete den Kindern, ihn in seinem Wärterhäuschen zu besuchen und hatte wie sie Spaß an den

Geschichten, die er erzählte. Er wusste von Zugunglücken zu berichten und von Selbstmördern, die sich auf die Gleise gelegt hatten.

Es war unheimlich spannend, ihm bei seiner Arbeit zuzuschauen.

Wenn er nach einem Signal dazu aufgefordert wurde, draußen mit einer großen Leier die Schranken herunter zu holen, schloss er die Freunde in seinem Bahnwärterbüro ein.

Erst wenn der Zug vorbeigerauscht war, öffnete er wieder die Tür.

Ohne das Wissen irgendeines Erwachsenen hatten die Vier ausprobiert, Münzen auf die Schienen zu legen. Nach der Beobachtung einer Gruppe von Jungen, die das sehr oft praktizierten, wussten sie, dass davon der Zug nicht entgleisen konnte. Sie waren stolz auf ihre plattgewalzten Pfennige.

Doris Mutter entdeckte sie in der Jackentasche ihrer Tochter und es gab einen Riesenaufstand mit allen Elternteilen, die entsetzt waren, welcher Gefahr sich ihre Gören da ausgesetzt hatten.

Ermahnungen auf der einen und Versprechen auf der anderen Seite stellten die Normalität wieder her.

Die Bachstraße war ihr idealer Spielplatz. Es waren kaum Autos unterwegs. Die Eltern ließen ihre Kinder sorglos draußen toben.

Das Spiel wurde erst beendet, wenn ein Elternteil zum Abendessen rief.

Dann trennte man sich widerwillig, aber immer mit der festen Verabredung für den nächsten Tag.

„Du wirst dich doch wohl nicht so schmutzig an den Tisch setzen wollen“, ermahnte Henris Vater oft seine Jüngste. Das leidige Waschritual blieb ihr nicht erspart.

Der Straßenschmutz war hartnäckig, besonders wenn es geregnet hatte.

Das war noch lange kein Grund, im Haus zu spielen. Draußen machte es besonders viel Freude, mit nackten Füßen durch die Pfützen und den Schlamm zu waten, wenn der Matsch sich zwischen den Zehen durchquetschte.

Das Badevergnügen am Sonnabend genoss sie aber regelrecht.

In der Wurstküche – die nach dem Arbeitstag pikobello gereinigt war – wurde eine große Zinkwanne auf den Zementboden gestellt und aus dem großen Wurstkessel heißes Wasser entnommen, das dann mit kaltem zu einer angenehmen Badetemperatur aufgefüllt werden konnte.

Praktischerweise legte Frau König die stark verschmutzte Spieluniform mit ins Wasser, so konnte der Dreck gleich aufweichen.

Zwei bis dreimal ließ sich Henriettes Mutti überreden, heißes Wasser nachzugießen, um das Badevergnügen zu verlängern. Aber dann war Schluss, dann wurde ordentlich geschrubbt.

Von den Eltern wusste sie, dass diese öfter das städtische Wannenbad besuchten.

Auf der Straße gab es eine gewisse Rangordnung.

Henriette war die älteste und deshalb der *Behaupsmeister.*

Rolf war immer der Kavalier bei allen Anfechtungen, die seine Mädels anderen ausgesetzt waren. Er versuchte aber immer häufiger, Henriette ihre Vorrangstellung streitig zu machen.

Doris war ein stilles Kind und immer friedlich. Mit allem zufrieden, was die übrigen anstellten, war sie eine angenehme Freundin. Susanne – als die jüngste von ihnen – war gar nicht duldsam, ganz im Gegenteil. Sie war eine recht naseweise kleine Göre, vom Papa total verwöhnt.

Durch ihre drollige Art wickelte sie einfach jeden um den Finger.

Ihren Vater und ihre Stiefschwester hatte sie voll im Griff. Mit einem vollendeten Augenaufschlag machte sie dem starken Mann weiche Knie. Nur die etwas strengere Mutter rettete die Erziehung zu einer gewissen Normalität.

Suanne hatte drei Katzen, die sie abgöttisch liebte. Ständig drehte sich alles in ihrem Alltag um diese Samtpfoten. Sie wurden in Puppenkleider gesteckt, im Puppenwagen spazieren gefahren und ließen sich das auch noch gefallen.

Bevor Susi für die Mahlzeiten an den Tisch kam, mussten erst alle Tiere gestreichelt und gefüttert werden.

Als Frau Feldmann einmal entnervt ihrem Mann klagte: „Erich, ich hab das satt. Entweder die Katzen oder ich!“, flehte Susi: „Gell Pappi, die Katzen behalten wir!“

Die vier Freunde profitierten von der Affenliebe des Herrn Feldmann zu seiner Tochter.

Gab es Wünsche für spezielle Spielzeuge oder außergewöhnliche Aktivitäten, wurde ihm das nahegebracht. Selbstverständlich über Susis Augenaufschlag. Er erfüllte nicht jedes Ansinnen, aber doch die Meisten.

Die beiden von *hinter der Bahn* hatten eine Art Eintrittszoll zu bringen, bevor sie integriert wurden.

Doris besaß ein wunderschönes Puppenhaus aus Amerika. Es hatte zwei Stockwerke mit acht luxuriös eingerichteten Zimmern.

Darin waren feine Gardinen und weiche Teppiche, wie sie in den Wohnungen der Eltern zu dieser Zeit noch nicht Standard waren.

Und erst die Ausstattung der zwei Bäder! Badewannen, Toiletten und Waschbecken mit fließendem Wasser. Eine ganz raffinierte Konstruktion. An der Rückseite der Badwände waren kleine Kanister angebracht, die man mit Wasser füllen konnte. Zierliche Hähne beförderten dann das Badewasser oder die Toilettenspülung in die Behälter.

Doris kleine Puppen mussten täglich mehrmals baden gehen, wenn Susanne oder Henriette mit dem Puppenhaus spielen durften.

Für Rolf war das Puppenhaus *Mädchenkram.* Noch nicht einmal getrennt heißes und kaltes Wasser lag an. Dagegen zeigte er Interesse an der elektrischen Installation, die gemütliche Lampen und Türklingeln in Betrieb setzte.

Er hatte in seiner Garage einen giftgrünen Roller, der bei allen drei Mädchen als Spielzeug sehr beliebt war.

Mit der Zuteilung von Rollerstunden spielte er eine gewisse Überlegenheit aus. Henriette hatte Sonderprivilegien. Zwischen ihnen gab es einen Vertrag. Nicht schriftlich, denn sie konnten ja noch nicht schreiben.

Jeden Mittwoch hatte Henriette den Roller zu ihrer freien Verfügung.

Rolf bekam dafür jeweils eine kleine Knackwurst, die er sofort bei Übergabe verspeiste.

Er nahm keine Rücksicht auf schlechtes Wetter. Wenn es zum Beispiel stark regnete und Henri keine Lust auf Rollerfahren hatte, galt die andere Seite des Vertrages trotzdem. Knackwurst schmeckte auch bei Regenwetter. Vereinbarung war Vereinbarung; er forderte sein Entgelt.

Eine weitere „Wurstvereinbarung“ gab es mit Susanne.

Zum Räuchern der Königssalami benötigte Herr König Holzabfälle und Sägespäne. Einmal wöchentlich stiefelte Henri mit einem Eimer zu Herrn Feldmann und holte dort geschäftig eine Füllung Sägespäne. Dafür bekam Susi eine frisch gebrühte Bockwurst aus dem Wurstkessel. Das war die einzige Wurst, die auch Henri gern aß. Noch Jahre später erinnerte sie sich gern an diesen besonders würzigen Geschmack und den Duft.

Kein Vergleich hielt stand mit einer käuflich erworbenen Bockwurst, die man konventionell erwärmte und die damit den typisch frischen Geschmack verlor.

Ansonsten liebte Henriette nur Süßes und vor allem Kuchen.

Da sie sich an der Ladenkasse bedienen durfte, nahm sie sich ab und zu einen kleinen Betrag für ein wunderschönes Stück Buttercremetorte oder Eclair heraus.

Der Bäcker schüttelte regelmäßig den Kopf: „Ne Meeschen, ich versteh dich nich. Du hast die scheene Worscht Derheme."

Und er petzte. Woher sonst sollten die Eltern ihr Wissen haben, wenn sie mahnten:

„Ach Henri, du willst doch immer abnehmen. Iss halt nicht so viel Kuchen. Die normalen Mahlzeiten sollten dir genügen. Und übrigens, die solltest du auch an *unserem* Mittagstisch einnehmen."

Noch ein Kompromiss, den Königs eingegangen waren:

Henriette und Susanne hatten es sich zur Gewohnheit gemacht, die Mahlzeiten wahlweise bei der einen oder der anderen Familie einzunehmen. Es wurde immer da gegessen, wo das leckerste Gericht auf den Tisch kam.

Sollte nicht für ihren Schnabel dabei sein, schmiss kurzerhand Oma Hupel ihren Essensplan über den Haufen.

Na ja, aber immer wollte Henriette abnehmen und auch Susanne fand sich zu dick, aber das Speisenauswahlritual wollten sie auf keinen Fall aufgeben. „Abnehmen können wir, wenn wir erwachsen sind", entschied Henriette abschließend.

Besonders genoss es Henriette, wenn sie mit ihrer Mutti in den Schulferien montags nach Rudolstadt gehen durfte. Da war das Geschäft geschlossen.

Während Frau König noch den Weg zur Handwerkskammer oder zur Bank erledigte, parkte sie ihre Jüngste im Café *„Brömel"*. Henriette durfte sich dann etwas bestellen (was meistens die feinste Torte war). Wenn ihre Mutter sich dann zu ihr gesellte, saß die Zehnjährige – genüsslich schmatzend und andächtig der Musik lauschend – in ihrem bequemen Sessel aus Leder und Samt. Zum Amüsement der Bedienung benahm sie sich wie die anderen feinen Damen mit ihren Hüten und abgespreizten kleinen Fingern beim Halten der Kaffeetasse.

Am Nachmittag erklang Life-musik im Café Brömel, gespielt von einem oder auch mehreren Geigern, für die es ein extra Podium gab. Deshalb war das Publikum – meist ältere Damen, auch unter der Woche chic gekleidet. Auch Frau König stylte sich für ihre Stadtausflüge mit Hut und im Winter mit ihrer Fuchsstola. Henriette gefielen diese Ausflüge besonders gut. Zum einen kam es selten genug vor, dass Königs irgendwo hin gingen, zum anderen war diese illustre Gesellschaft genau nach ihrem Geschmack. Sie sahen alle so vornehm aus und rochen so gut. Auch empfand sie immer, ihre Mutter sei eine der schönsten Frauen in dieser Gesellschaft.

Als sie das einmal stolz zu ihrem Vater sagte, meinte er ebenso stolz lächelnd: „Na Schatz, deshalb wollte ich ja auch sie und keine andere."

Henriette kannte eine Geschichte, nach der für ihn eine reiche Fleischertochter ausgesucht war, mit der er sich – beziehungsweise die Geschäfte der Eltern – verbinden sollte.

Die Eltern der vier Freunde waren überaus zufrieden, dass sich ihre Sprösslinge so gut verstanden.

Ihrer Spielphantasie waren kaum Grenzen gesetzt.

„Jule hat ein Schwein geschlacht', was willst Du davon haben?" oder „Wer hat Angst vorm schwarzen Mann?" sowie „Fangen", „Verstecken", „Stille Post", „Hüpfkästchen", „Kreiseldrehen" und „Seilhüpfen" hießen ihre Spiele. Auch „Brennnessel machen" am Arm der Freundin, bis es richtig wehtat, gehörte dazu.

Immer wieder fiel ihnen etwas Aufregendes ein.

Nur manchmal gab es Krieg. Wegen Kleinigkeiten war ein Streit ausgebrochen.

In diesen Situationen hielten die Straßenfronten zusammen.

Gab es eine Beanstandung gegen Doris, so verweigerte auch Rolf das Interesse.

Rolf und Doris waren sehr eng befreundet. Sie wohnten im gleichen Haus und fühlten sich wie Geschwister. (Und wie sich viel später herausstellte, waren sie das auch.)

„Was ist los? Ich seh´ dich schon seit ein paar Tagen nur mit Susi spielen?“, wollte Frau König wissen.

„Also, mit denen hinter der Bahn spielen wir nie wieder!“, war die empörte Antwort von Henriette. „Da musst du gar nicht lachen“, fügte sie nachdrücklich hinzu, als sie ihre Mutter anschaute.

Frau König wusste, dass diese „nie wieder“ immer nur von kurzer Dauer waren.

Auch zwischen Susi und Henri gab es zuweilen Krach. Mindestens einen halben Tag hielt dann der jeweilige Boykott.

Kompromissbereit war meist Henriette die Erste, die einlenkte. Zu ihrer Mutter sagte sie dann erklärend:

„Ich muss da schon wieder ´rüber, schon wegen des Geschäfts. Woher sollen wir sonst Sägespäne holen?“

Das Interesse fürs Geschäft ließ bei Henri aber ganz schnell nach, wenn ihr Vater verlangte, dass sie Gewürze mahlen solle. Das hasste sie zutiefst.

In einer alten Kaffeemühle – so eine mit einer Handleier und einem Schubfach für das Mahlgut – wurden dann Pfeffer- oder Kümmelkörner zu Pulver gemahlen.

Herr König behauptete, diesen frischen Gewürzen sei der einzigartige Geschmack seiner beliebten Königssalami zu verdanken.

Missmutig saß Henriette dann auf dem Küchenstuhl, die Mühle zwischen die Oberschenkel geklemmt. Eine Füllung zu mahlen dauerte schon meist eine halbe Stunde.

Mit dieser Zeit hätte man wirklich was Schöneres anfangen können.

Solidarisch saß meist Susanne auf dem anderen Küchenstuhl und dachte sich lustige Geschichten aus.

Ein weiterer Grund für Henris schnelles Einlenken mit Susi, war die Toilette bei Feldmanns.

Sie vermied so gut wie möglich, auf Opa Hupels Klo zu gehen.

Bei Feldmanns gab es zwar auch nur ein Plumpsklo, aber es war neu gebaut.

Es roch noch nach dem frischen Holz. Außerdem stellte Frau Feldmann immer Behälter mit Duftmischungen auf.

Das Klo hatte zwei Kabinen, so dass sie gleichzeitig jede in einer Zelle sitzen und immer noch durch die Bretterwand zusammen quatschen konnten.

Sollte dann gerade einer der Werkstattmitarbeiter ein Bedürfnis haben, schickte ihn Susi mit dem Ruf zurück: „Männer können auch in den Garten pinkeln gehen.“

Der Sommer ging vorbei und die Aufregung stieg.

Die Schuleinführung stand für die drei Großen bevor.

Susi war richtig sauer, weil sie von dieser Aktion noch ausgeschlossen wurde. Sie behauptete mehrfach, mindestens so schlau zu sein wie die Freunde. Das konnte man auch nicht von der Hand weisen. Zumindest im Vergleich mit der Entwicklung von Doris konnte man das gelten lassen.

Doris war in allem noch sehr verspielt und naiv. Heute würden Schulpsychologen ihrer Einschulung mit sechs Jahren nicht zustimmen.

Auf den Fotos mit ihren Zuckertüten und Zahnlückenlachen durfte Susanne natürlich nicht fehlen.

Auch wenn ihre Schultüte den Umständen entsprechend kleiner ausfiel, zeigte sie sich doch endlich versöhnt.

Henriette, Doris und Rolf besuchten dieselbe Klasse.

Von Beginn an hatte Henri eine freiwillige Patenschaft für Doris übernommen.

Sie half ihr, wo immer es nötig war. Das Pausenbrot wurde zu Hause schon gleich für zwei bereitet und auch Rolf bekam ab und an seine Knackwurst, auch ohne Roller, der Vertrag war ausgelaufen.

Die lustigen Schiefertafellappen, die aus den Schulranzen herausbaumelten, strickte Doris Oma.

Henriette besaß ein großes Herz und ihr Mitleid mit Doris, die ohne einen Papa aufwachsen musste, machte sie sehr traurig.

Wie konnte sie ahnen, dass ihr selbst viel Schlimmeres bevorstand?

Rolf distanzierte sich immer mehr von den Freundinnen. Im heutigen Sprachgebrauch würde man den Umgang mit Mädchen in diesem Alter als uncool bezeichnen.

Aber auch in den Fünfzigern wurden die Jungs für solche Kontakte ausgelacht.

Zur Strafe stellte Henriette die Wurstlieferungen ein.
Susanne hing ein wenig in der Luft.
Sie hatte den Stundenplan ihrer Freundinnen genau im Kopf und versäumte es keinen Tag, die Anderen von der Schule abzuholen.
Sie ließ sich lückenlos über den Lernfortschritt unterrichten. Meist wohnte sie bei der Anfertigung der Hausaufgaben geduldig bei.
So wunderte es auch niemanden, dass Susanne im Folgejahr mit noch nicht ganz sechs Jahren eingeschult wurde.
Doris wurde ihre Klassenkameradin. Die Schulleitung empfahl ihrer Mutter, einer Wiederholung der ersten Klasse zuzustimmen.

Noch immer verabredeten sie jeden Nachmittag gemeinsame Spiele, an denen sich manchmal auch Rolf wieder beteiligte, wenn auch seltener.
Begeistert hatten sie ein Angebot von Herrn Feldmann aufgenommen. Er erlaubte ihnen, in seinen Holzstapeln zu spielen.
Auf dem Gelände war ein riesengroßer Lagerplatz für Holzbretter. Sie wurden in Stapeln von etwa zwei Metern in der Höhe gestapelt und die Bretter selbst waren vier bis sechs Meter lang.
Damit das Holz gut durchlüften konnte – denn es musste immer ein paar Monate lagern – war jede Schicht von der anderen mit schmalen Leisten getrennt.
An einem Ende waren die Bretter des Stapels immer bündig, auf der anderen Seite ergaben sich ganz unterschiedliche Längen.
Sofort erkannten die Mädchen ein Riesenpotential. Ihre Phantasie schlug wahre Purzelbäume.
Die Holzstapel ergaben mit ihren ungleichen Bretterlängen ideale Vorlagen für richtige Wohnungen.
Eifrig wurden Wohnzimmer und Küchen eingerichtet. Mit wenigen Hilfsmitteln wurden Tische, Bänke und Regale gestaltet. Sie hatten eine begehbare Puppenstube geschaffen.
An solchen Tagen sagte Herr Feldmann zu seinen Mitarbeitern: „Die haben ja mal wieder ihren Spaß. Ich fürchte, für die nächste Zeit können wir dieses Holz nicht verarbeiten. Nicht auszudenken, was ich auszuhalten hätte, wenn ich diese Konstruktionen zerstörte.“

Er achtete oft beim Stapeln der Holzbretter schon im Vorhinein auf die Entstehung optimaler Lücken – vorrangig natürlich vor allem auf Standsicherheit.

Nicht nur einmal hatte er auf Susis Anweisung das eine oder andere Brett mit der Säge gekürzt.

Wenn sie nur nicht der Perfektion verfallen wären!

Alles sollte so werden, wie in Doris Puppenhaus. Sitzkissen, Tischdecken und Geschirr verschwanden aus den jeweiligen Wohnungen. Als die imaginären Fenster von wunderschönen, duftigen Gardinen umspielt wurden, konnte Frau Feldmann ihren Ärger nicht länger zurückhalten. Die Arme in ihre breiten Hüften gestützt, baute sie sich vor ihrem Mann auf:

„Das geht jetzt entschieden zu weit, die Gören haben aus der Veranda die Gardinen geklaut und in ihrer Bretterbude angebracht. Sprich endlich mal ein Machtwort!"

„Ja Schatz, aber mit *dir*. Sei froh, dass sie so schön spielen können. Sie machen doch sonst keine Probleme. Ich kauf dir neue Gardinen, viel schönere."

„Ja, ja, lass sie nur. Das höre ich immerzu von dir, was soll nur aus Susanne werden, wenn du ihr immer alles erlaubst?", meinte sie resigniert.

Als dann Frau Feldmann außer Sicht war, zitierte er die Mädchen zu sich. Er versuchte, sehr streng auszusehen und drohte mit dem Zeigefinger:

„Wo habt ihr die Gardinen für eure Villa her?"

„Aus der Veranda", antwortete Susanne kleinlaut.

„Habt ihr gefragt?"

„Nein, Mutti war gerade nicht in der Nähe."

„Aha, sie war also tagelang unterwegs, so dass du sie nie treffen konntest?"

„Nein, ich weiß, ich hätte sie fragen müssen. Ach Papipaps, ich werde jetzt immer erst fragen, bevor ich was klaue."

„Dummkopf, wenn du fragst, ist es nicht geklaut. Ich will so was nie wieder erleben!" Man konnte ihm ansehen, dass er sich das Lachen kaum noch verkneifen konnte.

„Wer hat euch die Gardinen denn eigentlich angebracht?"

„Da hat uns Erika geholfen; aber schimpf sie nicht, die hat gedacht, wir hätten die Erlaubnis.“

Als Prinzessin in der Sänfte

Damals, zu der Zeit, als das Wünschen noch geholfen hat, hab ich mir eine schöne zierliche Figur und lange und lockige Haare ausgesucht. Ich war 8 Jahre alt und in meinem knallrosa Seidenkleid eine wunderschöne Prinzessin. Das Kleid war das schönste im ganzen großen Saal. Die Puffärmel und Rüschen waren mit weißen Borden besetzt und überall zierten kleine weiße Kunstblumen die rosa Seide.

In dem blonden Haar steckten Spangen und Kämme aus purem Gold und vielen Edelsteinen.

Zwei hübsche junge Bedienstete halfen mir beim Einsteigen in die Sänfte, deren Kissen ganz in weiß gehalten waren, um die Harmonie zu meinem Kleid nicht zu stören.

Zwei weitere junge Männer kamen noch dazu und die vier hoben die Sänfte vorsichtig an, um mich den roten Teppich entlang zu tragen.

Der Saal des Schlosses war voller prachtvoll gekleideter Menschen, die mich alle sehr huldvoll mit Verbeugungen grüßten.

Ein „Ah“ und „oh“ war von vielen Seiten zu hören und vom Thron ganz weit vorn rief der König durch die Halle: „Ach seht nur, da kommt meine hübsche kleine Prinzessin. Sie ist unser lieber Besuch aus dem Nachbarreich. Ist sie nicht wunderschön!?“

Da entbrannte sogar Beifall und ich saß aufrecht und ernsthaft – der Situation angemessen – in meiner Sänfte.

Die vier Träger gingen in gewichtigen Schritten über den roten Samt, der jedes Geräusch schluckte. Nur aus den Augenwinkeln konnte ich ihre Schönheit bewundern und verliebte mich gleich in alle vier, auch wenn sie meiner unwürdig waren.

Ich fühlte mich so wohl und angemessen gewürdigt, dass keine weiteren Wünsche offen blieben.

„Henriiii, Henriiii!“, hörte ich da meine Freundin Susi rufen.

„Ist die denn verrückt, man kann doch hier nicht so rumschreien“, dachte ich entsetzt.

Ich sah sie ganz hinten an der Tür stehen, unscheinbar und unangemessen gestikulierend. „Henriii, Henriii“, brüllte sie wieder los.

Ich sah vorsichtig nach allen Seiten, ob die anderen denn diese Peinlichkeit auch bemerkten. „Die hat aber wirklich kein Benehmen. Weiß sie denn nicht, wie man sich in solch vornehmen Kreisen bewegt? Mein Gott, war das peinlich.“

„Henriiiiiiiiiii!“

Da wurde ich wach. Aus der Traum von der schönen Prinzessin.

Ich hörte jemanden ganz laut schreien:

„Henriiiiiiiii!“

Ich stand auf und öffnete das Fenster. Meine Freundin stand ungeduldig unten und wartete darauf, dass wir endlich spielen konnten. Ich hatte verschlafen.

Von oben herab herrschte ich sie an:

“Weißt du, du Trampel hast aber auch so gar kein Benehmen!“

Familiengeheimnisse

Eines Tages war Henriette mit vielen Verwandten auf einer Hochzeitsfeier und wurde mit ihrem Cousin Horst an einen Extratisch gesetzt. Die Erwachsenen tranken Alkohol und wurden immer lauter und immer lustiger.

Irgendeiner setzte freudig zum Erzählen an, da verlangte ein anderer von den zwei Kindern, dass sie draußen spielen gingen.

Horst wusste aber sehr altklug: „Die erzählen sich jetzt unanständige Witze, die wir nicht hören dürfen." Daraufhin schlichen beide vor die Tür, legten abwechselnd Augen und Ohren ans Schlüsselloch, bekamen auch Gesprächsfetzen mit, mit denen sie aber absolut nichts anfangen konnten.

Die Gesellschaft wurde schließlich immer ausgelassener und enthemmter, so dass die beiden dann gar nicht mehr des Raumes verwiesen wurden, man hatte sie schlichtweg vergessen.

Mit hochroten Köpfen hatten sie sich unauffällig in eine Ecke verkrümelt, hörten jedes Wort aber verstanden gar nichts, als würde in einer fremden Sprache gesprochen.

Horst hatte von irgendwoher eine Flasche Kirschlikör organisiert. Er war stolz auf seine Heldentat, keiner hatte etwas bemerkt.

Henriette nahm davon nur einen kleinen Schluck, es schmeckte ekelig.

So hatte Horst die ganze Flasche für sich und entwickelte den Ehrgeiz, diese auch allein zu bewältigen.

„Ich weiß gar nicht, was du hast, der schmeckt toll."

Er stand noch einmal auf und organisierte seiner Cousine ein Glas Eierlikör. Der schmeckte ihr besser.

Mit Kartenspielen und Berichten über ihren Schulalltag als Dritt- und Fünftklässler verging die Zeit. Sie beobachteten dabei auch die Hochzeitsgesellschaft und machten ihre Bemerkungen.

„Hast du gesehen, wie mein Vater deiner Schwester immer in den Ausschnitt guckt?", wundert sich Horst.

„Ja, Marion ist das scheinbar peinlich, sie traut sich aber nicht, etwas zu sagen. Meine Mutter ist scheinbar schon eingeschlafen, sie lehnt ihren Kopf so an die Schulter von meinem Vater."

„Nein, sie hat ihn gerade auf die Wange geküsst.“

Im Nebenzimmer stand ein Pärchen im Türrahmen und knutschte ungeniert. Er hatte seine Hände ständig an ihrer Brust und sie kicherte dämlich.

Sie konnten ihre Blicke nicht von ihnen wenden, bis die beiden heimlich verschwunden waren.

Henriette schreckte plötzlich von einem Knall erschrocken auf.

Horst war mit dem Kopf auf den Tisch aufgeschlagen und vom Stuhl gerutscht.

Schnell lief sie zu ihrem Vater und zeigte nur mit dem Finger in die Ecke, in der sie gesessen hatten.

„Ach du meine Güte“, rief er erschrocken aus. „Ihr solltet doch längst im Bett sein, es ist schon fast zwölf Uhr!“

Er blickte hilfesuchend zu Evelyn, die sich gerade angeregt mit dem Brautpaar unterhielt.

Sie hatte sogleich die Situation erfasst und sprang auf, um in Horst Richtung zu laufen. „Danke Schatz!“, rief ihr Herr König zu.

Horst hatte sich aufgerappelt und blickte völlig beschämt in die Runde.

Dass ihm nun auch noch seine Cousine Evi helfen wollte, war ihm besonders peinlich. Er war bis über beide Ohren in sie verliebt.

Evelyn nahm ihn an der Hand und ihre Schwester an die andere. So schlenderte sie ohne weiteres Aufheben mit den beiden nach draußen.

„Es ist nichts passiert, alles ist gut. So etwas kommt schon mal vor. Ich bring euch in eure Zimmer“, erklärte sie lachend und schob sie vor sich die Treppe hinauf.

Oben flüsterte sie ihrer Schwester zu: „Geh schon mal alleine rein, ich komme gleich nach.“

Sie begleitete Horst in die Nachbarkammer und wartete, bis er sich bis auf die Unterwäsche ausgezogen hatte.

„Waschen und Zähneputzen ersparen wir uns heute mal“, erlaubte sie großzügig. Schnell war er unter die Decke geschlüpft.

Sie küsste ihn auf die Stirn und er war selig.

„Ist dir irgendwie schlecht?“, wollte sie noch wissen.

„Nein, nein, alles gut.“

„Na dann schlaf schön.“ Sie war fast draußen und drehte sich noch einmal kurz um:

„Unter dem Bett steht ein Nachttopf, falls dir doch noch schlecht wird, oder du musst mal. Da brauchst du nicht über den Hof."

Er nickte nur etwas beschämt.

Dann kam Evi zu ihrer Schwester. Von der war nur noch die Nasenspitze unter der großen, dicken Federdecke zu sehen.

„Ich hab mich nicht gewaschen und auch keine Zähne geputzt", beichtete sie schuldbewusst.

„Es ist hier so schweinekalt." (Tatsächlich machte der Atem richtige Wolken in der Luft)

„Das geht für heute durch", sagte Evelyn lachend. „Mach dich nicht zu dick. Marion und ich kommen heute irgendwann auch noch in das Bett. Und… unter dem Bett steht ein Nachttopf, falls du den brauchst.

Bis später Schwesterlein, schlaf gut."

Dann war sie auch schon verschwunden.

Diese Feier war ein Anlass, bei dem Henriettes Schwester Evelyn wieder einmal zugegen war.

Seltsamerweise war sie nicht täglich – so wie Marion – mit im *Königspalast*. Henriettes Fragen danach wurden niemals zufrieden stellend beantwortet.

Die Schwester ihrer Freundin Susanne und auch die beiden Brüder ihres Spielkameraden Rolf wohnten immer bei ihren Eltern. Warum kam Evelyn nur an den Wochenenden und das nicht mal regelmäßig?

Henri hatte auch schon gesehen, dass ihre Mutti Tränen in den Augen hatte, wenn über Evelyn gesprochen wurde.

Wenn Evi dann da war und mit den Eltern und Geschwistern spazieren ging oder sie abends in der Küche Karten spielten, Bücher lasen oder gemeinsam sangen, schien alles wie in richtigen Familien zu sein.

Aber ein dunkles Geheimnis umgab ihre Schwester, sie traute sich einmal, sie direkt danach zu fragen und bekam eine sehr wichtigtuerische Antwort: „Wenn dir unsere Eltern das nicht erzählt haben, dann sollst du es auch nicht wissen." Mit gleichen Sätzen wurde sie abgespeist, als sie Oma Hupel oder auch die Mutter von Susi fragte: „Warte, bis du alt genug bist."

Als in der Schule das Thema „Familienverband" thematisiert wurde, berichteten alle, ob sie noch Großeltern und Geschwister hatten.

Auf die an Henriette gerichtete Frage nach der Anzahl ihrer Geschwister antwortete sie: „Manchmal eine Schwester und manchmal zwei."

Die Klasse lachte sie aus, die Lehrerin nickte und sagte nur kurz: „Ach ja, ich weiß, deine Schwester ist adoptiert."

Auch die anderen wollten nun wissen, was eine Adoption denn wäre und bei der behandelten Thematik konnte Frau Heider nicht ausweichen.

Sehr oberflächlich erklärte sie die Grundsätze einer Adoption, so dass Henri am Ende nur wusste, dass Evi wohl adoptiert worden war, aber wie, von wem, und vor allem warum?

Das musste zum Kuckuck doch 'rauszubekommen sein.

Ein kluger Trick sollte ihr dabei helfen.

„Mutti, wir nehmen in der Schule die *Familie* durch und ich soll einen Aufsatz über die Adoption von Evelyn schreiben."

„Was?" Erschrocken blickte Henriettes Mutter zu ihrer Tochter, die sich ob dieser Lüge gar nicht wohl in ihrer Haut fühlte. „Das kann Frau Heider nicht von dir verlangt haben. Wir hatten doch abgesprochen ... "

Schnell eilte sie aus dem Laden zu Max in die Wurstküche, um ihn darüber zu informieren.

Als sie zurückkam, sagte sie zu Henri: „Ich gehe morgen erstmal in die Schule, um mit Frau Heider zu sprechen."

„Ach nein, Mutti", stammelte Henriette verlegen, „Ich habe ein bisschen geschwindelt." Tränen standen ihr in den Augen. „Ich will doch nur endlich wissen, was es für ein Geheimnis mit Evi gibt, keiner sagt mir doch etwas!"

Zärtlich streichelte Frau König über das Haar ihrer Jüngsten. „Du hast ja Recht, du musst auch dieses schwarze Kapitel deiner Familie kennen. Vati sagt, heute zum Abendessen werden wir mit dir darüber reden, versprochen. Aber lüg mich bitte nicht wieder an, das kenne ich nicht von dir."

Erleichtert über den glimpflichen Ausgang der Angelegenheit und die zu erwartende Information rannte sie aus dem Laden und stürmte geradewegs zu ihrer Freundin Susanne.

Susi wunderte sich nicht schlecht, dass Henri an diesem Nachmittag alle halbe Stunde in ihres Vaters Werkstatt flitzte, um nach der Uhrzeit zu schauen. Auf ihre neugierigen Fragen bekam sie aber keine zufrieden stellende Antwort, denn die Freundin hatte *nur ein wichtiges Familiengespräch beim Abendessen* angegeben.

Es war Henriette fast peinlich, wie ihre Eltern abwechselnd, jeder mit einem anderen Gesprächsanfang, um das Thema herumredeten.

Es tat ihr leid, sie dermaßen unter Druck gesetzt zu haben.

Schließlich setzte sich ihr Vater aufrecht und gewichtig in seinem Stuhl zurecht.

„Also, du sollst und musst ja schließlich wissen, warum Evelyn nur an den Wochenenden hier sein kann. Es ist eine etwas komplizierte Geschichte, die tatsächlich gut zu deiner Schulthematik *Familienbande* passt und bei leibe nicht in jeder normalen Familie vorkommt. Aber haben wir jemals behauptet, eine normale Familie zu sein?“ Mit einem gewinnenden Lächeln schaute er auf seine Tochter, die angespannt lauschte und nur leicht den Kopf schütteln konnte.

„Wir haben unser erstes Kind recht spät bekommen. Als Marion geboren wurde, war Mutti schon sechsunddreißig Jahre. Eigentlich wollten wir gar keine Kinder und hatten uns entschlossen, im Ruhrgebiet ein eigenes Geschäft zu eröffnen. Es war Krieg, wir wussten nicht, ob ich nicht als Soldat eingezogen werden würde. In all diesen unsicheren Zeiten wurde dann zwei Jahre später auch noch deine Schwester Evelyn geboren und ich war tatsächlich im Krieg.

Das Geschäft wurde ausgebombt und völlig zerstört.

Mutti ging mit den beiden zurück nach Thüringen zu ihren Eltern, da sie kein anderes zu Hause mehr hatte. Bei der Oma lebten sie dann alle sehr beengt bis zum Ende des Krieges und meiner Heimkehr aus der Kriegsgefangenschaft. Du wurdest dann ein Jahr darauf geboren, kannst du dich *daran* noch erinnern?“ Wieder dieses verschmitzte Lächeln und im Moment hatte Henriette gar keinen Sinn für Scherze. Sie hatte so gespannt gelauscht und zum ersten Mal das Gefühl, tatsächlich ernst genommen zu werden.

„Ach Vati, so ein Quatsch, erzähl doch weiter!“, forderte sie ihn deshalb ungeduldig auf.

„Wir mussten uns hier ein neues Geschäft aufbauen, steckten alles Geld und alle Zeit in diese neue Existenz, so dass ihr drei oft zu kurz gekommen seid und wir vor allem viel zu wenig Zeit für Euch hatten. …

Ich befürchte, Du bist wirklich noch zu klein, um das alles zu verstehen", unterbrach er sich erneut und setzte dann seufzend fort:

„Tante Klara und Onkel Otto dagegen sehnten sich nach Kindern, sie konnten aber keine bekommen. Zu allem Unglück gab es in Onkel Ottos Familie einen heftigen Erbstreit, der ihm seine Erbanteile an dem Haus, dass er selbst erbaut hatte, streitig machte, wenn er selbst keine Erben – also eigenen Kinder – nachweisen konnte. Das war mehr als ungerecht.

So kam dann der Familienrat zu einer besonderen Aussprache zusammen.

Da sich alle immer gegenseitig halfen und auch gut verstanden, kam die Familie auf den Gedanken, eine von Euch dreien für Onkel Otto und Tante Klara zur Adoption freizugeben.

Im Krieg hatten ja auch die Oma und Tante Klara für deine beiden Schwestern gesorgt.

Und nach langem Hin und Her und Für und Wider wurde dann Evi ausgewählt, nach Saalfeld zu Lehmanns zu ziehen.

Glaub ja nicht, dass es uns leicht gefallen wäre, uns mit diesem Gedanken anzufreunden.

Es wurde vereinbart, dass Evi jederzeit nach Klingrode kommen könnte, wenn sie Lust hätte, dass sie nur der Form halber und halt für die Behörden Tante Klaras Tochter wäre.

Kurz gesagt, sie bleibt eine Königin, auch wenn sie nun Lehmann heißt."

Mit Entsetzen schaute Henriette ihre Eltern an. Sie hatte gar nicht gewusst, dass Evi einen anderen Nachnamen trug. Es überstieg ihre Vorstellungen, was das alles im Alltag mit sich brachte, anderer Leute Kind zu sein, wenn man doch in Wahrheit eine Königin war.

Da sie gerade ein Buch über Sklavenhaltung las, stellte sie sich die schrecklichsten Szenen vor. Ihr war schon klar, dass sie mit ihren zehn Jahren nicht alles begriff, was Erwachsene tun.

Dennoch hatte sie das bestimmte Gefühl, dass dies etwas außergewöhnlich Schlimmes war.

„Lehmanns hätten auch ein anderes Mädchen kaufen können, da wäre Evi noch hier bei uns, wieso habt ihr sie hergegeben!"

Henriette war wütend und traurig. Erst als sie bemerkte, dass ihre Mutter bitterlich weinte, streichelte sie ihr über 's Haar und sagte jovial und altklug: „Na, ihr hattet sicher eure Gründe. Können wir morgen nochmal drüber reden, ich muss nachdenken.“

Ihr Vater legte ihr die Hand auf die Schulter: „Geh jetzt erst mal schlafen, sicher hast du morgen noch Fragen dazu, über die wir reden können.“

Rasch ging er zurück und nahm seine Frieda in die Arme, die heftig schluchzte und sich gar nicht mehr beruhigen wollte.

Der Gemütszustand ihrer Mutter machte Henri zutiefst traurig. Sie war schuld daran. Durch ihre blöde Fragerei war das alles so gekommen. Aber hatte sie nicht das Recht, auch diese intimen Familiengeheimnisse zu kennen? Sie wollte nicht, dass ihre Eltern traurig waren, am wenigsten durch ihre Schuld. Und sie konnte nicht wissen, dass die beiden nichts, aber auch gar nichts dazugelernt hatten, dass sie diesen Fehler noch einmal begehen würden und es dann sie selbst treffen sollte.

Sie konnte nicht einschlafen. Sie musste selbst heftig weinen und schmiss sich im Bett hin und her.

Marion war mit Freundinnen unterwegs, sie hatte niemandem im Nachbarbett, mit dem sie sich hätte austauschen können.

Vieles, worüber sie immer vergebens gegrübelt hatte, gab jetzt einen Sinn.

Neidisch hatte sie schon immer den Verdacht gehabt, Evelyn sei die Lieblingstochter ihrer Eltern.

An den Wochenenden, an denen sie nach Klingrode kam, gab es immer besondere Speisen, meist solche, die Evi halt besonders mochte. Sie konnten ihr auch kaum einen Wunsch abgeschlagen, wenn irgend möglich wurde er erfüllt. Marion nutzte diese Tatsache oft ganz clever aus, oft auch mit ihr selbst im Komplott.

„Wir lassen einfach mal die Evi fragen, ob wir nicht an diesem Wochenende zum Stausee fahren können.“ Und prompt fuhren sie.

„Das muss ich morgen alles mit Susi bereden“, dachte sie, „auch wenn die halt noch sehr klein ist und noch nicht alles versteht, ich muss es jemandem erzählen.“

Gedanklich bei dieser Lösung angekommen, schlief Henriette dann doch ein. Sie hörte auch gar nicht, als Marion nach Hause kam.

Am nächsten Morgen fragte diese dann nur: „Was war denn gestern los? Mutti sah total verheult aus und Vati war kurz angebunden, als ich fragte.“

„Ich hab jetzt endlich das Geheimnis mit Evi erfahren“, antwortete Henri großspurig.

„Ach du großer Schreck, da haben sie sich natürlich wieder aufgeregt!“

„Meinst du, ich hätte nicht fragen sollen, ich hätte es nicht wissen sollen?“

„Nein!“ Marion war ganz wütend. „Sie hätten Evi einfach nicht weggeben dürfen, das ist allein ihre Schuld!“

„Erzähl mir doch bitte mehr davon, ich weiß ja noch nicht viel.“

„Nein Kleine, das sollen die mal selber machen. Ich hab jetzt auch keine Zeit, muss zur Arbeit, sonst komme ich zu spät.“ Und weg war sie. Auch für Henriette wurde es Zeit, sich für die Schule fertigzumachen.

Sie lief im Nachthemd durch den kalten Flur, um sich in der Küche einen Krug mit warmem Wasser zu holen.

Den hielt ihre Mutter ihr schon entgegen und strich ihr zärtlich übers Haar. Henri reckte sich zu ihr hoch für ein liebevolles Küsschen.

„Gottseidank, alles ist wieder gut“, dachte sie erleichtert.

„Stell den Krug nochmal ab, ich muss schnell noch auf Toilette.“

Sie rannte aus dem Raum.

„Zieh dir doch nur eine Jacke über, wenn du über den Hof rennst!“, rief ihr Frau König streng hinterher, aber da war sie schon draußen.

Ach! Dieses scheußliche Plumpsklo. Tante Klara hatte in Saalfeld wenigstens ein richtiges Wasserklosett – und Bad! Das war aber auch das Einzige, worum sie Evelyn beneidete.

Auf dem Rückweg zu ihrem Schlafzimmer griff sie sich schnell den Wasserkrug und das frische Handtuch und die Seife, die ihre Mutter danebengelegt hatte.

Sowohl Seife wie Handtuch waren von der Luxussorte. Das heißt, sie waren im letzten Westpaket gekommen. War das ein Beschwichtigungsversuch? „Ja, alles ist gut!“, bestätigte sie sich noch einmal.

Im Zimmer war es kalt, deshalb wurde die Wäsche ziemlich schnell erledigt. In der Waschschüssel kühlte sich das Wasser auch sofort ab.

Nur wenige Häuser verfügten damals bereits über Badezimmer wie die Puppenstube von Doris.

Deshalb waren die Waschplätze meist in den kalten Schlafzimmern.

Oma Hupel hatte den Waschkrug mit dazugehöriger Schüssel und Zahnbecher aus ihrem Bestand geschenkt.

Das Porzellan zierte ein Kranz handgemalter roter Rosen, die bei der Verwendung der besonderen Seife nun zu duften schienen.

Versonnen blickte Henriette in den kleinen Wandspiegel. Sie hätte in diesem Moment gern gewusst, wie es ihrer Schwester in Saalfeld gerade ging und ob sie glücklich war.

Der Mensch braucht ein Plätzchen und wär's noch so klein…

Eher, als ihr lieb sein sollte, würde sie das erfahren.

Der Schulranzen war bereits gepackt. Henriette war eine sehr gewissenhafte und eifrige Schülerin. Alle anstehenden Aufgaben erledigte sie sofort.

Sie hatte Freude am Lernen und an der Schule im Allgemeinen.

Die Ferien dauerten ihr deshalb immer zu lang, und sie bereitete die neuen Schulbücher und Hefte spätestens in der vierten Woche vor.

Das ganze Jahr über war sie auf der Suche nach ausgefallenem Papier, in das sie die ihre Bücher einbinden wollte.

Weder ihre Eltern noch ihre Schwestern mussten ihr dabei Hilfestellung leisten. Sie hatte ihre Freude an ordentlichem Arbeitsmaterial und erntete dafür schon auch einmal Spott von einigen Mitschülern. Viele äußerten auch, sie sei eine Streberin.

Sie sah sich selbst nicht so. Es war ihr eigentlich auch egal, was diesbezüglich die Anderen dachten.

Jedenfalls hatte sie zu dem neuen Schulstoff *Familienbande* eine Menge mitzuteilen.

Dinge, die in den Familien ihrer Mitschüler nicht vorkamen.

Aber sie hatte auch das Gefühl, dass sie darauf nicht stolz zu sein brauchte.

Aus dem geöffneten Kleiderschrank nahm sie ihr Lieblingskleid und aus der unteren Schublade ihre neuen roten Schuhe.

Ihre Schuhe*!* Keine getragenen von Evi oder gar Marion! Ihre eigenen Schuhe!

Das war selten genug. Naturgemäß trug sie die Kleidung ihrer älteren Schwestern ab. Wenn ein Kleid von Evi sie von Muster und Machart so richtig nervte, und sie hatte es endlich verwachsen, tauchte das gleiche Kleidungsstück noch einmal auf – nur eine Nummer größer.

Ihre Schwestern waren altersmäßig nur drei Jahre auseinander und oft gleich gekleidet.

(so wie in dem Lied *„sie war das Kind Nr. zehn in einer family*“)

Wenn Henri Glück hatte, gab es die größere Nummer dann wenigstens in einer anderen Farbe. So kurz nach dem Krieg musste jeder mit dem Geld haushalten.

Auch ihre Mitschüler waren recht bescheiden angezogen und Mode spielte überhaupt keine Rolle. So hatten viele Jungs einfach lange Strümpfe an, die mit an einem Leibchen baumelnden Gummibändern (heute Strapse) festgehalten wurden.

Dazu diente im Original ein Gummihalter. Der hielt aber nicht viel aus und wurde bei Verlust einfach mit einer kleinen Geldmünze ersetzt.

Am lustigsten sah dieser Aufzug zu kurzen Hosen aus, wenn dann noch ein Stück nacktes Bein herausschaute.

Aber die roten Schuhe – das waren *ihre* Schuhe!

Schon seit zwei Wochen hatte sie sich die Nase am Schaufenster plattgedrückt. Da hatte ihre Mutter nicht widerstehen können und war mit ihr in das Geschäft gegangen.

Ein ganz klein wenig waren sie zu eng. Sie verkniff sich den leichten Schmerz und eine Bemerkung dazu. Im Regal hatte sie gesehen, dass die nächste Größe nur in einem schäbigen grau vorrätig war. Nein, sie wollte die roten! Also: Zähne zusammen beißen!

Der Schulweg war kurz, in nur fünf Minuten war die Tortur vorbei. Im Unterricht saß man meist still auf der Bank.

Da Eltern aber seltsamerweise immer alles merken, ahnte Frau König die Pein schon, als sie ihre Jüngste beim Nachhauseweg am Schaufenster vorbeischleichen sah.

„Die Schuhe drücken doch, oder?“, wollte sie gleich bei der Begrüßung wissen.

Henriette nickte nur sehr schuldbewusst: „Tut mir leid.“

„Na, das hätten wir uns sparen können!“ Frau König war ärgerlich.

„Bring sie rüber zu Susanne die freut sich sicher und ich will sie hier nicht mehr sehen.“

Henriette schlich sich wenige Minuten später mit den schönen roten Schuhen zur Freundin.

„Magst du Eierkuchen mitessen?“, empfing Susanne sie schon am Hoftor.

Henri sauste die paar Schritte zum Fleischerladen zurück und rief an der Ladentür:

„Mutti, ich esse Eierkuchen bei Feldmanns!“

Achselzuckend erklärte Frau König den anwesenden Kundinnen: „So geht das immer bei den beiden. Sie essen immer dort zu Mittag, wo es ihrem Schnabel gerade recht ist. Ich muss dann wenigstens abends Salat machen, damit sie auch mal Vitamine kriegt.“

Das erheiterte die Kundinnen und Frau Hebestreit meinte: „Also, wenn ich hier zu Hause wäre, ich würde mich lieber von der leckeren Wurst ernähren.“

„Wenn man ständig drum herum ist, mag man sie nicht mehr so. Henriette stirbt für Kuchen.“

Es kam das nächste Wochenende. Evelyn radelte gerade wie eine Besessene zum Hoftor herein, als Henriette vom Spielen kam.

Sie konnte sehen, dass Evi geweint hatte. Sie sah sehr verheult aus.

Aus Saalfeld kam Evelyn immer mit einem Zug, in dem sie ihr Fahrrad mitnehmen durfte. So war der Weg vom Bahnhof in den Nachbarort nur kurz.

Evi sprang vom Rad, umarmte ihre kleine Schwester kurz und nahm sie gleich an der Hand.

„Komm mit rein, ich muss mit euch allen reden.“ Schon wieder schossen die Tränen. Es würgte arg in ihrem Hals, als sie die Eltern und Marion atemlos begrüßte.

„Ich gehe auf gar keinen Fall mehr da ′rauf!“, war der erste kategorische Satz, den sie ausstieß. „Und wenn ihr euch auf den Kopf stellt und mich persönlich ′raufschafft. Ich hau wieder ab!“

„Was war los Schatz? Beruhige dich doch erst einmal. Du musst nirgendwo hin, wenn du nicht willst“, stotterte Herr König erschrocken und nahm sein siebzehnjähriges Mädchen auf den Schoß. Ganz langsam konnte Evelyn Sätze bilden und immer wieder schluchzte sie dabei auf, dass es ihren ganzen Körper erzitterte.

Die Schwestern und ihre Mutter konnten ihre Tränen auch schon nicht mehr zurückhalten, obwohl sie noch nicht wussten, worum es ging.

Allein Evelyns Anblick rührte sie zu Tränen. Ihr Bericht war niederschmetternd.

„Ich war mit meiner Freundin im Kino. Zugegeben, es waren auch noch zwei Jungs dabei, die Traudel aus der Berufsschule kennt. Wir hatten einen Riesenspaß zusammen und trödelten auf dem Heimweg. Es war inzwischen dunkel geworden und wir setzten uns noch alle vier auf die Gartenmauer. Wir hatten zwei Pärchen gebildet: Traudel und Leo, Wilfried und ich. Vati, wir sind schon siebzehn! Da darf man sich doch auch mal küssen, oder?“, unterbrach sie sich empört und schaute ihren Vater herausfordernd an.

„Aber klar doch!“, riefen Herr König und Marion wie aus einem Munde.

„Ja, und da tauchte Onkel Otto auf einmal aus der Dunkelheit auf. Er musste den ganzen Weg schon hinter uns hergelaufen sein.

Er gab zuerst mir und dann Wilfried eine Ohrfeige und schrie ihn an: ′Lass die Finger von dem Mädchen, die ist viel zu jung für deine Schweinereien. Lass dich ja nicht noch einmal hier blicken!

Traudel hatte schon damit gerechnet, dass auch sie und Leo eine fangen würden. Das hat sie mir heute früh gesagt.

Also; mich packte er dann am Arm und zerrte mich zur Haustür und in die Wohnung.

Ohne irgendeinen Kommentar ging ich schnurstracks in mein Zimmer und ohne Abendtoilette warf ich mich aufs Bett und habe – ich weiß nicht wie viele Stunden geheult.

Vor der Tür, ich hatte sie abgeschlossen, hörte ich ihn winseln: ′Sei mir doch nicht böse, ich will doch nur dein Bestes, ich will dich doch nur beschützen.′

Dazwischen schrie Tante Klara: ′Lass sie in Ruhe du alter Bock. Ich muss sie wahrscheinlich vor dir beschützen als vor irgendwem. Meinst du, ich merke nicht, wie du ihr nachstellst, wie du durch das Schlüsselloch stierst, wenn sie sich wäscht oder umzieht?′

Dann hörte ich die Küchentür knallen und sie stritten drinnen weiter. Zwar sehr laut, aber ich konnte die Worte nicht mehr verstehen.

Heute früh bin ich zuerst – ohne Lehmanns Bescheid zu sagen – zu Traudel gefahren.

Ihre Mutter hat mir Frühstück gemacht und wir haben eine Weile beraten. Da beschloss ich, gleich zu euch nach Klingrode zu kommen, die wissen nicht, wo ich bin."

„Das brauchen sie auch nicht zu wissen, sie sollen sich ruhig Sorgen machen", kam es aufbrausend von Marion.

„Sie kann doch hierbleiben? Für immer, meine ich? Sie kann doch da nicht wieder ′rauf. Das ist doch nicht das erste Mal, dass der so ausflippt!"

Marion nahm liebevoll Evis Hand und streichelte sie fürsorglich.

„Ich kann auch gut bei Oma Hupel schlafen", bot Henriette an. „Dann kann Evi mit zu Marion ins Zimmer. Sie kriegt auch meinen Kleiderschrank." Evelyn lächelte alle dankbar an. „Ihr seid wirklich meine Familie. Da oben wird man nicht einmal in den Arm genommen oder so…"

Frau König hatte die ganze Zeit nur stumm weinend und zunehmend entsetzt zugehört.

„Wie kann meine Schwester nur das alles zulassen. Sie hat nie etwas gesagt", murmelte sie kaum hörbar. „Wir wollten Gutes tun und haben unser Kind so unglücklich gemacht. Das wird ab sofort ein Ende haben, das verspreche ich dir!"

Und was für ein Ende das hatte. Das sprichwörtliche „Ende mit Schrecken". Und obendrein einen schrecklichen Neuanfang; für alle Familienmitglieder.

Wohl noch in dieser Nacht gab es Beschlüsse, in die Henriette – aus den verschiedensten Gründen – erst viel später eingeweiht wurde.

Die Tatsachen sprachen für sich. Eines Morgens kamen ihre beiden Schwestern nicht zum Frühstück herunter. Henri rief sie mehrfach, doch als sie keine Antwort erhielt, stürmte sie ins Schlafzimmer der beiden. Die Betten waren leer und ordentlich gemacht. Einem Impuls folgend öffnete sie die Türen des Kleiderschrankes – leer. Die Kommodenschubladen – leer.

Zurück in der Küche erkannte sie im Gesicht ihrer Eltern eine traurige Spannung, ja sogar Furcht in ihren Augen.

Die Nachricht, die sie dann erhielt, machte sie unfähig, einen klaren Gedanken zu fassen.

Alle drei saßen apathisch da, konnten nichts anrühren und trauten sich kaum, sich in die tränennassen Augen zu schauen.

Schließlich hob Herr König seine Jüngste auf seinen Schoß und versuchte, scherzhaft Trost zu spenden: „Sei nicht so traurig. So bist du für eine lange Zeit die einzige Prinzessin im Königshaus."

Was war also passiert?

Evelyn hatte sich geweigert, nach Saalfeld zurückzukehren. Herr König erfüllte seiner Lieblingstochter jeden Wunsch; fast noch, bevor sie ihn aussprach.

Um das Gesicht gegenüber Frau Königs Schwester zu wahren und ein gegebenes Versprechen nicht zu brechen, musste nach einer – für alle akzeptierbaren Lösung gesucht werden. Marion fand sie. In ihrem Freundeskreis war es üblich, für eine begrenzte Zeit nach dem Westen zu gehen. Die jungen Leute besorgten sich dort Jobs und billige Wohngelegenheiten. Sie lebten spartanisch und sparten sich Geld. Von dem Geld erfüllten sie sich Wünsche, die in der DDR – es war das Jahr 1956 – für sie unerreichbar waren.

Marions Freunde Herbert und Dieter – beide aus Klingrode – besaßen nach relativ kurzer Zeit schicke Motorräder. Die Mädchen investierten meist in ihre *Aussteuer*, indem sie herrliche bunte Handtücher und Bettwäsche, aber auch modische Kleidung erwarben.

Marion hatte insgeheim schon mit dem Gedanken gespielt, auch diesen Weg zu gehen, fand aber nicht wirklich den Mut. Jetzt war es eine Notwendigkeit, ein hilfreicher Dienst, den sie ihrer Familie erweisen konnte.

Ganz automatisch erhob sich die 20jährige zur Beschützerin ihrer 17jährigen Schwester.

Eine Welt geht unter

Ein Stück ums andere, ohne Getöse. Um das Königshaus herum schien das Leben wie gewöhnlich weiter zu gehen. Alle bemühten sich um einen normalen Alltag.

An diesem Morgen danach stand Henriette am geöffneten Fenster. Das Dorf erwachte gerade zum Leben. Leute auf Fahrrädern fuhren zur Arbeit, Hunde wurden zum ersten Tagesausflug Gassi geführt. Die Pflastersteine glänzten feucht nach dem Regen der Nacht. Im Licht der Laterne vor ihrem Fenster beobachtete sie den Regen in dünnen Fäden vorbeirinnen.

Oder waren es Tränen? Ihre Wangen waren auf jeden Fall nass.

Noch lange hatten sie gestern über die bevorstehenden Veränderungen in der Familie gesprochen.

Heute hing an der Ladentür ein Schild „Wegen Familienangelegenheiten vorübergehend geschlossen." Henri ging nicht zur Schule: Trauertag.

Die vordringlichsten Sorgen der Eltern kreisten darum, ob die Mädchen gut im Ruhrgebiet angekommen waren. Zum Glück gab es Freunde in Essen, Freunde aus ihrer eigenen Jugendzeit. Über viele verschlungene und geheimnisvolle Wege hatten Königs wieder Kontakt zu ihnen gesucht und das Kommen von Marion und Evelyn angekündigt.

Endlich, am späten Abend klopfte Herr Mayer – der Gastwirt von nebenan – ans Küchenfenster

Voller Bange ging Herr König zu ihm nach draußen und kam sichtlich erleichtert wieder zurück. „Sie sind gut angekommen und lassen grüßen. Sie werden schreiben – an Hegels."

Herr König hatte Tränen in den Augen – Tränen der Erleichterung – und drückte stumm seine beiden Frauen. Augenblicklich atmeten alle drei auf und fühlten sich von einer großen Last befreit.

Wenigstens das war gut gegangen.

Die Eltern schärften Henriette zum wiederholten Mal ein, dass sie vorerst mit niemandem darüber reden solle. Ihre Schwestern waren im Urlaub, mehr wusste sie nicht. Obwohl sie in der vorangegangenen Nacht nur sehr wenig geschlafen hatte, war sie nicht müde.

Sie packte schon ihre Schulsachen für den bevorstehenden Tag zusammen und schrieb sich einen Merkzettel, dass sie ihre Mutter an eine Entschuldigung für ihr gestriges Fehlen erinnern wollte.

Dann stellte sie sich wieder ans Fenster. Sie hörte, wie in der Gaststätte nebenan Bierkästen und Tische gerückt wurden; die mussten auch aus dem Bett gefallen sein.

Dabei hatte sie noch lange die Kugeln auf der Kegelbahn rollen gehört. Die Wand der Anlage, die gleich neben der Gaststätte angebaut war, grenzte auch an die Außenwand ihres Hauses, an das Zimmer der Mädchen.

Sie erinnerte sich jetzt wehmütig daran, wie die Sonnabendabende immer abgelaufen waren. Herr König war mit seinen Freunden auf der Kegelbahn und man konnte den Lärm der fallenden Kegel und das Johlen der Männer gut hören, wenn man nach der Bachstraße zu aus dem Fenster schaute. Die drei Schwestern drängten sich mit Kissen unter den Armen an dem Fensterbrett, um die Vorgänge auf der Straße zu beobachten. Das war ihr Abendkino, denn es gab ja in diesen Jahren noch keinerlei Unterhaltungselektronik in den Haushalten.

Frau König hatte die Aufgabe, den großen Kessel in der Wurstküche anzuheizen, den Brühvorgang der frischen Bockwürste zu kontrollieren und das Feuer unter Beobachtung zu halten. Sobald die Würste ihre Garzeit erreichten, schickte sie Henriette, ihren Vater zu holen. Henri hatte noch gut in Erinnerung, dass ihr Vater sogar einmal gleich aus dem Fenster der Kegelbahn gestiegen war, als sie daran geklopft hatte.

„Da bin ich doch schneller“, meinte er schmunzelnd. Henri erkannte, dass ihr Vater wohl ziemlich betrunken war. Es imponierte ihr ungemein, dass ein erwachsener Mann zu solchem Blödsinn fähig war.

Nachdem Herr König dann selbst die Würste aus dem Kessel herausgenommen und fachgerecht aufgehängt hatte, bekamen alle ihre Ration. Die Mädchen warteten schon darauf. Jede hatte dann zwei frischgebrühte, noch warme, herrlich duftende Würstchen auf der Hand. Die wurden genüsslich während ihrer „Kinovorstellung“ verzehrt.

Auch Frau König genoss diese Delikatesse, während sie sich auf ihren eigenen Kneipengang vorbereitete. Sie suchte ihr Vergnügen im Kartenspiel. Doppelkopf war ihre Leidenschaft.

In einem voluminösen Emaille Topf schwammen eine große Anzahl Bockwürste, die der Fleischermeister für seine Kegelbrüder mit nach nebenan nahm. Alle waren zufrieden und entspannt.

Diese Abende würde es nun in dieser Form nicht mehr geben.

Die Nachricht, die Herr Mayer überbracht hatte, war per Telefon gekommen.

Die Gaststätte war das einzige Haus in der Straße mit Telefon. Telefonanschlüsse hatten eigentlich nur Parteigenossen oder ganz wichtige Personen. Darüber hatte sich Herr König schon vor langer Zeit so seine Gedanken gemacht. Er wusste, dass Hans Mayer kein Genosse war. Er kannte im Gegenteil seine politische Einstellung. Der Wirt hatte das dann gegenüber seinen engen Freunden aufgeklärt: „Ich bin eine wichtige Person. Die Gemeinde und auch die Partei wollen immer mal meine Lokalitäten nutzen, wenn sie Versammlungen anberaumen. Auch die Wahlveranstaltungen, die Ausgabe von Lebensmittelkarten, Renten usw. finden ja bei mir statt. Da muss ich erreichbar sein.“

Es war somit ein großer gegenseitiger Vertrauensbeweis, dass er für Königs in den Westen telefonierte. Niemand in der Nachbarschaft nutzte das aus; nur im äußersten Notfall wurde um so ein Telefonat gebeten. Es könnte Mayers in Schwierigkeiten bringen.

Gerlinde Hegel, eine gute Freundin von Frau König aus dem Nachbarort, kam nach zwei Wochen endlich mit dem ersehnten Brief an, den Marion und Evelyn aus dem anderen Teil Deutschlands geschrieben hatten.

Wieder und wieder wurde er gelesen. Das Papier war schon ganz zerknittert und die Tinte von Tränen verwischt. Sein Inhalt löste Erleichterung und Freude aus. Die beiden hatten einen Job gefunden und konnten bei einem Freund von Herrn König in der Mansarde möbliert wohnen. Es ginge ihnen gut – schrieben sie – und alle wären sehr freundlich und hilfsbereit. Henriettes Eltern antworteten auch wieder über Umwege und man vereinbarte erst einmal, keine weitere Post zu verschicken.

Dieser „Status quo“ war zu akzeptieren. Henriette fand sogar Gefallen daran, wie sie ihrer Freundin Susanne anvertraute. Im Familienalltag war sie nun der Mittelpunkt. Hätte sie gewusst, dass dies nur von so kurzer Dauer wäre, hätte sie es doppelt genossen.

Die politische Lage verschlechterte sich für die Selbständigen. Die Horrorvision vom „sozialistischen Dorf“ machte immer wieder die Runde.

Sie ließ die Betroffenen immer häufiger zu ihren Geheimversammlungen eilen.

Natürlich war inzwischen bekannt geworden, dass die Töchter des Fleischermeisters König nach dem Westen *abgehauen* waren. Das brachte zusätzliche Sanktionen. Keine Woche verging, in der Herr König nicht im Gewerbeamt oder in der Genossenschaft anzutanzen hatte. Er behauptete, er bekomme weniger Gewürze und Därme zugeteilt als seine Mitbewerber, traute sich nicht mehr zu mitternächtlichen Schlachtaktionen und betrachtete jeden unbekannten Kunden im Laden mit Argwohn.

Diese Spannungen fühlte auch Henriette.

In diesem ehrenwerten Haus

Henri sitzt fröstelnd auf der untersten Treppenstufe der dritten Etage. Sie starrt stur vor sich hin und ihre Augen füllen sich langsam mit Tränen. Wieder einmal, wieder dieses Selbstmitleid, das sie keinem zeigen will. Ihren Gemütszustand kennt nur ihr Spiegel.

Sie fühlt sich so unendlich allein.

Sie hat die ganz vage Hoffnung, dass plötzlich ihre Mutti die Treppenstufen herauf kommt, ihr über das Haar streicht und verspricht, dass alles gut wird.

Gerade ist sie fertig mit dem Treppenputzen. Das ist die Aufgabe der Elfjährigen immer gleich nach der Schule. Das hat absolute Priorität, Hausaufgaben können warten. Man muss ja einen guten Eindruck machen, wenn Leute ins Haus kommen. In diesem Haus hat *alles* seine Ordnung.

Den Bohnerlappen hält sie noch in der Hand, schaut darauf, ohne ihn wirklich zu sehen und hebt ihn sich kurz an die Nase.

Eigentlich mag Henri diese intensive Ausdünstung nach Terpentin.

Ihre Erinnerung verband diesen nachhaltigen Geruch mit „zu Hause“.

Am Wochenende; wenn Mutti mit dem Putzen des Ladens und Marion dem Bohnern der Treppe fertig waren, gab es in der gemütlichen Küche Kaffee und Kuchen. Alle spielten Karten oder lasen sich gegenseitig etwas vor.

Sie hört jetzt, wie im Parterre Frau Hilbert mit einem Besucher leise flüstert und kichert.

Der heimliche Liebhaber wird schnell zur Korridortür hereingezogen, damit die übrigen Hausbewohner davon nichts merken, schließlich ist dies ein ehrenwertes Haus.

Henris Tante sagt immer ganz abfällig: „Die denkt auch, wir sind alle doof. Jedes Mal, wenn ihr Mann Doppelschicht hat, kommt irgend so ein Kerl zu ihr.“

Das alles ist Henri so egal, heute besonders. Die Tür fällt unten ins Schloss während man die beiden noch leise kichern hört.

Nun schon seit sechs Wochen schleicht Henriette mit gesenktem Kopf durch die Welt. Sie übersteht einen grauen Schulalltag, Schweigen auf dem Heimweg, trostlose, traurige Stunden bis zur Schlafenszeit.

Und Krach mit Lehmanns und immer wieder Streit und Strafen: „Du bist dermaßen undankbar. Wir haben dich bei uns aufgenommen und versuchen, dich ordentlich zu erziehen. Aber du bist immer nur frech und ungezogen."

Das Leben einer Elfjährigen? So hoffnungslos?

In dieser Familie, die doch in ihrer Sekte und täglichen Bibelstunden das Wort Gottes mit Nächstenliebe und Fürsorge für alle sichtbar vor sich herträgt – mit einem eigens für sie angefertigten Heiligenschein?

Scheinheilige Heuchler! Henriette weint jetzt laut schluchzend und ihr ganzer Körper zittert dabei.

Die Korridortür in der ersten Etage öffnet sich und Frau Kahn ruft leise: „Henri, bist du hier? Magst Du zu einer Tasse Kakao kommen?"

„Gern", antwortet das Mädchen und schiebt sich von der Stufe. Sie geht langsam und mit einem bangen Blick nach unten zu ihrer blinden Nachbarin. Mit ihr verbindet sie seit sechs Wochen ein großes Geheimnis.

In der Küche stehen schon zwei Tassen mit leckerem Kakao bereit, die sie durch ihren Tränenschleier nur schemenhaft erkennt. Beide setzen sich schweigend gegenüber.

„Früher hast du immer beim Treppenputzen gesungen", beginnt Frau Kahn vorwurfsvoll die Unterhaltung.

„Ja das war früher", seufzt Henriette und kommt sich dabei so unendlich lebenserfahren vor. „Ich kann nicht mehr singen und auch nicht mehr lachen." Die alte Hand sucht nach der des Kindes und streichelt sie sanft. Ihre blinden Augen werden wässrig. „Wir können ihn immer noch anzeigen, du musst nur zustimmen."

„Nein, Tante Klara würde mir nie glauben. Aber *er*_ist inzwischen so sicher, dass ich nichts sagen werde. So quält er mich ständig mit Genuss mit Verboten und Schikanen, dass ich das bald nicht mehr aushalte."

„Wenn ich doch nur wüsste, wie ich dir helfen kann! Du kannst jederzeit zu mir kommen. Ich hab' deiner Tante gesagt, dass es mir nicht so gut geht und ich dich immer mal zur Hilfe benötige."

„Ja, das nehme ich gerne an, Sie sind so lieb." Henri springt auf und drückt die alte Frau herzlich.

„Es ist so traurig, du bist gar nicht mehr wie ein fröhliches Schulmädchen, du redest wie eine Erwachsene", sagt diese und schnieft in ihr Taschentuch.

„Ich weiß wirklich nicht, wie es weitergehen soll. Ich habe in einem Brief an meine Eltern erwähnt, dass ich hier sehr unglücklich bin. Sie haben ganz besorgt geantwortet, dass ich genauer schildern soll, was mich so traurig macht. Dabei habe ich nicht daran gedacht, dass sie alle Briefe, die ich bekomme, erst öffnen und lesen, bevor sie sie mir geben."

„Das ist ja wirklich unerhört. Man muss denen doch das Handwerk legen...!" Das murmelt Frau Kahn mehr in sich hinein, und auch Henriette starrt wieder mit leerem Blick vor sich hin. Mit einem Schaudern über dem Rücken denkt sie an den Dienstag vor sechs Wochen:

Pünktlich wie jeden Tag aus der Schule angekommen, eröffnete ihr Onkel Otto, dass Tante Klara zum Friseur gegangen sei.

Er bat Henriette, ihm gleich mal in seiner Werkstatt zu helfen.

Das machte ihr mehr Freude als die Hausarbeit.

Er war immer mit irgendwelchen Tischlerarbeiten an Kleinmöbeln beschäftigt, die er dann zu einem geringen Preis an Bekannte verkaufte.

Von Beruf arbeitete er als Zimmermann auf diversen Baustellen in der Umgebung.

Noch bevor sie mit der Arbeit begannen, schlug er vor, doch etwas Kleidung abzulegen, bei dieser Wärme. Er würde das auch tun.

Ehe sie sich versah, stand er völlig nackt vor ihr. Seine Augen hatten einen ungekannten, irren Ausdruck und seine Stimme war ihr unheimlich, als er flüsterte: „Ich möchte dir gern zeigen, wie sehr ich dich wirklich lieb habe. Du brauchst keine Angst zu haben. Sag' es nur nicht Tante Klara, die ist so eifersüchtig. Komm her!"

Er zerrte sie an sich heran und sie hatte keine Kraft und Möglichkeit, sich aus seiner Umklammerung zu lösen. Er hatte ihr mit ein paar Handgriffen die Bluse aufgerissen und das Höschen nach unten gezerrt.

Sie war puterrot, ihr Herz schlug rasend, sie fühlte Angst und Abscheu. Ihr Blick konnte sich nicht von seiner deutlichen Männlichkeit abwenden. Das sah so ganz anders aus als bei dem Adam, den Katerina und sie im

Doktorbuch zum Aufklappen gefunden hatten. „Ja da staunst du!“, deutete er ihren Blick.

„Das ist jetzt ganz allein für dich. Ich bin behutsam, hab’ keine Angst.“ Aber der feste Griff zwischen Ihre Beine war gar nicht behutsam. Sie schrie angewidert:

„Lass mich bloß in Ruhe, du Schwein!“

Sie wusste nicht, was er tun wollte oder warum. Ein Instinkt und ein unsteter, ja fast verängstigter Blick seiner Augen zeigten ihr, dass Gefahr für sie drohte.

(So mussten sich die Hasen in ihren Stallboxen fühlen, wenn er sie mit einem schnellen Griff im Fell packte und aus dem Käfig herauszog und sie dann mit einem Stock auf den Kopf schlug. Henriette aß nie von dem Hasenbraten, den es manchmal an Sonntagen gab.)

Sie hatte einen Arm freibekommen und schlug kraftvoll gegen seinen Hals. So kam sie für einen Moment aus seiner Umklammerung los. Sie nahm blitzschnell ihr Höschen auf und rannte wie besessen aus dem Raum.

Ihr Ziel lag ein Stockwerk tiefer. Ja, zum Glück steckte der Schlüssel an der Korridortür. Frau Kahn, die schon alt und blind war, ließ den Schlüssel meist stecken, da sie des Öfteren fremder Hilfe bedurfte. Doch heute war es Henriette, die dringend Beistand brauchte.

Hektisch klingelte sie und schrie gleichzeitig laut: „Frau Kahn, kann ich zu Ihnen kommen?“ Sie wartete aber gar nicht erst die Antwort ab und zog im Hineinstürzen auch gleich ganz zitterig den Schlüssel ab.

Als sie sich an die große Brust der alten Frau schmiss, stöhnte diese nur:

„Ich hab es kommen sehen, hat er dich angefasst? Hat er dir wehgetan? Ich zeig’ ihn an den alten Bock.“

In Bruchstücken konnte Henriette erzählen, was vorgefallen war und verstand gar nicht, dass Frau Kahn erleichtert hauchte:

„Na gottseidank, vergewaltigt hat er dich dann wenigstens nicht. Aber trotzdem sollten wir das Miststück anzeigen. Na warte, bis deine Tante kommt!“

Noch immer im Schock kauerte Henriette in der Sofaecke. Da oben ′rauf konnte sie niemals mehr gehen. Zu ihren Eltern nach dem Westen ja erst recht nicht. Katarina konnte sie davon nichts erzählen, sie schämte sich zu sehr. Ihre Freundin Katarina hätte ihr dann irgendwie helfen wollen und wäre verzweifelt, es nicht zu können. Also mit wem reden, bei wem ausheulen? Wohin weglaufen?

Das Kinderheim, ja das hatte ihr ihre Tante oft genug angedroht – das wäre wohl jetzt der richtige Zufluchtsort.

„Was grübelst Du?“, schreckt Frau Kahn sie aus ihren Gedanken auf, so dass sie fast die Kakaotasse umstößt. „Ich hab das noch nicht mal meiner besten Freundin erzählt, wir haben sonst keine Geheimnisse. Sie fragt schon ständig, was mich denn so bedrückt. Ich habe gesagt, ich habe so große Sehnsucht nach meinen Eltern.“

„Wenn du es ihr erzählst, wird ihre Mutti auch etwas unternehmen wollen. Du musst das wissen. Ach es ist eine so schwere Entscheidung für einen so kleinen Kopf.“ Ihre Hand findet zielsicher die tränenüberströmte Wange des Kindes um sie liebevoll zu streicheln.

„Wie ist das eigentlich in einem Kinderheim?“, will Henriette plötzlich wissen, vielleicht gibt es doch einen Hoffnungsschimmer für ihre Zukunft.

Frau Kahn kann ihren Schrecken nicht verbergen. „Wie kommst du denn auf so was? Sicher bekommst du dort alle Bedürfnisse befriedigt, aber sicher keine Wünsche. Du wirst als guter sozialistischer Staatsbürger erzogen und musst dich von all deinen Freunden und deiner Vergangenheit trennen.“ Sie schüttelt entsetzt den Kopf bei einer solchen Vorstellung. „Das kannst du doch nicht wollen!“

Ach, wie gerne würde Henriette ihre Tante und deren abscheulichen Mann leiden sehen, wenn sie wegginge und die ihren Eltern Rechenschaft ablegen müssten. Aber wenn sie dabei selbst leiden musste, vielleicht noch mehr als jetzt?

„War nur so eine Idee, weil die mir dauernd damit drohen, mich in ein Heim zu stecken, wenn ich nicht spure.

Ich muss mich eben zusammenreißen, irgendwann holen mich ja meine Eltern wieder zu sich und dann wird alles gut.“

Ein kleines Lächeln, das Frau Kahn nur ahnen kann, spielt um ihre Mundwinkel.

„Aber im Moment höre ich kein gutes Wort von denen“, seufzt sie.

„Was du mir noch nie erzählt hast“, beginnt Frau Kahn dann zaghaft. „Warum sind deine Eltern denn überhaupt nach dem Westen? Und wieso bist du nicht mitgegangen?“

„Das ist eine ganz lange Geschichte“, stöhnt das Mädchen.
„Magst du darüber reden?“ Frau Kahn nimmt ihre Hand und drückt sie zaghaft.

„Das begann eigentlich fabelhaft. In den großen Ferien war ich bei meinen Schwestern zu Besuch in Essen. Mit dem Zug. Auf der Hinfahrt war es mir nicht erspart, mit Onkel Otto zu fahren. Der wollte unbedingt überraschend seiner über alles geliebten Tochter Evelyn zum 18. Geburtstag gratulieren. Mit einem Riesenstrauß roter Rosen.

Er erschreckte sie mit seinem Auftauchen fast zu Tode. Über mich freuten sie sich sehr, ich war auch angekündigt.

Ich blieb sechs Wochen bei ihnen – in ihrem kleinen möblierten Zimmer und wir hatten eine ganz tolle Zeit.

Er musste bei Marions Chef in der Gesellenkammer schlafen. Zum Glück war die nur für drei Nächte frei. Dann musste er – gottseidank – wieder nach Hause zurück.

Pünktlich, als das neue Schuljahr anfing, war ich wieder zu Hause. Ich hatte mir aus dem Westen eine neue Aktentasche, einen bunten Füller und Umschläge für meine Schulbücher aus Plastik mitgebracht, die es ja hier nicht gibt. Darauf war ich vielleicht stolz!

Im Herbst hatten unsere Eltern dann Silberhochzeit. Sie hatten gehofft, dass Marion und Evelyn zu Besuch kommen würden, aber die Behörden haben das nicht erlaubt.

Da haben die Eltern entschieden, dass sie ihren Geschäftsurlaub dann im Westen, bei ihren Töchtern verbringen würden. Ich sollte mitkommen, das war der ursprüngliche Plan.

Aber ich war doch gerade erst sechs Wochen dort gewesen, das Mansardenzimmer war soo klein – für fünf Personen! Außerdem wollte ich auch keine Schule versäumen. Also entschied *ich,* zu Hause zu bleiben. Oma Hupel würde schon auf mich aufpassen und die Aussicht, drei Wochen *sturmfreie Bude* zu haben, war groß. Davon träumt jede elfjährige.“
Henri muss selbst lachen und Frau Kahn tätschelt ihre Hand.

„Jeden Tag machten wir uns Eierkuchen und Grießbrei – Susi und ich – und bummelten in der Stadt oder gingen ins Wellenbad.

Oma Hupel war gar nicht streng und Opa Hupel sagte immer nur: ′lass sie doch′!

Wir waren auch wirklich sehr vernünftig."

Henriette erzählt ernsthaft und Frau Kahn vergisst beinahe, dass sie ja noch ein Kind ist. Ihre Rede ist fast die einer Erwachsenen mit viel Lebenserfahrung.

„Nach zwei Wochen kam ein Brief mit einem Schreiben an die Handwerkskammer, das ich dort abgeben sollte. Ich erhielt eine behördliche Genehmigung, dass der Laden noch eine weitere Woche geschlossen bleiben durfte. Den Zettel klebte ich an die Ladentür. Wir hatten noch eine Woche sturmfrei.

Die Woche darauf kam kein Brief, sondern stattdessen Tante Klara und Onkel Otto. Sie wollten mich nach Saalfeld mitnehmen, weil meine Eltern sich entschlossen hätten, im Westen zu bleiben. Es gab keinen Brief für mich. Die Nachricht erhielt ich nur aus *ihrem* Mund. Es half mir kein Gezeter oder Tränen. Tante Klara packte meine Sachen zusammen –ohne mich zu fragen. Ich rannte zu Susanne und versuchte, ihre Eltern zu überreden, mich zu verstecken. Die waren selbst so durcheinander, dass sie gar keinen klaren Gedanken fassen konnten. Wie zwei Häufchen Elend saßen Susi und ich in unserem Holzstapel und heulten. Onkel Otto kam schließlich forsch in den Hof gestürzt und zerrte mich am Arm mit sich fort. In Saalfeld redeten sie dann tröstend auf mich ein. Ich beruhigte mich ein wenig und redete mir ein, es sei ja alles nur vorübergehend. Sie würden mich doch sicher bald nachholen. Und überhaupt war ich ja auch selbst schuld, ich hätte halt mitgehen sollen."

„Na, soweit kommt es noch, dass du dich schuldig fühlst. Du spinnst ja wohl! Du bist ein Kind! Wie kann eine Mutter ihr Kind in dieser Ungewissheit zurücklassen? Entschuldige, ich muss es so sagen, du hast Rabeneltern!"

Frau Kahn ist sehr erbost. Sie reibt dabei immer wieder ihre Augen, die von Tränen nass sind. Dabei verrutscht sie ihr linkes Glasauge und schielt daraufhin ganz extrem. Heute kann Henriette nicht darüber lachen. Sie ist in ihrem eigenen Schmerz gefangen.

„Nein, Frau Kahn. So kann man das nicht sehen. Meine Schwestern waren doch in Essen, zu denen wollten sie doch. Außerdem hatten sie aus ihrer Jugendzeit noch viele Freunde und Berufskollegen im Ruhrgebiet. Die hatten meinen Vati überzeugt, dass er im Westen mehr Chancen hat, als hier in der DDR."

„Ich bitte dich, das rechtfertigt doch nicht, sein jüngstes Kind einfach so wie ein Möbelstück stehen zu lassen. Apropos – was ist eigentlich aus eurem Geschäft geworden?“

„Wir mussten da in der folgenden Woche noch einmal nach Klingrode, ich musste auch mit. Nach einer Liste von Herrn Pfotenhauer – er war Buchhalter – wurde alles mit Aufklebern versehen und ein Wert genannt. Damit wurde, glaube ich, eine Summe zusammengezählt, die dann auf ein Konto für mich kommen sollte.

Am Schaufenster haben sie ein riesengroßes Schild angebracht, auf dem stand: ´wegen Geschäftsaufgabe geschlossen´.“

Henriette ahnte nicht, was die ehemaligen Kunden in den Tagen danach spekulierten.

„Der König ist plötzlich gestorben!“ – „Ach Unsinn, die haben im Lotto gewonnen.“ – „Nein ich weiß es genau, sie sind nach dem Westen abgehauen.“ – „Ach, und die arme Kleene is noch hier! Die hammse da gelassen!“

„Mich haben sie bei der Übergabe im Haus regelrecht festgehalten“, setzt sie ihre Erzählung fort. „So konnte ich noch nicht mal zu Susanne gehen. Ich war bei Oma und Opa Hupel. Wir saßen alle drei im feinen Zimmer, was noch nie vorgekommen war. Die Oma sah ganz schlecht aus und weinte immerzu. ´das überlebe ich nicht, das überlebe ich nicht. Die verdammten Königs´! Opa steckte mir einen Fünfzig-Mark-Schein zu. Er dachte, er macht das heimlich, aber die Oma hat einverstanden mit dem Kopf genickt. ´gell, du vergisst uns nicht´ jammerte sie immer wieder.

Tante Klara musste ihr versprechen, dass ich sie besuchen dürfte. Das Versprechen hat sie nicht gehalten. Oma Hupel ist drei Wochen nach meinem Auszug gestorben und ich durfte noch nicht einmal zu ihrer Beerdigung.“

Henriette muss erneut weinen. Alles, was ihr lieb war, hat sie verloren.

Frau Kahn gehen wohl ähnliche Gedanken durch den Kopf. Henri sieht, dass sie angestrengt grübelt. Schließlich fragt sie: „Hier in der Nähe vom Friedhof wohnt doch noch ein anderer Onkel von dir. Den werde ich einmal aufsuchen, damit er auch mal ein wachsames Auge auf dich wirft, oder besser noch auf die zwei da oben.“ Sie zeigt verächtlich mit der Hand an die Decke.

Henri schnüffelt ihre Tränen weg und sagt liebevoll: „Aber erstmal will ich Ihr Auge wieder in die richtige Richtung drehen, das sieht so einfach irre aus."

Sie müssen beide lachen. Sie trinkt ihren kaltgewordenen Kakao aus und steht auf, um nach oben zu gehen. „Es nützt nichts, ich muss ja doch weiter da leben, bis irgendein Wunder passiert."

Henriette hatte ihrer Tante nichts von dem Vorfall mit Onkel Otto erzählt und sagte auch weiterhin nichts.

Aber zu *ihm* war sie sehr kurz angebunden, hatte jede Achtung und jeden Respekt vor ihm verloren und ließ ihm das auch deutlich spüren. Zu jung, um diplomatisch zu sein, nahm sie bei ihren schnippischen Antworten auch keine Rücksicht darauf, ob nicht gerade die Tante in der Nähe war. Die konnte bei ihrer Unwissenheit natürlich nur schlussfolgern, dass Henriette einfach ungebührlich frech und undankbar war.

Es war eine unerträgliche Spirale, ein Teufelskreis, in den sie nicht ohne Schuld mit ihrem Verhalten *danach* geraten war.

„Vielleicht sagen wir deiner Tante, ich möchte dich für eine Weile täglich um mich ´rum haben, weil meine Tochter gerade für einen Lehrgang lernen muss?", schlägt Frau Kahn nachdenklich vor.

„Ich weiß nicht, ich muss doch dann trotzdem ..." Merkwürdiger Lärm, der von der nur angelehnten Korridortür hereindringt, stört ihr Gespräch.

Irgendjemand poltert auf der Treppe, irgendetwas wird geworfen, man hört das Klatschen einer Ohrfeige und Henris Tante schreit: „Du alter Hurenbock! Inzwischen weiß es das ganze Dorf – außer mir – dass du es mit der Hilbert treibst. Hier in diesem Haus. Mir spielst du den braven Heiligen vor!"

„Aber Muttchen..." , versucht er einlullend zu widersprechen. „Ich habe endgültig die Nase voll!", brüllt sie wieder. „Geh mir aus den Augen. Deine Klamotten schmeiße ich aus dem Küchenfenster! Du scheinheiliger Hurenbock!" Sie knallt oben ihre Tür zu und er schleicht sich zur Hintertür hinaus.

Frau Kahn drückt Henriette sanft an sich! " Vielleicht löst sich dein Problem nun ganz von selbst."

Beide sind sehr erschrocken aber auch ein wenig schadenfroh.

Tagträumen ist nicht verlorene Zeit, sondern das Auftanken der Seele.

(englisches Sprichwort)

Immer neue Lügen

Es war eine gute Methode, sich die Welt schön zu reden. Henriette lebte gern in ihrer Scheinwelt und fast glaubte sie schon selbst an ihre Lügengeschichten. Im Schulunterricht wurde sie abgelenkt. Sie hatte tolle Klassenkameraden und gute Freundinnen. Vor allem gab es Kat – Katarina Taubert – in ihrem neuen Leben.

Von dem Moment an, als Henriette schüchtern im Rahmen der Klassentür der 5b auftauchte, hatte Katarina die kleine pummelige Neue in ihr Herz geschlossen. Sie hatte sie auf den freien Platz neben sich geholt und ihr gleich alle anderen vorgestellt.

Henri sagte nur kurz ihren Namen und dass sie aus Klingrode komme.

„In der Pause musst du uns alles erzählen“, lautete der Auftrag, kurz bevor der Mathelehrer eintrat.

Das war nun schon ein halbes Jahr her und ihr Lügengebäude drohte einzubrechen.

Ihre Eltern hätten sie nur für ein paar Wochen bei den Lehmanns in Saalfeld „zur Aufbewahrung gegeben“. Sie ziehen im Westen in ein schönes Haus, dann geht sie auch dorthin. Ihr Vater hat ein ganz großes Fleischeigeschäft, das mit seiner *Königssalami* tolle Umsätze macht.

Ganz falsch war das nicht. So war der Plan ihrer Eltern. Oder sollte man es eher als Traum bezeichnen? Auch im Westen hatte niemand auf Herrn König aus Klingrode gewartet. Er arbeitete zuerst einmal auf dem Schlachthof und wurde infolge der nassen und kalten Umgebung sehr schnell sehr schwer krank.

Königs hatten noch nicht einmal eine eigene Wohnung. Sie hausten mit den beiden Töchtern in deren Einraumwohnung und waren auf der Suche nach etwas geeignetem.

Aber nach Henriettes Erzählung würden sie ihr jeden Wunsch erfüllen, suchten bereits nach neuen Möbeln für ihr Zimmer. Geld spiele keine

Rolle und sie würden immer alles nach dem Osten schicken, was ihr Herz begehrte.

Das zumindest war glaubhaft. Henri war in Saalfeld wohl eine der bestens gekleideten Mädchen ihres Alters. Regelmäßig kamen Pakete mit modernen Klamotten für Henri, aber auch Kaffee, Schokolade und Südfrüchte für Lehmanns.

Oft stibitzte sie die leckere Schokolade, um sie in der Schule mit „Vitalade“ zu tauschen. Das war eine Ersatz-Schokolade, die in der DDR produziert wurde. Sie war viel zu süß, dafür enthielt sie zu wenig Kakao.

Das Geld für diese Pakete mussten sich die Eltern mühsam vom Munde absparen; es sollte wohl eine Art Wiedergutmachung sein.

Henriette kannte die wirklichen, widrigen Umstände nicht, sie wollte an die Variante ihrer Träume glauben, die sie in strahlendem Reichtum sah.

Nach einem Jahr ruderte Henriette zurück, das Märchen ließ sich nicht länger aufrecht erhalten. Ihre neue Version lautete nun, dass ihre Eltern infolge einer schweren Krankheit des Vaters das Geschäft aufgeben und in eine kleine Wohnung ziehen mussten. Sie näherte sich jetzt ziemlich der Wahrheit und ihre ständigen Befürchtungen, sie könne sich verplappern, wurden geringer.

Sie musste nun auch selbst durch ihre rosarote Traumbrille erkennen, dass in diesen beengten, unsicheren Verhältnissen kein Platz für sie war.

Das stellte sie gegenüber ihren Mitschülern als eine selbstlose Geste ihrerseits dar. Sie habe den Eltern gegenüber verlauten lassen, dass sie – bis sich die Situation stabilisiert hätte – erst einmal in Saalfeld besser aufgehoben sei.

Ihre wahre Situation – sie war rund um die Uhr unglücklich und hatte große Sehnsucht nach den Eltern – konnte sie ihnen nicht mitteilen.

Selbst wenn sie einen Brief ohne das Wissen von Tante Klara abgeschickt hätte, so wäre doch das Antwortschreiben in deren Händen gelandet und vor dem Weitergeben durch die Zensur gegangen. Aber eigentlich hätten ihre Eltern es wissen müssen! Evelyn hatten sie aus diesem Martyrium befreit. Und ein Jahr später schickten sie sie selbst hinein?

Dinge sind wie sie sind. Henriette hatte mit ihren Tagträumen einen Weg gefunden, das Unerträglich zu ertragen. Irgendwann würde es vorüber gehen.

Sie ging gern zur Schule und war eine gute Schülerin. Das Einzige, was ihr unangefochten erlaubt wurde, waren schulische Verpflichtungen.

So hatte sie sich im fakultativen Englisch- und Französisch- Unterricht eingeschrieben.

Diese Lehrgänge fanden immer nachmittags statt.

Das waren zwei Nachmittage, die sie nicht mit ihren verhassten Ersatzeltern verbringen musste. Und ihr graute immer mehr davor, nach Hause zu gehen. Nein, sie ging nicht nach Hause. „Ich gehe zu Lehmanns“, war ihre Auskunft. Wollte jemand wissen, warum sie zu Lehmanns ginge: „Ich muss dort wohnen!“

Mitleid war das letzte, was sie wollte. Es hätte ihre jammervolle Situation noch mehr deutlich gemacht. Sie musste es aushalten! Irgendwie!

Es hatte eine geraume Zeit gedauert, bis sich auf ihrer Seele Hornhaut gebildet hatte.

Zu Besuch im Hause ihrer Freundin Katarina war sie darum bemüht, ihre mühsam aufgebaute Fassade der Selbstbeherrschung nicht einzureißen.

Sie betrachtete neidvoll die häusliche Idylle im warmen Licht der Adventskerzen und eine große Sehnsucht erfasste sie. Sie wäre so gern Teil dieser heilen Welt.

Sie war dort immer eine willkommene Besucherin, dafür und für all die herzlichen Umarmungen war sie dankbar. Dann hatte sie ein leises Lächeln auf der Seele. Ohne ihre Freundinnen Katarina und Susanne hätte sie ihren Alltag nicht ertragen.

Dass draußen die Welt einfach so tat, als sei nichts geschehen, empfand sie als äußerst unangemessen.

Sie jedenfalls hatte mit dem Weggang der Eltern ihre Ankerkette gerissen und sie trieb nun orientierungslos in unbekannten Gewässern.

Henriette glaubte damals, nur wenn sie sich interessant machte, würde sie gut in die neue Gemeinschaft aufgenommen werden und dort verbleiben dürfen.

Sie war vor allem darauf aus, in der Klasse wahrgenommen und akzeptiert zu werden. Ihrer Meinung nach musste man sich dafür laut und auffällig benehmen. Obwohl ihr das Herz bis zum Hals schlug, konnte sie mit fester Stimme die neueste *Hitparade* singen.

Alle Schlager, die sie bei Radio Luxemburg mit einem quakenden Radio unter ihrer Bettdecke hörte. Das Radio hatte ihr Onkel Alfred zugesteckt, ein Cousin von Tante Klara und ihrer Mutter. Er wohnte ganz in der Nähe und konnte mit seinen unverhofften Besuchen mehrmals größeren Schaden von Henriette abwenden.

Die Schlager also, die sie – lässig an einen Baum gelehnt – im Schulhof im Kreis ihrer Freundinnen sang, entsprachen dem aktuellsten Stand des Musikgeschmacks.

Lässig behauptete sie, in ihrer früheren Schule im Chor die Solosängerin gewesen zu sein. Nun, die Mitschüler hatten Gefallen an ihren Darbietungen, die man durchaus auch noch im Biologieunterricht bei dem alten Fräulein Zink fortsetzen konnte.

Hier machte ohnehin jeder, was ihm gerade einfiel. Die Jungen lümmelten auf den Fensterbänken und übten *Weitspucken*, einige Mädels strickten und der Rest vertrieb sich die Zeit mit *Schiffe versenken* oder *Misthaufen fahren*.

Eigentlich war es schlimm. Niemand hatte Respekt, und wenn es zu derb kam, lief Fräulein Zink aus dem Raum und weinte vor der Tür. Sie ging schon auch manchmal zum Direktor petzen. Das einzige Mittel, volle Aufmerksamkeit zu gewinnen, war die Ankündigung von Leistungskontrollen. So kam sie zu Zensuren fürs Klassenbuch; und sie tobte sich bei der Benotung verständlicher Weise aus.

In ihrem späteren Leben begegnete Henriette Fräulein Zink unverhofft noch einmal.

Als sie sich auf der Volkshochschule um die Erlangung der Hochschulreife bemühte, stand plötzlich das alte Fräulein vor der Klasse. Das Schlimmste war, dass sie Henriette anlächelte und mit vollem Vor- und Zunamen ansprach, also noch genau wusste, wer sie war.

Henri wurde fast schlecht vor Reue, schlechtem Gewissen und Scham.

In der Pause ging sie sofort auf Fräulein Zink zu. „Ich wollte mich entschuldigen."

Sie war erstaunt: „Wofür das denn?"

„Ich habe Ihnen das Leben in der Grundschule so schwer gemacht. Ich war so dumm. Bitte entschuldigen Sie. Ich schäme mich so dafür."

„Was früher war… Eigentlich alles meine Schuld. Ich habe viel zu spät gemerkt, dass ich mich für den Schuldienst gar nicht eigne. Ich hatte keinerlei pädagogisches Geschick und auch kein Durchsetzungsvermögen.

Seit ich gewechselt habe, geht es mir gut. Hier unterrichte ich nur Erwachsene, die *wollen* lernen. Machen Sie sich also keine Gedanken, alles ist gut!“ Fräulein Zink lächelte sehr überzeugend und Henriette fiel ein riesengroßer Stein vom Herzen.

Damals, in der fünften Klasse der Grundschule, hatte Henriette ganz andere Prioritäten.

Die Krönung ihrer Lügengeschichten war die Erzählung von einem Jungen in Klingrode, der drei Jahre älter und ganz verrückt nach ihr war. Hallo! Sie war eine pummelige Zwölfjährige.

Aber sie konnte ihre Rendezvous mit ihm so detailliert schildern, dass ihr die anderen nur so an den Lippen hingen und immer weitere Episoden hören wollten. Sie wollte gar nicht damit aufhören. Den Gipfel bildete dann ein Ring, den sie von ihm erhalten haben wollte.

Ihre Schwester hatte ihn mit anderem Modeschmuck zusammen in eines der Westpakete gelegt.

Die wahre Geschichte über Olaf – den Jungen aus Klingrode, für den Henriette tatsächlich schwärmte – war dagegen eine sehr pikante.

Henri hatte sich eines schönen Tages ein Herz gefasst und ihm per Post ihr Poesiealbum geschickt, damit er ihr einen Spruch hineinschrieb.

Nach einer Woche kam es zurück. Sein Spruch lautete: „Lass mich doch einfach in Ruhe!!!“

Sie heulte mehrere Nächte in ihr Kissen und erwähnte ihn nie wieder.

Wie bereits geschildert, konnte sich Henriette dank der Kleidung aus den Westpaketen sehr chic und modisch anziehen. In den Monaten nach ihrer Ankunft bei Lehmanns hatte sie erheblich abgenommen. Sie war gewachsen und ihr seelischer Kummer hatte dazu noch ein Übriges getan. Mit fünfzehn war sie schließlich ein hübscher Teenager und jetzt wirklich begehrt bei den Jungen.

Wenn nur nicht bei Tante Klara plötzlich eine entsetzliche Eingebung Raum gegriffen hätte:

Sie bediente sich an den Sachen aus den Paketen, indem sie diese an ihre Bekannten verkaufte. Das war unerhört! Henriette war außer sich vor Empörung, als sie davon erfuhr. „Wir müssen sehen, wie wir zu Geld kommen. Wir sind schließlich verpflichtet, dich zu ernähren und deine Schulsachen zu bezahlen. Das Geld fällt nicht vom Himmel!“

„Aber du kannst doch nicht meine Klamotten verkaufen. Das sind meine Sachen!“, schrie Henriette sie an. „Und mich ernähren! Pah! So ein Unsinn! Ursprünglich hattet ihr Evelyn adoptiert, die hättet ihr auch ernähren und kleiden müssen. Ihr habt ja nur getauscht!“

„Das war wirklich ein schlechter Tausch! Evi war niemals so undankbar und so frech wie du. Sie war ein ganz liebes Mädchen!“

Damit verließ die Tante den Raum und Henri konnte noch sehen, dass sie Tränen in den Augen hatte.

Dennoch mochte sie sich nicht verkneifen, ihr gehässig nachzurufen: „Und weil sie es hier auch nicht ausgehalten hat, ist sie nach dem Westen abgehauen!“

Dieser Ärger löste aber ihr neues Problem nicht. Die Sachen verschwanden weiterhin aus den Paketen und ihr wurden drastische Strafen angedroht, wenn sie sich bei ihren Eltern darüber beschweren würde.

So ergriff sie selbst eine ungewöhnliche Initiative. Wenn sie als erste an das Paket kam – und sie hatte schon mit Hilfe von Frau Kahn gewisse Absprachen mit der Postfrau getroffen – dann versteckte sie die Kleidung erstmal in ihrem Kleiderschrank. Sie beschädigte die Stücke an irgendeiner Stelle, so dass sie unverkäuflich waren.

Natürlich gab es damit auch wieder massiv Ärger. Aber inzwischen war die Bewältigung von Ärger eine ihrer leichtesten Übungen.

Über den Vergleich mit Evelyn musste sie aber doch noch weiter nachdenken. Es war ja nicht so, dass solch ein Vorwurf völlig spurlos an ihr abprallte. Leider wusste sie sehr wenig über den finanziellen Aspekt dieses Kindertausches.

Bei der Übergabe des Geschäftes in Klingrode an die Handwerkskammer hatte sie aber beobachtet, dass Herr Pfotenhauer eine Inventarliste erstellt hatte, in die er mit seiner fein säuberlichen Handschrift alle Bestände an Inventar und Material notierte.

Gemeinsam verschafften sich die Herren einen Überblick aller Kontobestände und Barmittel und Tante Klara musste diese Aufstellungen unterschreiben. Es war die Rede von einem „Anderkonto“ und einem „Mündelkonto“, das speziell für Henriettes Unterhalt dienen sollte.

„Das müsste eigentlich ausreichen bis zur endgültigen Familienzusammenführung.“ Dieser Satz war Henriette in den Ohren geblieben und auf diese Zusammenführung wartete sie seitdem sehnsüchtig.

Die Lehmanns bekamen also monatlich einen Betrag von diesen Konten. Außerdem schickten die Eltern alle zwei Wochen ein Paket, gepackt mit Lebensmitteln und der besagten Kleidung für Henriette.

Sie war also nicht zum „Nulltarif“ bei den Lehmanns untergebracht und konnte sich gar nicht vorstellen, was an ihrem Unterhalt so teuer sein sollte. Da sie nicht ins Kino durfte, benötigte sie auch kein Taschengeld.

Lehrmaterial bekam sie von der Schule, dafür wurde sie als ′bedürftig′ eingestuft; die vielen Bücher, die sie las, besorgte sie sich in der Bücherei.

Es gab für sie also keinen Grund, sich als Bettlerin zu fühlen.

Anders verhielt es sich allerdings mit den Vorwürfen, ihr Verhalten sei ungezogen und undankbar. Das räumte sie ein. Es widerstrebte ihr täglich aufs Neue, die Gegenwart ihrer Tante, und vor allem des Onkels ertragen zu müssen. Sie versuchte auch gar nicht, das zu verbergen. Onkel Otto ließ keine Gelegenheit aus, sie zu demütigen und sich ständig neue Schikanen auszudenken.

Henriette war so dumm, ihre Reaktionen darauf sehr impulsiv zu äußern, ohne Rücksicht darauf, ob Tante Klara zugegen war, oder nicht. Das spielte ihm natürlich in die Hände. Sie musste aufsässig wirken, da Tante Klara ja nicht den Grund ihrer Abneigung ihm gegenüber kannte.

Henriette war einfach zu jung und zu dumm, um diplomatisch abzuwägen, welche Reaktion wann und welcher Person gegenüber angebracht war. Es war ein verdammter Teufelskreis, dem sie einfach nicht entkam.

Sie war schon selbst auf dem Rathaus in der Abteilung Jugendamt vorstellig geworden, um diese ′Familienzusammenführung′, von der bei der Auflösung des Haushaltes die Rede gewesen war, zu beschleunigen.

Leider ohne jeden Erfolg.

Die Mitarbeiter des Amtes bestätigten ihr, dass es das oberste Prinzip des sozialistischen Staates sei, dass die Kinder bei ihren Eltern aufwachsen dürfen. Allerdings sei dies in ihrem Falle nicht so einfach. Dazu gäbe es vieles zu bedenken. Sie versäumten nicht, ständig zu betonen, dass ja eigentlich – und vor allem – ihre Familie, ihre Eltern schuld seien, dass sie in dieses Dilemma geraten sei. Und im Übrigen: wenn es ihr bei der Tante so gar nicht gefiele: die Kinderheime der Republik stünden jederzeit für sie offen. Damit drohte Onkel Otto ja ständig. Nein, nein, beteuerte sie dann, die kurze Zeit würde sie schon noch ertragen. Das hoffte sie zumindest und redete sich ihre Welt wieder so schön es möglich war.

Im monatlichen Rhythmus lud man sie vor, nur um ihr dann zu sagen, dass sich noch nichts Konkretes ergeben hätte.

Das zog sich durch bis zum Mauerbau 1961. Jetzt war die Grenze auch für sie dicht, kein Entrinnen möglich.

Jetzt war sie im Alter von fünfzehn Jahren tatsächlich Vollwaise.

KAT

Es gibt Menschen, in deren Gegenwart man sich einfach wohlfühlt.

Was braucht ein elfjähriges, wohlbehütetes Mädchen, dessen rosarote Welt so brutal in Trümmer stürzt? Die gestern noch mit Puppen spielte und deren größte Sorge war, an welchem Mittagstisch wohl morgen das leckerste Essen zu ergattern wäre. Deren Augen sich vor lauter Tränen nicht schließen und die nächtelang keinen Schlaf finden kann?

Sie wurde zwangseingewiesen. In ein fremdes Haus, eine fremde Schule, eine fremde Klasse, ein fremdes Leben.

Doch da war Katarina. Im richtigen Moment zur Stelle, um sie an der Hand zu nehmen und ihr mit einem warmem Lächeln neuen Mut zu geben.

Von der ersten Minute an fühlte sich Henriette zu diesem Mädchen hingezogen.Sie strahlte so viel Güte aus. Ihre offene, herzliche Art brauchte nicht viele Worte; sie war einfach nur da.

Mit Katarina an ihrer Seite glückte die Eingliederung in der neuen Schulklasse fast reibungslos. Die Kinder waren politisch uninteressiert. Deshalb war die Tatsache, dass ihre Eltern nach dem Westen „abgehauen“ waren auch eher eine äußerst traurige Angelegenheit als eine Republikflucht.

Bei den Lehrern war das anders. Das bekam Henriette öfter zu spüren.

In ihrem politischen Übereifer entluden sich bisweilen ideologische Debatten, bei denen Henri als der Klassenfeind geschlagen zurückblieb.

Doch sie kämpften mit unfairen Mitteln. Was weiß ein Grundschulkind von der großen Politik und sozialistischer Propaganda? Sie taten ihr einfach nur weh. Katarina hatte sich mit ihrem Gerechtigkeitssinn oft eingemischt und wollte beschützend ihrer Freundin beistehen. Eine Russisch Lehrerein griff Henriette einmal besonders hart an, indem sie ihr vorwarf, kein Recht auf eine Meinungsäußerung zu haben, da ihre Eltern die junge Republik so schmählich verlassen hätten. Katarina erhob sich drohend aus ihrer Sitzreihe. Da ihr aber keine sachlichen Argumente zur Hand waren, schrie sie die Lehrerin an: „Und Sie sind mal ganz still! Sie mit Ihren zweierlei Augen!“ Gelächter, Entsetzen und der Gang zum Direktor waren die Folgen. Kat musste sich bei Frau Schröder entschuldigen, die nochmal ihr braunes und auch das grüne Auge zudrückte.

Vielleicht hatte der Direktor – von dem Henriette noch nie auf ihre besondere Situation angesprochen worden war – seine Russischlehrerin auch diplomatisch eingebremst. Jedenfalls hatte sie in den Folgejahren ähnliche verbale Übergriffe vermieden.

Den Weg *zur* Schule ging Henri lieber als die umgekehrte Richtung.

Auch diese Strecke hatten die Freundinnen zum Glück gemeinsam, denn sie wohnten ziemlich dicht beieinander. Sehr zeitig schlenderten sie Hand in Hand ihres Weges und grüßten alle Leute. Zumeist brachte ihnen das auch ein Lächeln ein oder manchmal sogar liebe Worte.

Auch Heidi gehörte dazu, die kleine Rothaarige mit den vielen lustigen Sommersprossen und den nicht enden wollenden Geschichten. Vor dem Auftauchen Henriettes war sie die Favoritin bei Katarina gewesen, das machte sie wohl nun auch ein wenig eifersüchtig, aber es war grundlos. Katarinas Liebe reichte für alle, die von der Natur nicht so üppig mit Schönheit gesegnet waren. Es war immer eher der Charakter, den Kat vordergründig bewertete.

Und apropos *Schönheit;* Heidi wäre einfach nicht Heidi ohne ihre kräftigen Haare, die in tiefem Herbstrot glänzten. Die Sommersprossen machten sie außergewöhnlich, man hätte sich keine einzige wegdenken wollen.

Alle drei waren stets fröhlich und laut lachend die Freude der Passanten.

Jetzt wusste auch Henriette, dass sie das Lachen nicht verlernt hatte,

Und es tat soo gut.

An einem Freitag waren sie gezwungen, die Schule zu schwänzen, was wirklich nicht ihre Art war. „Unterrichtstag in der sozialistischen Produktion“ hieß das Fach, das alle zwei Wochen in einer echten Werkhalle absolviert werden musste. Die Mädchen hatten an Fräs- und Drehmaschinen, gekleidet mit Arbeits-Overalls und Frisur-tötenden-Haarnetzen richtige Werkstücke herzustellen. Das sollte ihnen Einblick in die sozialistische Arbeitswelt verschaffen; eventuell auch Interesse an bestimmten Berufen wecken. Bei den Freundinnen wirkte es eher abschreckend. Sie würden bestimmt nicht „Zerspanungsfacharbeiter“ lernen wollen.

Mit den jungen Arbeitern hatten sie aber viel Spaß – und umgekehrt. Der schlaksige Blonde mit den grünen Augen war der Lustigste. Einmal äußerte er beim Anblick von Henri in ihren neuesten West-Popeline-Hosen: „Da muss man sich nicht wundern, wenn einem die Knöpfe von der Hose fliegen." Dabei pfiff er anerkennend durch die Zähne.

Die Mädchen blickten sich ratlos an; sie hatten den Ausspruch nicht verstanden.

Also an diesem Freitagmorgen traten aber ganz besondere Umstände ein.

Der Weg von Katarina und Henriette führte über die Saalewiesen. Plötzlich tauchte eine Schar Gänse auf, die sich aufgeregt auf die Mädchen stürzte. Zwei Ganter zischten mit langen Hälsen und ausgefahrenen Flügeln vorneweg und sahen ungeheuer bedrohlich aus.

Selbst als sie rasch umkehrten und im Laufschritt davon eilten, gab das Federvieh nicht auf. Noch einige Meter gackerten sie hinter ihnen her.

Auf keinen Fall würden sie da wieder vorbei laufen.

Die beiden machten sich einen schönen Tag. Sie kauften sich Eis, legten sich in die Sonne und ließen den lieben Gott einen frommen Mann sein.

Zwar verdarb ihr schlechtes Gewissen ein wenig die Freude. Sie redeten sich aber ein, dass sie ja gar nicht anders entscheiden konnten.

Im Winter war der besondere Spaß, mit einer ganzen Horte tobender Klassenkameraden auf den Schultaschen sitzend den steilen Berg hinter der Schule hinunter zu rodeln. Selbstverständlich wurde diese Prozedur des Öfteren wiederholt.

Alles, was den Heimweg hinauszögern konnte, war willkommen.

Schulisch nahm Henriette alle fakultativen Fächer mit, die angeboten wurden. Lehmanns waren zu simpel gestrickt, um dahinter zu steigen, ob der Besuch der Fächer Englisch und Französisch wirklich notwendig waren. Der Sprachunterricht machte außerdem auch noch Spaß. Diese erschwindelte Auszeit wollte sie sich aber nun auch mit Jungens teilen, die nun immer häufiger um sie warben. Deshalb schwänzte sie hin und wieder ein paar dieser Schulstunden, um sich mit ihrem jeweils angesagten Freund zu treffen. Einmal ging das aber total ins Auge.

Sie schlenderte mit Felix über die Wiesen und schmusend auf einer Bank sitzend vergaß sie die Zeit. Ihre Verspätung betrug eine halbe

Stunde. Die Frage, wo sie herkomme, beantwortete sie: „Na aus dem Englisch.“

Die Ohrfeige ihres Onkels kam so überraschend wie schmerzhaft. Sie erkannte auch sogleich ihren Fehler. Auf dem Fensterbrett lag ein Fernglas. Damit hatte er die Bank auf der Wiese beobachten können und war somit im Bilde. Als wäre die Ohrfeige nicht Strafe genug gewesen, zwang er sie, ihr Abendbrot noch zu sich zu nehmen. Es hatte Hammelgoulasch gegeben. Der war aber nun kalt.

Noch niemals hatte sie etwas derart ekeliges essen müssen.

Als hätte man ein Stück Plastik an den Gaumen geklebt bekommen, das auch nach fortdauerndem Schieben mit der Zunge nicht wegzukriegen ist, das im Gegenteil größer und widerlicher wird und einen schier zu ersticken droht.

Henriette sprang auf, wobei der Küchenstuhl umgekippte und polternd auf den Küchenboden schlug, um sich im Bad zu übergeben.

(Sie aß in ihrem ganzen Leben kein Hammelfleisch mehr.)

Natürlich gab es für diese verpasste Mahlzeit keinen Ersatz, sie hatte aber vor lauter Wut gar keinen Hunger.

In ihr Zimmer wurde sie nicht eher entlassen, bevor nicht das gesamte Küchen-Chaos beseitigt und das Geschirr gespült war- Allein ihre Aufgabe.

Wie lustig und harmonisch ging es dagegen in Katarinas Familie zu. Tauberts lebten mit den Großeltern zusammen. Die verwöhnten sogar Katarinas Mutti, da sie als alleinerziehende, berufstätige Frau mit zwei Kindern schon genug um die Ohren hatte. Der Vater der Kinder war im Krieg gestorben. Frau Taubert fügte sich auch als Erwachsene noch allen Anweisungen ihrer Eltern. Die waren stets wohlgemeint und sie war immer gut damit gefahren. Sie hatte keine Chance und auch gar nicht den Ehrgeiz, selbst erwachsen zu werden. Auf diese Weise konnte sie sich ihr kindliches Gemüt und auch eine unbeschwerte Lockerheit im Umgang mit ihren Kindern bewahren. Für die war sie eher eine große Schwester.

Und es gab noch ein weiteres Bonbon in Katis Gesellschaft. Sie hatte einen hübschen Bruder. Groß, schlank und zwei Jahre älter als die Mädchen. Durch die feste Freundschaft zu Katarina war Henriette so etwas wie eine Schwester für ihn. Keine Chance für sie. Er suchte sich auch besonders hübsche, äußerst schlanke Freundinnen aus, auf die Henri regelmäßig eifersüchtig war.

Wenn er doch nur nicht ständig mit ihr flirten würde! Sie interpretierte viel mehr in seine Neckereien als ihm lieb war. Hans-Jürgen hatte einfach seinen Spaß daran, wenn Henriette knallrot wurde und ihn verlegen knuffte. Überhaupt frotzelte er gern gegen andere.

Sie waren alle zusammen in Katarinas Ferienhaus.

„Und Güga, was treibst du so an den Wochenenden?“ Der Angesprochene tat, als hätte er geschlafen und antwortete nur mit einem trägen: „Hää?“

Günter Gahlert war der Hausfreund der Familie. Er hatte ein Auge auf Kati geworfen und strich seit Jahren um sie herum, ohne wirklich einen Vorstoß zu wagen. Er war ein netter Kerl, aber sehr schüchtern, sehr unbeholfen und auch ein wenig langsam in seinen Gedanken.

In der Hütte am Stausee war er regelmäßiger Gast, wie auch Henriette. Es waren Ferien, die Erwachsenen hatten Urlaub. Den ganzen Tag hatte die Sonne so brennend heiß geschienen, dass die Luft auch in dieser Nacht schwül in den Räumen stand. Alle Türen und Fenster waren auf Durchzug gestellt, aber es bewegte sich kein Lüftchen.

Es roch nach Wald, nach verbrannten Tannennadeln, nach Pilzen und dem nahegelegenen Wasser. Alle lagen aufgedeckt auf ihren Betten oder Matratzen und versuchten, sich mit der Hitze abzufinden.

Hans-Jürgen ließ nicht locker: „Ich wollte eigentlich wissen, ob du nicht vielleicht eine Freundin hast?“

„Nein, da ist niemand. Ich habe keine.“

„Ach Güga, erzähl mir nichts! So ein toller Bursche wie du hat doch bestimmt Verehrerinnen.“

„Na ja, da ist die Helga in der Nachbarschaft. Die hängt ständig bei meiner Mutter rum. Mutti sagt, die käme wegen mir.“

„Na also! Wusste ich´s doch! Und wird da nichts draus?“

„Nein, die gefällt mir nicht. Die hat so weißblonde Haare, Sommersprossen und sie nuschelt auch so. Außerdem ist sie ziemlich dick. Da ist Henri noch schön dagegen…“

Henriette war entrüstet im Bett aufgesprungen. „Na Klasse Güga, du hast aber jetzt bei mir verschissen!“ Dabei lächelte sie innerlich.

Auch die anderen lachten. Nur Kati war empört: „Was fällt dir denn ein! Spinnst du! Du bist ja nun wirklich kein Adonis, mein Guter. Was nimmst du dir raus?“

Henri musste Kat beruhigen. Sie selbst lachte, sie nahm es ihm nicht wirklich übel, wollte ihn aber doch leiden lassen.

Sie schlug zart auf Katis Hand und lächelte sie verschwörerisch an.

„Also Güga, ich glaube, du kannst bei den Mädchen demnächst mit der Katze fressen“, ließ Frau Taubert sich hören. Man bemerkte den belustigten Unterton in ihrer Stimme.

„Ich denke, wir sollten jetzt doch versuchen, etwas Schlaf zu bekommen.“

Henriette war am nächsten Morgen schon sehr bald auf den Beinen.

Die Sonne erhob sich gerade hinter dem See und färbte den Himmel und das Wasser rosa, als sie im Schlafanzug auf der Terrasse stand. Die Luft war noch immer schwül, ringsum war träge Stille.

Zwei starke Arme umfassten sie von hinten. Hans-Jürgen war barfuß aus der Hütte gekommen und zu ihr getreten. Ihr Herz schlug schneller, als er seinen Kopf auf ihre Schulter legte und ihr einen leichten Guten-Morgen-Kuss aufs Ohr hauchte.

„Mach dir keine Sorgen, du bist ein sehr hübsches Mädchen. Der Güga ist blöd, das weißt du. Nur; für mich bist du wie eine Schwester, wie eine Schwester von Trinchen (er nannte seine Schwester Trina oder Trinchen). Und wenn du einmal erwachsen bist, helfe ich dir vielleicht sogar bei der Suche nach einem tollen Kerl. Wie wär´s mit Güga?“

Er duckte sich schnell, als sie im gleichen Moment herumwirbelte und mit der Faust in seine Richtung schnellte. Sie verfehlte ihn nur um Haaresbreite.

An diesem Tag schlich Günter wie ein geprügelter Hund um die beiden Freundinnen herum. Er hatte sich bereits mit vielen Worten entschuldigt: soo habe er das gar nicht gemeint. Aber die beiden wollten ihre Rächer-Position ordentlich auskosten.

Sie schickten ihn zum Kirschen klauen (dabei begleitete ihn Hans-Jürgen bereitwillig).

Er musste die nassen Badeklamotten der Mädels aufhängen und statt ihrer Kartoffeln schälen. Am Abend gingen sie ins Dorf Kino. Alle Kissen und Decken, die man im Freien benötigte, luden sie ihm auf.

Noch bevor der Film begann, versprachen sie ihm aber gnädig, dass sie es nun mit den Strafen gut sein ließen. Aus Dankbarkeit schleppte er aber die Sachen auch wieder zurück. Und so beschlossen die Freundinnen, noch eine Runde im See zu schwimmen.

Nackt, denn sie hatten keine Badeanzüge mitgenommen. Es war stockdunkel und ungeheuer aufregend. Hans-Jürgen, der sich heimlich neben ihre Klamotten gehockt hatte, verduftete nach ihrem hysterischen Gezeter aber freiwillig.

Diese Tage in der Hütte vergingen für Henriette immer viel zu schnell.

Der bekannte Geruch nach Urin, Erbsensuppe und nasser Kreide umfing sie im Treppenhaus des alten Schulgebäudes, als die Ferien vorbei waren. Henriette mochte vertraute Dinge.

Der Weggang ihrer Eltern hatte sie voll aus der Bahn geworfen.

Inzwischen hatte sie neue Wurzeln gefunden, die Freundschaft zu Katarina bedeutete ihr viel. Auch durfte sie inzwischen öfter nach Klingrode fahren, wo sie Susi treffen und sich einen anderen Freundeskreis aufbauen konnte.

Dass ihre Schwester Evi aus dem Westen zurückgekommen war, war ein großer Segen für sie.

In Essen verlief das Leben ihrer Familie nicht gut. Ihr Vater war nach einem schweren Schlaganfall linksseitig gelähmt. Er schwebte in Lebensgefahr und die Familie stellte einen dringenden Antrag auf eine Besuchserlaubnis für Henriette. Die Behörden der DDR weigerten sich, dem stattzugeben. Selbst die intensive Intervention des Schuldirektors und zweier Lehrer konnte sie nicht umstimmen. Die Beamten argumentierten, dass die Eltern sie ja selbst in diese missliche Lage gebracht hätten. Sie äußerten auch unumwunden die Vermutung, dass Henriette wohl von diesem Krankenbesuch nicht zurückkommen würde.

Recht hatten sie, Henri hätte die Gelegenheit genutzt. Vor allem wollte sie aber endlich ihre Eltern – vor allem ihren Vater wiedersehen.

Wie hatten die Herren in den Ämtern immer großspurig getönt? Sie wären auf jeden Fall an einer Familienzusammenführung interessiert?

Aber seit dem Mauerbau wurde Tacheles geredet. Selbst in dieser schmerzlichen Situation blieben sie konsequent. Linientreu nannten sie es, und „ zu ihrem Besten“ sagten sie.

Es sollte sich herausstellen, dass Henriette ihren Vater niemals wiedersehen würde, obwohl er doch nach anfänglichen Befürchtungen noch zehn Jahre lebte.

Mit Tante Klara hatte sich Henri arrangiert. Onkel Alfred hatte eine Aussprache organisiert – ohne Onkel Otto. Er ging ganz schön hart mit Henriette ins Gericht.

„In deinem Leben ist das Unterste zu Oberst gekehrt, das ist nicht leicht. Aber hast du schon mal überlegt, ob es nicht in Tante Klaras Leben auch so ist?“ Sie müsse doch auch mal bedenken, was die Lehmanns auf sich genommen hätten, nur um der Familie König einen Gefallen zu tun.

„Ja und? Haben meine Eltern ihnen nicht auch Evelyn zur Adoption überlassen? So wurde doch eigentlich nur getauscht!“ Henri wollte nicht so ohne weiteres klein beigeben.

„Da gibt es schon Unterschiede, auch die Situation war eine ganz andere“, gab Tante Klara leise zu bedenken. Henri konnte die Tränen hinter ihrem starren Blick erkennen, aber sie würde sie nicht vor ihr weinen.

„Irgendwo habt ihr ja beide recht“, versuchte Onkel Alfred zu vermitteln. „Und dem Onkel Otto gehst du eben einfach aus dem Weg, so gut das möglich ist. Macht euch doch nicht das Leben unnötig schwer.“

Tante und Nichte hatten sich zur Versöhnung gedrückt.

Seitdem verlief der Alltag entspannter und war erträglich geworden.

TROTZDEM ist das Wort, das Träume wahr und Ziele erreichbar macht!

Henriette hatte keine Probleme in der Schule und meist gute Noten. Katarina musste tüchtig üben, um dem Stoff folgen zu können. Die Freundin konnte ihr dabei helfen, bei den Hausaufgaben, beim Üben und Pauken, auch schon mal beim Abschreiben lassen. Die Prüfungen in der zehnten Klasse bedurften täglich ihres moralischen Beistandes.

Erst unmittelbar vor der Prüfungszimmertür hörte sie auf, ihre Hand zu halten und beruhigend auf sie einzureden.

Natürlich begriff Katarina ihren Stoff, aber sie traute sich nichts zu. Es war ein Dilemma. „Was soll nur werden, wenn ich dich nicht mehr an meiner Seite habe?“, fragte sie immer wieder zum Ende des Schuljahres.

Sie würde nach Jena in ein Internat der Schwesternschule gehen, Henriette blieb in Saalfeld.

Eine Buchhalterlehre war alles, was ihr von den Angeboten her angemessen schien.

(Ironie des Schicksals: als Fünfjährige hatte sie gerade dies als ihren Berufswunsch geäußert.) Das Studium zum Außenhandelskaufmann oder eine Ausbildung bei der Post oder gar zur Pädagogin – wie ihre eigenen Lehrer es gern gesehen hätten – blieben ihr wegen ihrer politisch-familiären Situation verwehrt.

In der allerletzten Ferienwoche erschütterte ein grausiges Verbrechen ihre harmonische Welt. Die Freundinnen hatten sich verabredet, noch ein paar Tage an den Stausee zur Hütte zu fahren. Pünktlich vor der Abfahrt des Busses klingelte Henriette an der Wohnungstür von Tauberts. Die Oma erschien, total verheult. „Trinchen ist nicht da."

„Aber wir waren verabredet", entgegnete Henri verwundert.

„Es ist was ganz schlimmes passiert. Sie ist auf dem Vogelschießen."

Die Oma zitterte und schlug einfach die Tür zu.

Ratlos stand Henriette davor. *Wenn sie auf dem Rummel ist, kann es doch nicht so schlimm sein. Was ist nur mit der Oma, die war doch noch nie so unfreundlich?*

Henri wusste nicht, welche Schlüsse sie ziehen sollte.

Das klärte sich rasch auf. Kati kam gerade mit Hans-Jürgen durchs Hoftor. Herzzerreißend weinend stürzte sie auf die Freundin zu.

Was trägt sie bei dieser Hitze einen Rollkragenpulli? Ging es Henri gerade noch durch den Kopf. Kati las ihre Gedanken und zog den Kragen ein wenig nach unten. Der ganze Hals war rot und hatte Druckstellen – wie Knutschflecke. Henriette konnte sich darauf keinen Reim machen. Das, was Katarina schluchzend stammelte, konnte man nicht verstehen. Hans-Jürgen berichtete:

„Letzte Nacht war ein Einbrecher in Katarinas Schlafzimmer eingestiegen. Über den Sims war er halsbrecherisch ins offene Fenster geklettert. Vielleicht hatte er nicht damit gerechnet, jemanden dort anzutreffen. Er war sicherlich auf Diebestour und fühlte sich nun, als er eine Person im Bett liegend erblickte, in die Enge getrieben.

Trinchen wachte auf, als etwas auf ihr lag und ihr die Luft abdrückte. Er hatte sich über sie gekniet und beide Hände derb um ihren Hals gedrückt. Sie konnte nicht einmal schreien, da ihr nicht der Hauch von Atem blieb."

Er erregte sich beim Sprechen und Henriettes Augen wurden vor Entsetzen immer größer. Sie hatte die Freundin in den Arm genommen. „Wie bist du dem dann entkommen?"

„Ich hab.., ich hab mich tot gestellt. Vielleicht auch gar nicht bewusst. Mir fehlte jede Kraft", stöhnte sie leise.

„Sicher hat er gedacht, sie sei tot und hat sich dann schnell aus dem Staub gemacht", ergänzte Hans-Jürgen noch.

„Und warum wart ihr dann jetzt auf dem Vogelschießen?", fragte Henriette verständnislos. „Katarina hat ihn mit ihren langen Fingernägeln zuerst sehr gekratzt, so dass es Spuren hinterlassen haben muss. Die Polizei geht davon aus, dass es jemand von den Rummelartisten oder -aufstellern ist. Wegen der Kletterkünste. Trine sollte schauen, ob sie einen solchen Kerl dort sehen kann, einen mit Dreitagebart und Kratzern im Gesicht."

Sich selbst die Aussichtslosigkeit bestätigend schüttelte er den Kopf.

Nach einer Stunde machten sich dann alle drei auf den Weg zur Saale auf. Katarina wollte sich ablenken und die beiden anderen sie dabei mit allen Kräften unterstützen.

Vor jedem Mann, der ihnen mit Dreitagebart begegnete, versteckte sie sich ängstlich hinter ihres Bruders Rücken. Wenn derjenige sich vielleicht sogar noch bei der Morgenrasur geschnitten hätte, würde sie am Rad drehen.

Der unheimliche Täter wurde nie ermittelt.

Sonne, Wasser, Liebeskummer

Einiges hatte sich zum Guten verändert.

Onkel Alfred war in letzter Zeit häufiger – vor allem nach ihrer Aussprache – bei Lehmanns erschienen. Wie Frau Kahn wusste, hatte er Post von Henriettes Eltern bekommen, er solle doch bitte ein Auge auf ihre Jüngste haben und notfalls einschreiten, wenn da etwas schief läuft.

Ihm war zu verdanken, dass Henriette nun auch schon mal mit Katarina ins Kino und sogar an den Saale-Bungalow durfte. Vor allem war er der Befürworter ihres Tanzstundenbesuches. Da führte vorher auf ihr eindringliches Bitten und Flehen kein Weg hinein.

„Ihr könnt sie nicht von allem ausschließen. Mein Gott Klara, sie ist ein junges Ding, gerade mal sechzehn, die will und muss doch etwas vom Leben spüren."

„Ja, aber die Kerle heutzutage! Das Risiko ist einfach zu groß, dass da was passieren könnte! Wir haben schließlich die Verantwortung."

Onkel Otto war ungehalten und außer sich vor Wut. Onkel Alfred sah ihn nur unwirsch an: „Da musst gerade du dich aufregen! Denk mal an deine Jugend zurück. Keine hast du ausgelassen, die nicht bei *drei* auf dem Baum war. Du kannst gar nicht glauben, dass es auch vernünftige und gesittete junge Männer gibt."

„Ach leck mich doch …", erwiderte der erbost und ließ Alfred einfach stehen. So war die Genehmigung zähneknirschend perfekt.

Was Henriettes Leben aber weit mehr aus den Fugen warf, war die Rückkehr von Evelyn nach Thüringen. Sie hatte dies natürlich in Briefen angedeutet, aber Henri hatte nicht daran zu glauben gewagt.

Sie reiste ihrem Verlobten nach, der wie sie aus Thüringen stammte und wie sie für zwei Jahre im Westen gelebt hatte.

Er erbte in Klingrode sein Elternhaus und wollte nun wieder dort leben. Mit Evi, die er bei einem Besuch seiner Schulfreundin Marion in Essen kennen- und lieben gelernt hatte.

Die Welt ist wirklich ein Dorf. Als Marion und Helfried in Klingrode Klassenkameraden waren, kam es zu keiner Begegnung zwischen ihnen.

Tante Klara und Onkel Otto waren total aus dem Häuschen, als der Rückkehrplan perfekt war.

Evelyn zog aber nicht wieder bei Lehmanns ein.

Zuerst einmal musste sie ohnehin in ein *Auffanglager* in der Nähe von Eisenach. Dort wurde sie mit anderen Rückkehrern monatelang überprüft, ob sie auch kein imperialistisches Gedankengut oder Spionageabsichten im Gepäck hatte.

Nach dieser demütigenden Erfahrung – einer ständigen Diskriminierung als Republik-Flüchtling – durfte sie in ihren Heimatort.

Sie zog gleich bei Helfried ein.

Henriette durfte sie nun regelmäßig besuchen. Vor allem, als Evelyn schwanger war und schwesterliche Hilfe gut gebrauchen konnte.

Henri berichtete Evi von all den Kümmernissen, denen sie in Saalfeld ausgesetzt war. Die große Schwester war entsetzt, gab aber auch zu, dass sie einiges vermutet hatte.

„Warum sollten die sich geändert haben? Ich bin schließlich aus diesen Gründen abgehauen. Glaub mir, ich habe unseren Eltern öfter vorgeworfen, wie fies es war, dich zurückzulassen.“

Sie schilderte dann in vielen Gesprächen die Situation der Familie im Westen, die keineswegs rosig war und von vielen Entbehrungen geprägt, weil der Vater als Invalid nichts verdienen konnte. Die Mutter arbeitete aushilfsweise in einer Fleischerei, immer, wenn sie sich erlauben konnte, ihren kranken Mann allein zu Hause zu lassen.

Zum Glück wohnte Marion noch zu Hause und steuerte erheblich zum Familienunterhalt bei. Marion hatte kein Glück bei Männern. Sie war zu gutmütig und geriet immer an die Falschen.

Wenigstens Evi hatte alles richtig gemacht. Sie hatte eine Familie gegründet und einen kleinen strammen Sohn geboren.

Das war auch der Glücksfall für Henriette schlechthin. Tante Klara sah ein, dass Henri nun fast jedes Wochenende nach Klingrode fahren musste, um ihrer Schwester zu helfen.

Evelyn sah ein, dass Henri hier vor allem ihre Unabhängigkeit suchte und ließ ihr das ganze Wochenende freien Lauf. Um ihr Baby Max wollte sie sich natürlich vor allem selbst kümmern.

Henriette war frei – zumindest an den Wochenenden!

Obwohl sich rings um ihren Handtuchplatz auf der Liegewiese eine Menge anderer Leute tummelten, war sie allein. Katarina war mit ihrer Familie zu einem Geburtstag unterwegs.

Die Sonnenwiese im Freibad war heute stark frequentiert, es war ein wunderschöner, sonniger Nachmittag. Der Geruch des gechlorten Wassers stieg ihr in die Nase, aber sie würde heute nicht schwimmen gehen.

Warum war sie denn überhaupt ins Bad gegangen? Natürlich vor allem, um von Lehmanns weg zu kommen. Da hatte es erneut Theater gegeben.

Sie hatte gebettelt, auf die Oberschule gehen zu dürfen. Sie wollte gern Abiturreife erreichen und später studieren. Sie mochte Sprachen. Oder vielleicht auch EDV – das war ganz neu und interessant. Ihre Lehrer hatten sich bei Lehmanns für sie eingesetzt. Sie hatte gute Noten, war auch bei Mathematikolympiaden erfolgreich. Die meinten, sie gäbe eine perfekte Lehrerin ab. Aber Onkel und Tante ließen sich nicht erweichen.

Es würde Zeit, dass sie endlich ihr eigenes Geld verdiene, war deren Standpunkt. Auch Onkel Alfreds Argumente zeigten keinen Erfolg. Henriette hörte die lebhafte Diskussion und die vehemente Aussage von Onkel Otto: „Ich will dir was sagen; das Geld ihrer Eltern ist aufgebraucht und sie kann nun ruhig selbst zusehen, wie hart Geld verdient werden muss!

Wir haben uns schon breitschlagen lassen, indem wir ihr die 10. Klasse erlaubt hatten. Ist ja bemerkenswert, dass sich die Lehrer so reingekniet haben, damit sie doch noch zur Oberschule gehen könnte. Wir wissen schon, dass sie keine Dumme ist, das demonstriert sie uns ständig auf ihre freche Art. Aber irgendwann ist Schluss! Sie lernt jetzt einen Beruf und kann dann für sich selbst sorgen. Basta!"

„Mein Gott, Otto. Du musst doch in deiner heiligen Sekte auch schon mal was von Nächstenliebe gehört haben? Sie kann doch am wenigsten dafür, dass Königs sie hiergelassen haben." Onkel Alfreds Stimme klang wütend. Genauso erbost war Ottos Erwiderung: „Dann sollte sie vielleicht auch ein wenig demütiger sein? Sie ist aufsässig und rebellisch. Hätten die in Berlin diese blöde Mauer nicht gebaut, wären wir sie ja längst losgeworden, uns bleibt auch nichts erspart! Aber Schluss mit Diskussion! Wir haben kein Geld, das wir ihr ständig hinterherwerfen können."

War ihr Unterhalt wirklich so teuer? Sie grübelte und versuchte zu rechnen, kam aber auf kein brauchbares Ergebnis.

Außerdem hatte sie heute ganz andere Sorgen.

Henriette lag bäuchlings auf ihrem Handtuch, den Kopf auf die verschränkten Arme gelegt und den Blick stur in einer Richtung haltend.

Er hat mich doch gesehen, als ich aus der Umkleide kam. Da bin ich mir ganz sicher. Sofort hat er weggeschaut und demonstrativ seinen Arm um die Taille dieser rothaarigen Tussi gelegt. Wie die gleich gekichert hat!

Wie hat er immer getönt? Er bevorzugt Frauen mit Tiefgang. Die war oberflächlich, das sah man. Zugegeben: sie hat eine gute Figur und ist auch hübsch. Aber: was hat sie, was ich nicht habe?

Nein, heulen werde ich nicht, das habe ich den letzten beiden Nächten hinter mich gebracht.

Es tut aber so schrecklich weh. Es würgt im Hals und in der Magengegend ist es flau, im Kopf dagegen leer.

Dann noch die Art und Weise: Feigling verdammter!

Legt einfach einen Zettel in meine Federmappe im Klassenzimmer: *„Tut mir leid, ich habe mich anders entschieden. Du wolltest ja nicht. Es war trotzdem eine schöne Zeit, danke dafür.“*

Ich habe ihn an dem Tag gar nicht an der Abendschule gesehen, es war Freitag, da belegten wir immer das gleiche Seminar. Irgendwann hat er sich in den Raum geschlichen, um den Zettel zu deponieren.

Und ich Kamel mache mir noch Gedanken, ob er wohl krank sei.

Mein Gott, das kann ja keiner mit ansehen, wie die beiden turteln.

Nein Felix, Du hast mich gar nicht verdient. Werd´ glücklich mit ihr!

Die Sonne verdunkelte sich. Der Himmel fühlte mit ihr.

Nein, da hatte sich einer vor ihrer Sonne aufgebaut.

„Hallo, schönes Kind, ist auf deinem Handtuch noch Platz für einen liebeshungrigen Kavalier?“ Der Kerl, der sich vor Henriette aufgebaut hatte, sah verdammt gut aus.

Er erschien sehr groß – aus ihrer liegenden Position. Seine dunklen Augen lachten und seine sonnengebräunte Haut war ein imposanter Kontrast zu seinem blonden Lockenkopf.

Sie rappelte sich auf die Knie, betrachtet ihn demonstrativ von oben bis unten:

„Du hast aber ´n Tempo drauf! Dein Anmachspruch verfängt wohl immer? Wer bist du und was willst du?“ - „Ich bin der Fremde aus dem Morgenland und möchte dir drei gutgemeinte Ratschläge geben, weil ich auch noch ein Menschenfreund, vor allem aber ein Frauenversteher bin.“

Sie lachte jetzt auch, irgendwie war der Bursche einnehmend. Und er sah so gut aus! Gern hätte sie gewusst, ob seine tolle Bräune nahtlos war.

Ach was, ich tu‘s einfach!

Mit einem Finger fasste sie hinter das Gummiband seiner Badehose und zog sie ein wenig nach unten: braun!

Er schlug ihr auf die Finger: „Na du gehst aber auch ganz schön `ran. Das kommt doch erst viel später!“

„Entschuldige, ich wollte nur sehen, ob das durchgängig ist. Herr …?“

„Oliver Wilhemsen mein Name. Studienanfänger an der DHfK in Leipzig. In studienfreien Zeiten Frauenverführer und Aushilsbademeister.“

„Und welche Ratschläge wolltest du mir geben?“

„Ach so, ja: erstens solltest du nicht so stur zu deinem Exfreund starren, das fällt nämlich auf. Zweitens solltest du nicht solche Minderwertigkeitskomplexe aufbauen. Das hast du nicht nötig, Du bist ein sehr schönes Mädchen. Glaub mir, ich bin ein Kenner.

Deshalb passt *der* auch eigentlich gar nicht zu dir. Und drittens solltest du schleunigst deinen Sonnenplatz verlassen, sonst kannst du heute Nacht aufgrund eines ordentlichen Sonnenbrandes nicht schlafen.“

„Wow, du solltest besser Psychologie studieren.“ Henriette rückte dabei ihr Handtuch in den Schatten des Baumes und hockte sich im Schneidersitz darauf. „Woher weißt du, dass Felix mein Exfreund ist?“

„Attraktive Frauen verliere ich nicht aus dem Auge. Ich beobachte dich schon den ganzen Sommer hier im Bad; früher Euch. Ich wusste, dass meine Zeit noch kommen würde.“

„Als du sagtest, dass du auch als Bademeister arbeitest, ging mir auf, wieso du mir bekannt vorkamst.“

„Ich dachte mir doch, dass ich auch einen bleibenden Eindruck hinterlassen hatte, als ich dich neulich vorm Ertrinken rettete.“

„Ach ja, das warst ja du!“ Jetzt lachten beide. „Da übertreibst du aber maßlos. Mir war nur kurz die Luft weggeblieben, als mir der Lümmel ins Kreuz gesprungen war.“

„Ja, ich habe es sehr bedauert, dass keine Mund-zu-Mund-Beatmung nötig war."
Sie plauderten locker weiter und hatten viel Spaß an ihrer ungezwungenen Konversation.

Henri konnte es trotz allem nicht lassen, immer wieder zu Felix und seiner Freundin hinüberzuschauen. Was sie sah, tat ihr weh.

„Würdest du mir einen heiklen Gefallen tun?" fragte sie ihren neuen Verehrer. „Alles, was du möchtest."

„Ich muss jetzt nach Hause. Begleitest du mich zur Umkleidekabine? Und zwar so, dass dieses Arschloch denken muss, du seist unsterblich in mich verliebt?"

„Das ist leicht, weil ich das nicht spielen muss."

Oliver legte sanft aber fest den Arm um sie. Es tat weh auf ihrer sonnenverbrannten Haut, aber dieser Schmerz war angenehm.

Als er sich sicher war, dass Felix gerade zu ihnen herüberschaute, küsste er zart Henriettes Ohr und verwuschelte mit der freien Hand ihr Haar.

Anerkennend entließ er sie in die Umkleidekabine. Henriette war in ihrem neuen West-Badeanzug aber auch ein besonders hübscher Anblick. Das Trikot saß äußerst knapp und betonte jeden Zentimeter ihrer Figur. Die konnte sie nun beruhigt sehen lassen. Der Babyspeck von früher, über den sie immer so unglücklich war, hatte sich in bemerkenswerte Proportionen verwandelt.

Sie war gewachsen. Mit ihren knapp siebzehn Jahren erreichte sie schon eine Größe von 1,70 m. Kummer und Sorgen der letzten Jahre hatten an ihr gezehrt und das war das einzig Positive, das sie dieser Zeit abgewinnen konnte.

Ihre naturgewellten braunen Haare trug sie kurz geschnitten, eine Frisur im eigentlichen Sinne war nicht erkennbar.

„Gib dir nicht so große Mühe beim Kämmen, du siehst zerwühlt besser aus als gekämmt", hatte Felix sie einmal geneckt. Das war wirklich so.

Oliver Wilhelmsen gefiel, was er sah. Und er versprach ihr, sie von nun an immer zu treffen, wenn er in Saalfeld war.

Er hatte Recht behalten. Sie konnte in dieser Nacht kaum schlafen. Daran war der Sonnenbrand nur zu einem kleinen Teil schuld.

Let's talk about sex

Sex wird total überbewertet.

Eine schwierige Angelegenheit für Henriette, die in einem scheinheiligen Haushalt streng erzogen wurde.

Freundinnen und Bekannte rundherum schienen auf diesem Gebiet schon eine Menge Erfahrungen zu haben. Oder prahlten sie nur?

Sie musste sich jetzt, im Alter von siebzehn Jahren, dem Thema ernsthaft stellen denn das war der Grund, warum Felix mit ihr Schluss gemacht hatte.

Die Geduld Olivers würde auch ihre Grenzen haben.

Da war die Sache mit Asparagus harmlos.

Sie war wie immer pünktlich zum Cliquen-Treff erschienen, aber niemand war anwesend. Das heißt, As stand verlegen vorm Fenster, als hätte er auf sie gewartet.

„Wie schön, dass du nach Klingrode kommen konntest. Es wird wohl heute niemand mehr erscheinen. Hat deine Tante dich gehen lassen?"

Henri sah ihn verwundert an. Er war gewöhnlich sehr still und regelrecht in sich gekehrt. Solch private Ansprachen kosteten ihn Überwindung.

Und es kam noch heftiger: „Ich bin froh, dass wir hier allein sind. Ich muss dich dringend was fragen: Könntest du dir vorstellen, mit mir zu gehen?" Er ergänzte noch verlegen: „Du gefällst mir, ich mag dich sehr!" Er stotterte es hastig herunter, so als wolle er es schnell hinter sich bringen.

Henriette war total perplex. So mit der Tür ins Haus zu fallen, sah ihm gar nicht ähnlich. *Wie reagiere ich jetzt, ohne ihn zu verletzen?* ging es ihr durch den Kopf. Assi war ein hochintelligenter, sensibler Bursche, der, so viel ihr bekannt war, noch nie eine Freundin hatte.

„Du schweigst sehr laut", meinte er schließlich traurig.

„Ach Thomas! Wie kommst du denn auf so einen Gedanken?" Henriette war sehr unwohl zumute.

„Na, wenn du mich schon mit Thomas ansprichst, liegt die Antwort fast schon auf der Hand." Er schaute verunsichert und betrübt.

Es stimmte, ihre Spitznamen gaben ihnen in der Clique eine bestimmte Exklusivität und auch ein wenig Anonymität.

Wegen seiner Größe und überschlanken Figur hieß Thomas „Asparagus“. Spargel aß er außerdem gern. Dagegen war “Bonsai“ (Hainer) viel zu klein für sein Alter. Warum Jürgen „Bimsel“ hieß, wusste niemand, sein Vater hatte diesen Spitznamen schon.

„Pille“ war der Apothekersohn, der eigentlich Lutz hieß und bei „Schimpo“ war der Name naheliegend, wenn man seine Bewegungen betrachtete. Sogar seine Eltern riefen ihn so, anstatt Werner. „Rammler“ war wie sein Vater Hasenzüchter, beide hörten auch auf den Vornamen „Kurt“. Es gab noch Bodobo, der im zivilen Leben Bodo Bodenbinder hieß und schließlich noch „Lu“. Diese Abkürzung fand er netter als „Lulatsch“, was der eigentliche Kosename von Konrad sein sollte.

Zum festen Kern gehörten also acht Burschen im Alter von siebzehn bis zwanzig Jahren. Sie hatten sich als Freunde gefunden, da sie in einer Straße zusammen wohnten oder die gleiche Abiturklasse besuchten.

Vier Mädchen waren eher zufällig dazugekommen, zwei davon als momentane Freundinnen von Cliquenmitgliedern. Die Mädchen hatten in der Gruppe nicht dieselben Rechte wie die Jungen; sie waren nur Gäste.

Die Jungs schafften es immer wieder, die Mädchen zu verblüffen. Es war, als würden sie Rituale aus einer fremden Kultur in einer unbekannten Sprache vollziehen. Als Außenstehender wusste man nie, ob die zum Teil groben Ausdrücke, mit denen sie sich gegenseitig titulierten, Scherze oder Beleidigungen waren.

Momentan waren fünf der Jungen an der Ostsee im Urlaub und eine lustige Karte – fünf nackte weiße Ärsche – lag als Urlaubsgruß auf dem Tisch. Sie zeugte auch vom Text her davon, dass sie wohl unter dem starken Einfluss von Alkohol geschrieben worden war.

Anneliese, die als „Chefin“ auch eine gewisse (begrenzte) Autorität gegenüber den männlichen Mitgliedern der Gruppe besaß, war die ehemalige Freundin von Bodobo. Zeitweise konnten sie sich nun friedlich nebeneinander ertragen, gingen sich aber vorzugsweise aus dem Weg. Alle bemühten sich darum, dass die Chefin die Gruppe nicht verließ. Sie organisierte die tollsten Partys, hatte für Ausflüge die besten Ideen und sorgte auch sonst mit den irrwitzigsten Vorschlägen für reichlich Abwechslung.

Die Freundin von Lu war Henriettes Freundin Susanne. „Bimsel“ war mit Ulrike zusammen. Ulrike und Susanne waren Freundinnen geworden, als sie Leidensgenossinnen wurden.

Klaus-Dieter, ein Typ aus der zwölften Klasse war mit beiden hintereinander befreundet. Als er dann mit jeder Schluss gemacht hatte, fanden sie sich in ihrem Schmerz und ihrer Wut über ihn als Verbündete.

„Der Idiot hält sich für ein *Geschenk Gottes.* So ein Fatzke! Dabei ist da oben ein ziemlicher Hohlraum.“ Ulrike tippte sich dabei an die Stirn.

„Ja, der hat sie doch nicht alle!“, empörte sich auch Susi.

„Doch, der hat sie alle. Er nimmt sie nur nicht der Reihe nach weg.“ Und so hatten sie in ihrer gemeinsamen Wut eine Basis für ihre neue Freundschaft gefunden. Die beiden orientierten sich in der Clique neu und hockten ständig zusammen.

Henri war dann als Freundin in die Gemeinschaft aufgenommen worden. Da sie nur an den Wochenenden dabei sein konnte, ging manche Entwicklung an ihr vorüber.

„Warum bist du eigentlich nicht mit den anderen an die Ostsee gefahren?“, wollte Henri gerade von As wissen, um ihn auf andere Gedanken zu bringen.

„Meinem Vater geht es gerade nicht so gut, da werde ich zu Hause gebraucht. Du lenkst jetzt ab, weil dir meine Frage unangenehm ist. Das verstehe ich schon, *Frau Königin,* sag halt einfach *nein.*“

„Ach As, so einfach ist das nicht. Ich habe gerade einen neuen Freund in Saalfeld. Das heißt…“, sie zögerte kurz. „Das heißt, es sieht so aus, als würde das etwas Festeres werden.“

Sie verfiel kurz ins Grübeln. Asparagus hielt höflich für einen Moment den Mund. Dann platzte er überraschend heraus: „Eigentlich bin ich froh, dass du *nein* sagst.“

Jetzt war Henriette aber doch mehr als verblüfft. Wortlos schaute sie mit hochgezogener Augenbraue zu ihm herüber. Er schob sich langsam vom Fenster weg und setzte sich linkisch zu ihr. Er saß so dicht, dass seine langen Oberschenkel ihren Faltenrock zerdrückten.

„Nein, nein. Versteh mich nicht falsch. Du bist die einzige, die ich fragen würde. Schon, weil du so selten da bist.“ Das wurde Henri immer rätselhafter. „Weißt du“, fuhr er nun fort. „ich hatte noch nie eine Freundin. Das ist bei den Kerlen hier genug Motivation, um mich aufzuziehen. Alle hatten schon Sex, nur ich bin so ahnungslos…“

Er machte einen richtig verzweifelten Eindruck. „Um ehrlich zu sein, bin ich aber gar nicht neugierig und wahrscheinlich auch zu tollpatschig.“

„Ach Thomas!“ Henriette entwickelte so etwas wie mütterliche Gefühle ihm gegenüber. „Du musst auch nicht alles glauben, was die Jungs angeberisch erzählen. Ich glaube nicht, dass Bimsel und Lu da schon viel Erfahrungen haben. Auch bei den anderen hab ich meine Zweifel. Außer vielleicht bei Schimpo, der ist der Älteste.“

„Ja, und ausgerechnet der hat ein Auge auf dich!“

Als Henri erstaunt und ungläubig lachend zu ihm aufschaute, hakte er nach: „Hast du das denn noch nicht bemerkt?“

„Der ist doch schon seit drei Jahren mit der Friseuse zusammen“, wusste sie zu berichten.

„Das ist schon einige Zeit zu ende. Seitdem schwärmt er von dir. Ich hab da besonders drauf geachtet, weil du auch meine Favoritin bist.“

Schön zu wissen, dass sie von mehreren Seiten begehrt wurde, aber es waren die Falschen.

Ihr Kummer schien untröstlich, als Felix mit ihr Schluss gemacht hatte. Oliver war wie aus dem Nichts erschienen und sie haben gerade eine so tolle Zeit zusammen, wenn er in den Semesterferien oder in studienfreien Zeiten in Saalfeld ist.

Sie konnte noch immer nicht fassen, dass ein solch gut aussehender Kerl gerade sie ausgewählt hatte. All ihre Freundinnen beneideten sie dafür.

Katarina meinte oft kopfschüttelnd: „Du bekommst ständig die tollsten Kerle, wie machst du das?“ Henriette lachte: „Ich atme einfach tief ein.“ Beide mussten herzlich lachen, als Henri demonstrierte, was sie meinte. Mit geradem Rücken, eingezogenem Bauch und viel Luft in den Lungen war ihre Oberweite beachtlich.

„Aber leider kann ich die Jungs nicht lange halten, wie du weißt. Auch Oli wird ungeduldig, fühle ich.“ Sie zuckte die Achseln und hoffte insgeheim, dass sie damit falsch liegen würde.

Oliver hatte die abgefahrensten Ideen für ihre Rendezvous. Sie bekam aus Leipzig so lustige Karten, wenn er sein Kommen ankündigte.

Henriette war im siebenten Himmel.

„Meine Tante macht schon Terror wegen der ständig wechselnden Kerle", offenbarte sie Kat.

„Wieso das? Erzählst du ihr das alles?"

„Nein, sie schnüffelt in meinem Tagebuch, kann aber nicht alles deuten."

Und so erzähle Henri wie ihre letzte Auseinandersetzung mit der Tante ablief:

„Du hast doch schon wieder in meinem Tagebuch gelesen!"

„Nein, hab ich nicht!"

„Doch, hast du doch! Ich sehe es doch!" Damit knallte ich ihr wütend das Buch auf den Tisch.

„Das ist ja immer verschlossen, da kann ich ´s gar nicht lesen."

„Aha, verraten!" Sie musste es ja erst mal finden – zuhinterst, zwischen all meinen Pullovern.

„Du hast also so lange gestänkert, bis du es gefunden hattest. Dass es abgeschlossen ist, hat dich sicher nicht weiter gestört, man hat ja Messer und anderes Werkzeug im Haus, um ein Schloss zu knacken. Das Schloss ist beschädigt, so hab ich ´s gemerkt!" Meine Stimme hatte sich vor Wut und Empörung überschlagen.

„Na gut, da kann ich es auch zugeben. Schließlich muss ich wissen, was du so treibst."

„Also, das ist doch die Höhe! Was fällt dir ein! Hast du schon mal etwas von Privatsphäre gehört?"

„Solange du deine Beine unter meinen Tisch steckst…"

„Ja, ja, ja, das kenne ich alles zur Genüge!"

Nur gut, dass ich alle brisanten Vorkommnisse in Steno oder in Englisch schreibe. Da hat sie keine Chancen. Innerlich musste ich grinsen.

„Du musst gar nicht so überheblich grinsen." Wahrscheinlich war mein Lächeln doch nicht nur innerlich.

„Auch wenn ich nicht alles lesen kann, so verrät es mir doch genug. Es erscheinen immer wieder andere Jungennamen und ich frage mich, mit wie vielen Kerlen du rummachst?"

Sie hat ja Recht, meine Freunde wechseln so häufig, aber es hat ja andere Gründe, als sie glaubt. Aber ich habe trotzig reagiert:

„Na und? Da ist doch nichts dabei, ich bin schließlich schon siebzehn!“

Sie war aber auch wahnsinnig in Rasche und schleuderte mir entgegen: „Wir werden schon erleben, dass du plötzlich schwanger bist!“

Das brachte mich zum Lachen. „Da wäre ich ja nicht die erste Jungfrau, die vom heiligen Geist ein Kind kriegt.“

Und das ihr! Einer Frau,, bei der der Heiligenschein zur täglichen Grundgarderobe gehört, deren Bibelglaube durch nichts zu erschüttern ist.

Sie holte halbherzig zu einer Ohrfeige aus, stockte aber auf halbem Weg und zischte wütend: „Versündige dich nicht!“

So, nun weißt du, was ich für eine Freude mit meinen tollen Kerlen habe.

Zugegebener Weise hatte sie einige, kurz wechselnde Jungens-Bekanntschaften, die nie lange anhielten, weil die Burschen nicht an ihre angestrebten Ziele gelangten.

Mit Felix und nun mit Oliver hatten sich zwar längere Beziehungen entwickelt. Doch für sich selbst und bei einer Nachfrage an ihr Inneres konnte sie kein Verlangen nach Sex spüren. Da ging es ihr wie Asparagus.

„Hallo, Planet an Erde! Würde Ihre Majestät geruhen, mir wieder etwas Aufmerksamkeit zu schenken?“ As hatte die ganze Zeit in stiller Pose ihr Schweigen ertragen.

„ Könnte genehm sein, von Frau Hille einen Kaffee zu erbetteln?“ Dabei war er schon aufgestanden und hatte sich schlaksig zur Tür bewegt.

Henri hatte im gleichen Augenblick die spontane Idee, das *Vereinsquartier* einmal gründlich aufzuräumen und zu säubern. Die Gelegenheit wäre optimal, da keiner von den Kerlen nerven würde.

So marschierten sie gemeinsam zu Frau Hille. Die freute sich, die beiden zu sehen.

„Ohne Euch ist es hier im Haus viel zu ruhig. Henriette, ich gebe dir ′nen Eimer und Schrubber, da kannst du schon mal putzen und ich setz den Kaffee an. Asparagus holt uns was vom Bäcker.“

As hob den Daumen der rechten Hand und jeder begab sich an seine Aufgabe. Schnell hatte Henri die paar Stühle hochgestellt und wischte das kleine Zimmer durch. Sie öffnete das große Fenster, um die Dielen schneller trocknen zu lassen. Ein Windstoß blies einige Blätter vom Regal. Sie hob alles auf und stapelte es ordentlich.

Einige Fotos fielen ihr dabei in die Hände, die irgendwann und irgendwo aufgenommen worden waren. Immer nur die Jungs – in allen möglichen Posen. Unter anderem fand sie einen hübschen Schnappschuss von Schimpo. Er sah darauf äußerst attraktiv aus.

Beachtenswert: er hatte ein hübsches Gesicht und einen muskulösen Körper. Wenn er die Klappe hielt – die alles immer besser wusste – war er zwanghaft sympathisch.

Nein, sie hatte keinen Bedarf. Sie war glücklich mit Oliver.

Pfeifend kam As die Treppe herauf, gerade in dem Moment, als Frau Hille mit dem Kaffeegeschirr über den Flur schlurfte.

„Ich hab richtigen gemacht, keen Muggefugg“, schmunzelte sie. Die drei setzten sich an den großen runden Tisch und Henri schenkte den Kaffee ein. Die Kanne war auf einem Plastikuntersetzer mit einem Gummiband arretiert, das von beiden Seiten über dem Deckel gekreuzt war. An der Schnepfe war ein Schaumgummiröllchen als Tropfenfänger mit einem weiteren Gummiband befestigt. Das Konstrukt krönte ein rosafarbener Schmetterling auf dem Deckel. (bei Lehmanns gab es das gleiche Modell in hellblau) Kein Tropfen des herrlichen, teuren Gebräus sollte verloren gehen.

As hatte Streuselkuchen und Amerikaner vom Bäcker Fuchs mitgebracht – für Henriette wieder einmal Erinnerungen an ihre Kindheit. Es wurde spät an diesem Nachmittag. Frau Hille war froh, dass ihr die jungen Leute Gesellschaft leisteten. Von vielen Nachbarn wurde sie gemieden und hatte so selten Gelegenheit, sich mitzuteilen.

Sie war eine sehr liebevolle alte Dame. Aber ihr Gatte war ein Staatsfeind; er war „Zeuge Jehovas“. Das allein genügte im DDR-Regime bereits, um hinter Gittern zu verschwinden.

Bei einer Nacht- und Nebelaktion wurde er verhaftet und ins Zuchthaus verbracht. Ohne je mit Staatsanwalt oder Haftrichter konfrontiert zu werden – geschweige denn einen Verteidiger konsultieren zu können –

erhielten alle Angeklagten Haftstrafen zwischen acht Jahren und lebenslänglich.

Die Religionsgemeinschaft der „Zeugen Jehovas“ erkennt keine Autorität außer der göttlichen an. Sie verweigern sich jeglicher Aktivität für den Staat – also auch Wahlen und Wehrdienst. Damit wurden sie zwangsläufig zu Staatsfeinden erklärt. Durch MfS-Mitarbeiter wurden die einzelnen Mitglieder aufgebracht und von der Staatssicherheit abgeholt.

Die Jugendlichen fanden Frau Hilles Berichte spannend, wenn auch skandalös. Ihr Überleben im Alltag konnte nur durch Westpakete ihrer Glaubensbrüder gesichert werden; und selbst die erhielt sie nur über Umwege und Tricks.

Zum Glück konnte sie sich als Verkäuferin in einem Fischgeschäft einen bescheidenen Verdienst sichern. Der Laden in der Stadt wurde privat geführt, der Inhaber galt selbst als „aufsässig“, von der Partei beobachtet.

Ihn interessierte die politische oder religiöse Orientierung seiner Angestellten nicht.

Die Clique hatte für Herrn Hille ein Fotoalbum über die Entwicklung von Klingrode erstellt.

Es enthielt Fotos von Plätzen und Gebäuden lange vor dem Krieg und die neuesten Entwicklungen im Ort. Sie hatten allerlei humorvolle Geschichten zusammengetragen, die sie in die Broschüre einfügten.

Frau Hille berichtete Henriette und Thomas, auf welche Schwierigkeiten sie bei ihrem letzten Besuch bei ihrem Mann damit gestoßen war.

Die Vollzugsbeamten hatten das Heft erst einmal requiriert. Sie blätterten es verständnislos durch, händigten es ihr aber nicht wieder aus. Es müsse erst intensivst geprüft werden.

Sie wusste nicht, ob er es inzwischen erhalten hatte.

Den beiden jungen Leuten tat es leid, dass sie hier nicht wirklich etwas bewirken konnten.

Auf ihrem Heimweg beschlossen sie, einen Sonderrat einzuberufen, wenn sie alle nach den Sommerferien wieder in der Clique zusammenkamen.

Einseitige Kompromisse

Auch wenn Henriette sich mit Tante Klara arrangiert hatte, waren die gegenseitigen Zugeständnisse nicht fair verteilt.

Henri fühlte sich noch immer ausgenutzt und beschwerte sich bei Evi.

„Früher war ich für ´s Treppe putzen und den Aufwasch zuständig, jetzt schmeiß ich den gesamten Haushalt allein. An Hausaufgaben machen ist da gar nicht zu denken. Wenn ich noch ein bisschen Freizeit haben möchte, was mir ja neuerdings großzügig nach aller Pflichterfüllung gestattet wird, muss ich mich ganz schön sputen."

Evi zuckte mitleidig die Achseln. „Tut mir wirklich leid, Kleines. Außer, dich immer wieder hierher zu beordern, kann ich nichts für dich tun. Hab einfach Geduld. Irgendwann findest du einen lieben Mann und kommst aus der Hölle raus."

Die Schwestern umarmten sich und Evelyn wischte ihrer kleinen Schwester die Tränen aus dem Gesicht.

„Ja, aber bei mir bleibt keiner!" Sie klang verzweifelt und Evelyn hob fragend eine Augenbraue. „Wahrscheinlich ist auch schon mit Oliver Schluss, aber ich weiß nichts davon", heulte sie weiter. Sie litt wie ein verstoßenes Tier.

Seit Tagen kriselte es mit Oliver. Henriette redete sich immer wieder ein, dass alles nicht dramatisch sei. Sie wollte ihn behalten, sie wollte bei ihm sein. Oliver stellte Bedingungen, er forderte mehr als Küsse. Henriette war zu keinerlei Zugeständnissen bereit.

„Warum hast du solche Angst vor Intimität? Wir sind nun schon ein halbes Jahr zusammen, da braucht ein Mann mehr als nur Streicheleinheiten", hatte er beim letzten Treffen geäußert.

Sie hatte des Öfteren von ihren Freundinnen gehört, er sei in der Stadt. Er meldete sich nicht bei ihr und sie erniedrigte sich so weit, dass sie heimlich vor seinem Haus herumschlich, um ihn vielleicht zu sehen. Gottseidank gelang ihr das nicht, denn was hätte sie dann getan? Nein! Ein wenig Stolz wollte sie sich schon bewahren. Nur: wie jetzt weiter?

Auch der älteren Schwester fielen nur Allgemeinplätze ein.

„Kommt Zeit, kommt Rat" und „Gut Ding will Weile haben" Das half nicht wirklich weiter. „Mit Macht kannst du nichts erzwingen. Verbieg dich nicht wegen eines Kerls. Wenn der Richtige kommt, geht alles von allein. Man muss schon ganz schön viele Frösche küssen, bevor man den richtigen Prinzen gefunden hat.“

„Aber bei Lehmanns halt ich das nicht wirklich länger aus!“, stöhnte sie, musste aber wegen der Frösche lachen.

„Bevor ich heute hierher fahren durfte, musste ich erst noch die große Wäsche von der Leine nehmen und auch noch legen. Frau Kahn unterstützte mich dabei, obwohl sie doch blind ist. Überhaupt ist sie mir eine große Hilfe. Mit ihr kann ich über alles reden und sie gibt auch gute Ratschläge."

„Ja, ich mochte sie auch immer gut leiden.

Genug gequatscht jetzt, mach dich fort zu deiner Clique.“

Als kurz darauf sich auch Susanne erkundigte, warum sie heute so spät erschien, breitete sie laut denkend ihren Alltag vor der Freundin aus.

Noch bevor sie zur Berufsschule oder in die Lehrfirma aufbrach, waren die Hühner zu füttern und Diele, Bad und Küche mit dem Bohnerblocker auf Hochglanz zu polieren.

Nach einem Arbeitstag in ihrem gewählten Lehrberuf als Industriekauffrau warteten regelmäßig häusliche Aufgaben auf sie.

Der Abwasch des Geschirrs eines ganzen Tages war dabei obligatorisch.

Das wäre nicht so schlimm gewesen, hätte Onkel Otto nicht darauf bestanden, dass das Spülen ohne Zuhilfenahme von Spülmitteln zu erfolgen hatte, da das Spülwasser anschließend in die Hühnertröge vergossen wurde. Oh, wie ekelig das Ganze war! Ein dichter Fettring bildete sich am Schüsselrand und auf den Händen. Einfach nur widerlich!

Beim Bügeln der Familienwäsche schweiften ihre Gedanken zu allen schönen Dingen ab, die sie sich erträumte. Sie mochte den Duft frischer Wäsche und konnte so auch etwas Gefallen an dieser Arbeit finden.

Regelmäßig hatte sie danach Schadstellen in den Kleidungsstücken auszubessern, die vor allem an Tante Klaras Unterhemden entstanden waren.

Schuld daran war eine Marotte, die die Tante seit frühester Jugend beibehalten hatte.

Nachdem ihr einmal an einem Fahrkartenschalter der Schlüpfergummi gerissen und ihr Unterhöschen auf den Fußboden gefallen war – in einer Schlange von zwanzig Leuten –,

befestigte sie stets beide Teile der Unterwäsche mit einer Sicherheitsnadel aneinander.

Andere Hausarbeiten wie Staubwischen, Betten machen und Gemüse putzen wurden selbstverständlich von ihr erwartet.

Tante Klaras Aufgabenbereich beschränkte sich fast nur noch auf ´s Kochen.

Ja, und das Wäsche waschen, was immer einen ganzen Tag in Anspruch nahm und wirklich Schwerstarbeit war.

Das Prozedere war das gleiche wie zu Hause bei Oma Hupel. Im Waschhaus wurde ein Kochkessel mit Holz angeschürt, um das darin befindliche Wasser zu erhitzen. Nachdem eine Menge davon in verschiedene Wannen und Eimer verteilt war, gab man die Kochwäsche unter Beigabe von Waschpulver direkt in den Kessel, um sie auszukochen.

Mit Holzquirlen entnahm man dann einzelne Stücke, rieb sie auf einer sogenannten Wäscherumpel auf und nieder, gab sie in die umherstehenden Wannen und Bottiche, wo sie gespült und letztlich ausgewrungen wurden.

Alle Fenster im Waschraum waren angelaufen und in der dampfenden Luft konnte man die Hand vor Augen nicht erkennen.

Oma Hupel sang bei dieser Arbeit sogar noch ihre Lieblingsarien. Tante Klara war verbissen stumm, was auch noch drei Tage anhielt.

Henriette wusch ihre Kleidung selbst mit der Hand durch. Onkel Otto nannte das „erbärmliche Katzenwäsche“. Das sei niemals hygienisch und verplempere zudem noch unnütz eine Menge Wasser.

Der Kommentar von Susanne war: „Na, du bist wenigstens eine perfekte Hausfrau, wenn du mal heiratest.“

„Genau, die hätte ich gern“, mischte Schimpo sich ein und nahm galant Henriettes Hand für einen angedeuteten Handkuss.

„Oh nein, ich werde eine moderne Ehe führen. Da muss sich der Herr Gemahl auch an solchen Aktionen beteiligen.“ Henri wehrte ihn lachend ab.

„Ich verdiene Geld genug, um meiner Angebeteten eine Waschmaschine und die tollsten elektrischen Haushaltsgeräte zu besorgen.“ Er gab nicht so leicht auf.

„Dann melde dich schon mal in der HO für diesen technischen Fortschritt an. Dann bist du in ein paar Jahren tatsächlich eine gute Partie und ich nehm′ dich vielleicht?“

Augenzwinkernd machten die Freundinnen ihm Avancen.

„Auf alle Fälle habe ich mich schon für ein Auto angemeldet. Bis das zugeteilt wird, hab′ ich auf alle Fälle das Geld zusammen.“

„Eine Autoanmeldung sollte man tatsächlich schon zur Jugendweihe geschenkt bekommen, damit man die Karre dann als Familienvater auch verfügbar hat“, gab auch Bimsel seinen Kommentar ab.

Über weitere Diskussionen zur Beteiligung an einer Petition, neuen Kurzausflügen und der anstehenden Sylvesterparty verging die Zeit wieder viel zu schnell. In Evelyns Wohnung war schon alles dunkel.

Eine Knutscherei mit Schimpo im Hausaufgang brachten Henri eiskalte Füße und ein schlechtes Gewissen. Im Gästezimmer suchte sie sich dicke Arbeitssocken ihres Schwagers und zog zwei Paar übereinander, damit etwas Wärme sie in den Schlaf bringen sollte.

Der Schlaf wollte sich nicht einstellen, was nicht nur an den kalten Füßen lag.

Die Ungewissheit ihrer Beziehung zu Oliver und andeutungsweise ein schlechtes Gewissen wegen der Küsse im Hauseingang machten ihr zu schaffen.

Sie war innerlich schon überzeugt, dass es aus war. Aber sie war noch nicht bereit, das auch zu akzeptieren.

Wiederum hätte sie mit ihrem heutigen Verhalten – wüsste Oliver davon – für ihn *den* Anlass geliefert, einen Schlussstrich zu ziehen. Was wollte sie denn eigentlich?

Die Annäherungsversuche von Schimpo waren auf sehr fruchtbaren Boden gefallen. Ja, er war attraktiv. Dass er tatsächlich auch sehr liebevoll und zärtlich sein konnte, hatte er ihr soeben gezeigt.

Als sie Schimpo endlich doch verabschiedete, hatte sie ihm noch wissen lassen, dass sie in Saalfeld einen Freund hatte.

Er hielt seinen Zorn an der kurzen Leine und meinte selbstbewusst: „Du wirst bald sehen, dass ich die bessere Wahl bin.“

In der Berufsschule lief alles glatt. Henriettes Jahrgang war der zweite nach der Einführung der „Polytechnischen Oberschule – POS“ mit zehn Klassenstufen. Die Lehrpläne der Berufsschulen, die bisher Achtklässler unterrichtet hatten, war noch nicht optimal an die neuen Verhältnisse angepasst worden. Das hatte den Effekt, dass sich eine Menge Lehrstoff aus der zehnten Klasse wiederholte. Damit war das Lernen für Henriette, zumindest in den allgemeinen Fächern, ein Kinderspiel.

Kurios gestaltete sich beispielsweise auch der Englisch-Unterricht.

In der POS wurde Englisch fakultativ unterrichtet. Für Henriette gab es kein Überlegen.

Nicht nur, um aus der Lehmannschen Hölle zu entfliehen, auch aus echtem Interesse an der Sprache besuchte sie diesen Unterricht mit Begeisterung.

In der Berufsschule trafen nun aber Schüler zusammen, die unterschiedlichen Bildungsstand im Englischen hatten. Die meisten hatten keinerlei Kenntnisse, aber auch dreijährige und fünfjährige Erfahrungen waren vorhanden. Clever gelöst wurde das von Frau Oppelt, einer älteren Lehrerin mit einem drolligen Dialekt.

„Isch kann nett sachen, das misch datt begeistert, aber mer grieschen datt schon auf die Reihe.“ Und tatsächlich; ihre Lösung war optimal.

Diejenigen, die bereits seit fünf Jahren Englisch gelernt hatten, dazu gehörte auch Henriette, fungierten stundenweise als Lehrer. Sie mussten sich auf die jeweiligen Lektionen vorbereiten und den Stoff, so gut sie eben konnten, vermitteln.

Das machte allen Schülern Spaß, und der Englisch-Unterricht gestaltete sich so bei allen zum Lieblingsfach.

Eine weitere Besonderheit hatte sich die Schulleitung einfallen lassen. Zwanzig Minuten vor Unterrichtsbeginn versammelten sich die Schüler aller Klassen im Treppenhaus. Im Wechsel bestimmten die einzelnen Klassen das Programm und ein Chor wild zusammengewürfelter Mädchen und einiger weniger Jungen sangen fröhlich Volkslieder und andere bekannte Melodien.

In allen Jahrgängen hatte sich daraus immer ein richtiger Chor herauskristallisiert, der sich dann einmal wöchentlich nachmittags zum Üben traf und Perfektion bis zu Auftritten errang.

Chorleiter war Herr Wollschläger, der im regulären Matheunterricht ein böser Zyniker war.

Der Chor aber war seine Leidenschaft und hier verhielt er sich brillant.

Seine Schüler aus dem Chor verschonte er auch im Unterricht mit seinem Zynismus.

Auch hier gehörte Henriette zum Kern. Mit Begeisterung!

Im Lehrbetrieb – einer örtlichen Druckerei – lief auch alles zur Zufriedenheit. Sie waren zwei im ersten Lehrjahr. Maria hatte Abitur, wollte eigentlich Gesang studieren, war aber nicht angenommen worden.

Für sie hatte die Arbeit in der Buchhaltung keinerlei Reiz. Gut, auch Henriette hätte sich beruflich gern anders orientiert, fügte sich aber den politischen und familiären Zwängen und war schon froh, wenigstens bis hierhergekommen zu sein.

Ihr Lehrlingsentgelt in Höhe von 300 Mark musste sie komplett bei Lehmanns abgeben.

Sie erhielt wöchentlich Essengeld, andere Bedürfnisse hatte sie nicht zu haben. Henri sparte sich das Essengeld. Es schadete nichts, wenn sie sich ausschließlich vom Pausenbrot ernährte. Sie verschaffte sich so einen überschaubaren Spielraum für Extras:

Kino, Bücher, Süßigkeiten und Kosmetika.

Seit sie aber auf dem Fabrikhof einen jungen, gutaussehenden Mann gesehen hatte, ließ sie sich doch hin und wieder im Speiseraum sehen.

Schnell hatte sie herausgefunden, zu welchen Zeiten er zum Mittag ging.

Die Generation der Mädchen, die in den fünfziger Jahren aufgewachsen waren, konnte sich nicht erlaube, einen Mann anzusprechen, um ihr Interesse zu bekunden.

Das wäre auch für Henriette niemals in Frage gekommen; der Mann hatte den ersten Schritt zu gehen. Aber nachhelfen konnte man schon!

War es verwerflich, einen enganliegenden Pullover zu tragen, der vorhandene Kurven besonders betonte?

Es wirkte. Peter schaute ihr regelmäßig nach, wenn sie an seinem Tisch vorbei flanierte. Auch andere männliche Kollegen konnten sich dem appetitlichen Anblick nicht entziehen, aber die interessierten Henriette nicht.

Leider kam aber auch von Peter nichts weiter als diese Blicke.

„Na gut, wer nicht will, der hat schon.“ Henri gab auf, vielleicht zu schnell?

Ihr fehlte im Moment das Selbstvertrauen. Oliver hatte ihr eine Postkarte geschickt.

„komm am Freitag 16:00 Uhr in die Milchbar“. Es war eine unpersönliche Nachricht, es fehlte eine Anrede und jeder Witz, den sonst seine Grüße begleiteten.

In ihrem Kleiderschrank räumte sie unentschlossen die Bügel von rechts nach links und wieder zurück. Was war angemessen? Womit würde sie ihm besonders gefallen?

Ein weites Kleid mit Petticoat, für die Jahreszeit viel zu sommerlich, ergänzte sie mit einem kurzen Jäckchen. Unverschlossen ließ die Jacke einen Blick in ein freizügiges Dekolleté zu.

Mit bangen Gefühlen hatte sie sich schon vor der Zeit einen Platz in einer Nische gesucht und schlürfte an ihrer Schokomilch, als Oliver vor ihr auftauchte. Er war verlegen und setzte sich nur mit dem halben Po auf den Stuhl.

„Hallo Süße, schön, dass du gekommen bist. Ich will nicht lange um den heißen Brei ′rumreden…“, er ließ den Satz unvollendet in der Luft hängen. Sie schaute ihn erwartungsvoll an. Sie hatte keine Angst, die sich aufdrängende Frage zu stellen, aber sie hatte Angst vor der Antwort. Sie kannte die Antwort.

Sie wusste sie, als sie in seine Augen sah; vielmehr, es war eher das, was sie *nicht* sah und sein Lächeln war bemüht.

Schließlich sprach er das Unvermeidliche aus:

„Ich hatte gehofft, du würdest deine Meinung noch ändern. Da du mir aber immer wieder Körbe gegeben hast, wenn ich dir zu nahe kam, ist es besser, wir beenden das hier. Tut mir auch leid…“

Seine Rede war zu ende. Er schaute sie schuldbewusst und fragend an, aber sie konnte nichts sagen. Der Kloß in ihrem Hals wuchs und wuchs und nur mit Mühe hielt sie die aufsteigenden Tränen zurück. Sie würde sie nicht vor ihm weinen.

„Dacht ich mir schon…“, nuschelte sie. Sie erhob sich unsicher und hastete zum Ausgang.

Sie hatte ihre Milch nicht bezahlt.

Alfreds Erinnerungen

Sie traf ihn im KONSUM. Es sollte Sahne geben und Onkel Alfred brauchte sie für den Nachmittag. Er erklärte gerade der Verkäuferin, dass die selbstgemachte schon mehrfach misslungen war. Das konnte Frau Liebelt sich gar nicht erklären, bei ihr gelang sie angeblich immer. „Einfach nur die Butter unter Hitze zerlaufen lassen, Zucker dran, wieder abkühlen und schlagen!"

„Ja, und dann haben wir wieder Butter, nur süße!", protestierte Alfred.

Aufgrund seines unwiderstehlichen Charmes bückte sich Frau Liebelt unter den Verkaufstresen und gab ihm zwei Flaschen der begehrten Ware.

„Danke, Sie sind ein Schatz. Ich habe nämlich heute auch noch Geburtstag", schmunzelte er.

Henriette fiel ihm in dem überfüllten Geschäft gleich um den Hals. „Alles Gute, lieber Onkel. Das hab ich ja gar nicht gewusst!"

„Magst du heute Nachmittag zum Kaffee kommen?"

Noch ehe sie antworten konnte, fügte er hinzu: „Trutchen geht es heute gut." - „Ja, ich komme gern."

Sie mochte ihn ohnehin sehr und außerdem bedeutete es: keine Bibel- oder sonstigen Debatten mit Lehmanns.

Von Tante Trutchen wusste sie, dass Migräneanfälle ihr den Tag schwer machten. Böse Zungen dagegen meinten, es sei eher der Alkohol.

Onkel Alfred vergnüge sich regelmäßig bei einer Geliebten, sagte man auch. Für Henriette hatte das ganze Geschwätz keine Bedeutung, sie war gern in seiner Nähe.

„Eine Schachtel *Salem* bitte noch", verlangte sie als letzten Posten von der Verkäuferin.

„Die Zigaretten kann ich dir nicht verkaufen, du bist noch nicht achtzehn."

„Aber in paar Monaten", protestierte Henri mit rollenden Augen.

Henri blieb am Ladentisch stehen. „Was noch?", zischte Frau Liebelt kurz. „Ich bekomme noch die Rabattmarken." - „Du bist doch gar kein KONSUM-Mitglied!" - „Der Einkauf ist für meine Tante." - „Die braucht ja wohl kaum Monatsbinden!" - „Dann ziehen sie die eben ab."

Henri war jetzt ungehalten und es kostete sie einige Überwindung, nicht unhöflich zu werden.

„Und noch eine Schachtel *Salem* bitte“, hörte sie ihre Nachbarin Frau Thomas von der zweiten Verkäuferin verlangen. Dabei blickte sie aus den Augenwinkeln zwinkernd zu Henri herüber.

Die wartete vor der Ladentür und sie gingen gemeinsam den Weg nach Hause. Als sie Frau Thomas das Geld für die Zigaretten aushändigte, erklärte sie: „Ich bin jetzt so kurzfristig zu Onkel Alfreds Geburtstag eingeladen, da fielen mir die Zigaretten spontan ein.“

„Die Liebelt handelt auch nur nach Vorschrift. Aber auf den KONSUM-Marken sitzt sie tatsächlich, als wären es ihre.“

Henriette hatte einen blendenden Einfall für ihr Geburtstagsgeschenk.

Erst gestern hatte sie im Auftrag ihrer Arbeitskollegen ein Zigarettenetui mit nach Hause genommen. Das sollte ein Geschenk für ihren Chef werden, nachdem sie von einem Bekannten eine Gravur anbringen ließ.

Das Etui konnte sie in den nächsten Tagen noch einmal besorgen. Vorerst gab sie es ihrem Bekannten, der *Alf* darauf gravieren sollte; aber bis zum Nachmittag. Henri bügelte ihm dafür zwei Hemden, denn auch er wollte an diesem Tag noch fein ausgehen.

Sie schob die *Salem* in das Etui und wickelte es liebevoll in gebügeltes West-Geschenkpapier ein. Sie freute sich auf die Feier bei ihrem Onkel.

Natürlich geiferten Lehmanns sogleich gehässig: „Hat er denn seine Geliebte auch eingeladen?“

„Ich glaube nicht. Zu euren Feiern kommen doch auch nicht…“ Den Rest verschluckte sie schnell. Sie war selbst erschrocken über ihre Kessheit und Tante Klara verstummte auch sofort. Sie ahnte nur, dass Henriette etwas von den Eskapaden ihres Mannes wusste.

Tante Trutchen empfing sie an der Tür. Sie sah sehr hübsch aus. Ihr volles blondes Haar, das ihr bis auf die Schulter fiel, war mit zwei Kämmen an den Seiten locker nach oben gesteckt. Ihr make up war dezent wie ihre Kleidung.

Henriette mochte gar nicht glauben, dass Onkel Alfred eine so schöne Frau betrog. Trutchen hakte sich bei Henri unter und zog sie sanft in die gute Stube.

Dort saßen RoRo rechts und links von ihrem Vater und gegenüber hatten die Engels Platz genommen. „Jetzt sind wir vollzählig. Hadlichs können nicht kommen und Bürgers erst heute Abend. Ich brauch euch ja nicht weiter vorstellen, ihr kennt euch ja alle.“

Onkel Alfred war bester Laune. Das war er eigentlich meist. Seine beiden Söhne, die Zwillinge Robert und Roland glichen einander und ihm verblüffend.

Wäre nicht der Altersunterschied gewesen – Alfred wurde heute 60 und die Zwillinge waren 30 – so hätte man meinen können, Drillinge vor sich zu haben.

„Wie hast du die Zigaretten denn noch erstanden?“, wollte Alfred wissen, als er sein Geschenk mit großer Freude ausgepackt hatte.

Henriette berichtete von der Aktion im KONSUM und wie sie das Etui so schnell herbeigezaubert hatte.

„Da siehst du mal ALF, wie sehr dich alle lieben und alle möglichen Hebel für dich in Bewegung setzen.“ Robert lachte mit dem ganzen Gesicht und vor allem seine Augen strahlten. Damit war er seinem Vater noch ein Stück ähnlicher.

„Mich muss man ja auch einfach lieben – oder?“ Er streichelte zärtlich seine Frau.

„Apropos Liebe. Wie sieht denn nun eigentlich der aktuelle Stand bei dir aus?“

Er fasste Henriette unterm Kinn und drehte ihren Kopf zu sich herum, so dass sie ganz verlegen wurde.

„Ich darf doch nicht, das weißt du doch!“

„Also der Otto muss sich aufregen! Der hat es von allen jungen Kerlen hier am tollsten getrieben. Der hat sich alle gegriffen, die nicht bei drei auf den Bäumen waren!“

„Sprechen wir von Lehmanns Otto?“, wollte Herr Engel wissen.

„Ja, bei dem lebt Henriette, seit ihre Eltern nach dem Westen abgehauen sind.“

„Also, da hat dein Onkel Alfred aber recht. Der hat nichts anbrennen lassen und war auch absolut kein Gentleman. Mich hat immer gewundert, dass er die doch eher unscheinbare Klara aus Schwarza geheiratet hat.“

„Das er sie schließlich gekriegt hat, war einigermaßen verwunderlich. Klaras Vater war gar nicht damit einverstanden. Als er sich zum ersten Mal bei deinen Großeltern vorgestellt hat“, er wandte seinen Kopf zu Henriette, „kam er mit einem total verdreckten Fahrrad in Schwarza an. Der Opa sagte nur: ´wie der Herre so ´s Gescherre´ und ließ ihn stehen.“

Alle amüsierten sich köstlich. Henriette warf in die Runde: „Ihr wisst aber schon, dass mein Opa gar nicht mein Opa ist?“

„Ich weiß es“, sagte Alfred. „Aber erzähl den Anderen.“

„Die Oma war in ihrer Jugend *in Stellung* in Holland.“

Auf die unausgesprochene Frage von Roland erklärte Herr Engel: „Das war früher üblich. So Ende des neunzehnten Jahrhunderts. Die Leute schickten ihre Töchter *in Stellung* in gutbetuchte Häuser. Sie sollten dort Haushalt und gute Umgangsformen lernen.“

„Genau“, fuhr jetzt Henriette wieder fort. „Sie war da in einer vornehmen Familie. Der Hausherr hatte aber wohl Angst vor ´m Gewitter und hat sich in Omas Bett verkrochen.

Die anschließende Schwangerschaft war dann der Dame des Hauses Grund genug, ihre junge Bedienstete mit einer großzügigen Abfindung aus dem Haus zu jagen. Das Geld hatte Oma aber im ersten Weltkrieg verloren. Und da sie auch ihre Unschuld verloren hatte, stand es schlecht um ihre Zukunft.

Im Nachbarhof war ein junger Mann aus Schlesien aufgenommen worden, der wegen einer Behinderung nicht zum Kriegsdienst eingezogen war. Der warb um die hübsche, aber sichtbar schwangere Helene. Die beiden wurden tatsächlich ein Paar, und sogar ein sehr glückliches. Meine Mutter hat nie gemerkt, dass sie nicht sein leibliches Kind war und das auch erst sehr viel später erfahren. Sie wurde von ihm genauso behandelt, wie ihre anderen fünf Geschwister. Er war der beste Opa der Welt.“

„Eine schöne Geschichte“, meinte Tante Trutchen. Sie hatte inzwischen die Selbstgebackene Pfirsichtorte auf den Kaffeetisch gestellt.

„Hast du die Pfirsiche im *Fressex* gekauft oder hat die auch Alfred als *Bückware* im Konsum erstanden wie die Sahne?“, wollte Frau Engel wissen.

„Im *Fressex*, die sind wirklich unverschämt. Zwölf Mark für die Büchse. Der Kaffee wird auch immer teurer. Inzwischen sechsunddreißig Mark für ´s Pfund! Aber lasst ihn euch schmecken, der kommt aus dem Westen, von Henris Mutter.“

Als Henriette zu Onkel Alfred schaute, lachte der sie an: „Na denkst du, ich kümmere mich völlig uneigennützig um dich freche Göre?“

Er nahm sie zärtlich in den Arm. „Die Frieda weiß meinen Geburtstag noch.“

„Aber ich hab doch nichts dagegen! Ich freue mich, dass meine Mutter an so etwas noch denkt, bei all der Sorge mit meinem Vater.“

Das war nun für alle das Zeichen, Henriettes Situation nach dem Weggang ihrer Eltern zu erörtern. Engels kannten nur Lehmanns, nicht aber ihre Eltern. Sie mochten gar nicht glauben, wie man eines seiner Kinder einfach so ihrem Schicksal überlassen konnte.

„Am liebsten hätte ich euch beide auch manchmal in den Wald geschickt – wie Hänsel und Gretel“, lachte Alfred mit einem Hieb nach rechts und nach links. Aber das hätte eure Mutter nicht zugelassen.

Aber mal Scherz beiseite. Die Situation ist für alle nicht leicht. Wir können das als Außenstehende gar nicht beurteilen. Vor allem…“, und das sagte er mit einem strengen Blick zu Henriette, „dürfen wir Lehmanns nicht nur verurteilen. Für sie ist mit dem Weggang von Evelyn und deinem Einzug auch die Welt in Unordnung geraten.“

Henri nickte nur. Sie wusste, dass Lehmanns es mit ihr nicht leicht hatten. Aber das war auch umgekehrt so.

„Am besten, du heiratest uns“, bot Robert an. „Wir sind noch auf der Suche.“

„Na, auch dieses Thema ergibt ein abendfüllendes Programm. Ich würde schon wahnsinnig gern noch Enkelkinder hier herumspringen sehen.“

„Das wäre ja aber Inzucht“, meinte Henriette altklug.

Onkel Alfred schüttelte den Kopf. „Nein, nein. Da ist unser Blut inzwischen schon sehr verdünnt.“

„Ach Groß-groß-groß-Kusinchen, tu dir das nicht an. Du bist auch viel zu jung für uns.“

Roland wehrte ab. „Außerdem haben wir gerade eine Superfrau im Auge.“

„*Eine*? Mal wieder nur eine?“ Tante Trutchen schüttelte missbilligend den Kopf. „Das Dilemma haben wir doch schon einmal durch!“

„Wir schweigen besser“, resümierte Robert mit einem vieldeutigen Blick auf seinen Bruder.

Alfred wechselte das Thema. „Heute Abend gibt's Klöße, ich habe ein wunderschönes Stück Wildschwein von Kurt Bürger bekommen.“

„Da helfe ich dir in der Küche“, bot Henriette ihrer Tante an.

„In dem Zusammenhang fällt mir eine lustige Geschichte ein, die auch deine Oma betrifft, Henri. Kennst du die schon?“

„Ich weiß doch nicht, was du erzählen willst.“ - „Stichwort *Klöße* ?“

„Nein, sagt mir nichts.“

„Es war im Jahre 1945. Trutchen und ich waren bei deinen Großeltern zu Besuch. Ich hatte Urlaub von der Front und auch damals einen Wildbraten ergattert. Helene wollte natürlich Thüringer Klöße dazu machen. Wir waren acht Leute zum Essen. Oma, Opa, wir beide, Klara, deine Mutter und deine Schwestern. Dein Vater und Otto waren an der Front.“““

Er gestaltete seine Erzählung recht spannend und hatte schon jetzt, im Wissen um die Pointe der Geschichte, ein Lächeln in den Augen.

„Alle halfen, die Kartoffeln zu schälen und beim Reiben. Opa war für die Kartoffelpresse zuständig. Ich kümmerte mich um den Braten und naschte immer mal wieder von den gerösteten Semmelbröseln. Trutchen und deine Schwestern deckten einen festlichen Tisch.

Als der Brei über den Kartoffelschab gegossen wurde, und deine Oma mit dem Stampfen begann, war ihr die Kloßmasse in der Konsistenz zu dünn. In solchen Fällen hilft sich die erfahrene Hausfrau…“ er tat so, als wäre er genau so eine, „indem sie ein wenig trockenes Kartoffelmehl dazu gibt.

Sie zog also den Vorhang ihres Vorratsregales zurück, griff nach einer Tüte, aus der sie ein wenig Pulver rieseln ließ. Beim weiteren Stampfen fing der Teig an zu schäumen und wurde immer mehr. ′Was ist das?′, schrie sie verzweifelt. Auch ohne die Probe mit der Fingerspitze wusste sie, dass sie die Tüte mit dem Waschpulver erwischt hatte.“

„Wie kann das denn sein. Da gibt es doch für alles extra Behälter?“, wollte Roland wissen.

„Könnt ihr jungen Leute euch nicht mehr an die Tante-Emma-Läden erinnern, wo noch alles lose verkauft wurde? An der Waage war eine Vorrichtung angebracht, in die man die Tüten einhängen konnte und mit einer Schaufel wurden die Schüttgüter wie Mehl und Zucker eingefüllt.

Natürlich hatte Helene all ihre Tüten im Regal ordentlich beschriftet und aufgestellt.

Opa war schuld. Er hatte zwischendurch mal seine Arbeitsstrümpfe gewaschen und das Waschpulver achtlos – ohne Kenntnis von Omas System – ins Regal zurück gestellt.

Die Not und das Geschrei waren groß. Es wurde beraten.

Ein Wildbraten ohne Klöße? Das ging gar nicht!

So schälten sie noch einmal Kartoffeln und die ganze Prozedur begann von neuem.

Nach einer Stunde setzten sich dann alle erleichtert an die Tafel, als sich die Stubentür öffnete und dein Vater in Uniform hereintrat.

Das Hallo und die Freude waren riesig und ein weiteres Gedeck wurde aus dem Schrank geholt.

Noch jahrelang gab Max diese Geschichte zum Besten. Er meinte immer, das mit dem Waschpulver wäre Vorsehung gewesen. Er hätte ja sonst niemals so einen köstlichen Braten mit Klößen bekommen. Davon hatte er im Krieg so oft geträumt.

Aber Henri, du musst diese Geschichte doch kennen?“

„Natürlich kenne ich die. Aber keiner erzählt sie so schön wie du.“

Nach einem wunderbaren Essen mit Thüringer Klößen wie aus dem Bilderbuch ging dann für Henriette der Abend zu Ende.

Auf dem Heimweg sang sie das Lieblingslied ihres Vaters *„Alle Tage ist kein Sonntag, alle Tag gibt's keinen Wein…“*

Heute hatte sie mal wieder so richtig Sehnsucht nach ihren Eltern.

Ihr Unterrock war rot und blau, sehr breit gestreift und sah aus, als wenn er aus einem Theatervorhang gemacht wäre. Ich hätte für den ersten Platz viel gegeben, aber es wurde nicht gespielt.
(Georg Christoph Lichtenberg)

Donnerwetter

Als der Zug in den Bahnhof einfuhr, hatte Henriette schon entdeckt, dass Schimpo am Bahnsteig auf und ab patrouillierte. Offensichtlich wollte er sie abholen.

„Wartest du schon lang?“ „Ne Weile, der erste Zug kam ohne dich!“

„Du bist verrückt!“

„Ja nach dir. Ich wollte dich fragen, ob du heute Abend mit mir ins Kino gehst. *´die glorreichen Sieben´* wird gespielt. Ich komme heute nicht zum Club."

Henriette freute sich. „Ich gehe gerne mit. Läufst du noch mit mir nach Klingrode?“

Das tat er. Sie gingen Hand in Hand nah beieinander auf einem Umweg am Saaleufer entlang.

In Klingrode angekommen, begegneten sie Bodobo und Pille, die gerade auf dem Weg zum Treffpunkt waren.

„Ich komme gleich nach“, rief Henri ihnen zu und sie schwenkten mit ihren erstaunten Gesichtern ins Hoftor ein.

Nur schnell ihre Schwester begrüßend folgte sie kurze Zeit später den anderen. Natürlich hatte sich die Neuigkeit bereits verbreitet. Sie war sehr enttäuscht, dass diese bei allen auf wenig Anerkennung stieß.

„Schimpo ist ein Kumpel. Als solcher ist er schon in Ordnung. Aber Mensch Henri, der ist nichts für dich. Er ist ein Prahler, ein Angeber, ein echtes Arschloch!“ - „Lasst mich das doch selbst ´rausfinden. Er tut mir gut – im Moment.“ As schaute wehmütig zu ihr. Henri setzte sich an seine Seite und streichelte zart seine Wange. „Ich glaube schon, dass ich mich immer für die Falschen entscheide.“ Ihr Seufzer war nicht echt.

Sie freute sich bereits auf den Abend.

„Donnerwetter! Du bist noch hübscher als heute Nachmittag. Und da warst du schon unübertroffen. Das Teil steht dir hervorragend." Henriette drehte sich lachend um ihre eigene Achse und ließ sich bewundern. In diesem Outfit war sie in sich selbst verliebt.

Der grün-braun karierte lange Rock, der bis zur Wade reichte, hatte lange Schlitze und ließ die engen Stiefel sehen. Sie hatten nur einen kleinen Absatz. Werner war gerade mal so groß wie sie, und sie wollte ihn nicht überragen.

„Am besten gefällt mir, dass du dich nicht schminkst." Er strahlte sie verliebt an.

„Lass uns durch die Stadt laufen, damit uns recht viele Leute zusammen sehen."

Er küsste sie zur Demonstration für die vorübergehenden Passanten, als Zeichen für seinen Besitzanspruch.

„Wenn wir am Saalebogen entlang laufen, sind wir schneller in der Stadt."

„Zum Saalebogen fällt mir eine schöne Geschichte ein", erwähnte Werner und lachte bereits im Gedanken daran. „Sie ist in Rudolstädter Mundart geschrieben, ich denke von Anton Sommer."

„Erzähl!", forderte Henriette ihn auf. Ihr fiel spontan „änne Bratworscht" ein.

„Nu ja", begann er. „Ech ging von Felsenkaller in Rudelstadt heem un offn Damme lang bis nonger an de Bröcke. Nachert glei an de Saale, ech wollte schnell derheeme sei. Von Mettag an bis in de Nacht saß jeder off'n Platze un gröchte noch ä Bier un noch eens. Mir warn bedudelt. An der Saale musst ech große Springe mache, immer war ä Grabn iber de Strasse. Ech ha mich geärschert, weil ech nech woßte, was das gewasen war. Nä, das war ä schlachter Spaß, etze hat ech's grade satt. Der Mond war halle un zeichte deitlich jeden Grabn – alle paar Meter. Mer könnte sich de Beene brache! Su ä Unfuch!

Na, dan Stadtrad wär ich de Lefitten lase. Do kammer sich ja n Hals brache!

- Am nächsten Morgen ging der Trunkenbold einigermaßen nüchtern wieder am Saalebogen entlang. Alle Gräben waren weg! Er konstatierte, dass ihm wohl der Mondschein einen

> Schabernack gespielt hatte. Das Licht des Mondes hatte den langen Schatten der Pappeln alle paar Meter über den Weg geworfen und er glaubte in seinem Rausch, es seien ausgehobene Gräben. „da kömmer driber lache.“
>
> -

Er legte ihr den Arm um die Schulter und zog sie fest an sich. „Schön ist ´s hier, oder? Mit mir?“ So legten sie die Strecke in bester Laune zurück.

Das Herbstlaub der Pappeln war schon zum größten Teil herabgefallen und sie liefen wie auf einem bunten Teppich. Die untergehende Sonne schickte warme Strahlen durch das verbliebene Laub und färbte es in den verschiedensten Rot- und Brauntönen.

Sie genoss die Atmosphäre und sie fühlte sich wohl in seiner Nähe, konnte die Abneigung der anderen nicht verstehen.

Vielleicht hatte sie allein das Gefühl, wieder begehrt zu sein, glücklich gemacht.

Aber ihr war klar, dass sie über kurz oder lang auch mit ihm an ihre Toleranzgrenze stoßen würde. Aber darüber würde sie später nachdenken.

Sie hielt es oft wie die Protagonistin in einem ihrer Lieblingsbücher „Vom Winde verweht“ – Scarlett O´Hara: „Darüber denke ich später nach.“

Jedes Wochenende verbrachten sie nun gemeinsam; und dann war Sylvester. Alle zusammen wanderten durch eine herrliche Winterlandschaft zu der Gaststätte hinauf.

Da sie zur Abkürzung über ihre glatt gefahrene Rodelstrecke gingen, stürzten sie abwechselnd immer wieder hin und rissen andere mit, weil sie sich in einer breiten Kette aneinander hielten.

So war bereits der Weg eine einzige Gaudi.

Noch bevor das Essen serviert wurde, sprachen sie dem Alkohol reichlich zu. Sie waren froh, dass Asparagus Antialkoholiker war, so behielt wenigstens einer den Überblick.

Es wurde getanzt und gesungen, Witze erzählt und philosophiert.

Das Feuerwerk in der Stadt war großartig anzusehen. Von hier oben aus war es ein schillerndes Schauspiel.

Werner legte Henriette fürsorglich seine Jacke um die Schulter und zog sie fest an sich.

„Kommst du heute früh mit zu mir?“ Es war soweit, das war aber schnell gegangen!

„Vielleicht“, entgegnete sie wage. Sie hoffte, es würden sich andere Konstellationen ergeben.

Der Rückweg war lustiger noch als der Aufmarsch. Die Nacht war tiefschwarz. Der Mond versteckte sich hinter Wolken und es schneite leicht.

Niemand hatte an eine Taschenlampe gedacht und so stolperten sie, mehr als sie gingen, den Weg hinunter. Wieder waren häufige Stürze und Schlitterpartien Anlass zu Lachsalven.

Der Alkoholpegel trug zum Vergnügen bei.

Nein, er hatte es nicht vergessen. Nachdem sich alle in ihre Richtungen verstreut hatten, zog Werner Henriette wie selbstverständlich mit sich.

Schon auf der Treppe begann er, sie zu entkleiden und in der Wohnung streifte sie selbst noch die restlichen Kleidungsstücke ab.

Sie hatte beschlossen, dass sie jetzt ihre Tugendhaftigkeit endlich ablegen wollte. Ihm zu liebe. Widerstrebende Gefühle tobten in ihrem Inneren.

Nein, sie war nicht bereit! Nicht wirklich! Und nicht mit ihm!

Zu oft dachte sie noch an Oliver. Dann hätte sie auch besser bei ihm bleiben können!

War sie eigentlich unnormal? In diesem Jahr würde sie achtzehn werden.

Im Grunde war sie darauf aus, den Richtigen zu finden, um Lehmanns den Rücken kehren zu können. War der Richtige dabei gewesen?

Wenn sie nun schwanger würde? Werner konnte sie sich nicht als ihren Ehemann vorstellen;

Er würde sie sicher auch nicht heiraten wollen. Soweit dachte der noch lange nicht.

Panik machte sich in ihr breit.

Entschlossen löste Henri sich aus Werners Umarmung und sammelte ihre Kleider wieder ein.

Als sie sich schnell anzog, mit Tränen in den Augen stammelte: „Sei mir nicht böse, ich kann einfach nicht“, schaute er nur ärgerlich verletzt zu ihr herüber.

Durch ihre Zurückweisung war sein Interesse nur noch weiter geschürt worden. Er näherte sich ihr wieder und sie bekam Angst. Sie stieß ihn entsetzt von sich weg.

Er stolperte und im Aufstehen zischte er: „Dann hau doch ab, du blöde Kuh!“

Sie eilte blind die Treppe hinunter und auf die Straße. Natürlich hatte er ihr nicht angeboten, sie nach Hause zu begleiten.

Draußen tummelten sich noch lebhafte Menschenmengen. Vereinzelte Leuchtraketen erhellten den Himmel und Böller dröhnten in den Ohren.

Automatisch erwiderte sie alle Neujahres-Wünsche, die die Leute ihr zuriefen.

Bei Evelyn waren die Fenster dunkel. Auf ihrem Weg zur Haustür musste sie über ein Liebespaar steigen, die sie nicht einmal bemerkten. Im kalten Gästebett zog sie sich gewohnheitsgemäß die dicken Arbeitssocken über und fiel bald in einen unruhigen Schlaf.

„Ich will einen großartigen Mann, ich will hübsche, liebe Kinder, ich will ein schönes Haus, ich will reich sein!“ Sie wiederholte es für sich wie ein Mantra.

„Ich will...!“ Sollte es nicht wenigstens heißen: „Ich möchte…? – Nein! Ich will!“

Der kleine Max zupfte an ihrer Bettdecke: „Domm rüber, Essen fertsch!“

Die Erwachsenen saßen alle verschlafen am Tisch, nur Max knallte lebhaft seinen Löffel auf den Teller. Es tat in den Ohren weh und brummte unangenehm im Kopf.

„Entschuldige“, wandte sich Henriette an ihre Schwester. „Ich wollte dir eigentlich beim Essen zubereiten helfen.“

„Lass gut sein, ich habe gehört, dass du erst gegen vier Uhr gekommen bist.“

Sie begleitete ihre Bemerkung mit einem fragenden Blick. Henriette schüttelte nur mit dem Kopf und Evelyn atmete erleichtert auf.

Nach dem gemeinsamen Abwasch war ein Besuch bei Susannes Eltern angesagt. Henri wollte Feldmanns einen Neujahrsgruß bringen und schauen, ob Susi bereits zum Leben erwacht war. Mit Ulrike saß Susi schwatzend und lachend auf dem Teppich ihres Zimmers. Sie hatten Landkarten vor sich ausgebreitet und planten eine Radtour.

„Kommen Schimpo und du mit zum Zelten im Frühjahr?“, war der erste Begrüßungssatz und der zweite: „Was ist gestern noch alles passiert?“

„Erste Antwort *nein* und zweite Antwort *nichts.“* Sie musste selbst lachen über ihren Redeschwall, war aber zu keinen weiteren Erläuterungen bereit.

Die Freundinnen dachten sich ihr Teil und Ulrike meinte nur leichthin: „Besser so.“

Du bist der richtige Frosch

Henriette fuhr erst nach drei Wochen wieder nach Klingrode. Prompt sah sie Werner auf dem Bahnsteig engumschlungen mit einer jungen Frau. Sie war hübsch, schlank, gut gekleidet. Sie schien ein wenig älter zu sein.

Er hatte Henri auch bemerkt und warf ihr eine flüchtige Kusshand zu.

Sie blieb völlig gelassen. In den vergangenen Wochen waren ihre Gedanken auch sehr selten und ohne jede Reue bei ihm. Wesentlich öfter dachte sie noch an Oliver, der sich den Berichten ihrer Freundinnen zufolge wohl auch sehr schnell anders orientiert hatte.

Und doch; es war ein zutiefst deprimierender Gedanke, dass sie keinen Freund halten konnte. Aber; es war allein ihre Schuld.

Das Ende der Zwangsherrschaft in Saalfeld, das sie täglich mehr herbeisehnte, lies sich nicht auf die von Evi vorgeschlagene Art beenden.

Diese Zwangslage, in der Lehmanns alle Macht besaßen, hatte sie nur überlebt, weil sie wusste, es würde ein Zeitpunkt kommen, an dem sie weggehen und ein eigenes Leben führen würde. Sie lebte weiter in ihren Tagträumen. Unter der Woche konnte sie dem tristen Alltag kaum entkommen.

Katarina hatte eine Ausbildung zur Krankenschwester in Jena begonnen. Sie wohnte dort in einem Internat. Nur stundenweise konnten sie sich an den Wochenenden sehen und austauschen.

Denn: ein attraktiver junger Mann – Studienkollege von Hans-Jürgen – verdrehte ihr den Kopf und eroberte ihr Herz. Ihre freien Stunden galten natürlich ihm und Henri konnte beobachten, wie ihre schüchterne Freundin immer selbstbewusster wurde.

Das war der Nachteil am Erwachsenwerden: jeder ging jetzt seine eigene Wege.

Henriette wollte ihre dezenten Belagerungen von Peter Kaiser fortsetzen. Bei mehr Geduld rechnete sie sich auch Erfolgschancen aus.

So ging nun ihr Essengeld tatsächlich auch wöchentlich für´ s Kantinenessen drauf.

Sie konnte Maria überreden, mit ihr bereits in die Elf-Uhr-Pause zu gehen, denn eigentlich war das nicht die Mittagszeit für ihre Abteilung. Ihr Vorgesetzter hatte sehr schnell den Grund der Zeitverlagerung erraten und ließ sie gewähren.

Das betriebliche Lehrlings-Rotationssystem kam ihr ebenso entgegen. Alle kaufmännischen Auszubildenden mussten jeweils für vier Wochen in jeder einzelnen Abteilung der Firma mitarbeiten, um den Produktionsablauf kennen zu lernen.

Zwangsläufig erschien Henriette nun täglich im engen weißen Kittel – vorn aufgeknöpft – im Farblabor an Peters Seite.

Sie entwickelten lockere, zweideutige Umgangsformen miteinander, die erkennen ließen, dass sie sich leiden konnten; mehr auch leider nicht.

Henriette grübelte über bestimmte Äußerungen nach, analysierte sie, wiederholte jeden Satz in ihrem Gedächtnis, interpretierte Gefühle hinein, von denen sie nicht wusste, ob sie vorhanden waren.

In ihrem Gefühlswirrwarr tappte sie herum wie eine Blinde im Dunkeln.

Erstaunt und erfreut zugleich nahm sie die Nachricht auf, dass Peter an einem Treffen der FDJler in Berlin teilnehmen würde. Er war kein Mitglied der FDJ und so schlussfolgerte Henri, dass er ihretwegen mitkäme.

Ein Sonderbus fuhr die jungen Leute in die Hauptstadt.

Sie kamen am Sonnabendnachmittag an. Kurz nachdem sie ihr Quartier in einer Jugendherberge bezogen hatten, begaben sich die Mädchen auch schon auf den Weg in die Großstadt. Sie waren allesamt nur mitgefahren, um in den Geschäften nach „Piroschka-Stiefeln“ Ausschau zu halten. Die sollte es in Berlin geben und alle waren ganz heiß auf die neueste Schuhmode.

Leider zeitigten ihre Streifzüge durch mehrere Schuhgeschäfte keinerlei Erfolge. Nur Maria erstand ein Paar wunderschöner Pumps in giftgrün. Die gab es nur in ihrer kleinen Schuhgröße. So war sie die Einzige, die zufrieden in die Jugendherberge zurückkehrte.

Diese Nacht würden sie durchtanzen, das hatten sie sich vorgenommen.

Wenn die Provinz schon einmal in der Hauptstadt aufschlägt, wollte man auch etwas erleben.

Ein Streifzug aller vierundzwanzig Jugendlichen durch die nächtlichen Straßen von Berlin war für sich schon ein Erlebnis. Die Geschäfte und

Alleen waren hell beleuchtet und überall standen schon Tische und Stühle vor den Restaurants. Sie streiften gar nicht so weit, die Mädchen hatten wunde Füße vom Shoppen.

In der ausgewählten Nachtbar gab es eine Tanzfläche aus Spiegelfliesen. Eine große Discokugel ließ den Raum in bunten Lichtern flimmern und alles sah in der spärlichen Beleuchtung verrucht und sündig aus.

Die provinziellen Dorftrampel – als die sie sich selbst bezeichneten – kamen aus dem Staunen nicht heraus.

Vier junge Männer aus Österreich hatten sich ihrer Gruppe angeschlossen. Sie befanden sich auf einem Tagestrip in Ostdeutschland.

Es waren also insgesamt eine beträchtliche Anzahl Tänzer verfügbar und die Beine taten jetzt auch nicht mehr weh. Der Abend verging viel zu schnell, denn die Österreicher mussten um Mitternacht wieder die Grenze zur Bundesrepublik passieren.

Vier der Mädchen, mit denen sie ständig getanzt und geflirtet hatten, begleiteten sie bis zum Grenzposten und winkten ihnen noch lange.

Adressen hatte man natürlich ausgetauscht.

Wieder zurück in der Bar forderte nun auch Peter Henriette zum Tanz auf. „Man hatte ja vorhin gar keine Chance, als die Ausländer hier rumgelungert sind“, meinte er vorwurfsvoll.

„Ja, wer zuerst kommt, malt zuerst. Die haben eine so lustige Sprache. …und tanzen konnten sie auch gut.“

Und küssen auch – aber das behielt sie für sich.

Die Großkundgebung der FDJ, wegen der sie ja offiziell angereist waren, überstanden sie leidlich, indem sie sich gegenseitig wach hielten.

Auf der Rückfahrt im Bus machten es sich Henriette und Peter auf der Rückbank bequem. Sie schmusten ein wenig und behaglich schlief sie bald mit dem Kopf auf seinem Schoß ein.

Er begleitete sie nach Hause, ein Abschiedskuss musste genügen.

Die nachfolgende Woche war Berufsschule. Sie hörte nichts von ihm.

In der Praxiswoche, Henriette arbeitete in einer anderen Abteilung, gab es auch keine Zeichen der Annäherung.

Wie war das zu deuten? Am besten gar nicht.

Der Sohn ihrer Französischlehrerein hatte sie zum Konzert eingeladen, in letzter Minute sagte sie zu.

Nun, wenn der Herr nicht wollte, würde sie ihre Zeit nicht mit sehnsüchtigem Warten verplempern. Schade zwar, er gefiel ihr noch immer, aber sein Interesse schien erloschen.

Am späten Nachmittag war Unterrichtsschluss und Henriette stürmte übermütig an der Hand von Hendrik aus dem Schulgebäude, in dem sie beide den Volkshochschulkurs besuchten.

Plötzlich hielt sie verdutzt im Lauf inne: Am Schulhoftor stand Peter.

Schnell ließ sie Hendriks Hand los. „Sorry, ich werde erwartet. Mach´s gut, bis Dienstag."

Mit diesen Worten ließ sie Hendrik verdutzt stehen und steuerte auf Peter zu.

Der nahm sie selbstverständlich an der Hand und führte sie zu einem Trabant, der am Bürgersteig parkte.

„Hast du Zeit, noch eine kleine Autotour zu machen?"

Henriette nickte stumm. Sie stiegen ein. „Gehört dir das Auto?" Henriette war erstaunt.

„Nein." Peter musste lachen. „ Mein Freund und Kollege Roland Fichte drückte mir heute seinen Autoschlüssel in die Hand und meinte, ich solle doch endlich mal Nägel mit Köpfen machen… mit dir."

„Und was heißt das jetzt?"

Peter fuhr das Auto an den Straßenrand, legte den Arm um Henriettes Schulter und zog sie an sich. Nach einem zarten Kuss flüsterte er: „Ich habe ihm erzählt, dass du mir ausnehmend gut gefällst. Nein, er hatte es selbst schon bemerkt. Er meinte, ich stelle mich zu blöd an und du würdest nicht ewig auf mich warten." - „Damit hat er absolut Recht!"

„Könntest du dir vorstellen, mit mir zusammen zu sein?", fragte er nun konkreter.

„Ich sehne mich ja förmlich danach!", seufzte sie erleichtert. „Du bist der richtige Frosch!"

Sie umarmten sich innig und Peter fuhr nur ein paar Kilometer weiter, um in den Stadtpark zu kommen.

Der war menschenleer. Ein paar Spatzen hatten sich an einem übervollen Papierkorb zu schaffen gemacht. Als sie die Menschen kommen sahen, flogen sie mit Gekreisch davon.

Das Pärchen setzte sich eng umschlungen auf eine Parkbank. Sie hatte sich in seine Arme fallen lassen und in ihrer Kehle formte sich ein Laut, der stark an das Schnurren einer Katze erinnerte.

Von nun an war alles einfach und klar für Henriette. Alles fühlte sich richtig an, der Alltag und die intimen Stunden.

Wenn er am Abend aus ihrem kleinen Zimmer nach Hause aufbrach, sehnte sie sich schon nach ihrem nächsten Wiedersehen.

Alle anderen waren vergessen, waren nicht mehr wichtig.

Wie hatte sie nur jemals einen anderen lieben können, hatte sich solchen unsinnigen Kummer gemacht? Endlich war sie angekommen.

Noch nie hatte sie einen Mann getroffen, der seine Gefühle so in Worte kleiden konnte.

Er gab ihr das Bewusstsein, die schönste und klügste Frau der Welt zu sein. Auch wenn ihr klar war, dass dies so nicht sei; es war nicht nur eine simple Schmeichelei.

Warum er denn so lange gezögert hätte, wollte sie wissen. Seine scheinbare Gleichgültigkeit hatte das Verlangen in ihr maßlos gesteigert.

„Ich wollte mir sicher sein. Du wärest mir für eine kurze Affäre einfach zu schade gewesen. Ich wusste aber wirklich nicht, ob ich selbst schon so weit war, mich zu binden. Es tut mir leid, wenn ich dir damit Kummer bereitet habe, ich mache alles wieder gut."

Und wie er das tat. Zwanzig Stunden täglich war er in ihrem Kopf.

Sie freute sich bereits beim Aufstehen auf den bevorstehenden Arbeitstag und hasste die Berufsschulwoche.

„Ich vermisse dich, jeden verdammten Tag", war die Melodie, die ihr ständig durch den Kopf ging. Und sie bekam eine Gänsehaut, wenn sie seinen Namen flüsterte.

Mit ihm möchte sie nichts weiter als Alles.

Die selbstverständliche Zärtlichkeit, mit der er sie in den Arm nahm! Die Worte, die er fand, wenn er seine Gefühle ausdrückte. Das hatte sie noch nie kennen gelernt.

Bang fragte sie sich insgeheim, ob sie ihn denn verdient hätte und ob er bei ihr bliebe.

Das Leben konnte so schön sein!

Herr Prüfer – der Ausbilder Henriettes – wusste nach kurzer Zeit, wo er sie finden konnte, wenn sie vom Kaffeeholen oder anderen Botengängen zu lange ausblieb. Er tolerierte es schmunzelnd und Henri bemühte sich, das nicht zu sehr auszunutzen.

Auch Lehmanns waren froh, dass nun Ordnung in das Leben ihres ungeliebten Zöglings kam. Die größte Freude hatten die beiden Söhne ihrer Schwester, die im Alter von zwei und vier Jahren immer gern neue Spielkameraden um sich hatten.

„Onkel, hast du Schweesgondeln?“, war ein Begrüßungs-Kommentar beim ersten gemeinsamen Kaffeetrinken. Die kichernden Stimmen kamen unter dem Tisch hervor, wo die beiden Verstecken spielten. Evelyn schaute verlegen lachend zu Peter über den Tisch.

Der meinte nur: „Schöner Versuch, mich zu vergraulen. Klappt aber nicht.“

Er küsste Henri auf die Wange und von unten kam ein glockenreines Gelächter.

In Evis Gästezimmer durften die beiden Jungverliebten gemeinsam im Bett schlafen und die beiden Schwestern strahlten sich verständnisvoll an.

„Er ist der richtige Frosch!“, kommentierten sie zeitgleich.

Glücklich ist der, der weiß, dass er glücklich ist.
(Lootse)

Trennung

Der Frühling kam und ging, es folgte ein heißer Sommer und die erste Trennung.

„Oh mein Gott, wie kann ich ohne deine Liebe leben, wie ohne deine Berührung einschlafen?“, dachte Henriette, noch bevor der Zug aus Saalfeld herausrollte.

Sie hatte diese Auszeichnung bekommen und Peters Überredungskünste waren schließlich auf fruchtbaren Boden gefallen.

„Du warst noch nie an der Ostsee. Es kostet dich keinen Heller. Nutze die Chance.

Vielleicht tut uns eine erste Trennung sogar ganz gut?“

„Du bist froh, wenn ich weg bin. Stimmt ´s? Du hast schon genug von mir?“ - „Ja, tatsächlich. Es ist aber auch schlimm mit dir, du raubst mir nachts den Schlaf und am Tag sehne ich mich ständig nach deiner Nähe. Ich bin dir schon halb verfallen und gehe mit großen Schritten auf dreiviertel zu.“

Im Zug schrieb sie ihm den ersten Brief. „Du bist das Beste, was mir je passiert ist.“ Täglich folgten weitere, in jede Richtung.

Sie überstanden das erste Alleinsein so leidlich, aber unbeschadet. Henriette war begeistert vom Meer. Täglich war sie die erste und auch die letzte, die sich in die brausenden Wellen stürzte. Es war erst Frühjahr und das Wasser noch ziemlich kalt.

Henriettes Begeisterung als Wasserratte tat das keinen Abbruch.

Sie lief kilometerweit am Strand entlang. Während der Sand sich unter ihren Füßen weich eindrückte und das seichte Wasser am Rand ihn leicht wieder abspülte, ließ sie ihren Gedanken freien Lauf.

Wie würde es herrlich sein, mit ihren eigenen Kindern – und Peters Kindern – hier am Wasser zu toben. Voll Entzücken beobachtete sie die wenigen Familien, die jetzt schon mit ihren Kleinen Ferien machten.

Lange saß sie auch am Abend allein am Strand und sah die rote Sonne am weiten Horizont untergehen. Halb ins Wasser getaucht gefiel sie ihr am besten. Dann ähnelte sie der aufgehenden Sonne des erwachenden Tages. Mit jedem Sonnenaufgang rückte der Tag ihres Wiedersehens mit ihrem Geliebten näher.

Was wird er jetzt gerade machen? Ob er wohl an sie denkt? Sie schaut auf ihre Uhr: gleich ist es soweit, gleich denkt er an sie, in der gleichen Minute, unter dem gleichen Himmel.

Jeden Abend zur selben Stunde.

Auf ihren nackten Armen entsteht Gänsehaut, aber innen ist ihr angenehm warm.

Noch einmal rennt sie einer Welle entgegen, wirft sich obenauf und lässt sich zurücktreiben.

Das Leben ist herrlich!

Bei den anderen Jugendlichen in der Gruppe war sie als Außenseiterin, Eigenbrötlerin abgestempelt. Jeden Annäherungsversuch wieß sie höflich aber entschieden ab.

Sie wollte mit ihren Gedanken allein sein. Ein Verhalten, das ihrem sonstigen Temperament völlig konträr war.

Ihre Sehnsucht war so groß.

Peter hatte die Zeit gut genutzt und bei allen Verwandten alte Ringe und Ohrgehänge gesammelt, um genügend Gold für Verlobungsringe zusammen zu bringen.

Und er hatte noch eine andere Aktion gestartet.

Die Begeisterung Henriettes von der Ostsee, die sie ihn im jedem ihre Briefe vermittelte, ließ ihn in seinem Freundeskreis fündig werden und einen Zeltplatz auf Rügen tauschen, gegen was auch immer.

Ding Dong

Kennt sie jemand noch? Die Zeltplätze an der Ostsee zu DDR-Zeiten? Einheitsgrüngrau waren die kleinen Zelte, die zu Dutzenden zwischen den Bäumen aufgestellt waren.

Sie waren höchstens an den Wäschestücken zu unterscheiden, die an den Leinen baumelten.

Es war ein wahrer Parkurlauf, wenn man aus seinem Zelt einen Weg zum Strand oder Kiosk suchte.

Über irgendwelche Spannleinen und Heringe stolperte man immer, vor allem nachts, auf dem Weg zur Toilette.

Leute, die schon etwas betuchter waren, leisteten sich ein Vorzelt.

Das war sehr komfortabel, weil man dort seine kleine Küche und einen Essplatz und auch eine Waschgelegenheit unterbringen konnte.

Für die zwei Jungverliebten genügte das kleine Hauszelt.

Eines Abends, an ihrem kleinen Lagerfeuer sitzend, sahen sie im Licht ihres kleinen Feuers noch ein Nachbarpärchen ankommen.

„Hallo! Willkommen!“, riefen sie kurz hinüber. „Sollen wir beim Aufbauen helfen?“

„Das wäre super. Es ist ja schon fast dunkel“, war die erfreute Antwort des jungen Mannes.

So gingen die beiden das kurze Stück nach nebenan und die vier begrüßten sich mit Handschlag.

Die jungen Frauen stutzten beide kurz, fielen sich spontan um den Hals und riefen lachend: „Hallo Henri!“

„Hallo Doris!? Wir haben uns ja eine Ewigkeit nicht mehr gesehen!“ – „Die sind uns jetzt keine Hilfe mehr“, meinte Johannes Langebach achselzuckend, und die Männer machten sich allein an den Aufbau.

Das war schnell erledigt und dann floss Bier. Wären sie nur dabei geblieben. Das Bier war flockig, sie mochten es nicht mehr trinken. Johannes holte eine Flasche „Kristall-Wodka“. Der wurde landläufig als „Blauer Würger“ bezeichnet. Es hieß: wenn man drei Gläser davon trank, bekam man einen Blindenhund gratis dazu Die Mädels amüsierten sich mit selbstgemachtem Eierlikör. Evelyn hatte den aus dem Bergmannsschnaps gemacht, den ihr Schwiegervater als Deputat bekam. Der war lecker. Also, der Eierlikör. Den sogenannten „Trinkbranntwein“ (32 %) konnte man nicht pur konsumieren. Er war billig und stark. Nicht umsonst hatte er den Namen „Kumpeltod“.

Ziemlich angeheitert stolperten beide Paare spät in der Nacht in ihre Zelte.

Von Henriette wusste Doris den Weg zum Kiosk und machte sich am Morgen auf den Weg, um frische Brötchen zu holen; auch gleich für Henri und Peter.

Im Kiosk musste sie in einer langen Schlange warten und trat erst nach 20 Minuten ihren Rückweg an.

Ihre Stimmung war ausgelassen, das Wetter wunderschön und sie hatte eine alte Freundin aus Klingrode wieder getroffen.

Das würde ein schöner Urlaub werden. Nach rechts und links blickend suchte sie nach ihrem neuen Zuhause. Alle Zelte sahen gleich aus.

Da die spitzen Zelte sehr niedrig waren, konnte man nicht darin stehen.

Er hatte sich auf die Luftmatratze gekniet – nackt, mit dem Rücken zum Eingang.

Doris hockte sich hinter ihn, fasste mit der Hand durch seine Beine hindurch, griff zärtlich zu und rief freudig: „Ding Dong, die Brötchen sind da!“

Erschrocken drehte er seinen Kopf in ihre Richtung und ihr blieb fast das Herz stehen, als sie erkannte, dass es nicht Johannes war.

„Entschuldigung!“, rief sie entsetzt und stürzte voller Panik aus dem Zelt und über alle vorhandenen Leinen.

„Mein Gott, ist das peinlich!“, stammelte sie vor sich hin und registrierte gar nicht, wohin sie lief. Ihr hochroter Kopf war völlig konfus.

Sie stolperte auf den Weg und direkt in Henriettes Arme.

Die war eben auf dem Weg zum Waschraum.

„Was ist los? Ist dir der Leibhaftige begegnet?“

„Viel schlimmer, ich hab ihn angefasst!“, stotterte Doris und fing jetzt richtig an zu heulen.

„Zeig mir, wo unser Zelt ist, wir müssen sofort abreisen.“

„Ihr seid doch gestern erst gekommen, was ist denn nur los?“

Auf dem Weg zum Zelt erklärte Doris ihr in knappen Sätzen das Geschehene. Sie endete mit den gestammelten Worten: „Wir müssen sofort hier weg, ich kann mich doch nirgends mehr sehen lassen.“

Doris strauchelte die letzten paar Schritte allein zu ihrem Zelt, vor dem Johannes bereits besorgt wartete.

Henriette lief in Gedanken versunken zu den Waschräumen.

Die Geschichte wäre recht amüsant gewesen, wenn sie nicht gerade ihre Freundin so schmerzlich getroffen hätte.

Sie stellte es sich bildlich vor und musste nun doch lachen.

Doris soll sich nicht so haben, hier sind doch alle erwachsen.

Im Waschraum war schon emsiger Betrieb. Lautes Gegacker und Gekicher von allen Seiten.

Sie entdeckte gerade noch ein freies Waschbecken.

Bevor sie es benutzen konnte, hatte sie das Bedürfnis, es zu reinigen.

Viele hinterließen die Waschgelegenheiten wie eine Sau den Trog.

Ob sie zu Hause auch so lebten?

Das Prozedere der Körperhygiene war recht unkompliziert.

Die meisten Frauen standen ungeniert nackt nebeneinander und wuschen sich mit kaltem Wasser (es gab nur kaltes Wasser).

Nur einige wenige waren zu genant und säuberten sich unter dem Bademantel.

Das Ankleiden war da schon schwieriger, weil der Fußboden nass, glitschig und unsauber war. Es kam nicht selten vor, dass jemand nackt in der Schmiere ausrutschte und auf dem Steiß noch ein paar Meter durch den Waschraum schlitterte.

Die konnte dann mit der Waschprozedur direkt von vorn anfangen.

So sehnte sich Henriette nach einem geräumigen Vorzelt, in dem man dann auch Platz für die Körperhygiene hätte.

Toilettengänge waren noch schlimmer.

Von weitem konnte man den Standort der Einrichtungen am Geruch erkennen.

Ähnlich wie in den Waschräumen war die Liederlichkeit und Nachlässigkeit der Camper selbst für den Schmutz verantwortlich.

Allerdings wurde dort auch niemals irgendwelches Reinigungspersonal gesichtet.

Peter hatte vor ein paar Tagen eine ältere Dame bei der Erledigung ihres „kleinen Geschäftes“ auf eine besondere Art beobachtet. Er hatte am Waldrand Holz für das nächtliche Lagerfeuer gesammelt.

Ein Ehepaar tummelte sich am Strand. Sie war bis an die Taille ins Wasser gelaufen und er am Strand zurückgeblieben.

Nach einem kurzen Moment rief sie „fertsch“ und kam aus dem Wasser, woraufhin sie beide gemächlich am Strand entlang weiter schlenderten.

In Gedanken versunken kam Henriette in Ihrem Zelt an.

„Hast du gesehen? Deine Freundin ist schon wieder abgereist. Hals über Kopf, da habe ich mich gerade noch einmal auf der Matratze umgedreht. Die haben nicht einmal was gesagt“, empfing sie Peter kopfschüttelnd.

„Ich weiß warum.“ Sie erzählte daraufhin Doris fürchterlichen faux pas.

Peter lachte und meinte: „ Na, ich weiß auch nicht, wie ich reagieren würde, wenn mir das passierte. Sicher würde ich sie gleich zu mir reinzerren.“ – „Wag dir das!“, und sie knuffte ihn am Arm.

Als sie dann ihren Frühstückstisch draußen vorbereiteten, entdeckten sie eine Tüte mit Brötchen. „Da steht was drauf!“, entdeckte Peter. „Lies mir ´s vor“, bat Henri ihn.

„Entschuldigt bitte! Hier meine Adresse…“

„Ach gut, da schreib ich ihr gleich morgen mal. Zu schade, wir hätten so viel zu Erzählen.“ Henri war ehrlich betrübt.

„Und Du? Du warst doch heute noch gar nicht Waschen, oder?“

„Doch, heute Morgen gegen fünf Uhr. Hab gestern zu viel Bier getrunken und musste raus. Da hatte ich gleich das Waschzeug mitgenommen und war ganz allein an zwölf Waschbecken. Das sollte man immer so machen. Der Waschraum sah aus, als wäre er von irgendwelchen Heinzelmännchen gereinigt worden.“

„Ach was, gibt es die doch? Streu bloß keine Erbsen!“

Nach dem Urlaub wurde die Verlobung in Evelyns Garten gefeiert und auch Marion konnte zu Besuch kommen.

Die Schwestern überzeugten sie, kein Geschenk aus dem Westen mitzubringen, sondern es in der DDR zu kaufen.

Schließlich mussten die Westdeutschen pro Tag ihres Aufenthaltes den Zwangsumtausch von fünf DM im Kurs 1:1 vornehmen. (ab dem Jahr

1973 betrug dieses „Eintrittsgeld“ dann schon zwanzig DM am Tag) Die Dinge, die sie in den Westen hätte ausführen können, waren vorgeschrieben und die Auswahl extrem begrenzt.

Gern hätte Henriette gesehen, wenn auch ihre Eltern an der Feier, die ihr Leben so maßgeblich verändern würde, beigewohnt hätten.

Es konnte nicht sein und so ging sie auch diesen neuen Lebensweg ohne sie.

Ihre Schwiegereltern – die Eheleute Kaiser – waren kein adäquater Ersatz. Die Wärme, oder sogar Liebe, die sich Henriette von ihnen erwartet hatte, konnten sie ihr nicht geben. Sie waren beide nett und höflich, aber es war oberflächlich.

Frau Kaiser hätte ihren einzigen Sohn wohl gern mit Peters früherer langjährigen Freundin zusammen gesehen. Herr Kaiser richtete sein Leben nach seiner Frau aus, wobei er zusah, so wenig wie möglich zu Hause sein zu müssen.

Dabei fing es vielversprechend an, als Henriette das erste Mal unangemeldet und überstürzt bei ihnen auftauchte.

Die Situation war bei Lehmanns um einen Bratheringsschwanz eskaliert.

An einem Sonnabendmittag wurden Pellkartoffeln und Bratheringe aufgetischt. Das war einmal eine Abwechslung und schmeckte auch allen.

Der Ärger fing an, als Henriette sich einen zweiten Hering aus der Schüssel nehmen wollte.

Onkel Otto schlug ihr auf die Finger und zischte: „Iss erst mal den einen Fisch fertig, bevor du schon wieder nach dem nächsten greifst!“

Verständnislos fiel ihr Blick zuerst auf ihren und dann auf seinen Teller.

„Ich hab doch aufgegessen. Es liegen doch hier nur noch die Mittelgräte und der Schwanz.“

„Na eben. Bei Brathering kann man das alles mitessen!“

„Und warum machst du das dann nicht? Bei dir liegen schon drei Schwänze!“

„Na soweit kommt das noch! Vielleicht lasse ich mir von dir vorschreiben, wie ich zu essen habe. Ich verdiene hier schließlich das Geld und du bist hier geduldet.

Entweder isst du *alles* auf, oder das war ′s."

Henri stand auf und ging in ihr Zimmer, ohne ein Wort und ohne ihren Teller abzuräumen.

Nach einer kurzen Weile hörte sie, wie die beiden ins Wohnzimmer verschwanden, um ihre Sabbat-Andacht abzuhalten.

Durch die offene Küchentür konnte sie sehen, dass das schmutzige Geschirr – wie immer – noch auf dem Tisch stehen geblieben war und auf den Abwasch wartete. Das war allein ihre Aufgabe.

Henriette hatte sich aber bereits umgezogen, Schlafanzug und Zahnbürste eingepackt und war auf dem Weg zu Peter.

Sie heulte erst vor der Tür. Von Kaisers wurde sie sehr verständig aufgenommen. Die erste Begegnung mit den Schwiegereltern war eigentlich ganz anders geplant.

Auch Katarina hatte sich verlobt. Sie war wie ihre Freundin über die Ohren verliebt und konnte sich ihre Zukunft nur noch in einer Gemeinschaft mit ihm vorstellen.

Die beiden hatten es aber schwerer, da sie die Wochen ständig getrennt an ihren Studienorten verbrachten. Die Wochenenden waren viel zu kurz für so viel Liebe.

An Heirat dachte zumindest Rainer noch nicht. Er wollte erst alle Studiengänge hinter sich bringen, bevor er über die Gründung einer kleinen Familie nachdenken konnte – oder wollte.

Katarina war neidisch, wenn sie in Henriettes Hochzeitspläne eingeweiht wurde. „Du hast es gut. Ich muss noch ewig warten."

Dass *ewig* nur ein halbes Jahr sein würde, konnte sie zu diesem Zeitpunkt nicht wissen.

Hochzeitsreise mit Jugendtourist nach Bulgarien. Man musste sich dafür bewerben und es sich explizit verdienen, mit entsprechend gesellschaftlichem Engagement.

Da Henriette jederzeit, um aus dem Lehmannschen Dunstkreis herauszukommen, alle möglichen Ehrenämter bekleidete, war das für ihre Person gegeben. Peter sammelte weniger Pluspunkte.

Aber schließlich gehörten sie beide zur Jugend der gleichen Firma und sie bekamen schließlich den Zuschlag für eine Reise zum Schwarzen Meer.

Jugendtourist bedeutete, dass der Urlaub mit vielen anderen Jugendlichen aus der Republik

gemeinsam erlebt wurde. Jugendtourist bedeutete aber auch, keine hochgeschraubten Erwartungen zu hegen, eher spartanische Ausstattung, dem Preis angemessen.

Im Prospekt versprach man Drei-Raum-Bungalows am Strand. Sie wurden jeweils von zwei Pärchen bewohnt, in getrennten Schlafräumen. Eine Nasszelle teilte man sich.

So weit so gut. Aber die Wirklichkeit war eine andere. Katastrophe!

Beim Reiseleiter Achselzucken.

Neben den Baustellen der halbfertigen Bungalows hatte man Holzfundamente aufgestellt, auf denen geräumige Hauszelte standen. Das sollten die Unterkünfte für jeweils zwei Paare für die nächsten drei Wochen sein – ohne Privatsphäre, ohne Rückzugsmöglichkeit.

Am liebsten wäre Peter zurück zum Flieger und zurück nach Hause.

Obwohl sie die Zeltnachbarn nicht kannten, hatte man sich schnell arrangiert – Henriette und Sonja was die Einrichtung des Zeltes betraf. Die Männer einigten sich darauf, dass jeweils einen Tag über den anderen das Zelt bis zweiundzwanzig Uhr von einem Paar zu meiden war.

Das Wetter war optimal, das Essen schmackhaft, der Strand und das Meer sehr nah. Man konnte schließlich mit der Notlösung leben.

Braungebrannt und erholt sehnten sich die Neuvermählten im tristen Deutschland sogar zurück in ihre Zeltwände.

Katarina erschien gleich am Tag nach der Rückkehr, um Henriette sensationelle Neuigkeiten zu berichten.

„Hurra, hurra! Wir müssen heiraten! Ich bin schwanger. Euer Polterabend war schuld!“

Sie strahlte übers ganze Gesicht und hatte keinerlei Skrupel, Rainers ursprüngliche Pläne zu durchkreuzen. Was soll ´s, studieren kann man auch mit Familie.

„Stell dir vor, Rainer hat offiziell, im feinen Zwirn, bei meiner Mutter um meine Hand angehalten und auch gestanden, dass wir *müssen.* Na, du hättest meine Mutter hören sollen.

So eine Schande! So etwas hätte es in unserer Familie ja noch nie gegeben! Das ist doch alles zu peinlich. Na, und wenn erst die Oma davon erfährt…

Die Oma zuckte nur mit den Achseln. „Na ja, kann passieren. Die Hauptsache, ihr liebt euch."

Die Freundinnen umarmten sich glücklich. Nun hatte alles seine Ordnung.

Die Wohnungsfrage war die nächste Hürde, die überwunden werden musste. Katarina hatte Glück. Alle rückten im eigenen Haus zusammen und schafften Platz für die neue kleine Familie.

Henriette und Peter waren beim Wohnungsamt vorstellig geworden. Ihnen war von vornherein klar, dass sie nichts weiter erreichten, als eine Registrierung als Wohnungssuchende. Sie wussten, das würde mühsam werden bei der Wohnungsnot, die in der DDR herrschte.

Als Henri drei Monate später auch schwanger war, wurde ebenfalls das Problem dringender.

Sie hatten sich in ihrem Jugendzimmer bei Lehmanns eingerichtet; das war mehr als ein Notbehelf. Mit dreißig Quadratmetern war es zwar geräumig, aber die Unterbringung eines gesamten Haushaltes erforderte kreative Lösungen.

Die Schwangerschaft verlief unproblematisch. Zwar hatte Henriette in ihrer Angst, die räumliche Situation könnte ihnen über den Kopf wachsen, einen zaghaften Versuch dagegen gestartet. Die *Alten* in ihrer Abteilung hatten gemeint, sie solle einmal eine Treppe hinunterhüpfen und immer mit den Fersen aufstauchen. Das hatte sie auf der Kellertreppe über vier Stufen hinweg getan, um sogleich über sich selbst erschrocken wieder zu stoppen. Das Ei saß zum Glück fest und wuchs und wuchs.

Ihre Sandra wurde ein wunderhübsches Sonntagsbaby. Nach sechs Stunden im Kreissaal schickte sie die Hebamme noch einmal in die Badewanne.

Als sie gerade einsteigen wollte, hörte sie das Babygeschrei bei der anderen Schwangeren, die im Nebenbett gelegen hatte. Dadurch war Henriette so aufgeregt, dass sie mitsamt ihrem Nachthemd ins Wasser stieg. Nun dauerte es auch bei ihr nicht mehr lange und alles lief optimal.

Überwältigt hielt sie ihr Baby im Arm und konnte ihr Glück nicht fassen.

Wie jede Mutter durchströmte sie das unermessliche Gefühl, Großartiges geleistet zu haben und einzigartig zu sein.

Zurück in ihrer Einraumkemenate verschärfte sich ihr Wohnraumproblem.

Onkel Otto hatte keine Geduld für ein schreiendes Baby. Wie zum Trotz begann Sandra mit dem Gebrüll, sobald er in der Wohnung auftauchte.

Tagsüber, wenn ihre Männer zur Arbeit gingen, arrangierten sich Henriette und ihre Tante.

Tante Klara war ganz weg von dem kleinen Wesen und sie bot sich oft an, die Kleine zu wickeln oder zu füttern.

Onkel Otto machte das eifersüchtig. Er verlor einen Teil der Zeit und Fürsorge seiner Frau und konnte damit nicht umgehen. Er arbeitete massiv dagegen.

Als Henriette einmal mit dem Kinderwagen zur Mütterberatung unterwegs war, nahm Tante Klara ihr bei beginnendem Regen die Baumwollwindeln von der Leine.

Er schnauzte sie an, sie solle sich nicht um fremder Leute Wäsche kümmern. Sie musste die

Windeln wieder zurückhängen. Das hatte Frau Kahn Henriette berichtet. Auch sonst erfuhr sie von ihr delikate Ereignisse.

Der Kinderwagen durfte nicht im Hausflur stehen. Es war beschwerlich, ihn ständig über die Stufen der Kellertreppe zu tragen, wenn Peter nicht zu Hause war.

Henriette durfte den Baby Brei nicht in der Küche zubereiten, ihn ekelte der süßliche Geruch. Auch die kleine Babybadewanne war ihm in der Küche oder im Bad im Wege.

So wurden alle Verrichtungen in ihrem Zimmer erledigt.

Der Besuch von Katarina und Rainer, die vierzehntägig zum Rommee Abend kamen, war ihm schon lange in die Nase gefahren.

Als dann bei Regenwetter nasse Schuhe in *seinem* Korridor standen, platzte ihm der Kragen und er warf die Besucher kurzerhand hinaus.

Es gab einmal wieder einen Riesenkrach zwischen Henriette und ihrem Onkel, bei dem sie ihn unter anderem als *Miststück* bezeichnete.

Das erschien selbst Peter zu heftig. Er hielt sich, auch mit Anraten von Henri, üblicherweise aus den täglichen Querelen heraus. Beziehungsweise, er versuchte, sie sachlich zu lösen. Nach diesem Krach erzählte Henriette ihm zum ersten Mal, was sich zwischen ihr und ihrem Onkel in ihrer Kindheit zugetragen hatte. Natürlich war er außer sich.

Die Dringlichkeit, eine eigene Wohnung zu haben, wie klein und schäbig auch immer, wurde aufs Neue erörtert.

Und am anderen Tag gab es Zugeständnisse. Völlig unerwartet!

Die Männer waren aus dem Haus und Tante Klara klopfte zaghaft an Henriettes Tür.

„Komm, stell das Kinderbett in unserem Wohnzimmer auf. Hier ist ja gar kein Platz. Otto tut es leid. Er hat wohl doch zu streng reagiert. Komm, wir schieben das Bett rüber.“

„Das traue ich mir nicht. Hat er das wirklich gesagt?“

„ja…“, die Tante druckste noch ein wenig. „Er hat gemeint, wir benutzen die Stube ja doch kaum. Du sollst aber dafür sorgen, dass sie nicht die halbe Nacht schreit.“

Sie wechselten sich ab. Peter und Henri saßen so jeden Abend, wenn Sandra einschlafen sollte, singend an ihrem Bettchen und garantierten, dass kein Babyweinen zu hören war.

Der Kleinen gefiel das wohl sehr gut und offensichtlich wusste sie damals schon, wie sie ihre Eltern manipulieren konnte. Es dauerte immer länger, bis sie endlich einschlief.

Die Rommé Abende fanden nicht mehr statt. Es wurden daraus ausgedehnte Nachmittagsspaziergänge mit zwei Kinderwagen, denn Katarinas Sohn Axel war ja nur ein Vierteljahr älter als Sandra.

Es kommt immer anders, wenn man denkt.

(David Werker)

Beruf und Familie, Familie und Beruf

In weiser Voraussicht, noch bevor Henriette schwanger war, hatte sie eine interessante Arbeitsstelle in der Maxhütte angenommen.

Die gesamte Buchhaltung des Werkes erfolgte mit Hilfe des Hollerith-Lochkartensystems.

Es war der Anfang der Groß-Datenverarbeitung, aber noch auf elektromechanischer Basis.

Material- und Lohnabrechnung, Kalkulationen und Wareneinkauf – alle Sparten einer Firmenbuchhaltung wurden in der Abteilung, in der dreißig Mitarbeiter in zwei Schichten beschäftigt waren, bearbeitet. Henriette liebte diese Tätigkeit, eine Aufgabe: anspruchsvoll und höchst interessant.

Primär war aber der Wechsel zustande gekommen, weil die Maxhütte über eigenen Wohnraum verfügte.

Große Neubaublocks waren in einem Neubaugebiet für die Werksangehörigen errichtet worden. Die Vergabe erfolgte ausschließlich über den Betrieb selbst.

Angemeldet, registriert und wieder mit viel Geduld und Hoffnung ausgestattet, versprachen sich die jungen Eheleute eine baldige Änderung ihrer Wohnungssituation.

Doch weit gefehlt!

Warteschlangen, Beziehungen, sonderbare Vergabepraktiken durchkreuzten ihre Hoffnungen.

Dann war Sandra unterwegs. Alles andere trat in den Hintergrund.

Durch einen glücklichen Zufall konnten sie eine Mansardenwohnung besichtigen, die der Zahnarzt von Peters Mutter in seinem Haus ausgebaut hatte.

Sie bekamen diese Wohnung auch zugesprochen. Der Zahnarzt hatte der Stadtverwaltung offeriert, dass er diesen Wohnraum nur schaffen würde, wenn er sich die Mieter selbst aussuchen könne.

Außerdem standen sie inzwischen auf einer sogenannten *Dringlichkeitsliste.* Es war wie ein Traum – eigene vier Wände.

Wie in einer Puppenstube gab es vier kleine Räume, eine Küche und ein winziges Bad. Dafür war der Korridor so groß wie alle Räume zusammen.

Mit viel Fantasie und Geschick und natürlich den bescheidenen Möglichkeiten, die ihr Portemonnaies und der DDR-Handel boten, wurde alles liebevoll arrangiert.

Eine wunderschöne, harmonische Zeit begann. Ihre Träume waren erfüllt.

Auch Henriettes Freundinnen hatten ihre kleinen Familien gegründet.

Susi und Konrad hatten keine Wohnungsprobleme. Ihr Problem waren eher die ständigen Umzüge, die er als Offizier bei häufigem Kompaniewechsel zu erdulden hatte.

Susi hatte auch ansonsten einen anstrengen Alltag mit zwei kleinen Kindern, die innerhalb eines Jahres geboren worden waren, ohne Zwillinge zu sein.

Ulrike und Jürgen waren ebenfalls Eltern eines Sohnes und fanden im Haus von Susis Eltern eine bescheidene Bleibe, bevor ihnen eine Neubauwohnung zugewiesen wurde.

Es verband alle weiterhin eine Freundschaft, die nun mitsamt den Familien gepflegt wurde.

Waren Kaisers in Saalfeld oft mit Katarina und Rainer zusammen, indem sie ausgedehnte Spaziergänge und auch Bootsfahrten unternehmen, traf man sich abwechselnd mit Susanne, Ulrike und ihren Familien zu Silvester- und Geburtstagsfeiern.

Mit dem noch nagelneuen *Saporoshez* unternahmen Henriette, Susanne und Ulrike ausgedehnte *Weibertouren*. Der Weg war das Ziel. Das ergab sich schon aus der Tatsache, dass alle drei Orientierungsidioten waren; froh, irgendwo wohlbehalten anzukommen.

Sie wollten nur beisammen sein, lustig schwatzen und ausgiebig, frei von jeder Erotik, mit Männern flirten. Jede testete einfach nur ihren Marktwert.

Die Freundschaften wurden gepflegt, wenn auch nicht mehr so intensiv wie in der Jugendzeit.

Freunde sind wie Sterne am Himmel: oft kann man sie nicht sehen, aber

es ist gut zu wissen, dass es sie gibt.

Ein Kindergartenplatz war in Peters Firma angemeldet und zugesagt. Bis dahin wollte Henriette mit Sandra zu Hause bleiben.

Als dann flehend Henriettes Abteilungsleiter vor ihrer Wohnungstür stand und sie für den Posten als seine Stellvertreterin begeistern wollte, kamen ihre Überlegungen ins Wanken.

Mehrere Dinge sprachen dafür, diesen Job anzunehmen. Henriette und Peter wägten Für und Wider immer aufs Neue ab.

„Ich habe vier Gründe dagegen" – „Und ich habe sechs Gründe dafür. Lass es uns machen!"

Die Entlohnung war hervorragend und Geld war das, was dem jungen Paar an allen Enden fehlte, bei Peters alleinigem Verdienst.

Wenn sie in einer Gaststätte die Speisekarte vor sich hatten, lasen sie diese von rechts nach links. Immer zuerst die Preise, dann erst die Frage, ob das Preiswerteste auch schmecken würde.

Auch die Herausforderung bei dem neuen Job interessierte Henriette extrem.

Sie hatte die Arbeit in *ihrer* Lochkartenabteilung ohnehin sehr geliebt.

Die neue Verantwortung reizte sie.

Alles würde jetzt davon abhängen, eine adäquate Unterbringung für Sandra zu finden, denn ein Kinderkrippenplatz war nicht in Aussicht.

Sie war jetzt fast zwei Jahre, ein sehr lebhaftes, aber liebes und pflegeleichtes Kind. Im dritten Jahr stünde der Platz im Kindergarten zur Verfügung.

Peters Eltern schlugen vor, die Kleine in ihre Obhut zu nehmen. Sie verstanden sich zur Zeit alle gut, und so schien es eine akzeptable Lösung zu sein. Sandra konnte unter der Woche komplett bei ihnen wohnen und würde zum Wochenende in Begleitung der Großeltern immer nach Hause kommen. Die Theorie war gut, Henriette redete sich all ihre Vorbehalte schön. Damit waren alle offenen Fragen gelöst.

Leider nur zum Schein. Diese Entscheidung bereute Henriette für den Rest ihres Lebens.

Sandra gefiel es ausnehmend gut bei Kaisers. Sie wurde optimal umsorgt und vor allem mit Opa ließ sich so viel Blödsinn anstellen.

Beide hatten ihre Enkeltochter sehr lieb und opferten sich für sie auf. Das war wichtig für Henriette und Peter: zu sehen, wie gut ihre Kleine aufgehoben war und wie sich wohlfühlte.

Täglich fuhren Henriette – und Peter je nach Schichtplan – am Abend zu den Eltern, um noch ein paar Stunden mit ihr verbringen und sie ins Bett schaffen zu können.

Henriette wurde dann von ihrer Schwiegermutter so behandelt, als sei sie eine liebe Tante für die Kleine. Die Oma wähnte sich jetzt als die Mutter.

Henri hatte schon in all den Jahren um die Liebe ihrer Schwiegereltern gebuhlt. Mit Herrn Kaiser hatte sie ein sehr freundschaftliches Verhältnis aufbauen können. Aber die Kaiserin – wie ihr Mann sie oft nannte und damit auch auf ihr Gehabe, nicht nur auf ihren Namen anspielte – war nach wie vor kühl und distanziert, wenn nicht sogar ablehnend geblieben, wie sehr sich Henriette auch bemühte. Aber sie gab nicht auf.

Es war extrem schwierig, in den Kunstgewerbeläden oder gar den normalen Geschäften hübsche Geschenke für seine Lieben zu ergattern. Henriette war durch Zufall dazu gekommen, als neue Waren geliefert wurden. Sie erstand für die Schwiegermutter einen Weidenkorb, der mit buntem Stoff ausgelegt war. Sie stellte sich vor, dass Frau Kaiser darin ihre umfangreichen Strickutensilien aufbewahren und transportieren konnte. Als sie ihr zum Geburtstag den Korb voller Vorfreude überreichte, war deren Kommentar nach dem Auspacken: „Was soll ich denn damit?"

So tat sie Henriette mit ihrer Ablehnung oft sehr weh; aber Henri hatte schließlich schon Schlimmeres erlebt.

Sie musste Sandra zuliebe eine gute Miene zum bösen Spiel machen.

Oft war die Grenze des Erträglichen erreicht. Henriette erzählte ihrem Gatten folgende Begebenheit:

„Du kannst Dich erinnern, dass ich jeden Abend dieses rosa Kleidchen für Sandra gestrickt habe? Zugegeben: ich stricke nicht halb so gut wie deine Mutter, die das wirklich in Perfektion kann. Besonders gefiel mir der weite angehäkelte Rock – und häkeln kann ich nun wirklich!

Ich war so froh, diese wunderschöne Wolle bekommen zu haben, es gibt ja kaum welche zu kaufen.

Als ich heute bei der Süßen war, hatte sie ein Kleidchen an, das aus haargenau der gleichen Wolle zu sein schien. Als ich Mutti dazu befragte, lachte sie: ´du täuschst dich nicht, es *ist* die gleiche Wolle. Na hör mal! Dein Kleid war so liederlich gestrickt.

Ich hab es aufgetrennt und neu gestrickt´.

Ist das nicht extrem ungezogen? Ich war so stolz auf das Teil.

Sie ist total unsensibel. Und kalt. Ich hasse sie!"

Henriette brach wieder in Tränen aus und Peter versuchte nach Kräften, sie zu trösten.

Er meinte, sie sei einfach zu empfindlich und erwarte zu viel.

Sandra wurde immer drolliger und das junge Elternpaar sehnte sich schon sehr nach dem Zeitpunkt, wo sie wieder für immer bei ihnen einzog.

Sandra ging gern in den Kindergarten, der früher die Villa des ehemaligen Firmenbesitzers war. In den beiden Badezimmern gab es jeweils nur eine Toilette.

Die Kinder stellten sich an, wenn sie der Reihe nach austreten mussten.

Großes Gelächter entstand, als Sandra zu Hause – sich mit ihren kleinen Händen an der Badewanne festhaltend, von einem Bein aufs andere tretend – im Bad wartete.

Auf Nachfrage gab sie die Erklärung, dass man sich erst anstellen müsse, bevor man die Toilette benutzen dürfe.

Sie verwechselte die Farben grün und blau. Es nervte sie sichtlich, immer wieder getestet zu werden. Bei der nächsten Frage: „Ist das grün oder blau?", antwortete sie ganz spontan: „Das ist auch nicht rot."

Wenn sie schmuste, sagte sie schon mal: „Euch hab ich so lieb wie die ganze Welt, aber den Opa Otto nur wie den Hof."

Wurde sie getadelt, meinte sie gekränkt: „ Ich habe gar kein glückliches Leben mehr."

Oder trotzig bei der Aussicht, sie bekomme heute kein Gute-Nacht-Küsschen, wenn sie nicht artig sei: „Ha, da küss ich mich eben selber!"

Henriette kommt mit Sandra an der Hand aus dem Kindergarten. Es kommt ihnen über das Feld ein Bauer mit seiner Kuh entgegen. „Ist das eine Kuh oder der Mann von der Kuh?"

„Du meinst, es könnte ein Ochse sein? Ich kann das von hier noch nicht sehen. Wart mal, bis der Bauer an uns vorbei geht.“

Sandra starrt wissbegierig auf das Euter der Kuh und meinte wissend: „Ist doch ein Ochse.“

Peter lachte, als Henri es ihm erzählte. „Ich kann mir vorstellen, das möchten viele Männer so!“

Viel zu schnell wuchs sie heran.

Aufklärung war ein oft diskutiertes Thema.

Die jungen Eltern hatten abgesprochen, immer alles wahrheitsgemäß zu erklären, wenn sie nachfragt. Diese Stunde der Wahrheit kam während einer Urlaubsfahrt an die Ostsee.

Die Krönung ihres Campingurlaubs im Jahr 1972 war die Reise mit dem eigenen PKW.

Endlich – Peter war da schon zwölf Jahre angemeldet – lieferte der VEB IFA – Vertrieb einen blauen „Saporoshez“ für zwölftausend Mark aus.

Die Freude war kaum zu beschreiben. Sie veranstalteten großartige Jubelfeiern und jede Fahrt mit dem Auto war ein besonderes Erlebnis.

Besitzer von Trabant, Wartburg oder gar Lada nannten das russische Modell oft „Chruschtschows letzte Rache“ oder „T4 de luxe“. Aber das störte die Kaisers nicht.

Sie liebten ihren „Sapo“, hegten und pflegten ihn und sprachen liebevoll mit ihm.

Er dankte es ihnen alle Zeit mit ständiger Einsatzbereitschaft und wenigen Reparaturen, immerhin 18 Jahre lang.

Zu Urlaubsausflügen war er dagegen weniger geeignet, weil er kaum über Kofferraum verfügte. Wenn der wenige Platz optimal ausgenutzt wurde, indem man quasi jede Zahnbürste einzeln verstaute, konnte man schon einiges unterbringen.

Aber ein Zelt mit Vorzelt und Campingstühlen war ein unmögliches Unterfangen.

Welch ein zusätzliches Glück, das gerade auch ein PKW-Hänger käuflich zu erwerben war. Und das auch noch ohne Wartezeit!

Der Hänger war auch im Alltag ein Segen, Peter nannte ihn liebevoll seinen *Mausfix*.

Im Sommer 1972 war Sandra schon fünf Jahre alt.

Sie half fleißig beim Einladen aller Gepäckstücken, als die Heimreise vom Campingplatz zum Urlaubsende angetreten wurde.

Zwar musste man jedes Teil, das sie einfach in den Hänger schmiss, noch einmal in die Hand nehmen und systematisch verstauen, aber keiner wollte sie in ihrem Elan und ihrer guten Laune bremsen.

Sie hatte keinen Abschiedsschmerz. Es war ein schöner Urlaub gewesen, mit viel Sonne, viel Meer und viel Sand, aber nun war´s genug. Ihre Freundinnen im Kindergarten warteten sicher und sie hatte ja auch soo viel zu erzählen.

Sie war eine kleine Quasselstrippe und der Mund stand während der ganzen Heimfahrt nicht still. Immer neue Themen kamen aus dem Fondsbereich des Autos zur Erörterung.

Natürlich war dabei auch die Frage, wie denn nun die Babys in Muttis Bauch *hineinkommen.*

Dass sie da wachsen, hatte sie ohne weitere Zweifel akzeptiert.

Abwechselnde Erklärungen, peinliche Pausen, Suche nach Worten. So gut es eben ging brachten die beiden das Thema hinter sich.

Im Fonds des Wagens hörte man förmlich die Gehirnwindungen ihrer Tochter arbeiten.

„Ich hab das ja schon verstanden, was ihr mir mit dem Kinderkriegen erklärt habt."

„Aber, wenn der Vati nicht noch ein Baby will, und du und ich doch so gerne noch eins wollen, und du doch nur vom Vati den Samen brauchst: kannst du denn da nicht zu Herrn

Meinhardt gehen?"

Vorn war Stille. Henriettes Kollege sollte also einspringen. Ungute Vorstellung!

„Nein Schatz", antwortete ihr Peter ruhig. „Das Baby könnte ich dann ja gar nicht liebhaben, wenn es nicht meines wäre."

„Aber Mutti und ich würden es liebhaben, vielleicht reicht das dem Baby?" - „Du bist doch auch froh, dass Du Vatis Liebling bist", mischte sich Henriette wieder ein.

„Da wäre das neue Baby ganz unglücklich, wenn es bei ihm nicht so wäre."

„Hm", sie nahm ihre Puppe in den Arm. „Siehste Tipsi ich hab dir gleich gesagt, dass das nichts wird."

Von der Ostsee nach Thüringen war es ein weiter Weg.

„Wollen wir uns hier in Küritz eine Gaststätte suchen, um etwas zu essen?“

Peter hatte aber gar nicht wirklich eine Entscheidung seiner Frauen abgewartet und war schon auf der Suche nach einem Parkplatz.

Er hatte ein hübsches Lokal entdeckt, es sah von außen recht ordentlich und gemütlich aus.

Es hielt auch von innen, was es versprach.

Sie standen zirka sechs Minuten am Eingang: „Bitte warten, Sie werden platziert.“

Lächerlich, es waren mindestens fünf Tische frei.

Na gut, das war ein bekanntes Prozedere. Nur die wirklichen Dorfspelunken hatte man sich das noch nicht getraut.

Sie aßen sehr gut und die Preise waren bodenständig.

Peter verlangte nach der Rechnung und Henri ging mit Sandra nochmal auf Toilette.

„Ich geh dann schon zum Auto“, rief ihnen Peter noch zu.

Ein Glück! Man musste den Weg durch den Gastraum nehmen, um von den Toiletten zurück zum Ausgang zu kommen.

Als die beiden gerade wieder das Lokal betraten, posaunte Sandra laut und deutlich:

„Gell Mutti, hier war das Klo ganz fein. Nicht so dreckig wie bei uns zu Hause!“

Die Peinlichkeit war kaum zu übertreffen.

Von allen Tischen wanderten die vorwurfsvollen Blicke zu Henriette und ihrem aufgemotzten Outfit.

Sandra konnte gar nicht verstehen, warum sie ihre Mutter so derb an der Hand fasste und nach draußen zog.

Im Auto wurde dann noch lange über die Situation gelacht.

Na klar, vier Wochen Zeltplatz, das war für die Kleine „zu Hause“.

Ein Telegramm kam ins Haus. Das bedeutete nichts Gutes.

In den Jahren, als in der DDR niemand über ein Telefon verfügte (außer besonders privilegierte Leute) und Kommunikation über große Distanzen ausschließlich schriftlich erfolgen konnte, schickte man Telegramme für wichtige und eilige Nachrichten.

Henriettes Vater war verstorben. Natürlich erlaubte man ihr nicht, zu seiner Beisetzung nach dem Westen zu reisen. Eine doppelte Tragödie.

Sie war jetzt sechsundzwanzig Jahre alt und hatte ihn seit ihrem elften Lebensjahr nie wieder gesehen. Das waren die Momente, in denen sie auf diesen Staat besonders wütend war.

Peter sagte dazu, dass es so gefügt sein sollte, dass sie ihre Eltern hier zurückgelassen hatten. Er hätte sie ja sonst nicht kennen gelernt und das wäre ein herber Verlust für ihn.

Ihres Vaters Tod versetzte aber ihre Mutter in die Lage, erstmalig einen Besuch bei ihren beiden Töchtern in der DDR abzustatten.

Und da erschien sie dann: eine fremde Frau, die mit den Erinnerungen an ihre Mutti kaum etwas gemein hatte.

Henriette war regelrecht eingeschüchtert und hilflos. Ihrer Mutter erging es aber ebenso. Sie verkörperte das schlechte Gewissen und beide näherten sich nur zaghaft, wie Fremde eben.

Seit Henriette selbst Mutter war, hatte sie keinerlei Verständnis mehr für das Verhalten ihrer Eltern.

Beide vermieden es, darüber zu sprechen oder es nur anzudeuten aber es hing ständig wie ein Gespenst im Raum. Beide waren froh, als die zehn Tages des Besuches vorbei waren. Eine solche Situation mochte man sich nicht ausmalen, geschweige denn erleben!

Marion hatte mit Glück eine Wohnung in Essen gefunden, die nur zwei Blocks entfernt von der Wohnung ihrer Mutter lag.

Sie hatte einen Kollegen geheiratet. Er war fünfzehn Jahre jünger und suchte eine Mutterfigur. Wieder der falsche. Dafür war Marion bekannt. Sie war so eine liebe Person und traf ständig auf Männer, die das schamlos ausnutzten. So hielt diese Ehe auch gar nicht lang und Marion blieb mit ihrem Sohn Thomas allein.

Da zahlte sich die Nähe zu ihrer Mutter in einer win-win-Situation aus.

Marion arbeitete täglich bis zwanzig Uhr und Matthias konnte bei seiner Oma bleiben.

Epilepsie hatte es in Henriettes Familie von väterlicher Seite bereits gegeben, ein Bruder von Max König litt darunter. Nun hatte sich diese Nervenerkrankung bei Matthias gezeigt.

Ein Drama, denn durch die vielen Medikamentengaben wurde die jugendliche Entwicklung des Jungen stark beeinträchtigt. Matthias hatte, sicher bedingt durch ein Erbe seines Vaters, einen schwierigen Charakter. Von zwei nachsichtigen Frauen behütet und erzogen, wurde sein Wesen nicht sanfter. Er machte seiner Mutter viel Sorgen. Vom Vater war weit und breit, auch finanziell, nichts zu sehen. Die beiden Frauen bedurften einander, täglich auf ′s Neue. Aber sie rieben sich auch aneinander, was keiner guttat.

Beruflich musste sich Henriette ein weiteres Mal verändern. Die Maxhütte rüstete in Sachen elektronischer Datenverarbeitung auf. Ein Großrechner „Robotron 300" hielt Einzug in ein gesondert dafür geschaffenes Gebäude. Es wurde seinem Namen als Großrechner auch gerecht. Die Anlage füllte mehrere Räume und wurde wie ein Nest roher Eier behandelt.

Leider lösten seine Kapazitäten die Notwendigkeit der Lochkartenabteilung ab. Mit dem Übergang des letzten Buchhaltungsvorganges zur EDV kam auch Henriettes letzter Arbeitstag. Ihr war kulanter Weise angeboten worden, sich mühsam für einen Einsatz im Drei-Schicht-System in der neuen Abteilung zu qualifizieren.

Das lehnte sie ab, ein neuer Umstand hatte sich ergeben.

Niemals rastend und immer auf der Suche nach neuem Wissen, hatte sie bereits ein Fernstudium an einer ökonomischen Fachschule in Gera aufgenommen.

Lernen war noch nie ein Problem für sie und das Studium lief tatsächlich locker nebenher. Sie musste weder ihre kleine Familie noch ihren Haushalt oder ihren Job vernachlässigen. Sie konnte auch immer auf Peters volle Unterstützung zählen.

Eine Kommilitonin berichtete von einem Glücksumstand für ihre eigene Familie. Dem Gatten von Erika wurde nach der Beendigung seines Studiums ein Job in einem neugegründeten volkseigenen Metallbetrieb in Pößneck angeboten. Als zusätzlichen Anreiz sollte er ein Haus bekommen. Er müsste es zwar selbst errichten, aber Grundstück und Materialien würden zur Verfügung gestellt.

Neidvoll äußerte Henriette, dass ihr Mann sich schon lange und zu gern ein eigenes Haus bauen würde. Im sozialistischen Alltag der DDR war es aber schier unmöglich, ohne entsprechende Handwerker in der Familie und ohne Beziehungen zu Baumaterial ein solches Objekt zu stemmen.

Es stellte sich heraus, dass dieser VEB auch dringend einen Hauptbuchhalter suchte, für den ebenfalls ein Haus bereitgehalten wurde. Kurzentschlossen bewarb sich Henriette für diese Stelle und bekam sie auch nach einem kurzen Personalgespräch und der Vorlage ihrer Zeugnisse.

Nach der Beendigung des erfolgreichen Fachschulstudiums hatte Henriette noch ein Hochschulstudium in Leipzig angehängt. Ihr wurde dafür von der Uni ein halbes Jahr geschenkt und ihre „roten Bücher“, wie Peter ihre Studienliteratur nannte, hatten sich unwesentlich vermehrt.

Fast zeitgleich mit dem Beginn des Hausbaues starb Onkel Otto an Lungenkrebs. Henriette weinte ihm keine Träne nach.

Nur Tante Klara tat ihr jetzt leid. Sie zeigte sich aber sehr tapfer, ihr Glaube machte sie stark.

Evelyn und Henry kümmerten sich um alle Belange, die ihr schwer fielen.

Alles lief zur vollsten Zufriedenheit. Sie verbrachten jetzt jedes Wochenende auf dem Bau.

Sandra hatte bereits Freunde in ihrer neuen Klasse gefunden.

Mit dem Bus fuhr sie seit dem neuen Schuljahr, das vor ein paar Wochen begonnen hatte, jeden Morgen von Saalfeld nach Pößneck.

Opa hatte als Busfahrer seine Enkelin allen seinen Kollegen, die diese Strecke bedienten, besonders ans Herz gelegt.

Der Umzug stand kurz bevor und sie wollten ihr einen Wechsel in die neue fünfte Klasse so erleichtern. Das klappte gut und Sandra war bereits am neuen Wohnort integriert, noch bevor die Eltern eingezogen waren.

Henriette stand auf der Straße und hielt Ausschau nach Sandra. Sie hatte Haushaltstag und ihrer Tochter versprochen, zum Mittagessen Eierkuchen zu machen. Sandra wollte ihr eine Freundin aus ihrer Klasse vorstellen.

Auf der Baustelle, die nun schon mehr und mehr das Ansehen einer Wohnung bekam, war auch ein Gaskocher und das nötige Geschirr etabliert worden. So konnte man schon mehrere Tage dort verbringen, ohne zeitraubende An- und Abfahrten.

Henri sah Sandra mit der Freundin den Weg entlang schlendern. Sie quasselten und lachten, hielten sich an den Händen und schlenkerten ihre Arme übermütig.

Wie froh war Henriette, als sie ihr Mädchen so unbekümmert sah. Wie sehr liebte sie dieses Kind. Es zog ihr das Herz zusammen vor Glück und Stolz. Sandra war jetzt elf Jahre alt.

Wie konnte eine Mutter ihr Kind – ein Mädchen wie Sandra jetzt – allein einer ungewissen Zukunft überlassen? Warum hatten ihre Eltern sie nicht geliebt?

Sandra blickte verständnislos und peinlich berührt zu ihrer Mutter auf, die sie bei der Begrüßung so überschwänglich in den Arm genommen hatte und Tränen in den Augen hatte.

Durch eine Kraftfahrzeug-Fach-Zeitschrift hatte Peter einen Elektronikspezialisten kennengelernt. Es entwickelte sich daraus eine Freundschaft zwischen den Familien.

Angelika war eine sehr attraktive Frau. Sie hatte so etwas wie eine Grundschönheit. Egal was sie trug oder welches Accessoire sie benutzte, an ihr sah alles perfekt aus. Schlank, mit vollkommenen Proportionen und einem kleinen, ebenmäßigen Gesicht, mit dunklen langen Haaren, die sie mit Spangen oder einem selbstgehäkelten Netz im Zaum hielt, strahlte sie enormes Selbstbewusstsein aus. Zumindest wenn sie den Mund hielt, schien sie Henriette überlegen. Angelika sprach in einem fürchterlichen Dialekt und der Inhalt ihrer Kommunikation war überwiegend auf Modefragen beschränkt. Und dennoch: sie schaute auf Henriette herab, obwohl die ihr körperlich überlegen war. Auch geistig; meinte Peter.

Henri fühlte sich neben ihr wie eine plumpe graue Maus. Nach jedem Treffen mit Harald und Angelika haderte sie mehr mit ihrer Figur und ihrem Aussehen als sonst.

Peter hatte dafür kein Verständnis. „Es ist aber nicht viel in diesem hübschen kleinen Kopf. Mir würde das nicht genügen“, versuchte er zu trösten.

Der Bau ihres Hauses erforderte jede Menge Kreativität, Zeit und Kraft und Geld.

Zwar hatte der VEB erstmal wichtige Voraussetzungen geschaffen, ohne die Kaisers nie zu einem Eigenheim gefunden hätten.

Grundstück, die Materialien des Fertigteilhauses sowie vorrangig Betriebshandwerker nach offiziellem Feierabend standen bereits zur Verfügung. Natürlich mussten die Unkosten für all diese Gewerke und die meist schwer erfüllbaren Wünsche der Bauherren selbst getragen werden. Aber sie zu bekommen, war die Hürde.

Der Rat des Bezirkes Gera vergab allen wohnraumschaffenden Betriebsangehörigen ihrer Wirtschaftssparte eine Unterstützung von zehntausend Mark; lediglich eine Verpflichtung von zehn Jahren Betriebstreue wurde daran geknüpft.

Zum Ausbau des Obergeschosses hatten Peters Eltern fünftausend Mark beigesteuert.

Henriette wurde ein Schriftstück zur Unterzeichnung vorgelegt. Es besagte, dass sie keinerlei Anrecht auf dieses Geld hätte, falls es einmal zur Trennung kommen würde. Henriette fühlte sich mehr als gedemütigt. Peter wiegelte ab. „Was soll ´s? Hast du vor, dich zu trennen?“ Er war nicht so sensibel, zu verstehen, dass es ihr nicht um das verdammte Geld ging. Das im Gegenteil ihre jahrelangen Spannungen erneut aufblühten.

Dabei hatte sie sich immer weiter und ausdauernd um Harmonie bemüht. Nach dem Sandra-Verleih-Vertrag hatte es sich eingebürgert, das Oma und Opa jeden Sonnabend, den der Herrgott werden ließ, zum Kaffeetrinken erschienen – auch schon in der Saalfelder Wohnung.

Das Hauptargument war natürlich ihre Sehnsucht nach Sandra, ihrem ausgesprochenen Liebling. Verständlich.

Als Nebenargument galt das Bedürfnis, einmal in der Woche zu Baden oder zu Duschen.

Ihrer Wohnung fehlten die entsprechenden Einrichtungen.

Als die baulichen Erfordernisse dafür dort irgendwann nachgeholt worden waren, änderte das nichts an dem wöchentlichen Rhythmus. Für Außenstehende war das völlig unverständlich.

Henriette hatte sich daran gewöhnt, sie hatte nur aufgehört, darin ein erfreuliches Ereignis zu sehen und womöglich besondere Vorkehrungen zu treffen. Peter hatte keinerlei Problem damit, er kam mit seinen Eltern gut zurecht und die Männer hatten sehr viele gemeinsame Interessen und Diskussionsgrundlagen.

Sandra freute sich jedes Mal, sie liebte ihre Großeltern.

Nach der *Verzichtserklärung* fuhr nun aber doch Henriette ihre Annäherungsversuche zur Kaisermutter zurück.

Niemals vorher hätte sie ihrer Schwiegermutter solch abweisende Antworten gegeben, wie sie es nun mitunter wagte. Die beiden waren überpünktlich erschienen, Henri hatte den Kaffeetisch noch nicht gedeckt und bügelte noch letzte Wäschestücke.

„Also hör mal. Am Sonnabendnachmittag möchte ich aber mit meiner Hausarbeit fertig sein", echauffierte sich die Schwiegermutter schon an der Tür.

Henriette antwortete mit der Stimme von Frau Kaiser: „Ja, wenn ich *auch* den ganzen Tag zu Hause wäre, würde ich das leicht schaffen." Frau Kaiser Senior war empört.

Opa hatte außer der Sehnsucht nach seiner Enkelin noch einen anderen, sehr profanen Grund für die wöchentlichen Kaffeebesuche. Seine Schwiegertochter konnte gut backen und probierte oft neue Rezepte aus. Er aß für sein Leben gern Kuchen.

Auch seine Frau konnte die allerfeinsten Kuchen zaubern. Aber seit sie an einem Altersdiabetes litt, stellte sie das Backen rigoros ein; sehr zum Leidwesen ihres Mannes.

Bei allen Einschränkungen und Gefahren der Krankheit; aber mit dem Diabetes hatte sie nun endlich etwas Eigenes (ähnlich wie bei dem Sketsch mit Loriots 'Jodeldiplom') Es gab jetzt etwas in ihrem Leben, das sie bemitleidenswert und interessant machte. Sie war nie berufstätig gewesen, ihr Gatte ging ihr geflissentlich mehr und öfter aus dem Weg. Was hatte sie zu sagen? Wie konnte sie bei einer Unterhaltung Interesse wecken?

Wahrscheinlich beneidete sie Henriette sogar um ihre beruflichen Erfolge und ihr gemütliches Heim. Obwohl; ein gemütliches Heim hatte sie aus ihrer kleinen Wohnung auch geschaffen. Das musste der Neid ihr lassen. Von Anfang an hatte es Henriette bei den Kaisers gefallen, fand sie die Umgebung anheimelnd. Aber das schönste Heim kann die persönliche Kälte nicht ausgleichen.

An dem Sonnabend, der diese Bügeldiskussion hervorgerufen hatte, war Henriette ohnehin gereizt. Sie war mit ihren häuslichen Arbeiten im Verzug, hätte ihre Zeit gern anders eingeteilt. Beim Kuchenbacken maulte sie Peter an: „Deine Mutter kann ja wegen ihres Zuckers immer nur ein kleines Stück vom Kuchen essen. Sie könnte ja mal einen Kuchen backen – mit ihrem Süßstoff – und den mitbringen. Zeit genug hat sie ja!“

„Da hast du Recht, das könnte sie. Aber warum bäckst du nicht so einen Kuchen?“

„Weil der nicht so gut schmeckt und ich nicht einsehe, dass wir ihretwegen dann alle darunter leiden müssen. Sie bringt nie was mit, sitzt immer am gedeckten Tisch!“

Henriette wusste, dass sie stark überzog. Aber sie war so auf Krawall gebürstet, dass auch Peter ihr mit einem Kuss auf die Wange aus dem Wege ging.

Trotz ihrer misslichen Laune war ihr der Kuchen besonders gut gelungen.

Das lobte ihr Schwiegervater ausführlich, als er sich das dritte Stück auflud.

„Ja, er schmeckt wirklich vorzüglich“, bestätigte auch Peters Mutter, indem sie in kleinen Bissen ihr Stück genoss. „Du könntest ja auch mal einen Kuchen mit Saccharin backen, da hätte ich auch mehr davon.“

Ein vorbeugender, heftiger Fußtritt von Peter unter dem Tisch ließ Henriette ganz milde (aber zynisch) antworten: „Das könnte ich schon, aber ich will nicht. Wie wär ´s, wenn du beim nächsten Mal einen bäckst und mitbringst?“

Keine Antwort, nur Blicke – von Opa wohlwollend grinsend, von Oma beleidigt, Peter verkniffen das Lachen unterdrückend.

Sandra fragte unschuldig: „Kann ich eigentlich schon backen?“

„Gute Idee. Das versuchen wir.“

Das Haus wurde immer mehr zu einer Wohlfühloase.

Selbst die Umgebung hatte die Attribute eines Erholungsortes. Abgelegen als Wohngegend, aber fußläufig zu Bahn, Bus und Einkaufsmöglichkeiten.

So wohnten sie nur wenige Minuten vom Wald entfernt, der mit seinen Buchen und Eichen den idealen Rahmen für Spaziergänge bot.

Sandra fühlte sich wohl in ihrem neuen Zuhause und auch ihre Eltern waren glücklich über ihr neues Heim. Obwohl es noch jahrelang Hürden bei seiner Vervollkommnung gab, nahmen sie alle Herausforderungen freudig an.

Peter hatte Vorteile bei der Materialbeschaffung. Da er als Drei-Schicht-Arbeiter auch vormittags unvermutet bei der Baustoffversorgung auftauchen konnte, ergatterte er so manches Schnäppchen und holte es mit dem *Mausfix* zur Baustelle. Über jedes Stück Holz und jeden Sack Zement hatte er eine Story zu erzählen. Abenteuerlich war die Beschaffung eines Kohle-Heizkessels, der von Privatleuten besorgt wurde und aus dem Jahr 1936 stammte.

Die Fliesen für ′s Bad stammten aus ganz aktueller Produktion – aber DDR-Produktion.

Eigentlich waren sie eine Zumutung: Glasfliesen. Nur, wenn man keine Alternative hat?

Wer sie nicht schon mal gesehen hatte, konnte sich *sowas* gar nicht vorstellen.

Glasscheiben in handelsüblicher Fliesengröße waren auf ihrer Rückseite mit einer zementartigen Masse bestrichen, willkürlich, ohne Muster. Das ergab sich einfach durch die wahllos gezogenen Pinselstriche. Glasfliesen gab es in den Farben schwarz, blau und rot in Unterschattierungen. Als Wandgestaltung und Badewannenverkleidung täuschten sie den Gesamteindruck eines gekachelten Badezimmers vor und wirkten auf den ersten Blick fast elegant. Auf der Toilette sitzend entdeckte Henriette immer neue Figuren in den Fliesen.

Kaisers Design war in dunkelrot gehalten und konkurrierte in der Farbgebung mit den orangefarbenen Plastikarmaturen, die ihrerseits scheußlich waren, wenn man schon mal Chromarmaturen gesehen hatte.

Im nächsten Urlaub wollten Kaisers in die CSSR reisen; Armaturen standen auf ihrem Wunschzettel. Am Zoll musste man bange Minuten überstehen, aber bisher hatte das Schmuggeln immer geklappt.

Ihre unmittelbaren Nachbarn waren Erikas Familie und auf der anderen Seite Henriettes neuer Chef.

Die Straßenreihe bestand aus fünf gleichen Fertigteilhäusern für fünf Betriebsangehörige.

Auf die Frage eines Versicherungsvertreters, wie er sie denn finden könne, gab sie als Wegbeschreibung: „Wir wohnen in den fünf Häusern hinter der Brücke.“

Er meinte lachend: „Sie müssen reich sein. Ich wohne nur in einem Haus."

Die Arbeitsstelle war gut, das Geld stimmte, aber die Chemie stimmte nicht.

Henriette war durch ihr Studium den Lehren von Karl Marx und Friedrich Engels nahe gekommen. Sie entwickelte sich zu einem Fan von Marx und glaubte an seine Thesen.

Dass diese nichts mit dem in der DDR praktizierten *real existierenden Sozialismus* gemein hatten, merkte sie erst später schmerzhaft.

Zuerst einmal sollte sie der SED beitreten. Es sei ihre verdammte Pflicht, sich als Hauptbuchhalter, somit als einem staatlichen Leiter, auch offiziell durch die Parteizugehörigkeit zum System zu bekennen.

Ihre Argumente, dass sie auch ohne Parteibuch eine zuverlässige Arbeit leisten könne, zogen nicht. „Wer nicht für uns ist, ist gegen uns", wurde zwar nicht explizit formuliert, aber dem Sinn nach argumentiert. Es ließ sich nicht vermeiden, sie musste in die Partei eintreten.

Im Vorfeld hatte sie gewarnt, sie sei sicherlich kein bequemer Genosse und durchaus bereit, Kritik zu äußern, wenn angebracht.

Man freue sich über solche Genossen, waren die Eintrittsversprechungen.

Na; weit gefehlt. Bereits ihre erste Parteiversammlung war ein Desaster.

Ein Beschluss kam zur Abstimmung. Ein Kampfplan für das laufende Planjahr war aufgestellt worden. Ein Kampfplan, der den Namen nicht verdiente, da das Ziel mit Leichtigkeit bereits in drei bis vier Monaten zu erreichen war. Sie wusste es, sie verwaltete die Zahlen.

Sie stimmte als einzige dagegen. Ihre Argumente wurden gehört, das Ziel in den nächsten zwei Durchgängen (in denen sie wieder ihre Hand nicht hob) marginal verändert.

Beim folgenden Wahlgang stimmte sie zähneknirschend zu, weil es ihr nun peinlich wurde. Henriette war enttäuscht.

Der Parteisekretär auch. Er kam im Anschluss an die Versammlung in ihr Büro. Ob sie sich *wichtig machen* wolle, fragte er spitz. Das saß zum ersten Mal.

In der Wirtschaft der DDR waren außer Obst und Gemüse auch viele andere Dinge des täglichen Bedarfs beschränkt vorhanden.

Außer in Berlin, der Hauptstadt der DDR, wo man die seltensten Dinge bekommen konnte.

Den Berlinern wurde förmlich mit einem großen Klistier der Staubzucker in den Hintern geblasen. Die Hauptstädter sprachen über das restliche Land abfällig von *die da in der Provinz.* Die in der Provinz stellten sich ständig an, um ausgefallenen Waren zu bekommen.

So war es keineswegs verwunderlich, dass die neutralen Tüten, die man als Stammkunde in seiner Kaufhalle zugesteckt bekam, nur mit einer Preisaufschrift versehen, wortlos in den Einkaufskorb gelegt wurden. Erst hinter der Kasse wurden diese Tüten geöffnet und man registrierte erfreut, dass man soeben Bananen, Orangen oder Tomaten erstanden hatte.

An einer Kunden-Warte-Schlange stellte man sich erst einmal dazu und fragte dann erst, was es denn geben solle. Oft reichte die Ware nicht bis zum Ende der Schlange, was äußerst nervig war. Als gelernter DDR-Bürger hielt man ständig die Augen offen, um seltene Dinge zu ergattern. Dafür hatten sie *Fallsbeutel* (falls es mal was gibt).

Meist waren die Taschen aus Dederon gefertigt, in den verschiedensten bunten Farben und Mustern. Es konnte gut sein, dass die Nachbarin dieses Muster auf ihrer Kittelschürze trug. Henriette besaß weder Dederon-Kittelschürze noch Fallsbeutel.

Für den Fall der Fälle hatte sie sich aus preiswerten Tischdecken verschiedene Einkaufstaschen genäht, die sogar chic aussahen.

Über die Schlangen an den Läden machten die Bürger ihre Witze und ertrugen sie meist mit Humor. Sie nannten sie *sozialistische Wartegemeinschaften* und unkten: „Ich habe gehört, morgen soll es Schnee geben."

„Das ist mir egal, ich stelle mich für nichts mehr an!"

Ein Polizist soll sich in einer Debatte einmal abfällig geäußert haben: „So ein Scheißstaat!" Sofort wurde er vor seinen Parteisekretär zitiert und streng gerügt. Der Polizist rechtfertigte sich, dass er doch gar nicht gesagt hätte, welchen Staat er denn meinte.

Darauf der Parteisekretär: „Nun werden Sie nicht auch noch frech! Das ist doch wohl klar. Es gibt nur einen Scheißstaat!"

So wie es im privaten Alltag Einschränkungen in der Versorgung gab, so wurde auch die Wirtschaft mit bestimmten Waren rationiert. Für Dieselkraftstoff und Benzin galten solche Limits, die streng einzuhalten waren.

In allwöchentlichen Leitungssitzungen warnte Herr Pflüger – der Chef des Betriebes – dass jeder mit seinem Dienstfahrzeug diese Vorgaben unter Androhung drastischer Strafen einzuhalten habe. Nicht ***ein*** Kilometer dürfe privat gefahren werden.

„Ich denke, das gilt für alle?"

Henriette stand am Fenster ihres Schlafzimmer Rohbaus und beobachtete, wie Herr Pflüger seine Handwerker aus dem Auto aussteigen ließ. Aus dem Dienstwagen!

„Dein Chef ist ja nicht irgendwer, er ist der Chef!"

„Eben! Wie kann er sich das dann herausnehmen? Er hat immer wieder betont, es gälte für ***alle!"***

Henriette gab erstmal keine weiteren Kommentare ab. Sie beobachtete aber weiter das Kommen und Gehen auf der Nachbarbaustelle.

Und tatsächlich! Zur Mittagszeit fuhren alle wieder mit dem Dienstwagen weg und kamen zwei Stunden später mit dem gleichen Fahrzeug zurück.

Am Abend ließ Herr Pflüger sogar seinen Schwiegersohn ans Steuer, um die Bauarbeiter nach Hause zu bringen.

Henriette platzte der Kragen. „Womöglich stellt er mich auf die Probe! Er will mich provozieren!"

„Jetzt bezieh das doch nicht auf dich. Er denkt sich einfach nur nichts dabei", meinte Peter beruhigend.

Henriette konnte in dieser Nacht kaum schlafen. Sie war sich so unschlüssig. Sollte sie einfach alles auf sich beruhen lassen? Sie war als Hauptbuchhalter immer auch, und sogar vorrangig wie bei ihrer Anstellung betont worden war, staatlicher Kontrolleur.

Ohne Ansehen der Person war sie gehalten, die Regeln eines sozialistischen Betriebes einzuhalten und zu überwachen.

An der verblüfften Sekretärin vorbei rauschte sie am nächsten Morgen ins Büro des Chefs.

„Sie wollten mich gestern provozieren?", fauchte sie ihn ohne eine Begrüßung an.

Seine Verblüffung war echt. Sie merkte sofort, dass Peter Recht gehabt hatte; er dachte sich nichts dabei. Nein schlimmer noch: er hielt es für selbstverständlich.

„Das ich abends nicht mehr selbst fahren konnte und meinen Schwiegersohn ans Steuer gelassen habe, war nicht in Ordnung. Das tut mir leid. Da haben Sie Recht, Frau Kaiser."

Die stand mit hochrotem Kopf vor ihm: „Das ist es ja gar nicht, nicht allein! Sie stellen sich vor die Belegschaft und sprechen alle möglichen Verbote aus, nur um dann selbst genau *das* zu tun!"

Ein paar verlegene Minuten und dann eine verblüffende Antwort: „Nein, Sie haben Recht.

Ich habe gar nicht nachgedacht. Der Bau: das wird mir einfach zu viel.

Rechnen Sie bitte aus, was ich für das Benzin schuldig bin. Ich zahle den Betrag dann in die Kasse ein."

„Nein!" Henri rang verzweifelt nach Worten. „Auch das ist es nicht. Herr Pflüger, es geht doch hier ums Prinzip!"

Sie war aus dem Zimmer gestürzt und heulte auf der Toilette Tränen der Wut. Immer aufs Neue musste sie über kleinere Verstöße hinwegsehen. Der Chef herrschte wie ein Despot und nahm sich Dinge heraus, bei denen er selbstherrlich die Regeln festlegte. Wieso musste sie darüber hinwegsehen? Peter sagte oft „Jette, nimm dich nicht so wichtig, beziehungsweise deine Verantwortung.

Du musst gute Miene zum bösen Spiel machen, dann ist dein Leben ruhiger."

„Das musst ausgerechnet du mir sagen. Du, der als Einziger bei der Wahl in die sogenannte Wahlkabine geht, um sein Kreuzchen zu machen. Du bist dabei sehr kräftig gegen den Strom geschwommen. Ich hatte damals solche Angst, sie würden uns daraufhin von der Wohnungsliste streichen."

„Da ging ´s um ´s Prinzip."

„Bei mir auch!"

Auszeit! Babyjahr!

Wie herrlich! Henriette gebar einen Sohn. Der Schwangerschaftsverlauf war nicht eindeutig.

Die Überraschung umso größer, als sich im vierten Monat, als Henriette endlich Zeit fand, einen Gynäkologen aufzusuchen, der Befund ergab.

Älteren Aussagen zu folge hatte Peter immer für die Ein-Kind-Ehe plädiert.

Zum Glück war seine Reaktion sogar erfreut, etwa nach dem Motto: „Was interessiert mich mein Geschwätz von gestern?“

Die Geschwister im Abstand von dreizehn Jahren würden als Einzelkinder aufwachsen.

Alles war schön. Alle waren glücklich. Nur Peters Mutter zischte Henriette an: „Du musst doch verrückt sein. Hast du daran gedacht, das Peter in diesem Jahr vierzig wird?“

„Ja und? Und wenn er fünfzig würde. Er war daran nicht unbeteiligt.“

„Denk ja nicht, dass ich *das* Kind auch nehme, wenn ihr mal wieder in der Bredouille seid!“

Von ihr ließ sie sich in ihrem Glückstaumel nicht bremsen (immerhin hatte Frau Kaiser dann den Luxus-Kinderwagen bezahlt).

Sandra war wie eine kleine Mutti. Sie umsorgte Daniel, so oft sie Zeit hatte.

Die Eltern bemühten sich nach Kräften, ihr nicht das Gefühl zu geben, sie sei jetzt zweitrangig. Es war mit ihr zur Zeit nicht leicht – Pubertät!

Meist ganz lieb, doch oft auch störrisch, trotzig.

„Die Sybille muss das nicht machen!“ – wenn es um Schuhe putzen oder Abwaschen ging.

„Nein, Sybilles Eltern haben ein Hausmädchen. Aber das interessiert mich auch nicht. Du lebst hier bei Kaisers. Und da gelten unsere Regeln.“

„Na eben, wenn ich schon bei Kaisers lebe – sogar eine Kaiserin bin – sollten wir da nicht auch Personal haben?“ Sie lachte schon wieder.

Sandra kam mit einer Schüssel Erdbeeren aus dem Garten. „Nächstes Mal ziehe ich zum Erdbeerpflücken Strümpfe an. Ich bücke mich immerzu nach einer roten Beere und stelle fest, dass es meine lackierten Zehnägel sind.

Peter hatte am Haustor einen Fliederstrauch gepflanzt. Er sollte Sandra vor neugierigen Blicken schützen, wenn sie mit dem ersten Freund auf dem Nachhauseweg erste Küsse tauschen würde. Aber seine Tochter war schneller als der Flieder.

Es begann die schwierige Zeit mit den ersten Freunden und dem ersten Liebeskummer.

Da war sie plötzlich wieder das kleine Mädchen, das getröstet werden wollte.

Mutter und Tochter saßen zusammen auf der Treppe und weinten zusammen. So lange, bis Peter mit irgendeiner unpassenden, witzigen Bemerkung dazwischen kam.

Auch Daniel stellte sich vor die beiden hin und tönte: „Ihr macht mis auf die Nerven!"

Auch Rauchen war ein Thema; das heißt, im Hause Kaiser war es ***kein*** Thema.

Verbote waren nicht zielführend. Also gab es Aussprachen und Aufklärungsgespräche. Aber die waren auch nicht wirklich hilfreich, wie sich bald herausstellte.

Henriette wollte Gardinen waschen. Um die Stores aus Sandras Zimmer zu holen, betrat sie die Tabu-Zone. Ach du große Güte! Sie stand mit beiden Beinen in einer Pfütze. Der ganze Teppich war eine Lache! Wie konnte das sein? Das Fenster war sperrangelweit geöffnet.

Henri rief Peter herbei und stand dabei unbeholfen breitbeinig in der Nässe.

Über diesen Anblick musste Peter zuerst lachen. Das verging ihm aber schnell, als er die Ursache des Dilemmas erkannte.

Der Heizkörper war eingefroren und geplatzt. Der Teppichboden hatte alles Wasser aufgenommen und war nicht mehr zu retten. Die Sorge war jetzt zuerst, die Nässe könnte durch den Fußboden nach unten gedrungen sein, was zum Glück nicht der Fall war.

Sandra erklärte kleinlaut, wie es zu diesem Desaster kommen konnte.

Heimlich hatten sie und eine Freundin geraucht. Um alle Spuren und Gerüche zu beseitigen, öffneten sie das Fenster weit. Durch andere wichtige Dinge abgelenkt, (Sandra war schließlich eine Frau, und Frauen sind nun mal *multi-task-fähig*) war das Fenster dann aber aus den Augen und aus dem Sinn.

Ein teures Vergnügen. In monatlichen Raten stotterte sie die Neuanschaffung von Heizkörper und Teppichboden ab.

Die Eltern ließen Sandra viel Freiraum bei der Gestaltung ihrer Freizeit.

Henriette erinnerte sich lebhaft an die Jahre ihrer Jugend, in denen sie nur gegängelt wurde und ein Verbote. Das wollte sie bei ihren Kindern anders machen.

Andererseits war sie schon auch ziemlich streng, was die Bewältigung des häuslichen Alltags betraf. Da beide Elternteile voll berufstätig waren, erwarteten sie die Mithilfe ihrer Großen.

Auch wenn es Sandra nicht geschadet hat, so haben sie diese Verpflichtungen oft gefrustet.

Die Gratwanderung war nicht einfach.

Im Babyjahr mit Daniel war die Situation für alle entspannter.

Er war ein Wonne-Baby wie damals auch seine Schwester.

Das Fernstudium ging jetzt gottlob seinem Ende entgegen. Die Kommilitonen hatten zum Glück eifrig für sie allen relevanten Lehrstoff mitgeschrieben. Dadurch konnte sie zu Hause alles lernen und war nur zu den Prüfungen zugegen.

Sie erreichte das Diplom mit einer sehr knappen zwei. Für sie war das mehr als „gut".

Margot, ihre engste Studienfreundin, echovierte sich dagegen. Sie hatte auch eine zwei, eine sehr gute. Dafür hatte sie jede freie Minute gebüffelt, knapp an der eins vorbei.

„Du warst von Anfang an faul. Das hat nichts mit deiner Babypause zu tun. Du hast eine zwei genauso wie ich. Das ist ungerecht! Aber ich gönn ´s dir ja", schob sie noch nach.

„Ach Liebes. Das tut mir auch wirklich leid. Ich verstehe dich sogar. Nimm das nicht so tragisch. Soll ich zum Sekretariat gehen und mir ´ne drei einschreiben lassen?"

Sie konnte dem freundschaftlichen Knuff gerade noch ausweichen.

Schulischen Ärger hatte dagegen Sandra. In der neunten Klasse hatte sie einen süßen Freund aus der Parallelklasse. Thomas war ein lieber Junge und in den Hofpausen hockten die beiden zusammen und küssten sich auch mal verstohlen.

Küssen, nicht Knutschen, betonte Sandra ihren Eltern gegenüber. Die Erklärung hatte den Hintergrund, dass ihre Klassenlehrerin massiv bei Henriette interveniert hatte, dass solche Art von Intimitäten auf dem

Schulhof zu unterbleiben hätten. Es könnten ja auch ebenso die Erstklässler sehen. “Na und, was wäre dabei?“

Diesen Kommentar von Henriette konnte Frau Schleicher nicht tolerieren. Und sie leistete noch schlimmere Dinge.

Das Zwischenzeugnis von drei Mädchen der neunten Klasse – darunter Sandra – verunstaltete sie mit einer Beurteilung, die jenseits von Gut und Böse war. Da war von Aufsässigkeit und fehlendem Respekt gegenüber Erwachsenen die Rede.

Leider konnten die abweichenden Meinungen der anderen Fachlehrer das Ganze nur unwesentlich entspannen. Mit diesem Zeugnis mussten sich die drei um ihren Ausbildungsberuf bewerben.

Sandra hatte ein künstlerisches Talent von Peters Vater geerbt.

Sie malte wunderschön und im Keramikzirkel der Schule gestaltete sie lebensechte Plastiken, die trotzdem ihren eigenen kreativen Stil erkennen ließen.

Gern hätte sie einen Beruf in dieser Richtung gewählt. Ihre Chancen standen ausgezeichnet, als eine Porzellanfirma in Klingrode ihre Arbeiten gesehen hatte. Zwei Wochen vor der Unterzeichnung des Lehrvertrages bestellte sie der Kaderleiter der Firma zu sich.

Nichts Gutes ahnend bestand Henriette darauf, ihre Große zu diesem Termin zu begleiten, was sich aber als völlig irrelevant erwies.

Nein, nicht die Beurteilung war ausschlaggebend gewesen. Ein anderes Mädchen war aus dem Nichts aufgetaucht und hatte, bei einer vergleichenden Probe, eine viel schönere Rose gestaltet, als Sandra das gekonnt hätte. Das war das einstimmige Urteil der Jury. Sandra berichtete zu Hause unter Tränen, dass die Blume der Mitbewerberin ausgesehen hätte, als wäre eine Schlange von Apfelschalen im Kreis verlegt worden. Ihre eigene hätte dagegen nur noch duften müssen; dann wäre sie von einer echten Rose nicht zu unterscheiden gewesen.

Sandra litt nicht an Überschätzung. Das roch ganz einfach nach Korruption. Beziehungen nannte man sowas in DDR-deutsch, oder *Vitamin B*.

Henriettes Schwager war in der Firma beschäftigt. Der Buschfunk hatte berichtet, dass ein guter Freund des Werkleiters seine Tochter in einem interssanten Lehrberuf unterbringen wollte.

Der Rosen-Wettbewerb war also so etwas wie eine Alibi-Veranstaltung.

Beim nächsten Vorstellungsgespräch ging es dagegen hart zur Sache.

Henriette hatte beim Rat des Kreises aufgrund ihrer vielen Kontakte mit der dortigen

Ausbildungsabteilung noch einen Studienplatz zur Krankenschwester ergattert. Halt auch Beziehung. Aber was dem einen recht war, sollte dem anderen auch billig sein dürfen.

Sandra wehrte sich zuerst vehement, dass ihre Mutter sie wieder zur Vorstellung begleiten wollte. Sie wäre selbst erwachsen genug und es sei ihr schon peinlich, dort mit *Mutti* anzutreten.

Henriette ließ sich nicht abschütteln. Es stellte sich heraus, dass es diesmal ein Segen war.

Nur auf die eindringlichste Fürsprache ließ sich die Ausbilderin auf eine Probezeit ein.

„Ich tu das nur Ihrer Mutti zuliebe."

Sie hatte den Aussagen der schlechten Beurteilung große Bedeutung beigemessen.

Der Alltag ordnete sich neu.

Peter war noch immer treu und aufrecht in der Firma, in der er schon gelernt hatte.

Sandra engagierte sich stark in ihrer Ausbildung und hatte mal wieder mehr und mal weniger Liebeskummer.

Daniel war im Kindergarten begeistert von Frau Meiers *Gartarre* und den anderen kleinen Wichten, die alle seine Freunde waren, vor allem liebte er *Franzkiska.*

Wenn er abgeholt wurde, fiel es ihm schwer, sich von seinem Spiel zu trennen und er wollte am liebsten bleiben. „Du nisse!", war dann seine Abwehr, wenn man ihn an der Hand nehmen wollte. Er wühlte gern wie ein Maulwurf im Sand und war immer das schmutzigste Kind auf dem Nachhauseweg.

Als er eines Tages stolz als Mittagskind nach Hause durfte, wussten alle Leute, die Mutter und Sohn auf dem Heimweg trafen: „Ich darf schon heim. Ich hab nämlich Läuse."

Mit dem Umzug nach Pößneck war Henriette sofort auf der Suche nach einer Frauensportgruppe fündig geworden. Ihr lag viel an sofortiger Integration in ihrem neuen Umfeld. Es war eine Truppe dufter Mädels, die viel Freude in und um ihre Gemeinschaft verbreiteten. Eine Stunde körperlicher Anstrengung bis zum äußersten hielten sie durch, um anschließend erleichtert in ihrer Stammkneipe auf den Stuhl zu fallen und das erste Bier hinunter zu schütten. Hier unterschieden sie sich nicht von den Männern, warum auch?

„Das wenige, was ich esse, kann ich auch trinken", war einer der Wahlsprüche.

Als Gesprächsstoff diente natürlich der allgemeine Klatsch über Nachbarn und Bekannte. So hatte Henriette schnell die Gelegenheit, ihr neues Umfeld kennen zu lernen.

Jahresfeiern, Fasching und andere Anlässe ließen sie zur Hochform auflaufen. Ihr Lachen war auf der Straße zu hören. Da gab es bei Lene oft nasse Höschen, aber sie kannte sich selbst und hatte immer Ersatz dabei. Bärbels Gatte wurde oft *missbraucht*, wenn eine knifflige Figur zu Spielen benötigt wurde und er ertrug das mit stoischer Geduld.

Die Tradition des *Girlanden-wickelns* zu Ehejubiläen hielten sie hoch. Einige der Frauen hatten da besonders geschickte Hände. Die anderen dienten als Handlanger und halfen beim Essen und Trinken. Diejenige, die in den Genuss des Kunstwerkes kommen würde, hatte für die Verpflegung zu sorgen. Bei Rosel dauerte das ziemlich lange. Sie fürchteten schon, ihre Sportfreundin hätte ihre Pflicht vergessen. Die Mädels wurden ungeduldig. Da,endlich! Aber sie hatte es übertrieben. Eine solche Menge Alkohol! Und das musste jetzt in relativ kurzer Zeit vertilgt werden! Nur keine Schwäche, alles der Reihe nach und auch durcheinander. Gerade eine Runde Likör: Aprikose, Pflaume, Kirsche, Himbeere.

Doris will von Gudrun wissen. „War deine Pflaume in Ordnung?" Gelächter. Sie schafften den Alkohol. Aber die Beine hatten Probleme damit. Nur mit Mühe konnten sie sich darauf halten, von gerade halten konnte keine Rede sein. Da kam Bruno gerade recht, um seine Frau nach Hause zu begleiten. Er hatte durchs Dorf das Gelächter schallen hören und wusste nun, wo er sie finden würde. Er hakte Elvira auf der einen Seite unter und an die andere nahm er Bärbel, die in der gleichen Straße wohnte.

Am anderen Tag hörte man von den Nachbarn: „Na der Bruno muss ja gestern besoffen gewesen sein, den mussten gleich zwei Frauen nach Hause bringen."

Nächste Woche würden sie sich in Wilhelmsdorf treffen. Christine erzählte, da gäbe es Kuchen wie *hausschlachten*.

Für ein Highlight der besonderen Art sorgten ihre Nachbarn.

An einem Wochenende stand Nachbarin Erika aufgeregt zitternd vor Kaisers Tür. „Schnell! Es brennt!" Sie sahen und rochen das Malheur. Frieder hatte das trockene Gestrüpp auf der Wiese angezündet. Ein Feuerball hatte sich in Windeseile über den gesamten Wiesenhang ausgedehnt und einen starken Wind entfacht. Der trieb die Flammen unaufhaltsam vor sich her. Verzweifelt schlug Frieder mit einer Schaufel auf die Flammen und Erika stand mit dem Gartenschlauch am Rande des Feuers. Aus ihrem Schlauch quälte sich ein trauriger Strahl, der aufgrund des fehlenden Drucks nicht einmal zwei Meter weit reichte.

Eilig wurden weitere Nachbarn herbeigerufen. In Kaisers Garten standen zwei Regentonnen, zum Glück randhoch gefüllt. Von dort konnte man eine Eimerkette bilden. Weitere Schaufelschläger betätigten sich und alle gemeinsam löschten sie schließlich die wildgewordenen Flammen, bevor sie den angrenzenden Wald erreichten. Erschöpft ließen sich alle ins Gras fallen und genossen dankbar das Bier, das Frieder eilig herbeigeschafft hatte. Das war für alle eine Lehrstunde gewesen.

Nach dem Babyjahr kehrte Henriette in ihr Büro zurück, in dem sich die Konstellationen geändert hatten.

Ihre Stellvertreterin hatte sich vom Chef vereinnahmen lassen und ihm allerlei Illegale Zugeständnisse gemacht. Zurückrudern war da schwer, nein eigentlich unmöglich.

Es ging ein paar Wochen gut, weil beide Seiten sich um Konfliktvermeidung bemühten.

Über mancherlei Anweisungen konnte sie nur lachen und sie tat das auch.

Situation in einer Leitungssitzung:

„Egon, berichte von deiner Versammlung in der Bezirksverwaltung. Was gab es da für neue Erkenntnisse?" Aus Egons Ecke kam keine Antwort. Egon musste täglich sehr früh raus und war gerade eingeschlafen. Offensichtlich ging es ihm auch in auswärtigen Versammlungen so, denn er hatte, von seinem Nachbarn angestupst, schließlich stammelnd: eigentlich nichts zu berichten.

„Zukünftig werden in den Versammlungen, an denen ihr außerhalb teilnehmt, Mitschriften mit Blaupause erstellt. Das ist eine Anweisung!"

„Wie jetzt, für alle?" Horst Wöllner wollte das nicht so verstanden wissen. „Natürlich für alle! Bedankt euch bei ihm." Der Chef zeigte mit einem Kopfnicken zu Egon. Henriette konnte sich das Lachen nicht verkneifen.

„Nein, Herr Pflüger. Das ist nicht Ihr Ernst. Ich werde niemals, wenn ich zu einer Hauptbuchhalter Schulung gehe einen Durchschlag meiner Aufzeichnungen anfertigen."

„Das gilt genauso auch für Sie, Frau Kaiser. Ich möchte sicher gehen, dass Sie teilnehmen und auch zuhören. Sie machen mir keine Ausnahme, Sie sind hier nichts Besonderes."

„Nein, etwas Besonderes bin ich nicht, aber ich mache mich auch nicht lächerlich! Das ist ja Kindergarten, sogar *kleine Gruppe*. Ich bringe diese Durchschläge nicht. Da lacht ja das ganze Kollegengremium. Von mir erhalten sie keinen Durchschlag. Sie können gern das Original sehen."

„Lassen Sie´s darauf ankommen!", drohte er.

Sie gab niemals eine Blaupause ab und es hatte keinerlei Konsequenzen. Wahrscheinlich hatte auch sonst keiner der anderen Leitungsmitglieder je ein solches Dokument abgegeben. Aber die waren klüger, die hielten ihren Mund und befolgten trotzdem die Anweisung nicht.

Warum musste sie nur immer ihre Meinung sagen?

Sie war sich wirklich oft selbst im Wege.

In Vorbereitung auf den Jahresabschluss stolperte sie wieder über unrechtmäßige Vorgänge, die in ihre Babypausen-Zeit fielen.

Sie konnte sich nicht verbiegen.

Sie diskutierte mit Peter und Studien-Kommilitonen über Versionen einer Reaktion ihrerseits. Aber eigentlich hatte sie sich bereits entschieden.

Wie alles limitiert war, so waren es natürlich auch die finanziellen Mittel, die einer Firma für Kultur und Prämien zur Verfügung standen. Der sogenannte „Kultur- und Sozialfonds", aber erst recht der „Prämienfonds" unterlagen deshalb besonders strengen Fürsorgepflichten.

Um ein wichtiges Projekt für die Firma zum Abschluss zu bringen, hatte Herr Pflüger, selbstherrlich wie gewohnt, der ausführenden Firma eine Zielprämie in Aussicht gestellt.

Prompt fand die Investition ihren alsbaldigen Abschluss und die Gelder landeten in den Geldbörsen von betriebsfremden Arbeitern.

Das war der schlimmste Vertrauensmissbrauch, den man seinen eigenen Beschäftigten antun konnte. Die Jahresendprämie wurde somit für alle empfindlich gekürzt.

Natürlich wurde das nicht etwa in einer Parteiversammlung beschlossen; geschweige denn dem übergeordneten Organ, dem Rat des Bezirkes, zur Genehmigung vorgelegt. In ihrer Not berichtete Henriette ihrem Bezirks-Hauptbuchhalter von dieser Gegebenheit.

Sie vereinbarten, bei der Betriebsrevision zum Jahresabschluss speziell auf dieses Faktum hin zu prüfen, um so den Verstoß rein zufällig feststellen und ahnden zu können.

So geschehen; mit dem Ergebnis, das sowohl Herrn Pflüger als auch ihr selbst die Jahresendprämie gänzlich gestrichen wurde.

Nicht zu seinem eigenen privaten Vorteil traf Herr Pflüger diese unlauteren Entscheidungen.

Das nicht. Er hatte das Wohl seiner Firma im Auge, das wusste Henriette schon.

Sie betonte es in ihren Aussprachen im Bezirk auch.

Dennoch riet man ihr dort, den Job zu kündigen und bot ihr auch sofort ein neues Betätigungsfeld an.

Auch Peter war der Meinung, dass es keine vernünftige Basis für eine Weiterbeschäftigung gab.

Die erste Amtshandlung nach ihrer zuerst mündlichen Kündigung war eine strenggehaltene Aufforderung, die zehntausend Mark umgehend zurückzuzahlen.

Lässig holte sie die Kopie eines Überweisungsbeleges aus ihrer Schreibtischlade. Sie hatte das Geld schon vor Tagen auf das Konto bei der Bezirksverwaltung überwiesen.

Ein kleiner Triumpf für sie.

Nein, sie wollte von denen nichts geschenkt!

Wie in solchen Fällen üblich, erwartete sie ein ordentliches Zeugnis.

Doch weit gefehlt! Das Zeugnis, welches man ihr von Partei- und Betriebsleitung ausstellte, war niederschmetternd! Mein Gott, musste sich da eine Menge Hass angesammelt haben!

Ja klar. Sie hatte allen ans Bein gepinkelt. Und das auch noch als Frau.

Entsprechend dieser Beurteilung war sie teamunfähig, arrogant und untauglich.

Es tröstete sie zuerst wenig, dass ihre übergeordnete Dienststelle ihr einen Bombenjob angeboten hatte und auch das Arbeitsamt, das es in der DDR durchaus auch beim Rat des Kreises gab, sie sofort als Mitarbeiterin einstellen würde.

Sie nahm beides nicht an, denn auf keinem dieser Posten wäre sie in der Lage gewesen, besuchsweise nach dem Westen zu reisen.

Das andere Deutschland

Gelockerte Vorschriften machten es möglich, zu Verwandten ersten Grades in die BRD zu reisen. Nicht die Familie, nur die Betroffenen allein. Das beinhaltete die Sorge, man könne dem Staat einfach mal so – mir nichts, dir nichts – den Rücken kehren und nicht mehr zurück reisen. Es sei denn, man war Rentner, da war es einfacher.

Zynisch betrachtet, konnte man da hinein interpretieren, dass man auf einen Rentner mehr oder weniger auch ganz gut verzichten konnte.

Das erinnert stark an die Parteitagswitze:

Zum VIII. Parteitag der SED soll beschlossen worden sein, dass Rentner bei *ROT* über die

Kreuzung gehen dürfen.

Zum IV. Parteitag wurde der Beschluss präzisiert: Die Rentner *müssen* bei *ROT* über die Kreuzung gehen.

Die Prüfung, ob einem Reiseantragsteller die Genehmigung für einen BRD-Aufenthalt gewährt wurde, war aber noch von einigen anderen Faktoren abhängig.

War er ein lauteres Kollektivmitglied? Waren seine Familienverhältnisse harmonisch?

Wie war seine Stellung zum Staat, wie seine Diskussionen in der Öffentlichkeit? Dazu befragte man das gesamte Umfeld.

Henriette ging nun jedes Jahr diesen Gang nach Canossa, um sich auf dem zuständigen Polizeirevier besonders von einer *scharfen* Genossin demütigen zu lassen. Devot ertrug sie deren verhörähnlichen Befragungen, bis der Dame schließlich die Luft – beziehungsweise die Argumente ausgingen.

Die Regelung galt nur für Verwandtschaft ersten Grades. Evelyn durfte ihre Mutter nicht besuchen. Ihre Mutter war nicht ihre Mutter, sie war ja adoptiert.

Die nächste Hürde musste beim Grenzübertritt im Zug genommen werden. Die Zollbeamten kontrollierten sehr gründlich und streng, was die Reisenden mitführten. Natürlich war vorgeschrieben, welche Geschenke man ausführen durfte. Auch hierbei taten sich die weiblichen Beamten mit Unerbittlichkeit besonders hervor.

Es waren alles Damen, die zum Lachen in den Keller gingen.

Vom Hörensagen wusste man, dass es in der BRD alles gab. Auch aus dem Westfernsehen, das natürlich regelmäßig geschaut wurde. Im „Tal der Ahnungslosen“ – Raum Dresden – war allerdings kein Empfang möglich. So blieben wenigstens diese Bürger von den schädlichen Einflüssen des Kapitalismus verschont.

Womit kann man also den Westverwandten eine Freude machen, wenn sie A) schon alles haben und man B) nichts mitnehmen darf.

Henriette erstand im Kunstgewerbeladen eine erzgebirgische Weihnachtspyramide für 270 Mark. Die zerlegte Peter in ihre Einzelteile, die dann phantasievoll im Reisegepäck getarnt wurden. Henri wurde von einem männlichen Zollbeamten durchsucht, der sich mehr mit der Thüringer Wurst beschäftigte. Die müsse er konfiszieren, bedauerte er. So hatte er aber wenigstens die zerlegte Pyramide nicht entdeckt.

Tatsächlich konnten die drei Damen: Marion, Henriette und ihre Mutter das Teil auch wieder zusammenbauen und in Funktion versetzen.

Beim ersten Bummel durch ein Kaufhaus entdeckte Henriette *ihre* Pyramide für fünfundzwanzig Westmark – von Neckermann. Sie war fertig mit den Nerven. „Deshalb haben wir doch gleich gesagt, du sollst nichts mitbringen. Das Geld und die Nerven, die es dich gekostet hat, sind es nicht wert. Dein Besuch ist wichtig, *du* bist das Geschenk!“

Henriette war einmal dabei, als ihre Mutter von der Apothekerin gefragt wurde, ob jetzt endlich ihre lang ersehnte Tochter zu Besuch gekommen sei, indem sie freundlich lächelnd auf Henriette zeigte. “Nein, leider nicht. Das ist nicht die Richtige.“ Der Dame hinter dem Tresen fiel das Gesicht herunter. Sie blickte entsetzt zu Henriette und zu Frau König.

Henri musste lachen: „Ist schon gut. Ich weiß, wie sie das meint“, entschärfte sie die Peinlichkeit. Henriettes Mutter war selbst sehr erschrocken, als sie ihren Versprecher bemerkte.

Ein paar Jahre später wurden die Reisebestimmungen noch einmal gelockert. Jetzt durfte man auch zu weitläufigeren Verwandten. Endlich durfte auch Evelyn zu ihrer *Tante* reisen und das brachte ihre Mutter fast ins Grab.

Henriette hatte eine Genehmigung für zehn Tage für die Bundesrepublik. Evelyn dagegen bekam nur sechs Tage. Die Geschwister einigten sich darauf, dass sie die Heimreise gemeinsam antreten würden. Die Schwestern hatten vereinbart, ihrer Mutter von dem bevorstehenden Besuch ihrer mittleren Tochter nichts zu verraten. Es sollte eine Überraschung werden.

Da Henri nun schon zum wiederholten Mal den Westen bereiste, kannte sie sich in der Stadt gut aus. Sie erledigte ihre Einkäufe oft allein, da sie dann mehr Muse hatte, diese fremde Umgebung intensivst zu erleben. Frau König hatte im Dezember Geburtstag. Mit der überall gegenwärtigen Weihnachtsdekoration wurden die Eindrücke für einen Ostbürger, in diesem wohlhabenden Land zu sein, noch verstärkt.

Am Tag von Evelyns Ankunft empfing Henriette nach ihrem Einkaufsbummel ihre Schwester am Bahnhof und sie fuhren mit der Straßenbahn fast bis vor die Haustür.

Umsichtig war Frau König mit dem Regenschirm losmarschiert. Es hatte stark zu regnen begonnen. Kein Schnee, nur Nässe und Matsch. Sie wollte, dass Henri trocken blieb. „Hallo Mutti", begrüßte auch Evelyn ihre Mutter unter Freudentränen und mit einer innigen Umarmung. Frau König nahm sie aber gar nicht zur Kenntnis. Sie ging auf Henri zu und meinte: „Na gottseidank, da hab ich ja die richtige Bahn erwischt."

Die Schwestern sahen sich verständnislos an und schüttelten die Köpfe.

Plötzlich wendete sich Frau König mit einem Ruck konsterniert um. Sie war kreidebleich im Gesicht und drohte förmlich, umzukippen.

„Evelyn! Evi! Was machst du hier? Wie bist du…?" Die beiden jungen Frauen stützten sie schnell auf jeder Seite, weil sie wohl doch für einen Moment weggetreten war.

Nach einer gefühlten Ewigkeit löste sich die Situation in allgemeinen Tränen und Jubelschreien auf. Die anderen Fahrgäste, die noch um die Haltestelle herum standen, konnten sich keinen Reim auf den albernen Jubel machen.

Henriette und Evelyn waren total zerknirscht. Auch Marion fühlte sich nach ihrer Schilderung der Begegnung schuldig. „Das hätten wir nicht tun dürfen."

Frau König versuchte, die Gefahr herunterzuspielen, aber diese *Überraschung* war schon heftig gewesen.

Nie wieder würden sie so etwas Unüberlegtes tun.

Diese Wintertage in ihrer alten Familie waren wunderschön. Nur ihr Vater fehlte.

Täglich unternahmen sie ausgedehnte Spaziergänge. Selbst im Winter erkannte man die Unterschiede zwischen den beiden politischen Systemen mit Verwunderung und Wehmut. Die Häuserfassaden waren ordentlich verputzt, die Fenster, wenn nicht neu, dann aber mit ordentlicher Farbe versehen, die Vorgärten gepflegt und die Straßen und Wege gut erhalten.

„Euer Vater hat immer gesagt, dass es den Eindruck macht, als hätte das Deutschland, das die DDR ausmacht, den Krieg allein verloren.“ Frau König schüttelte traurig den Kopf.

„Wir konnten es durch Vatis Krankheit und all die Umstände (ein Fragezeichen lag in der Luft) gar nicht genug genießen. Wir waren einfach schon zu alt für unser Abenteuer.“

Und wieder traute sich Henriette nicht zu fragen. Sie konfrontierte ihre Mutter in all den Jahren nicht einmal mit der Frage nach dem „warum“. Sie bereute es, als es zu spät war.

Frau König versuchte, ihrer Jüngsten jeden Wunsch von den Augen abzulesen. Sie kochte ihre Lieblingsspeisen, führte sie an alle Plätze, die sie gern besuchen würde und bemühte sich ganz allgemein um eine harmonische Atmosphäre.

Henri glaubte, in jeder ihrer Bewegungen eine Spur von Schuld und den Drang nach Wiedergutmachung zu spüren.

Ihre Mutter tat ihr leid und sie hätte ihr diese Demütigung gern erspart.

Aufbruchstimmung

Das Arbeitsamt hatte Henriette zwei brauchbare Vorschläge gemacht. Die Stelle eines ökonomischen Leiters im hiesigen Schokoladenwerk sagte ihr auf Anhieb zu. Sie konnte durch ihr Hochschulstudium ein ordentliches Gehalt verlangen und auch die Atmosphäre im Büro empfand sie als angenehm. Sie lebte sich schnell im Kollektiv ein, und war als Abteilungsleiterin und stellvertretende Firmenchefin beliebt.

Zu Hause ereigneten sich nur die allgemein bekannten Katastrophen, die jede Familie erlebte.

Peter hatte inzwischen mit dem Aufbau einer Imkerei begonnen. Ein interessantes, aber auch zeitaufwändiges Hobby. Mit einem Glas Bienenhonig konnte man aber andererseits so manchen Tauschhandel bewerkstelligen.

Sandra hatte ihren Traummann gefunden, dem die Eltern anfangs skeptisch begegneten, da er unkonventionelle Umgangsformen hatte.

Sie redeten aber nicht gegen ihn und das war gut so. Zum einen sollte sie ihr eigenes Leben leben. (Henri erinnerte sich immer wieder an ihre eigene verkorkste Jugend.) Zum anderen entwickelte er sich im Laufe der Jahre zu einem äußerst liebenswerten und zuverlässigen Mann, der ihre Tochter sichtlich liebte. Sie führten eine harmonische Ehe und waren glücklich. Die Geburt ihres Sohnes Fabian war natürlich die Krönung für alle.

Der Nachbarssohn – ebenfalls ein Nachzügler von Erika – war ein knappes Jahr jünger als Daniel. Die beiden hingen ständig zusammen und ergänzten sich großartig bei ihren Dummheiten.

So waren beide eines Sonntags zur Mittagszeit nicht auffindbar. Sie hatten auf der Straße vorm Haus gespielt; nur ein Zugangsweg zu den fünf Häusern ohne Durchgangsverkehr. Der Suchtrupp wurde durch alle Nachbarn erweitert, blieb aber erfolglos.

Schließlich machte sich Torstens Vater mit dem Auto auf den Weg und erwischte die beiden auf der Hauptstraße, Daniel mit dem Roller, Torsten mit dem Dreirad, fünf und vier Jahre alt. Sie hatten ihre Fahrzeuge geschoben und waren ganz am Straßenrand gelaufen, so dass ihre Hosenbeine vom Morgentau gänzlich durchnässt waren.

Natürlich waren sie sich keiner Schuld bewusst.

„Wir wollten zur Oma, die hat immer Süßigkeiten für uns“, erklärte Torsten.

„Zu Hause kriegen wir ja keine Schokolade vorm Mittagessen“, ergänzte Daniel trotzig.

Was hätte alles passieren können?

Die aktuelle Fernsehserie, die beide zusammen schauen durften und dann auch detailgetreu nachspielten, war „Ein Colt für alle Fälle“

Erika berichtete lachend, wie sie einmal ihren Sohn klagen hörte: „Ich will auch mal der Colt Siewers sein, nicht immer nur der Howie!“

Am Wochenende oder nach Feierabend saßen Erika und Henriette oft auf den Eingangsstufen, mit irgendeiner Hausarbeit beschäftigt, um ihre Jungs unter Kontrolle zu haben.

Peter und Frieder hatten den Beiden eines Tages erlaubt, beim Eintragen der Kohlelieferung zu helfen. Der Jahresbedarf war auf die Straße gekippt worden und musste in die Keller verbracht werden. Zu diesem Zweck hatte sich Peter ein altes, ausgedientes Förderband besorgt und für diese Zwecke umgerüstet und aufgebaut.

Die zwei kleinen Kerle hüpften auf dem Kohlehaufen herum und fuhren auf dem Förderband bis kurz vor das Fensterloch. Dort hoben sie die Väter vom Band und in Blitzeseile saßen sie unten schon wieder darauf. Je schwärzer sie wurden, umso größer war ihr Spaß. Sie waren regelrecht enttäuscht, als die Aktion zu Ende war.

Vielfältige Möglichkeiten für Spiele und Abenteuer fanden die Jungen und ihre Freunde rund um ihr zu Hause. Selbsterrichtete Baumhäuser und Fallgruben – die über Nacht von den Vätern auf Sicherheit geprüft wurden, Rennpisten, Rodelbahnen mit Sprungschanzen.

Auch vorm Wasser wurde nicht Halt gemacht. Der Bach im Wohnviertel war noch von jedem Burschen durchquert worden.

Daniels Schulranzen und der Turnbeutel waren beim Überspringen vom eisglatten Ufer abgerutscht und im Wasser gelandet. Ein Nachbar hatte den Eltern das Malheur gemeldet. Peter hängte kurzentschlossen den Turnbeutel an die Anhängekupplung des Autos und brachte die nasse Fracht nach Hause. Daniel ließ er nach Hause laufen. Henriette verlor die Nerven und es gab einen Riesenkrach. In den Schulheften war keine Eintragung mehr zu erkennen, alle Tintenschrift war verwischt.

Nachdem Mutter und Sohn, beide weinend auf dem Fußboden in der Küche den Schlamassel zwischen sich ausgebreitet hatten, entschuldigte sich Henriette bei Daniel.

Natürlich hatte er das nicht absichtlich gemacht und ihre Reaktion war völlig überzogen gewesen. Daniel schluchzte: “Ich wollte dir doch keinen Kummer machen.“

Ein Kummer ganz anderer Art bahnte sich an.

Die Zeit war reif, dass die Bürger der DDR ihre Chance erkannten, ihr politisches Schicksal in die eigenen Hände zu nehmen.

Schon lange hatte es gebrodelt. Auf dem XI. Parteitag der SED hielt Gorbatschow eine Rede, in der er von „Glasnost“ und „Perestroika“ sprach. Der DDR-Staatsregierung passte diese Offenheit nicht. Auch der jahrzehntelang propagierte Slogan: „Von der Sowjetunion lernen, heißt siegen lernen“, war nicht länger opportun.

Gorbatchows Äußerung: „Wer zu spät kommt, den bestraft das Leben“, wurde zum geflügelten Wort.

Die Führungselite wurde immer nervöser, da immer mehr Ausreiseanträge gestellt wurden.

Vor dem Reichstagsgebäude gaben Genesis und David Bowie ein Konzert. Tausende DDR-Bürger zogen an die Mauer, um zuzuhören und wurden gnadenlos niedergeprügelt.

Und doch trauten sich immer mehr Menschen zu Demonstrationen auf die Straßen, in jeder Stadt.

Auch Kaisers gingen jeden Montag auf den Marktplatz. Sie waren, wie so viele ihrer Mitbürger, von einem lohnenden friedlichen Protest überzeugt. Henriette war schon lange nicht mehr die marxistische Idealistin von einst. Nicht mehr die „rote Jette“ wie Peter sie scherzhaft nannte. Der Alltag hatte sie gelehrt, dass ein Sozialismus, wie er Marx vorschwebte, nur mit besonderen Menschen, ohne Hab- und Machtgier, zu verwirklichen war. Sie war konsequent und trat bereits 1986 unter größten Schwierigkeiten und Repressalien aus der Partei aus.

Die allgemeinen Umsturztendenzen milderten zumindest die politischen Auswirkungen ihres spektakulären Schrittes. Da man ihr fachlich nichts vorzuwerfen hatte, behielt sie auch ihre Stellung in der Firma.

Das Jahr 1989 war mit seinen wöchentlichen Demonstrationsveranstaltungen, zu denen sich immer mehr Bürger trauten, eine revolutionäre Zeit.

Jede freie Stunde hockten die Leute vor den Fernsehern, um das Geschehen zu verfolgen.

Die Meldungen überschlugen sich: *Ungarn öffnet die Grenzen zu Österreich, Gentscher gibt in der Prager Botschaft die Erlaubnis zur Ausreise in die BRD bekannt, Honecker tritt zurück und sein Nachfolger wird Krenz.*

Ein Wahnsinn, dabei gewesen zu sein!

Im Oktober marschieren 300 000 Demonstranten in Leipzig.

Die Lawine war nicht aufzuhalten. Die Mauer fiel am neunten November. Die Euphorie, auf beiden Seiten der deutschen Grenze, war nicht zu beschreiben und nicht zu übertreffen. Die Wiedervereinigung wurde am dritten Oktober 1990 schließlich vollzogen.

Wenn man realistisch war, konnte man ein klein wenig ahnen, welche enormen Probleme sich im neuen Verhältnis zwischen Ost und West auftun würden. Das galt für die Regierungen wie auch im privaten Bereich. Aber zuerst einmal erschien alles eitel Sonnenschein.

Eine geschichtliche Begebenheit diesen Ausmaßes und dieser Bedeutung war angetan, in jede Richtung Spuren zu hinterlassen. Niemand hatte ein Handbuch, wie man so etwas am besten durchzieht. Auf allen Ebenen gab es Gewinner und Verlierer.

Die Hoffnung, dass nun zusammenwächst, was zusammengehört sollte die Prämisse des Handelns sein. Sie war es leider nicht bei Allen.

Die Welt war in rasanter Bewegung und auch Kaisers mussten zusehen, dass sie nicht abgeworfen wurden.

RTL suchte Personen in beiden Teilen Deutschlands, die zum Zwecke eines Informationsaustausches zusammenkommen wollten. Es gab im Westen Familien, die keine Verwandten im Ostteil des Landes hatten und gern mehr über deren Leben und die momentane aufregende Entwicklung wissen wollten. Peter und Henriette meldeten sich spontan und nach kurzer Zeit erhielten sie einen Kontakt.

Es war mehr als ein Zufall, die Liedmachers bezeichneten es als *Fügung.*

Eine Familie aus dem Saarland mit sehr ähnlichen Berufen wie Peter und Henri, ebenfalls mit zwei Kindern im gleichen Alter wie Sandra und Daniel, und offensichtlich mit den entsprechenden Interessen.

Anfangs verkehrten sie schriftlich, um sich zu „beschnuppern“. Als die flächendeckende Telefonausstattung der *neuen Bundesländer* endlich auch Kaisers erreicht hatte, kamen intensive Gespräche dazu. Henriette war beim ersten Telefonat enttäuscht, weil Liedmachers gar keinen Dialekt sprachen.

Sie waren beim ersten persönlichen Treffen überrascht, eine wunderschöne saarländische

Mundart präsentiert zu bekommen. Ihre offizielle Geschäftssprache war nur, wie bei den meisten *Wessies* hochdeutsch.

Es entwickelte sich eine langjährige Freundschaft. Tage- und nächtelange Meinungs-

austausche brachten sie einander näher und vertieften ihr Verständnis für die jeweilig andere Seite. Diese Freundschaft befruchtete beide Familien.

Einzig Daniel litt bei den Besuchen im Saarland. Die gleichaltrige Birgit war dominant, zickig und herrisch, nach seinen Schilderungen. Er benahm sich immer als Kavalier und zog dabei den Kürzeren. Er konnte sie nicht leiden.

Hingegen war er von Herrn Liedmacher total begeistert. Der behandelte den Zehnjährigen wie einen Erwachsenen und ließ ihn stets seine Ansichten kundtun. Es gab Diskussionen bis in die Nacht und die saarländischen Freunde stärkten enorm das Selbstbewusstsein ihrer neuen *Ossifreunde*, die in diesen wirren, turbulenten Zeiten noch nicht recht wussten, wohin sie gehörten.

Hannelore und Lothar Liedmacher waren von Thüringen begeistert, besonders Erfurt gefiel ihnen ausnehmend gut. Sie prophezeiten ihnen auch die blühenden Landschaften, die Helmut Kohl versprochen hatte, wenn nur erst einmal die Infrastruktur aufgebaut wäre.

Diesbezüglich waren die Menschen in den neuen Bundesländern oft zu pessimistisch und zu ungeduldig, oft auch begründet. Viele Bürger in der ehemaligen Bundesrepublik dagegen zogen sich emotional zurück.

Wer hatte geglaubt, dass die Wiedervereinigung ein Kinderspiel werden würde?

Wo in der Geschichte hatte es schon einmal eine solche revolutionäre Entwicklung gegeben, die so friedlich über die Bühne gegangen war?

Die Menschen im Osten waren zu Recht stolz darauf, um nun enttäuscht auf ihre erträumten Wunder zu warten. Gesunder Menschenverstand würde die Gräben überwinden.

Peter und Henriette orientierten sich am Ausspruch Albert Einsteins:

„Mehr als die Vergangenheit interessiert mich die Zukunft, denn in ihr gedenke ich zu leben."

Einzig Peters Alltag verlief noch in gewohnten Bahnen, zumindest beruflich und auch nur vorerst. Nach Feierabend war seine Begeisterung in diversen Baumärkten kaum zu übertreffen. Dort fand er all die Kleinigkeiten, die den Kaiserpalast vollendeten.

Am Ende des ersten befreiten Jahres orientierten sich Peter und sein langjähriger Kollege Roland Fichte nach Bayern. Eine Coburger Firma benötigte sie als Fachkräfte, während der Saalfelder Betrieb durch die Treuhand verhökert wurde.

Henriettes Firma wurde von einem alteingesessenen Unternehmer aus Bayern übernommen und es wehte jetzt ein schärferer Wind.

Bei einigen Herren des neuen Vorstandes war das oberste Bestreben, dem ostdeutschen Firmenpersonal erst einmal das Arbeiten beizubringen.

Sandra zog mit Gatte und Sohn nach Hannover.

Sie bekamen gutbezahlte Jobs und eine Wohnung. Sie waren jetzt weit weg von zu Hause, aber sie fühlten sich wohl und man hatte ja inzwischen Telefon.

Peter hatte von Lothar Liedmacher dessen gebrauchten Mercedes abgekauft, damit waren auch Hannover-Fahrten bequem möglich.

Ihr Saporoshez beendete sein achtzehnjähriges pflichterfülltes Dasein auf dem Autofriedhof.

Henriette deponierte einen kleinen Kranz auf dem Rücksitz und konnte sich ein paar Tränen nicht verkneifen.

Ein anderer Zweitwagen musste her. Tagelang beschäftigten Kaisers sich gedanklich damit.

Henriette träumte schließlich davon. In diesem Traum hatte sie Jürgen, den Mann ihrer Arbeitskollegin Beate zum Kauf mitgenommen, weil

Peter keine Zeit hatte. Sie hatten einen wunderhübschen Kleinwagen für Henriette gefunden.

Sie erzählte ihren Traum im Büro. Die Kolleginnen wollten wissen, was für ein Auto sie denn nun erstanden hätte. Kopfschüttelnd meinte Henriette: „ Na eben! Das weiß ich gar nicht."

„Ich frag heute Abend einfach mal Jürgen. Der war doch schließlich dabei", lachte Beate.

Die Schwiegereltern waren noch immer traditionell jeden Sonnabend Gast an ihrem Kaffeetisch. Einmal äußerte Peter so ganz nebenbei: „Heute Nachmittag kommt ja meine Mutter. Na ja, dafür hatten wir gestern einen wunderschönen Tag". Das war beredt.

Für Daniel musste entschieden werden, ob sein weiterer Schulbesuch in der Hauptschule oder einer weiterbildenden Schule erfolgen sollte. Gymnasium war kein Thema.

Wäre es nach dem Filius gegangen, so hätte ihm die Hauptschule genügt. Henriette war bereit, seinem Wunsch zu folgen, erntete dafür aber von allen Seiten Feuer.

„Als Hauptschulabsolvent hat man keine berufliche Chance. Du kannst ihm doch nicht seine Zukunft verbauen!", wetterte Hannelore zu Recht. „Ihr Ossis habt wirklich keine Ahnung von der neuen Leistungsgesellschaft, in die ihr jetzt gekommen seid."

Aber auch Daniels Lehrer öffneten ihr die Augen. Der Junge wäre total unterfordert. Er kann doch, wenn er will. Er will nur nicht immer.

Spontan hatte sich Henriette zum Casting in Köln beworben. Ihr Talent, gut Witze erzählen und einen riesengroßen Fundus aus ihrem Kopf blitzschnell abrufen zu können, sollte sie nutzen. Das meinten ihre Arbeitskolleginnen.

Dieses Casting fand in einem Hotel in Köln für die Sendung „Verstehen sie Spaß" mit Frank Elstner statt. Ein spannendes Umfeld mit vielen anderen Bewerbern, einer Fernsehcrew in Aktion und diese besonders spannende Atmosphäre allein waren es Wert, dahin gefahren zu sein. Hinter die Kulissen zu schauen, war eine neue, interessante Erfahrung für Kaisers.

Henriette wurde zu ihrem Auftritt verkabelt und nach rechts und nach links, Kopf nach oben und zurück drapiert. Sie kam sich vor, wie eine Schaufensterpuppe.

„Sind Sie denn gar nicht aufgeregt?“, wollte die junge Frau wissen, die ihr gerade ein Kabel in die Bluse schob. Henriette war wirklich die Ruhe in Person. „Nein, warum? Es geht doch um nichts.“

Vor einer Jury von drei Prominenten (zwei davon kannte Henriette aus dem Fernsehen) sollte jeder Kandidat drei Witze erzählen.

Das konnte jeder Teilnehmer zu Hause schon vorbereiten. Einen vorgeschriebenen Witz, für alle Kandidaten gleich, und zwei in freier Auswahl.

Mit ihren Kolleginnen probte sie, wenn der Fürst gerade außer Haus war.

In Köln vor Ort sanken ihre Erwartungen, dass sie einen der vorderen Plätze belegen könnte. Eine Riesenanzahl von jungen und älteren Probanden war angetreten und immer neue kamen dazu. „Macht nichts“, meinte Peter. „Allein die Stimmung hier, so aufgeregt und prickelnd, macht Vergnügen.“ Sie wurden vom Hotelpersonal mit den leckersten Getränken und Kanapees reichhaltig bewirtet.

In dreißig Minuten war ihr Auftritt vorbei. Eine Erklärung, die sie unterschreiben musste, besagte, dass man sie filmen und die Aufzeichnung eventuell auch für andere Sendungen verwenden durfte. Sie hatte im Prinzip nichts dagegen, ließ sich aber versichern, dass sie nicht in irgendeinem Beitrag als *abschreckendes Beispiel* ausgestrahlt würde.

Am späten Nachmittag schlenderten beide entspannt durch Köln. Sie hatten sich ein Hotelzimmer genommen und gedachten, vorher in der Altstadt zu Abend zu essen.

Am Rheinufer saßen sie schließlich Hand in Hand und schauten den großen Dampfern zu, die an ihnen vorüberfuhren. Es war ein wunderschöner Frühlingsabend und die Luft war lau und roch nach den Frühlingsblühern neben der Parkbank.

„Welchen Kürwitz hast du denn nun eigentlich erzählt?“, wollte Peter wissen.

„Zwei Nullen gehen durch die Wüste, als ihnen eine acht entgegenkommt. ´Sag mal,´ fragt die eine Null die andere: ´würdest du bei dieser Hitze einen Gürtel tragen?´ Das war der kurze, dann noch einen langen.“

„Machst du dir Hoffnung?“, wollte er noch wissen.

„Nein, nicht wirklich. Es sind einfach zu viele Leute; sicher auch viel bessere. Eigentlich wollte ich auch nur mal bei so etwas hinter die Kulissen schauen.“

„Und wir hatten zwei schöne Tage“, ergänzte Peter.

Nach zwei Wochen kam ein Anruf von der Redaktion. Sie hatte den zwölften Platz belegt. Ein anderes Mal vielleicht gern wieder?

Neue Zeitrechnung

Barfuß, in einen dünnen Schlafanzug gekleidet stand Henri auf dem Balkon der Ferienwohnung in Wolkenstein.

Sie betrachtete fröstelnd den Sonnenuntergang.

Ein wunderschönes Alpenpanorama. Der Wind trieb frischen Schnee um die schroffen Bergspitzen, an denen die rote Sonne anstieß.

Sie hatten heute am ersten Urlaubstag bereits eine ausgedehnte Wanderung unternommen.

Der Wirt führte die kleine Truppe. Er wusste, dass es richtig war, darauf zu bestehen, dass alle Walkingstöcke mitführten. Im Tal rechnete keiner der Anderen mit so viel Neuschnee auf den Bergen. Mitte September.

Die Tour hatte angestrengt. Der Neuschnee war zwanzig Zentimeter tief und das Vorankommen beschwerlich. Es schneite ständig weiter und von vorn blies ein kalter Wind.

In der Berghütte schmeckten der Grog und das Schmalzbrot köstlich.

Frisch motiviert begaben sich die Wanderer zum Abstieg.

Eine Achtstundenwanderung war für den ersten Urlaubstag schon eine Herausforderung.

Deshalb hatten sie nach dem Abendessen beschlossen, diesen Tag sehr früh ausklingen zu lassen.

Mit einem Glas Rotwein im Bett sitzen und dabei noch einen Teil ihrer Lieblingsserie anschauen; das war der Plan.

Wahrscheinlich würden sie darüber einschlafen und am Morgen mit einem tüchtigen Muskelkater aufwachen.

So stand Henri versonnen an der Holzbrüstung des Balkons.

Der Abendhimmel und die friedliche Natur berührten sie tief.

Endlich hatte sie Abstand. Endlich kam sie zur Ruhe.

Ihr liefen Tränen über das Gesicht, die sie kaum wahrnahm.

Peters Arme legten sich von hinten um ihren Körper. Er roch frisch nach Duschgel. Er küsste sie zärtlich am Hals und zog sie sanft an sich.

„Komm doch mit ´rein Jette, du erkältest dich noch." Erst jetzt bemerkte er, dass sie weinte.

„Was ist los mit dir? Warum weinst du? Hast du dich zu sehr angestrengt?“ Er drehte sie besorgt zu sich herum.

„Nein. Nichts weiter“, wollte sie abwiegeln. Aber ihr ganzer Körper erzitterte plötzlich in einem heftigen Schluchzen, gegen das sie nicht ankämpfen konnte.

„Es ist nur... Ich bin so leer.“ Sie fühlte nichts als Traurigkeit.

„Ich weiß schon. Dein Ärger im Job. Entspann dich jetzt. Wir haben Urlaub.“

„Ja endlich!“, stöhnte sie und ließ sich von ihm sanft zu den bunten Bauernbetten führen. Der Fernseher blieb aus. Der Rotwein schmeckte nach salzigen Tränen.

Dankbar kuschelte sie sich mit dem Rücken ganz dicht an ihn und er hielt sie wieder fest umschlungen.

Einfach nur so liegen. In seinen Armen so beschützt, geborgen.

Das tat so gut. Danach hatte sie sich gesehnt.

Im Arbeitsalltag verschonte sie ihn weitestgehend mit ihren Sorgen.

Sie berichtete meist nur am Rande von den Ärgernissen im Büro, gab aber nicht zu erkennen, wie unwohl sie sich zunehmend fühlte.

Es blieb ohnehin viel zu wenig Freizeit an den Wochenenden. Samstags beehrte sie Peters Mutter; so blieb eigentlich nur der Sonntag.

Dann organisierten sie Ausflüge mit dem Fahrrad zum Badesee, Kino- oder Zoobesuche mit ihrem Nachzügler.

Daniel war ein lebhaftes Kind, immer für Überraschungen gut.

So hatte er auch erst vor zwei Tagen verkündet, dass er keinen Bock auf so viel Natur habe. Viel lieber würde er mit seinen Cousins Angeln gehen.

Da sie nur für zehn Tage in Wolkenstein bleiben wollten, wurde das für ihn arrangiert.

„Komm, jetzt sprich mit mir“, drängte Peter und zog sie noch ein wenig fester an sich. Das Schluchzen hatte nachgelassen und langsam versiegten auch die Selbstmitleidstränen.

„Ach es geht schon. Ich fühl` mich nur so ausgebrannt; auch irgendwie ... minderwertig. Ich gehe gar nicht mehr gern in ’s Büro.“

In fast chronologischer Reihenfolge schilderte Henriette dann die schlimmen Tage im Büro, deren Geschichte er zum Teil schon kannte.

Begonnen hatte alles mit der neuen Zeitrechnung: nach der Wende.

Natürlich war das für *alle* ehemaligen DDR-Bürger eine große Herausforderung. Auch für viele aus den anderen Bundesländern.

Mit großen Erwartungen und auch Hoffnungen ließen alle Kolleginnen im Büro der kleinen Schokoladenfabrik „Beuteler" das Neue auf sich zukommen.

Es kam vor Allem in Gestalt eines hoch gewachsenen, sehr ernst durch eine starke Brille schauenden Geschäftsführers namens Rupert Fürst aus Bayern.

Er hielt Hof. Der Fürst – wie er fortan nur genannt wurde – ließ keinen Zweifel aufkommen, wer zukünftig die Befehlsgewalt haben würde.

Schon in der ersten Woche wurde aus dem Speisesaal ein Großraumbüro, in dem alle Mitarbeiterinnen um Henriette Kaiser ihre Schreibtische aufstellten.

„Damit gibt es kurze Wege der Kommunikation." Es verstand sich von selbst, dass Kommunikation nur zu dienstlichen Zwecken erwünscht war.

Wenigstens waren die Schreibtische und Computer neu.

Na ja, neu gebraucht und gut erhalten.

Die Büroangestellten im Hauptbetrieb in Bayern – mit dem „Beuteler" jetzt fusioniert hatte – bekamen die wirklich neuen Büromöbel.

Alle Arbeiten wurden nach einem frischen – westlichen System organisiert. Die Arbeit mit Computern war ebenso unbekannt und ein echtes Abenteuer.

Von Beginn an unterlief Henriette ein grober, nicht wieder gutzumachender Fehler: sie machte sich klein. Wie konnte das nur passieren?

Vor der Wende hatte sie an der Hochschule in Leipzig in Rechnungswesen und Ökonomie mit einem Diplom abgeschlossen. Sie war als Hauptbuchhalterin anerkannt und beliebt.

Immer hatte sie Freude an ihren Tätigkeiten. Sie war bei ihren Vorgesetzten und Mitarbeiterinnen anerkannt und ihre Meinung war gefragt.

Warum glaubte sie plötzlich, den neuen Anforderungen nicht gewachsen zu sein?

Soll und Haben waren doch immer noch an derselben Stelle!

Der Fürst hatte das sehr bald gespürt: „Frau Kaiser, als Büroleiterin erwarte ich, dass sie ihre Mitarbeiterinnen führen und beaufsichtigen. Wir können uns keinerlei Fehler erlauben. Sollten Sie dazu nicht in der Lage sein, erwarte ich umgehend, dass sie mich konsultieren."

Er hatte noch einen kaufmännischen Leiter im Schlepptau. Aber der war offensichtlich ein zahnloser Tiger. Alfred Richter war ein älterer seriöser Herr, der wohl im Hauptwerk überflüssig war und die Zeit bis zur Rente nun im Osten absaß, gelockt mit einer „Buschzulage"

Zumindest lächelte er freundlich und tätschelte Henri den Arm. „An mich können sie sich auch jederzeit wenden", meinte er gönnerhaft.

Selbst die Damen am Pralinenband lästerten schon bald: „Da kommt der Fürst mit seinem Hofnarren."

Er machte eigentlich nichts; damit konnte er auch keine Fehler machen.

Von ihm gingen wenigstens keine Schikanen aus.

Dagegen vom Fürsten immer häufiger.

Er schikanierte alle, hauptsächlich aber Henriette, was auch ihren Mitarbeiterinnen auffiel.

„Du sollst sofort in die Fürstengruft kommen", übermittelte Beate, als Henri aus der Produktionshalle zurückkam.

Das Büro von Herrn Fürst war mit schwarzen Möbeln sehr steril eingerichtet. Es war immer kalt und die Luft war von seinem eigentümlichen Parfüm geschwängert, das nach Erde und Moder roch.

Fröstelnd betrat sie nach dem Anklopfen den Raum.

Er saß auf dem Thron mit einer steilen Zornesfalte zwischen den Augen.

Eigentlich hätte man ihn sogar als attraktiv bezeichnen können.

Groß und schlank, kurz geschnittenes pechschwarzes Haar und sehr dunkle, unergründliche Augen.

Er war 38 Jahre alt und Vater von fünf Kindern.

Unsympathisch machten ihn aber auf den ersten Blick seine arrogante Kopfhaltung und ein strenger Blick, der nichts entschuldigte.

„Wie oft hatten wir besprochen, dass die Produktionsräume nur in Schutzkleidung und mit Haube zu betreten sind?" - „Oft, ja und?"

„Das gilt wohl wieder nicht für Sie?" - „Wieso, ich war nicht drin."

„Lügen Sie doch nicht auch noch, Ich hab Sie doch gerade aus der Halle kommen sehen - ohne Kittel und Haube."

„Ja schon. Aber ich war nicht drinnen. Herr Hufschmidt hat mir die Listen, die ich holen wollte, in den Vorraum gebracht."

„Na, das wird ja immer besser. Herr Hufschmidt ist für die Leitung der Abteilung zuständig. Er ist nicht Ihr Laufbursche. Holen Sie gefälligst Ihre Listen selbst ab.“

„Das ist doch Haarspalterei“, wagte Henri zu erwidern. Dabei hatte sie sich aber schon zum Rückzug begeben.

In ihrem Büro berichtete sie von dem Vorfall.

„Na da sieh an. Vorgestern hat er die Fürstin und zwei seiner Gören im Pralinensaal herumgeführt. Alle ohne Schutzkittel,“ informierte Evi. „Wenn zwei das Gleiche tun, ist das nicht das Gleiche?“

„Für der ihren Luxuskörper hätten wir ja auch gar keinen Kittel gehabt“, konterte Beate. Allgemein befreiendes Gelächter.

Nur Frau Stiller, die Neue, lachte nicht mit, die hatten sie noch nie fröhlich gesehen.

Wahrscheinlich ging sie auch zum Lachen in den Keller.

Ihr Pech nur: ihr neu gebautes Haus war nicht mal unterkellert! Also hatte sie wohl auch zu Hause nicht viel zu Lachen.

Insgesamt war sie allen im Großraumbüro nicht geheuer. Vielleicht musste man ihr nur die Chance geben, sich in diese seit Jahren verschworene Clique erst einzugewöhnen?

Von Gestalt eher klein und pummelig, hatte sie ein hübsches Gesicht, das von vielen wilden Locken umrahmt wurde. Eine Stupsnase ließ sie kess erscheinen, was sie aber gar nicht war.

Frau Stiller trat stets höflich und mit einem Lächeln auf, dieses Lächeln erreichte aber nicht ihre Augen, es war nicht echt.

Viele Begebenheiten im Büro legten den Verdacht nahe, dass sie sich als Zuträgerin für die Chefetage hergab.

Als eines Tages Evi und Henri verzweifelt nach einer Ausgangsrechnung im Ablagesystem gesucht hatten und erstmal ratlos aufgaben, bot sie beflissentlich ihre Hilfe an.

Damit konnte sie den Kern des Problems erst einmal erfassen.

Achselzuckend hatten alle mit Ratschlägen geholfen, waren aber ergebnislos geblieben.

Evi hatte vor zwei Tagen eine der Rechnungen in der Hand gehabt und konnte ihr Verschwinden nicht erklären. Das hatte es noch nie gegeben.

Wurden Rechnungen für Rückfragen oder Reklamationen aus den Ordnern entnommen, so fanden sie in einer Schale für Zwischenablage einen vorläufigen Platz.

Ständig beschäftigte die Abteilung zwei Azubis, die dann die Aufgabe hatten, die Rechnungen wieder ins System abzulegen – immer ohne Beanstandungen. „Erstmal drüber schlafen. Die können ja nicht weg sein“, schlug Henri vor.

Gleich nach Dienstbeginn am nächsten Morgen betrat Herr Fürst das Büro und steuerte gezielt auf das Regal mit den Ablageordnern zu. Er hatte sich noch nie um Einzelbelege bemüht, die Detaillsuche war auch nicht seine Aufgabe.

Nachdem er einen Ordner herausgezogen und darin geblättert hatte, kam seine anklagende Stimme: „Frau Kaiser, warum kann ich die Rechnung 20177 nicht finden?

Das ist doch hier ein einziger Sauhaufen. So kann kein Mensch arbeiten“, wetterte er weiter.

Schuldbewusst sahen sich alle an.

„Ehrlich gesagt hatten wir dieses Problem gestern schon einmal.“

Es hatte keinen Sinn, darum herumzureden.

Abends unter der Dusche war Henri aber ein Gedanke gekommen, den sie noch nicht überprüfen konnte.

Sie zog selbst zwei beliebige Ordner aus dem Regal und fand bestätigt, was ihr durch den Kopf gegangen war.

Die gesuchten Rechnungen lagen im richtigen Ordner mit der betreffenden Nummernfolge.

Sie waren aber nicht entsprechend ihrer eigenen Nummerierung zwischen die anderen eingeordnet worden, sondern lagen einfach obenauf.

„Ich hatte gesagt, die Belege müssen in den dazugehörigen Ordner zurückgeheftet werden.

Wer kommt denn auf so eine Idee, sie einfach nur obenauf zu legen?“ rätselte Henri mehr für sich selbst.

„Und welcher Depp hat das so abgelegt?“ wollte der Fürst nun wissen.

Die anderen feixten schon heimlich als Henriette erwiderte: „Am Freitag hat Ihr Christian im Büro geholfen, weil Sie glaubten, dass wir tüchtige Unterstützung brauchten.“

„Ja, aber er ist ja nur Praktikant. Weil Sie Ihren Lehrlingen nicht ordentlich erklären können, was zu tun ist! Und außerdem sollten Sie auch kontrollieren, ob die dann alles richtig machen.“

Er plusterte sich auf, auch um seine Verlegenheit zu verbergen.

Schnell trat er den Rückzug an und überhörte beflissentlich Heidruns Einwand:

„Na so blöd hat sich bisher noch keiner angestellt. Da könnten wir ja gleich alles selbst machen.“

Frau Stiller hielt sich wie stets aus allen Diskussionen heraus.

Vor der Kehre (wie Uwe Steimle die Wende bezeichnet) hatte Henriette ein eigenes Büro.

Dort konnte sie effektiv arbeiten. Bei erforderlichen Rückfragen gab es auch immer einen kurzen, direkten Weg der Kommunikation.

Im Großraumbüro war an durchgängig konzentriertes Arbeiten für sie nicht zu denken. Der allgemeine Lärmpegel durch Telefonate und Rückfragen untereinander – wenn auch meinst dienstlich – lenkte sie ab.

Dazu kam, dass es ja einfach war, schnell die Chefin zu fragen, statt selbst zu denken.

„Mädels, ist es euch nicht selbst zu blöd, mich ständig zu rufen, statt euren Geist zu bemühen?

Das kann doch für euch auch nicht befriedigend sein, wenn ihr so unselbständig arbeitet. Und mich nervt ´s schon oft“, beschwerte sie sich, was ihr sofort wieder leid tat.

„Ja, du hast Recht, entschuldige.“ und

„Aber bevor wir einen Fehler machen…“, kam das Echo aus dem Raum.

Deshalb blieb sie oft nach Feierabend im Büro, um ihre Abstimmarbeiten der Kundenkonten und Mahnlauf-Vorbereitungen abschließen zu können. Es sammelten sich so eine Menge Überstunden an.

Bezahlung war nicht vorgesehen. Aber aufgrund von Gleitzeitregelungen war es doch angenehm, wenn einmal ein Termin während der üblichen Dienstzeit wahrgenommen werden musste. Das lief ganz gut.

Zwei Tage vor ihrem Geburtstag bat sie den Fürsten: „Ich müsste am Mittwoch bitte schon um 15 Uhr Feierabend machen. Ich habe mit der Familie etwas vor.“

„Das geht gar nicht. Sie wissen, dass wir eine Versammlung anberaumt haben. Da geht es um wichtige organisatorische Neuerungen."

„Darüber kann ich mich doch informieren lassen."

„Wollen Sie nun Buchhaltungsleiter sein oder nicht?" Damit war für ihn die Diskussion beendet. „Ich hab doch wirklich genug Überstunden."

„Habe ich die angewiesen? Wenn Sie sich so schlecht organisieren, ist das allein Ihr Problem."

Nachdem er gegangen war, rief Beate durch den Raum: „ Du gehst am Mittwoch nach Hause. Ich bin deine Stellvertreterin und kann genauso gut für dich ins „Klugscheißeraquarium"

(Der Versammlungsraum hatte Glaswände. So konnten die Mitarbeiter sehen, wie konzentriert und motiviert das Leitungspersonal die Belange der Firma erörterte. Schnell hatte der Raum seinen speziellen Namen erhalten.)

Mittwoch war Henriettes Geburtstag.

Sie war schon erstaunt, dass ihr keine ihrer Damen besondere Aufmerksamkeit schenkte, keine gratulierte.

Als sie noch etwas pikiert überlegte, was sie denen nun auch noch angetan haben konnte, unterbrach ein eigenartiges Geräusch ihren Gedankengang.

Irgendein Motor ächzte und Rollen quietschten. Aller Augen gingen in eine Richtung.

Der Essensaufzug, der den ehemaligen Speiseraum mit der Küche verband, war noch vorhanden, wurde aber nie genutzt.

Heidrun stand jetzt davor und öffnete die Aufzugstür.

Darin stand ein wunderschöner, überdimensionaler Blumenstrauß mit einer Karte und zwei Flaschen Sekt.

Jetzt stürmten alle auf Henri zu und gratulierten überschwänglich.

„Die Überraschung ist euch aber echt gelungen", meinte sie gerührt.

„Was für eine schöne Idee!"

Das Kaisertum ist nicht vergangen
Nur danach haben wir Verlangen.
Die Narren hier am Fürstenhof
Die finden wir allmählich doof.
Gräm Dich nicht sehr, verkneif die Schmerzen

Wir alle lieben Dich von Herzen.
Was diese Hofnarren auch treiben
DU wirst stets unsre Chefin bleiben.

Wir wünschen Dir von Herzen alles Liebe

Deine alten Mädels.

Alle hatten unterschrieben, außer Frau Stiller.

Henriette schenkte den Sekt in Kaffeetassen aus und alle stießen an, auch Frau Stiller.

Als der Fürst zwanzig Minuten später die Bühne betrat, war die Feier schon vorüber. Alle kicherten ein wenig, denn Sekt so früh am Morgen war keine gewöhnt.

Mit kritischen Augen betrachtete Herr Fürst den Blumenstrauß und wollte wissen, was das Gemüse hier sollte.

„Ihre Buchhaltungsleiterin hat heute Geburtstag“, rief Beate von ihrem Schreibtisch aus.

Ein „Meinen Glückwunsch auch“, konnte er nicht vermeiden, den Händedruck aber schon.

Im Laufe des Vormittags gratulierte dann Herr Hufschmidt mit einer Schachtel „Traumzeit“-Pralinen mit Schleife.

In der Mittagspause kam der technische Leiter – der schon vor der Wende gern mit Henriette zusammengearbeitet hatte – und brachte ihr ein großes Glas Gurken.

Noch war das Konsumieren von Schokoladenbruch erlaubt, aber darauf bekam man leicht Appetit auf Herzhaftes.

Kurz bevor Henriette – ohne nochmals um Erlaubnis zu fragen – das Büro verlassen wollte, inspizierte Herr Fürst beiläufig ihren Schreibtisch.

„Ach, was sehe ich denn da? Traumzeitpralinen geschnorrt? Auch wenn Sie Geburtstag haben kann ich Ihnen das nicht gestatten.“

„Das ist ein Geschenk von Herrn Hufschmidt.“

„So, so?“ Mit dieser Bemerkung verschwand er.

Henri schlich sich förmlich aus dem Gebäude, mit der Angst, sie könnte ihm begegnen und zurückgeschickt werden.

„Vielen Dank noch mal“, rief sie Herrn Hufschmidt noch zu, der gerade ins Bürogebäude kam.

„Stellen Sie sich vor, Frau Kaiser: Der Chef hat mich auf eins dreißig zusammengestaucht. Wie ich dazu käme, Firmeneigentum aus meinem Verantwortungsbereich zu verschenken.

Zum Glück hatte ich die Kassenquittung vom Werksverkauf noch einstecken.

Hier weiß man ja nie!

Feiern Sie schön Ihren Geburtstag“, fiel ihm noch ein, bevor er verschwand.

Dann wurde es ein sehr schöner Nachmittag. Familie Kaiser ging zum Rummel und alle drei probierten fast jedes Karussell aus, bis ihnen schlecht wurde.

„Ach Mutti, das sollten wir viel öfter machen!“ jubelte Daniel begeistert. Sofort meldete sich ihr schlechtes Gewissen.

Viel zu wenig Freizeit blieb bei ihren vielen Überstunden.

„Ich verspreche dir, dass ich in Zukunft weniger arbeiten werde.“

Als sie es versprach, glaubte sie auch daran.

Arbeit kann doch wirklich nicht alles sein. Die Familie blieb dabei auf der Strecke. Ständig war sie hin und her gerissen von Arbeitseifer und Familienverantwortung.

Peter nahm sie um die Taille: „Das wäre wirklich schön. Und so wichtig, Jette.“

Herr Richter musste sie förmlich abgepasst haben.

Er war viel früher als sonst im Büro und rief Henri gleich zu sich, als sie im Treppenhaus ankam.

„Zuerst wollte ich Ihnen noch zum Geburtstag gratulieren und alles Gute wünschen.“ Dabei drückte er Henriette aufrichtig freundlich die Hand und gab ihr ein kleines, liebevoll verpacktes Präsent.

„Und zum Anderen möchte ich sie warnen. Herr Fürst war gestern furchtbar wütend, als Sie nicht zur Versammlung erschienen.

Ich fürchte, das alles wird Folgen haben, und ich wollte, dass Sie vorbereitet sind. Es tut mir sehr leid, ansehen zu müssen, wie er Sie behandelt.

Ich kenne die Hintergründe nicht, er sagt mir auch nicht alles.

Ich höre nur aus seinen Gesprächen heraus, dass er vor emanzipierten Frauen Angst hat, noch dazu bei einer aus dem Osten. Sie sind ihm nicht geheuer."

„Ich bin sprachlos, Herr Richter. Ich danke Ihnen sehr für Ihre Offenheit und Ihre Information. Ich kann mir nicht erklären, wovor er bei mir Angst haben sollte. Ich bin wirklich sehr bemüht und glaube immer, ihm keinen Anlass zu seinen Ausbrüchen zu geben. Es macht mich ziemlich fertig."

Er hielt Henriette schon die Tür auf, sicher aus der Befürchtung heraus, der Fürst könnte sie so zusammen sehen.

„Ich danke Ihnen noch einmal herzlich", verabschiedete sie sich mit hochrotem Kopf.

„Ich hab ´s ja gut, ich hab nur noch ein halbes Jahr", meinte er noch achselzuckend, während er die Tür aufhielt.

Der Eklat ließ nicht lange auf sich warten.

Per Telefon: „Ich erwarte Sie umgehend in meinem Büro", wurde sie gerufen.

„Sie glauben doch nicht wirklich, dass Sie meine Autorität auf diese Weise untergraben können. Halten Sie sich denn tatsächlich für etwas Besonderes? Ich hatte doch wohl eindeutig – und das vor versammeltem Büro – verlangt, dass Sie an dieser wichtigen Versammlung teilnehmen.

Ich gebe Ihnen hiermit eine Abmahnung. Sie wissen ja wohl, was bei weiteren Eskapaden Ihrerseits folgt."

„Bedanken muss ich mich dafür ja wohl nicht. Ich verspreche Ihnen aber, dass ich bei allem, was ich zukünftig tue oder unterlasse, stets daran denken werde."

„Ich werde einfach das Gefühl nicht los, dass Sie schon wieder zynisch sind?"

Ohne weitere Antwort verlies Henri das Büro ihres Chefs.

Auf dem Weg ins Großraumbüro konnte sie nicht verhindern, dass ihr die Tränen übers Gesicht liefen. Waren es Tränen des Zorns oder des Selbstmitleides?

Ihre Mädels versuchten gemeinsam, sie aufzubauen.

Dabei kam es auch zu mehr als albernen Späßen und gespielten Witzen.

Evi und Henri hatten ein besonders Talent zum Witze erzählen, sie spielten sich ständig die Bälle zu. So kam es auch, dass Beate laut kreischte, als sie so herzhaft lachte

Schnell hielt sie sich die Hand vor den Mund, aber es war zu spät.

Wie bei Rumpelstilzchen stand er aus dem Erdboden erstanden vor ihr.

Seine Augen funkelten böse hinter der Brille. Seine Zornesfalte zwischen den Augenbrauen war so tief, als wollte sie seine Stirn in zwei Hälften spalten.

Er brüllte: „Bin ich denn im Kasperletheater. Was müssen unsere Kunden denken. Sie arbeiten nicht in einem Tollhaus. Sie könnten sich aber leicht dort bewerben! Wenn ich so etwas noch einmal erlebe, schmeiße ich sie alle ′raus!“ Bevor er mit irrem Blick den Raum verlies, drehte er sich noch zu Henriette um: „Ich habe Ihnen gesagt, Sie haben Ihren Laden nicht im Griff. Und Sie wissen, was Ihnen droht!“

Beate entschuldigte sich bei allen: „Meine Schuld, sorry Mädels.“

„Es kann doch nicht angehen, dass man noch nicht einmal mehr lachen kann!“ Henriette schüttelte mit dem Kopf.

Der Vorfall am Nachmittag gab wieder allen zu denken.

Frau Stiller führte ein äußerst kurzes Telefonat. „Kann ich jetzt?“ war alles, was sie nach dem Wählen einer zweistelligen Nummer (also Hausgespräch) in den Hörer sagte. Daraufhin verließ sie den Raum.

Heidrun rannte zur Tür um nachzuschauen, wohin sie ging.

„In die Fürstengruft“, berichtete sie mit einem bedeutsamen Ausdruck ihrer Augen.

Frau Stiller war wieder zurück und stundenlang geschah nichts aus dieser Richtung. Was hatten sie nun wieder alle in diese Situation hinein interpretiert?

Kurz vor Feierabend, den Henriette seit dem Versprechen an Daniel jetzt auch immer einhielt, bat Herr Fürst am Telefon: „Frau Kaiser, könnten Sie bitte noch mal vor Dienstschluss in mein Büro kommen?“

„Der ist wohl weichgespült?“ Henri unterrichtete die anderen über das höfliche Telefonat und ging aus dem Raum. „Setzen Sie sich bitte“, begann er sehr ruhig: „Wir warten noch auf Herrn Richter.“

Henri hatte kein gutes Gefühl. Als dann Herr Richter erschien, fuhr er im gleichen höflichen Ton fort: „ Ich will Sie bestimmt nicht immerfort maßregeln, aber Sie geben mir ja ständig Anlass dazu. Ich habe mir die

Bankauszüge angesehen und festgestellt, dass die Buchungen, die Sie im Computer getätigt haben, vom tatsächlichen Kontostand abweichen.

Herr Richter muss sich auf die Richtigkeit verlassen können. Wie soll er exakt arbeiten, wenn seine Vorgaben nicht stimmen.“ Alles äußerte er in einem ruhigen, sachlichen Ton; Henri fand das besonders subtil.

„Ich kann mir nicht erklären, dass die Buchungen falsch sind.“

„Hier, sehen Sie selbst.“ Er legte ihr den Original-Kontoausdruck und einen Computerausdruck vor.

Henriette musste zweimal hinschauen, um zu bemerken, dass es eine Differenz von zwanzig Cent gab.

Sie schluckte: „ Das hat Jana heute Morgen bestimmt übersehen, am Monatsende stimme ich selbst die Konten exakt ab.“

„Ihre fadenscheinigen Ausreden können Sie sich ruhig sparen“, seine Stimme war immer noch gefährlich leise. „Es hilft auch nicht, wenn Sie das jetzt auf Ihren Lehrling schieben. Für die sind Sie nämlich auch verantwortlich, falls Sie das noch nicht wussten.“

Jetzt mischte sich Herr Richter ein: „Aber es sind gerade mal nur zwanzig Cent. Sie hätte es doch bestimmt beim Monatsabschluss korrigiert.“

„Ein Buchhalter hat taggenau und präzise zu arbeiten. Das lernt ihre Berufsgruppe doch schon im ersten Lehrjahr!“ Jetzt funkelten seine Augen.

„Tut mir leid, es wird nicht wieder vorkommen.“

„Ja, Sie machen ja nur noch ′Dienst nach Vorschrift′, da bleibt keine Zeit mehr für Kontrolle.

Aber das ist Ihr Problem, ich verlange absolute Korrektheit.“

Es war sein Schlusswort und Henri durfte geprügelt davon schleichen.

Sicher war er jetzt stolz auf sich, dass er nicht laut geworden war, es geht ja auch so.

Frau Stiller hatte bereits Feierabend gemacht, als Henri wieder ins Büro kam.

So hatten sie Gelegenheit, sich ausgiebig über den neuerlichen Vorfall zu unterhalten.

„Das hat die ihm doch wieder gesteckt, heute früh nach dem Telefonat“, sagte Beate.

„Wir beobachten sie ja schon eine ganze Weile. Sie wählt eine zweistellige interne Nummer, sagt nur ein Codewort und dann erscheint er oder sie geht aus dem Raum. Das sind doch keine Zufälle!“

„Weiter beobachten!“, wurde als Strategie ausgegeben.

„Sei nicht traurig, unten wartet dein Daniel. Mach jetzt Schluss.“

Henriette nahm ihren Kleinen in den Arm. Sie freute sich über die Eistüte, die er ihr mitgebracht hatte und sie gingen den längeren Weg nach Hause. Es war so herrliches Wetter und er hatte so viel von der Schule zu erzählen.

Gar nicht mehr hierher müssen? Vielleicht einfach kündigen?

Nein, das war keine Option. Sie mussten noch den Kredit für das Haus abbezahlen. Ein Gehalt reichte einfach nicht.

„Wer zuerst unten ist“, rief Daniel seiner Mutter zu und stürmte auch schon den Hang hinunter. Als sie abgehetzt unten ankam, saß er mit baumelnden Beinen auf einer Bank, als wäre er da schon stundenlang. Sie drückte ihn liebevoll: „Du weißt doch, ich bin schon eine sehr alte Frau.“

„Weiß ich doch! Ich schone dich wo ich kann.“

Freitag. Letzter Arbeitstag vor dem Urlaub. Gott sei Dank!

Henriette stand vor ihrer Bürotür und stutzte erschrocken.

Ein großer lachender Smiley, der ganz fett rot durchgestrichen war.

Darunter war ein schmollender Smiley auf grünem Papier angebracht.

Entsetzt riss sie die Tür auf: „Was habt ihr euch denn dabei gedacht? Seid ihr verrückt geworden?“

Beate rief schuldbewusst: „Entschuldige. Ich hatte gedacht, jeder im Haus kann wissen, dass in diesem Büro nicht gelacht werden darf. Ich mach ´s wieder ab.“

Zu spät. Frau Stiller hatte ein Codewort „jetzt gleich“ ins Telefon geflüstert. Der Fürst stand augenblicklich vor der Tür.

„Das ist die Krönung. Frau Kaiser...“, wollte er ansetzen, als ihm sofort Beate ins Wort fiel:

„Halt, halt, halt. Frau Kaiser hat damit nichts zu tun. Das war ich. Es sollte ein Scherz sein.

Zugegeben, es war ein makabrer. Ich mach ´s weg.“

Sie riss wutentbrannt die beiden Bogen von der Tür.

„Das hat noch ein Nachspiel", schleuderte er boshaft in Henriettes Richtung. „Am besten, Sie gehen mir heute aus dem Weg."

„Das würde ich ohnehin gern. Ich hab´ doch ab Montag Urlaub. Kann ich vielleicht schon zum Mittag gehen?"

„Ja, das kommt mir sehr entgegen!"

Sehr niedergeschlagen und schuldbewusst kniete sich Beate neben Henriettes Bürostuhl.

„Ich bin so blöd. Ich habe überhaupt nicht daran gedacht, dass Du dafür auch wieder die Prügel bekommst."

Heidrun sprang plötzlich von ihrem Stuhl auf: „Frau Stiller! Ich glaube wir sollten einmal ein paar grundsätzliche Dinge mit Ihnen besprechen."

Sie riss sie von ihrem Stuhl hoch, deutet auch Beate und Evi, mitzukommen.

Zu viert verließen sie das Großraumbüro.

Erst nach einer guten Stunde erschienen sie wieder.

Heidrun war hochrot im Gesicht, ihre Augen blitzten noch immer zornig.

Frau Stiller war sehr still, verheult und kleinlaut.

Es wurde nicht darüber gesprochen, alle gingen dienstbeflissen an ihre Arbeit.

So ruhig war es lange nicht in diesem Raum.

Henriette hörte auf zu berichten.

„Ach meine Jette. Ich habe ja nicht geahnt, was du da ertragen musst."

Peter streichelte sie zärtlich.

Henri hatte schon gedacht, er sei bei ihrer langen Erzählung eingeschlafen.

„Du hast mir nur wenig erzählt und dann als unbedeutend abgetan. Aber wenn ich das so in einem Stück höre, bekomme ich die große Wut."

„Wut hilft ja keinem. Das muss man einfach nur ertragen. Ich muss nur ruhiger werden, mich nicht gleich angegriffen fühlen."

„Aber du wirst ja angegriffen. Es geht gegen dich!"

Peter war so empört: „Am besten, wenn du kündigst!"

„Da wäre ich ja blöd. Wenn ich kündige, verliere ich den Anspruch auf Arbeitslosengeld."

„Dann provoziere ihn halt, dass er dir kündigt."

„Das wäre ja eine meiner leichtesten Übungen. Ich glaube sowieso, er wartet nur auf so eine Gelegenheit. Eine Abmahnung habe ich ja schon. Die Frage ist nur, ob wir uns das überhaupt leisten können?“

„Na du bist gut, lieber gehe ich betteln, als mir mit anzusehen, wie du kaputt gehst.“

Sie weinte viel in diesem Urlaub. Immer wieder erörterten sie gemeinsam, wie der Alltag ohne den zweiten Verdienst zu schaffen wäre.

Henriette war jetzt siebenundvierzig. Der Arbeitsmarkt im Osten war übersättigt, eine neue Anstellung mehr als fraglich. Die meisten wichtigen Betriebe waren durch die *Treuhand* abgewickelt worden.

„Wir schaffen das!“ Peter war optimistisch und es gelang ihm schließlich, auch sie zu überzeugen. Schließlich hatte sich Peter ja auch neu orientieren müssen, beruflich.

Über kurz oder lang würde auch seine Firma ihre Existenzgrundlage verlieren, da der wichtigste Kunde – die Sowjetunion – weggebrochen war.

Peters Freund – Roland Fichte – fand einen Geschäftsmann in Coburg. Nein, der Geschäftsmann fand ihn auf seiner vorausschauenden Suche nach Fachkräften in den neuen Bundesländern. Coburg war bis zur Grenzöffnung das Hinterteil der Welt. Jetzt war es mittendrin in Deutschland, bedeutsam und wichtig. Die Entscheidung für die beiden, diese neue berufliche Herausforderung anzunehmen, war mit einem langen Arbeitsweg verbunden. Sommer wie Winter musste über den Thüringer Wald eine Strecke von achtzig Kilometern bewältigt werden. Zwei in einem Auto, mit Optimismus und Tatendrang an Bord verkrafteten sie das.

Henriette gab schließlich seinen Argumenten nach.

„Endlich Zeit für neue Kochrezepte, für gemeinsame Spiele, Tagesausflüge, Enkelbesuche und auch Faulenzen,“ redete sie sich selbst die Zukunft schön.

„Ich kann ´s kaum erwarten!“

Jetzt ging es ihr besser. Jetzt hatte sie nur noch Sehnsucht nach Daniel.

„Wie willst du jetzt deinen Abgang auf Arbeit organisieren?“, interessierte sich Peter.

„Wetten, da fällt mir ganz schnell was ein.“

„Ich denke, deinem Fürsten fällt wieder was ein. Er hatte doch jetzt zwei Wochen, sich wieder eine Bosheit auszudenken."

„Ich sehe, du hast ihn erkannt." Henri konnte dabei sogar schon lachen.

„Glaub mir, es ist die richtige Entscheidung", versicherte Peter ihr zum wiederholten Male.

Und es ging wirklich schnell.

„Du siehst erholt aus!" begrüßten sie ihre Bürodamen.

„Was glaubst du, was hier alles passiert ist!", konnten sie kaum erwarten, zu berichten.

Das musste aber warten, bis Frau Stiller sich zu einem Lieferantengespräch abmeldete.

Dann erfuhr Henriette eine unglaubliche Geschichte.

Heidrun und Beate hatten Frau Stiller zur Rede gestellt, das hatte Henriette ja noch miterlebt.

Sie hatte aber den Inhalt und Ausgang des Gespräches vor dem Urlaub nicht mehr erfahren.

Herr Fürst hatte der neuen Mitarbeiterin in Aussicht gestellt, nach ihrer Einarbeitung den Job der Büroleiterin zu bekommen. Dass dieser mit Frau Kaiser besetzt sei, wäre nur ein temporäres Problem. Sie könne helfen, das recht schnell zu ändern.

Dies tat sie dann auch, wie alle vermutet hatten.

Sie hatte dann bei der Inquisition versprochen, dieses Verhalten einzustellen.

Wie sollte sie nun ihr Ziel erreichen?

An einem Donnerstag verabschiedete sich Frau Stiller in den Feierabend.

Die Anderen räumten auch bereits ihre Schreibtische auf und gingen nacheinander zu ihren Autos. „Als ich wegfuhr, stand das Auto der Stillern aber noch auf dem Parkplatz", berichtete Beate.

„Unterwegs fiel mir ein, dass ich die Tüte mit meinen Naschereien, die ich im Werksverkauf erstanden hatte, im Schreibtisch vergessen hatte.

Ich wollte am Abend eine *Traumzeit-Fete* mit meinen Freundinnen veranstalten und fuhr zurück, um die Tüte zu holen.

Auf dem Parkplatz stand Frau Stillers Auto noch immer.

In keinem Bürofenster war Licht. Als ich im Treppenhaus an der Fürstengruft vorbeilaufen wollte, hörte ich ein schleifendes Geräusch.

Unter der Tür schien aber kein Lichtschein hervor. Neugierig blieb ich stehen und legte mein Ohr an die Tür. Dieses schleifende Geräusch folgte einem bestimmten Rhythmus und ich hörte flüsternde, erregte Stimmen.

Das Schleifgeräusch wurde schneller und ein Stöhnen konnte ich im Weggang mehr erahnen als hören. Ich konnte es nicht fassen und wollte nun natürlich genaueres wissen.

Schnell holte ich mir einige Rechnungen, die ich in den großen Kopierer im Korridor einlegte.

Das Gerät arbeitete monoton, es war kaum zu hören.

Frau Stiller kam schließlich aus dem Chefbüro und blickte erschrocken zu mir und dem Kopiergerät.

Ich hätte vergessen, die Akten für die morgige Besprechung vorzubereiten und sei noch einmal zurückgekommen. Ja, wegen dieser Besprechung habe sie auch noch einmal mit Herrn Fürst zusammen gesessen. (oder gelegen?) wie auch immer! Auf alle Fälle im Dunkeln.

Als sie an mir vorbei musste, nahm ich einen sehr intensiven Geruch von Erde und Moder wahr. Ihr Haar war auch zerzauster als sonst.

Herr Fürst hatte wohl unsere Stimmen gehört und war vorgewarnt.

´Jetzt machen Sie aber Schluss Beate, morgen ist auch noch ein Tag´, rief er mir im Vorbeigehen zu.

Na, ist das eine Neuigkeit oder ist das eine Neuigkeit?“

Dabei schaute sie Henriette triumphierend an.

„Ja, Wahnsinn. Hilft mir nur auch nicht weiter“, antwortete die resigniert.

Es wollte Henriette nicht so recht gelingen, ihre aufgelaufenen Arbeiten zu erledigen, immer wieder starrte sie ins Leere.

Die Mitarbeiterinnen deuteten das falsch: „Gell, du kannst das noch gar nicht fassen. Das ging uns auch ein paar Tage so.“

Gedankenverloren schüttelte sie den Kopf.

Wie aus dem Nichts stand plötzlich Herr Fürst an ihrem Schreibtisch.

„Ach, sind Sie auch wieder da? Es war ganz gut ohne Sie gegangen. Aber nun sind Sie ja ausgeruht und alles kann von vorn beginnen.“

Was immer das auch heißen mochte.

Er erschien ratlos, wie er so seine Blicke über Henriettes zahlreichen Akten schweifen lies.

„Gleich kommt was“, dachte sie ängstlich gespannt. Und tatsächlich: „Ich werde verrückt, hier ist mein Füllhalter. Den suche ich schon mindestens drei Wochen. Sie schrecken aber wirklich vor nichts zurück. Was fällt Ihnen ein, sich den einfach hochzuziehen?“

„Sind Sie übergeschnappt? Der gehört mir. Das war ein Werbegeschenk von der Firma *Mediprint.*“

„Ja richtig, ein Werbegeschenk. Und seit wann bekommen Sie Werbegeschenke? Das war für mich, nicht für Sie! Es langt mir jetzt. In einer Stunde in meinem Büro“, befahl er.

„Das fängt ja schon wieder gut an“, kam es aus Heidruns Ecke.

„Tut mir leid, dass Eure Ruhe nun wieder vorbei ist. Es dauert nicht mehr lange, dann habt Ihr sie wieder. Ich mach das nämlich nicht mehr lange mit.“ Damit rauschte sie zur Tür hinaus und ihre Mitarbeiterinnen fürchteten Schlimmstes.

Schnurstracks lief sie den Gang entlang zu seinem Büro. Sie platzte ohne Anzuklopfen hinein und fauchte ihn an: „Sie haben mich jetzt vor allen des Diebstahls bezichtigt. Das lasse ich mir nicht gefallen.“

„Langsam, langsam, was nehmen Sie sich ´raus, einfach hier so ´reinzuplatzen? Das ist doch wohl Tatsache. Sie haben meinen Füllhalter.“

„Hab ich nicht. Herr Fauler von *Mediprint*, den ich lange vor Ihrer Zeit kannte, hat mir das Etui mit Füller und Kuli geschenkt. Er weiß, dass ich gern mit Tinte schreibe.“

„Na, dann müssten Sie ja auch noch den Kuli und das Etui haben.“ Er holte zum Beweis seines Besitzanspruches sein Etui aus dem Schubkasten, das

wie durch ein Wunder, den gleichen Füllhalter und Kugelschreiber enthielt.

Verblüfft ließ er hören: „Das gibt ´s ja gar nicht. Ich such den doch seit Wochen!“

„Wie wäre es jetzt mit einer Entschuldigung? Haben Sie Umgangsformen bis zum 13.Jahr Ihrer Abiturzeit nicht gelernt? Ihre Manieren lassen ohnehin sehr zu wünschen übrig, da sollte mich dieser Ausfall heute eigentlich nicht wundern.“

Natürlich war sie jetzt zu weit gegangen, Aber sie wollte aus ihrem Herzen nicht weiter eine Mördergrube machen.

„Sie sind gefeuert!“, schrie er sie an und sie lief lachend und weinend in ihr Büro.

Die Mädels hatten das nicht überhören können. Sie fingen sie förmlich auf und versuchten, sie zu beruhigen.

Henriette gestand, dass sie das regelrecht provoziert hatte und das ganze ihrem im Urlaub gefassten Plan entsprach.

Das erschütterte alle, aber sie zeigten volles Verständnis.

Sie bedauerten unendlich, ihre geliebte Chefin zu verlieren, aber sie wussten, dass es so nicht weitergegangen wäre.

Henriette durfte gleich am nächsten Tag zu Hause bleiben.

Der Entlassungsplan musste wohl schon lange in der Schreibtischlade gewartet haben.

Sie erhielt bis Jahresende noch volles Gehalt und eine Abfindung.

Nach ein paar Wochen trafen sich die Bürodamen beim Italiener, um richtig Abschied zu feiern, ohne Frau Stiller.

So erfuhr Henri, dass Frau Stiller nicht ihre Nachfolgerin geworden war.

Sie wurde ins Labor versetzt. Die Fürstengattin musste irgendwie Wind von der Affäre ihres Mannes bekommen haben.

Er schlich seitdem mit eingeknicktem Schwanz durch die Firma. Er war handzahm, wie Beate das bezeichnete. Sie hatte nun den Posten der Büroleiterin.

„Das mach ich aber nur vorübergehend. Da bleibt mein Jürgen auf der Strecke; wo wir doch am Nachwuchs arbeiten“, verkündete sie entschlossen.

„Wahrscheinlich habe ich ihn doch zu sehr gereizt, wenn er jetzt so zahm ist“, resümierte Henriette.

Dann berichtete sie aber gern, wie so ein Hausfrauen- und Mütterdasein Freude machen kann, welch tolle Unternehmungen fast täglich anstehen und dass sie trotzdem auch Sehnsucht nach der Arbeit und ihren alten Mädels hatte.

Arbeitslos heißt nicht: ohne Arbeit

Ein Haus, einen Garten, einen Ganztagsarbeiter und Grenzgänger, einen schulpflichtigen Sohn und eine Katze. Kaum blieb noch Zeit für Handarbeiten und Sport mit den Mädels.

Henriette dachte: wie sollte man da eigentlich noch arbeiten gehen?

Und doch vermisste sie nichts mehr als das.

Es kam keine Befriedigung auf, wenn sie die Fenster jede Woche putzte und immer wieder neue Rezepte ausprobierte.

Ihr fehlte die berufliche Anerkennung; im Team gebraucht und wichtig zu sein.

Irgendwie schämte sie sich, keinen Job zu haben. Sie fuhr mit dem Auto zum Einkaufen in den Nachbarort, nur dass sie ja keiner sehen konnte. Ihr graute vor den fürsorglichen Rückfragen ihrer Nachbarn und ihrer Sportmädels. Es war deprimierend.

Henriette organisierte Theater- und Kinobesuche, nur um unter Menschen zu kommen. Endlich war mehr Zeit, um Sandra und Familie öfter in Hannover zu besuchen.

Sie freute sich besonders auf Fabian, der sich zu einem aufgeweckten Jungen entwickelt hatte und nun schon in die Schule kommen sollte. Erfreute sich auf viele Freunde, die er nun kennenlernen würde.

Die größte Freude machte ihm sein Papa zur Schuleinführung, als er einen niedlichen kleinen Hund nach Hause brachte. Anfangs war nicht klar, wer vor wem mehr Angst hatte.

Die Scheu vor Hunden sollte Fabian mithilfe des kleinen Köters verlieren. Das hatte auch wunderbar geklappt.

Henriette suchte in ihrer Arbeits-Auszeit nach neuen Aufgaben.

Schreiben war eine Option. Schon immer hatte sie kleine Geschichten verfasst, hatte in ihren Tagebüchern ihrer Fantasie freien Raum gelassen.

Sandra regte sie an, Geschichten aus ihrem Alltag zu Papier zu bringen. Sie würde sie gern lesen.

Um etwas wirklich Sinnvolles zu bewerkstelligen, nahm sie ihr altes Dauerprojekt rigoros in Angriff: Bekämpfung ihres immer mal wieder auf und ab pendelnden Übergewichts. Nach Daniels Geburt war sie ihrem Idealgewicht nahegekommen, hatte es dann aber doch wieder aus den Augen verloren und ließ sie erschrocken und frustriert auf die Waage schauen. Die hatte ein Display, das ihr verschiedene Informationen gab.

Wie war sie kürzlich erfreut, als es „low“ signalisierte.

Ihr im Wunschdenken verhaftetes Gehirn jubelte bereits! Aber: die Waage sagte nur *die Batterie war schwach!*

Aus ihrem neuen Kampf resultierte die Geschichte:

Heidrun will das nicht…

„Nun geh‘ schon zu dem Eiswagen, ich merke doch, dass Du Gelüste hast“, ließ Heidrun nicht locker, bis ich gänzlich schwach geworden war und zwei Kugeln Eis in einer Tüte kaufte.

Heidrun bekam keins.

Heidrun gibt's nämlich gar nicht, sie ist mein innerer Schweinehund.

Immer ist sie nervig, immer präsent und unheimlich stark.

Ständig torpediert sie jeden meiner Versuche, endlich ein paar Kilo zu verlieren. Es ist sehr schwer, täglich gegen so jemanden anzukämpfen!

Irgendwo hatte ich gelesen, mal solle seinem inneren Schweinehund einen Namen geben. So könne man alles Unangenehme auf ihn schieben, ihn anbrüllen oder vielleicht auch mal loben.

Wir wollen etwas für unsere Fitness tun. Das heißt ich will das – Heidrun will das nicht!

Da ich in Waldnähe wohne, beschließe ich, morgens vor dem Frühstück eine Runde zu laufen.

Mit viel Optimismus und zweckmäßiger Kleidung gehen wir los.

Heidrun widerwillig im Schlapptau. Schnell laufen ist nicht möglich, Sportmuffel der ich bin mit jahrelanger Bewegungsallergie.

So ist das Tempo auch für Heidrun noch angenehm.

Der Weg wird aber schwieriger, führt lange Strecken bergauf und oben fehlt uns beiden die Luft.

Heidrun stampft mit ihrem imaginären Fuß auf: „Zum Teufel, ich will das nicht!“ Danach ist sie still, geschafft oder beleidigt? Auch gut!

„Wirst Du morgen wieder laufen?“, fragt mein Mann neugierig. Noch bevor Heidrun sich regen kann, kommt mein optimistisches: „Aber natürlich.“ Nach kurzer Zeit ist es wie Zähne putzen. Morgens aus dem

Bett, in die Sportklamotten und raus in den Wald. Heidrun beugt sich dem Unvermeidbaren, sie ist richtig handzahm.
Ich wollte mehr. „Schnupperkurs im Fitnessstudio".

Heidrun schnauzt: „Ja klar, jetzt hat sie Blut geleckt. Statt sich mit den erreichten drei Kilo zufriedenzugeben und aufzuhören, braucht sie jetzt noch eine Steigerung. Aber nicht mit mir! Ich will das nicht – zum Kuckuck!"

Wir fahren mit dem Fahrrad zum Fitnessclub. Beim ersten Mal dachte ich, ihr bliebe vor Empörung die Luft weg.

„Kannst Du nicht mal wieder ein schönes Buch lesen, so wie früher? Ich weiß immer noch nicht, wer nun die schöne Sekretärin ermordet hat. Du nimmst Dir gar keine Zeit mehr dafür!"

„Doch, wenn mal schlechtes Wetter ist." Und bei dieser Aussage bin ich mir sicher, sie würde am liebsten das Wetter manipulieren.

Die neue Waage im Bad zeigt nur geringfügig weniger an als die alte. Mein Gatte meint lachend:

„Was machst Du nur für einen Stress mit Deinem Gewicht? Ich liebe jedes Pfund an Dir!"

Das war Wasser auf Heidruns Mühle.

Sie wird auch weiterhin bei jeder Aktivität protestieren:

Nein, verdammt, ich will das nicht!"

Wenn sich gute Taten auszahlen

Die Oma hatte doch nicht recht, wenn sie sagte: „Tu niemandem etwas Gutes, dann tut dir auch keiner was Böses."
Die Haustürglocke läutet zwei Mal. Einundzwanzig Uhr; wer soll das noch sein?

Völlig befremdlich steht Henriette Frau Bauer gegenüber. Sie kannte sie als Nachbarin ihrer Sportkameradin. In ihrer Firma, einer Tischlerei mit dem Namen „PGH frohe Zukunft", in der überwiegend Särge hergestellt wurden, arbeitete Frau Bauer als Buchhalterin.

Schon mehrfach holte sie sich bei Henriette Rat für kniffelige Buchungsvorgänge und für deren Lösung.

„Hallo, Frau Kaiser. Entschuldigen Sie die späte Störung. Ich wollte mich gern erkenntlich zeigen – für Ihre Geduld mit mir, bei meinen dauernden Rückfragen. In der Firma, in der ich jetzt arbeite, wird ein kaufmännischer Leiter gesucht. Ich dachte sofort an Sie.

Morgen finden Vorstellungsgespräche statt; wenn Sie sich kurz telefonisch anmelden? Dem Chef hab ich Sie schon angekündigt."

Jetzt holte sie Luft. Henriette war so perplex, dass sie ihre guten Manieren vergessen und Frau Bauer nicht einmal hereingebeten hatte.

Die wollte auch nur ihre Botschaft überbringen und gleich wieder verschwinden.

„Versuchen Sie es!", rief sie noch auf dem Weg zur Treppe. „Es ist eine gute Arbeitsstelle und nette Kollegen."

Ganz benommen kehrte Henriette ins Wohnzimmer zurück, wo Peter und Liedmachers – die gerade zu Besuch in Thüringen weilten – gespannt warteten. Sie berichtete ihnen von dem Angebot und urteilte gleich selbst: „Kaufmännischen Leiter. Das kann ich nicht, das traue ich mir nicht zu."

Jetzt begann ein Aufbaukurs. Die Freunde kannten ihren beruflichen Werdegang und ihren Ausbildungsstand.

„Natürlich kannst du das! Nur weil dich dein Wessi-Boss so klein gemacht hat, traust du dir nichts mehr zu. Geh da hin und sag bei allen Fragen, dass du das kannst!", vermittelte Lothar eindringlich seine Meinung. Im Verlaufe eines langen Abends bei vielen Gläsern französischen Rotweins wurde der Plan besiegelt.

Henriette würde zum Vorstellungsgespräch gehen und dort selbstbewusst auftreten. „Das ist doch den Versuch wert. Du hast doch nichts zu verlieren!“, ermunterte sie auch Hannelore.

Am Telefon nannte ihr die Sekretärin einen Termin am Vormittag. Es seien noch drei andere Bewerber angemeldet. Henriette stand lange vor dem Kleiderschrank und das Bett lag schon voller Klamotten.

„Ich habe hier Kleidung für junge und ältere Frauen, für schlanke und weniger schlanke, für konservative und mutige – nur für mich ist nichts dabei.“

Schließlich entschied sie sich für den Klassiker: Jeans und weiße Bluse. Sie schminkte sich dezent und setzte eine Brille auf, die nur leichte Dioptrien Werte hatte und die sie sonst nie trug.

Das Gespräch mit dem Chef – Herrn Unger – war sehr locker und doch professionell.

„Sie kommen auf Empfehlung von Frau Bauer. Sie hätte bei Ihnen einiges gut zu machen, meinte sie. Solche persönlichen Fürsprachen sind mir am liebsten. Das ist, als ob man sich schon kennt.“

Und so war es auch, die Chemie stimmte sofort und Henriette verlor die Hemmungen. Sie lehnte sich mit ihren Behauptungen manchmal weit aus dem Fenster, wollte so aber ihre Chance unbedingt nutzen.

„Frau Kaiser, ich muss sagen, Sie haben mir einen sehr guten Eindruck gemacht“, meinte Herr Unger händeschüttelnd. „Das war auch meine Absicht“, erwiderte Henri kess.

„Der Aufsichtsrat möchte sich alle Bewerber noch anhören. Die Sekretärin gibt Ihnen noch den Termin.“

Im Aufsichtsrat würde die Entscheidung zwischen ihr und einer anderen Buchhalterin fallen, soviel wusste sie schon. Plötzlich war sie so selbstbewusst, diesen Job zu bekommen, dass sie schon einmal eine Flasche Sekt aus dem Keller herauf holte, um mit Herrn Unger anstoßen zu können, wenn er ihr die gute Nachricht überbringen würde.

Er überbrachte sie, freute sich wie sie auf eine gute Zusammenarbeit und es sollten Henriettes glücklichste und interessanteste Berufsjahre werden.

Das schloss aber enormen Stress und Frustrationen keineswegs aus.

Geld war dabei nicht die Durchhalteparole gewesen.

Ihr waren die Worte von Peter Ustinov gegenwärtig: „ Es hat wenig Sinn, der reichste Mann auf dem Friedhof zu sein."

Nur die Tatsache, dass sie ihren Job liebte und sich alle Probleme schönredete, ließ sie sieben Jahre durchhalten. Einem *burnout* entging sie nur knapp; die Fusion mit einer großen Firma in Jena kam ihr gerade gelegen, um sich stillschweigend zu verabschieden.

Henriette hatte nun – mit vierundfünfzig Jahren – keine Angst vor der Arbeitslosigkeit.

Ihr war bewusst, dass sie keinen Job im Angestellten-Verhältnis mehr bekommen würde, und schon gar nicht einen solchen, wie sie gerade aufgegeben hatte.

Die Gesundheit war jetzt vordringlich. Sie sehnte sich nach Ruhe, nach geregelten Tageseinteilungen, nach Zeit für Familie und Hobbys.

Es gab doch noch ein Leben außerhalb dienstlicher Verpflichtungen. Peter hatte ihr zwischenzeitlich des Öfteren vorgeschlagen, doch ein Feldbett in ihr hübsches Büro stellen zu lassen. Die paar Stunden Freizeit solle sie dann auch noch dort verbringen.

Sie seufzte, wenn sie darüber nachdachte. Er hatte Recht, in den letzten Jahren hatte sich alles um ihre beruflichen Verpflichtungen gedreht und die Erfüllung dieser Aufgaben hatte ihr enorme Freude bereitet. Zum Glück kam die Fusion!

Viel war um sie herum passiert. Das Leben war weiter gegangen und hatte sie in manchen Dingen förmlich überrollt. Sogar der kleine Drache „Wuxeldopf" hatte in der Fortsetzung der Geschichte, die sie sich mit Fabian einst erdachte, hatte geheiratet, wie sie per Telefon erfuhr.

Das epochalste Ereignis war aber die Auswanderung von Sandra und ihrer Familie nach Kanada.

Das kam ziemlich überraschend. Sie hatten die Eltern nicht eingeweiht, es wurde nichts beredet oder angedeutet; plötzlich war es Tatsache.

Sandra wollte unnötige Ängste und Sorgen vermeiden, falls es nicht klappen würde.

Offensichtlich hatten sie sich aber gut in Szene gesetzt, so dass die Genehmigung relativ rasch erfolgte. Sie hatten gespart, fleißig Englisch gelernt, Ihre Argumentationen besonnen zurecht gelegt, sie würden eine Bereicherung für den nordamerikanischen Staat sein.

Für ihre Familien waren sie ein Verlust, ein trauriger.

Die Verabschiedung von Sandra und Fabian auf dem Flughafen Frankfurt war ein schwerer Akt. Zum ersten Mal hatte Henriette ihren Mann weinen sehen. Sie lagen sich schluchzend in den Armen, als sie zuschauten, wie das Flugzeug vom Boden abhob.

Es gibt einen Song von Chris de Burgh – dem ausgesprochen unübertroffenen Lieblingssänger von Henriette – in dem er den Abschied von seiner Tochter besingt.

Wann immer sie es hört: niemals kann sie dieses Lied mit singen, weil ihr die Worte und die Töne in der Kehle stecken bleiben.

„here for you“ heisst der Song und die letzte Zeile lautet: *...but seeing you go, is the hardest thing that I have known”*

Es fiel Peter und Henriette nicht leicht, ihre Traurigkeit nicht allzu vordergründig spüren zu lassen. Sie wollten den Beiden kein schlechtes Gewissen machen. Es war *ihr* Leben und sie sollten mit ihrer Entscheidung glücklich sein.

Sie hierbehalten zu wollen, wäre egoistisch, wenn auch verständlich. Erschwerend kam dazu, dass damit natürlich auch ihr einziges Enkelkind in weiter Ferne aufwachsen würde.

Peters Eltern dagegen verstanden die Welt nicht mehr. Sie hatten große Probleme mit dieser Entscheidung. Sandra war ihr Liebling. Nach ihrer Sicht der Dinge hätte sie nicht weggehen dürfen.

Aber die Entscheidung war richtig. Natürlich haben junge Leute das Recht, ihr Lebensumfeld selbstbestimmt zu wählen; ohne Rücksicht auf Familie. Da alles gut und solide vorbereitet war, hielten sich die Sorgen der Angehörigen in Grenzen.

Über Jahre hörte man nur positive Nachrichten. Die sporadischen Besuche in beide Richtungen bestätigten, dass sie sich gut etabliert hatten.

Oft erinnern sie sich noch an ihren ersten Flug nach Kanada. Die Aufregung und Nervosität war bei den Kaisers mit Händen greifbar. Lediglich Daniel blieb cool, er musste sich ja auch um nichts kümmern.

Opa war unpässlich. Er wollte eigentlich die drei zum Flughafen Leipzig bringen. Es wurde umdisponiert und sie suchten sich einen Dauerparkplatz für drei Wochen.

Der zweite Schreck: Ihr Flug war nicht auf der Anzeigetafel im Abflugterminal angegeben.

Anvisierte Zeit laut Übersicht des Reisebüros 13:05 Uhr.

Henriette wurde schlecht. Sie steuerte den Schalter an und bekam die niederschmetternde Nachricht: kein Flug um diese Zeit nach Amsterdam!

„Ich hab ´s doch aber hier stehen“, Henri schiebt ihren Plan über den Tisch.

Kopfschütteln. „Zeigen Sie mir doch bitte mal ihr Ticket.“

Nach einem kurzen Blick darauf: „Der Plan ist falsch. Auf dem Ticket steht es richtig: Abflug 10:55 Uhr. Der Flug wurde soeben abgefertigt.“

Es war 10:40 Uhr. Was jetzt passierte, gibt es eigentlich nur im Film. Aber sie hatten Glück. Sie waren in diesem Streifen die Hauptdarsteller.

In Windeseile wickelte das überaus freundliche und kompetente Bodenpersonal eine ganz individuelle Ein-check-show ab.

Während eine Dame der Crew per Funk den Shuttlebus zurückbeorderte und den Piloten anwies, die kurze Gangway noch einmal herunter zu lassen, übernahm eine andere die Kontrolle der Papiere und die nächste die Aufgabe des Gepäcks. In Windeseile ging die Fahrt über den Flugplatz zur Maschine, die Koffer kamen in ein Netz – direkt in die Kabine und die drei verteilten sich auf drei verstreute Plätze. Henriette heulte bis Amsterdam. Vor Wut, vor Erschöpfung, vor Erleichterung. Aber das hätte schiefgehen können!

Warum war sie nur nicht ein einziges Mal auf die Idee gekommen, die Tickets mit dem Computerausdruck des online-Reisebüros zu vergleichen?

Bei Umstiegszeiten in Amsterdam und noch einmal in Minneapolis war es bequemer, eine solche chronologische Übersicht zu nutzen.

Nur gut, dass Peter schon so zeitig zum Aufbruch gedrängelt hatte. „Was sollen wir jetzt noch zu Hause herumhocken. Lasst uns lieber am Flughafen noch den Trubel betrachten.“

Nur gut, dass die Boden Crew so erstklassig funktioniert hatte. Sicher war das auch nur möglich, weil bis Amsterdam nur ein kleines Flugzeit am Start war, eine ATR Trop mit zirka achtzig Sitzplätzen.

Alle weiteren Verbindungen waren in Ordnung. In der Vorsaison waren keine Direktflüge bis Edmonton am Start. Nach siebzehn Stunden Flug und Zwischenaufenthalten kamen sie müde und erschöpft – um 22:50 Ortszeit – an.

Sandra musste nicht lange auf sie warten, sie waren pünktlich.

Es war eine bewegende Wiedersehensfreude. Neugierig erkundeten sie die neue Heimat ihrer Großen.

Eines Nachmittags war der Besuch bei den Nachbarn angesagt.

Vorausschickend sei zu erwähnen, dass Henriette ihr Schulenglisch immer wieder pflegte und aufbesserte. Die Verständigung beim Zoll am Flughafen hatte auch ganz ordentlich geklappt. Da Peter kein Englisch sprach und Daniel sich vornehm zurückhielt, oblag ihr die Konversation.

Von Sandra hatte sie gehört, dass ihre Antwort auf die Frage "how are you?" ein lockeres „oh, I´m fine" lautete. Das würde sie sich merken, das war für sie neu.

Der Nachbar William reichte ihr freundlich die Hand und fragte: „Nice to meet you. How are you?" Henriette's Antwort: „Thank you, I´m nice."

Na prima. Sie merkte ihren Fauxpas sofort und wurde rot. Alle lachten.

William meinte höflich lächelnd: Oh yes, you are very nice too."

Henriette hatte für Daniel auf Grund ihrer beruflichen Beziehungen eine gute Lehrstelle als Kraftfahrzeugmechaniker gefunden. Die Berufswahl war nicht einfach gewesen, mit sechzehn Jahren war ihm noch nicht wirklich bewusst, was er einmal machen möchte.

Seine Engagements für die Mopeds seiner Freunde waren aber nicht zu übersehen und auch nicht zu überhören. Mit großer Ausdauer und Geschick tunte er die Fahrzeuge nach den Vorstellungen seiner Kumpels. Häufig geriet er selbst auch in polizeiliche Kontrollen und bekam Mängelprotokolle. Die Fahrzeuge mussten danach im gesetzlich erlaubten Zustand bei den Behörden vorgestellt werden. Dazu legten die Freunde eine Nachtschicht in Kaisers Garage ein. Nach der Vorführung bei der Polizei wurde die nächste Nachtschicht geschoben – alles wieder auf

Anfang. Bis zur nächsten Kontrolle wollten sie ja unbedingt wieder mit frisierten und gestylten Mopeds unterwegs sein.

„Warum muss sich denn nur immer alles in unserer Garage abspielen?“, beklagte sich Peter, dem der Lärmpegel einfach auf die Nerven ging.

Er hatte sich oft schon schlafen gelegt. Sein Tag begann um vier Uhr morgens. Die Fahrt zur Arbeit überwand eine Distanz von achtzig Kilometern. Auch in seinem Zimmer war Daniels Lärmpegel nicht gerade gedämpft. Immer erforderte es Ermahnungen, um erträgliche Lautstärken zu erreichen.

Henriette akzeptierte, dass seine *Orgien* in ihrem Haus stattfanden.

Man erlaubte ihm fast alles. Sandras Kommentar: „Das hätte ich mir früher mal erlauben sollen.“ Es hatte außerdem den Vorteil, dass die Eltern wussten, mit wem ihr Spross verkehrte.

So standen oft drei bis fünf Paar Schuhe in großen Größen, oft ausgelatscht und ungeputzt, unter dem Treppenabsatz. Und plötzlich fanden sich da auch ein Paar Mädchenschuhe.

Als Henriette spät am Abend auf dem Korridor nur noch das *eine* kleine Paar vorfand, kamen sie ins Grübeln. Daniel war sechzehn.

Na gut. Für diesmal stellte sich heraus, dass es sich um die Nachbarin handelte, mit der er oft zusammen hockte. Aber es ging nun tatsächlich los mit den Mädchen.

Zeit, noch einmal eindringlich mit ihm über Geschlechterfragen zu reden. Er wollte nichts mehr wissen, ihm sei schon alles bekannt.

Na, auch gut. Henriette waren solche Themen noch immer peinlich und Peter sah das alles ganz nüchtern. Vertrauen sei alles. Und vertrauen konnten sie ihrem Jüngsten.

Er war ihnen auch gut geraten. Nach Sandras Auswanderung waren sie doppelt froh, ihn als Nachzügler noch zu Hause zu haben.

Selbstverständlich blieben die alltäglichen Sorgen nicht aus. Wenn er mit dem Moped, und später mit dem Auto, unterwegs war, konnte Henriette nicht eischlafen.

Hörte sie den typischen Motorenklang schon von weitem, fielen ihr die Augen zu, noch ehe sie das Schließen der Garagentür wahrnahm.

Peter hatte wieder dieses Urvertrauen, das ihn ruhig schlafen ließ.

Henriettes Sorgen waren nicht unbegründet, denn er gab doch oft Anlass zur Sorge. Mit dem Auto zu schnell in einer Kurve begegnete er einem anderen Auto, ebenfalls zu schnell in dieser Kurve. Durch ein spontanes Ausweichmanöver landete das Auto auf dem Feld. Daniel mit Schock, Auto mit Totalschaden.

Wenn morgens um sechs Uhr die Polizei an der Haustür klingelt, ist das eine Erfahrung, auf die man besser verzichten könnte. Sie suchten Drogen, in handelsüblichen Mengen.

Daniel hatte zwischenzeitlich seinen kurzen Selbstversuch mit Haschisch beendet. Ein Mädchen aus seinem Bekanntenkreis hatte ihn aber beschuldigt, mit dem Zeug zu handeln.

Sicher hatte sie ihn aus enttäuschter Liebe angeschwärzt, oder warum auch immer. Es stimmte nicht, wie sollte er das beweisen?

Seine Bong war sauber, stand in einer Nische hinter dem Sofa. Peter hatte sich breitbeinig davor gesetzt, so dass sie auch für den Hund nicht aufspürbar war.

Es gab sogar eine Verhandlung, weil Aussage gegen Aussage stand.

Daniel fand seinen Vater cool.

Das hatte er auch früher bereits gedacht, in der Situation, als Anke auszog. Sie hatte mit Daniel im oberen Stock des Hauses gewohnt und gestaltete eines Nachts ihren Abgang sehr geräuschvoll.

Es polterten Blumentöpfe und CDs die Treppe herunter. Daniels Eltern standen verwundert, brutal aus dem Schlaf geschreckt, am Treppenaufgang. „Wisst ihr überhaupt, dass euer Sohn kifft?“, war ihre bösartige Enthüllung. Peter erwiderte nur ganz locker: „Na und?“

Und wann war das passiert?

Die Frage besser gestellt: Wie war das passiert?

Axel wollte das wissen. Während einer Festveranstaltung agierte er mit seinem Freund und Partner auf der Bühne.

Ein DIA-Vortrag der ganz besonderen Art. Sie berichteten von fünf Jahren Fahrradabenteuer in sechzig Ländern und 80 000 km umfassenden Erlebnissen.

Henriette war überrascht, sie wusste nicht, dass an diesem Abend ein DIA-Vortrag zum Programm gehören würde. Ebenfalls war sie überrascht, als Axel sie in der Pause ansprach.

„Hi meine Liebe! Schön, dich hier zu sehen. Wo bist du verschollen? Meine Mutter redet oft von eurer Zeit, aber man sieht dich nie?“

Henriette konnte ihm das nur unbefriedigend beantworten.

Während sie fast mechanisch sprach, suchte sie ihr Hirn nach plausiblen Antworten ab. Sie hatte keine.

Seit Jahren hatte sie keinen Kontakt mit Katarina. Warum? Keine hatte sich bei der anderen gemeldet. Es hatte keine Unstimmigkeiten gegeben.

Sie suchte nach Gründen. „Axel, ich kann dir das wirklich nicht beantworten. Ich weiß es selbst nicht. Ich kann nur sagen, dass es äußerst traurig ist.“ Axel, der immer für schnelle Lösungen zu haben war, hatte sie auch diesmal.

Natürlich war jede für sich in einer festen familiären Beziehung. Beide waren berufstätig. Henriette und Peter waren mit ihrem Hausbau über Jahre ausgelastet.

Die Interessen, vor allem der Männer, lagen auf völlig verschiedenen Gebieten. Dadurch ergaben sich andere, neue Freundeskreise, mit denen man nun die Freizeit verbrachte. Henriette schämte sich vor Axel. Sie hatte immer so viel Zuwendung und Anteilnahme von Kats Familie bekommen. Alles keine Gründe, sich nicht mal zu melden.

Axel schüttelte verständnislos den Kopf.

„Du kommst mir eh wie gerufen. Wir, Peter und ich, haben eine kleine Firma gegründet. Wir brauchen dringend jemanden, der uns bei der Buchhaltung hilft. Vielleicht hast du Zeit und Lust, da mal einen Blick draufzuwerfen?

Komm doch nächste Woche mal vorbei. Ich sag meiner Mutter Bescheid und ihr könnt euch auch gleich mal wieder treffen!“

Henriette sagte zu. Sie konnte dem weiteren Vortrag gedanklich kaum folgen, weil sie noch immer nach Erklärungen suchte. „Was war da nur passiert?“

Sie hatte natürlich in den Medien verfolgt, was die beiden *Weltumradler* auf ihren Touren erlebt hatten. So wie ihre eigene Tochter hatte es ihr Patenkind in die Ferne gezogen.

Sie wusste, wie viele bange Stunden und schlaflose Nächte ihre Freundin zubrachte.

Die beiden Abenteurer fuhren los, da hatte die neue Republik noch nicht einmal das Westgeld. Geschweige denn, dass es Telefon schon für Normalbürger gegeben hätte.

In diesen Anfangsjahren trafen sich die Familien noch hin und wieder. Der Kontakt riss etwa dann ab, als Kaisers mit dem Hausbau begannen und schließlich aus Saalfeld wegzogen.

Und dann löste sich alles wundervoll auf:

„Wir hatten uns nur aus den Augen verloren, nicht aus den Herzen“

So intensiv wie in ihren innigsten Zeiten fanden sie wieder zueinander.

Zwangsläufig kreuzten sich ihre Wege jetzt häufiger, da Henriette den verhängnisvollen Schritt gewagt hatte, mehrere Blicke in die Buchhaltung der *Axel & Peter GbR* zu werfen. Eine „never ending story“.

Mutig ihre Chancen nutzend, hatte sie in der Zwischenzeit Lust und Last der Selbständigkeit erprobt. Ihr Buchhaltungsbüro für kleine und mittelständische Unternehmen entpuppte sich als ein Selbstläufer, was die Kunden-Akquise anbelangte. Firmenbekanntschaften und Mund-zu-Mund-Propaganda sicherten ihr Aufträge und Einkommen.

Henriette kam aus dem Staunen gar nicht mehr heraus. Der Spruch ihrer Bekannten:

„Wer selbständig arbeitet, arbeitet selbst und das ständig“ bewahrheitete sich.

So sehr wollte sie das gar nicht übertreiben.

Aus allen Branchen betreute sie Mandanten. Durch diese Vielfältigkeit wurde die Arbeit selbst zu einem ganz individuellen Erlebnis.

Das Büro *Weltsichten* der beiden Radfahrer widerspiegelte die Abenteuer, die die beiden ständig und immer wieder erlebten. Spannend und bizarr, chaotisch und interessant – unmöglich vergleichbar mit irgendeinem ihrer anderen Mandanten.

Selbst die Teilnehmer ihres Erwachsenen-Bildungskurs konnte sie davon überzeugen, dass Buchhaltung nicht nur Summierung langweiliger Zahlen bedeutet.

Mit anschaulichen Praxisbeispielen begeisterte sie so oftmals in ihren Buchhaltungskursen – die sie im Rahmen der Weiterbildungs- und Existenzgründer-Schulungen übernommen hatte. Natürlich erreichte sie damit nicht jeden.

Es gab genügend belehrungsresistente Schüler, denen Buchführung ein Buch mit sieben Siegeln blieb.

Der Unterricht in einer Klasse von Jugendlichen, die zwar einen Berufsabschluss geschafft hatten (wie?), aber keine Anstellung fanden, war für alle Dozenten schwierig und oftmals gar lästig. Ständig beschäftigten sich die Kursteilnehmer mit anderen, privaten Dingen und störten mit ihrem Schwatzen über Bänke hinweg den Unterricht.

„Meine Damen und Herren, ich kann ja verstehen, dass Buchhaltung ein für Sie trockenes und langweiliges Fach ist. Wenn Sie dem Unterricht nicht folgen möchten, bitte ich Sie aber wenigstens, aus Höflichkeit, ein wenig leiser zu sein. Vielleicht würde der Eine oder Andere doch gern etwas vom Stoff mit nach Hause nehmen.“

Die Antwort schockierte Henri auf ´s Äußerste: „Ach, wissen Sie, Frau Kaiser. Das geht ja nicht gegen Sie; aber das alles hier geht uns am Arsch vorbei!“

Welche Abgründe taten sich hier auf? Konnte hingenommen werden, dass diese Einstellung zum Lernen, ein Angebot zur Fortbildung in deren Interesse auch noch gefördert wurde?

Zu Hause hielt sie Daniel eine Gardinenpredigt über die Respektlosigkeit und Verwahrlosung der Jugend. „Also, zuerst einmal ist klar, dass bei euch früher alles besser war. Und zum anderen: hast du eigentlich bemerkt, dass es nicht um *mich* ging? Ich bin nämlich dein Sohn, ich bin gut erzogen.“ Sie lachten beide und Henri umarmte ihn mit den Worten: „Na, gottseidank. Alles richtig gemacht.“

„Eigentlich hab ich mit euch Glück gehabt“, sinnierte Daniel einmal nach einer längeren Diskussion. „Ihr seid gar nicht so schwierig, wie andere Eltern.“

Die Verpflichtung, sich immer aufs Neue zum aktuellen Stand von gesetzlichen Regelungen fortzubilden, gehörte selbstverständlich zu ihrer neuen Tätigkeit.

Wenn auch widerwillig und oftmals als Zeitverschwendung erscheinend: sie benötigte die entsprechenden Zertifikate.

Für Sandra schilderte sie eine solche Bildungsfahrt:

Noch eine Stunde bis zum Tod

Dadong, dadong, dadong ... „noch eine Stunde bis zum Tod“ Langsam verging Minute um Minute.

Dadong, dadong, dadong... eine harte Melodie, die die Schienen mit den alten Rädern des Zuges im Canon sangen.

„Noch eine Stunde bis zum Tod“ hieß das Buch, das ich am Bahnhofskiosk noch schnell gekauft hatte. Jetzt wollte ich es weiterlesen, aber dieses „dadong, dadong, dadong“ lenkte mich ständig ab. Außerdem konnte man bei dieser Beleuchtung kaum den Text erkennen.

Ein hässlicher Zug.

Es schüttelte mich innerlich.

Schmutzig und kalt. Dieses Abteil war seit Wochen nicht gereinigt worden. Papierschnipsel, Brotkrümel und Staubwusel bedeckten überall den Fußboden. Und die bewegten sich! Die Sitzbänke waren mit einem Samtcord bezogen, der vor vielen Jahren einmal grün gewesen sein musste. Ausgeblichen und fleckig deutete er kaum noch den vergangenen Luxus des Abteils an. Daran änderten auch die Spitzen-deckchen nichts, die in Kopfhöhe an den Rückenlehnen angebracht waren. Sie hatten auch mal bessere Tage gesehen.

Obwohl es draußen dunkel war, sah man, dass auch die Fensterscheiben seit langem dem Reinigungstrupp entgangen waren.

Drinnen mehr noch als draußen. Sinnigerweise hatte jemand *Sau* in den Schmutz geschrieben.

Noch mehr Worte aus der Fäkalsprache waren zu finden.

Die Landschaft, die draußen vorbeiglitt, war ebenso trist. Gut, dafür konnte die Bahn nun nichts. In dem dunklen Regen tauchte nicht einmal eine Ortschaft oder wenigstens eine Straßenlaterne auf. Es kam mir vor, als führen wir bereits stundenlang durch Niemandsland.

Meine Güte, wie war ich denn heute drauf?

Zugegebenermaßen war ich in *sehr* schlechter Stimmung. Aber dieses Abteil zog mich noch zusätzlich ′runter.

Ratlos hielt ich mein Bonbonpapier in der Hand. Ich traute mich nicht, den Abfallbehälter zu öffnen, dessen Deckel vom überquellenden Inhalt schon angehoben war.

Auf keinen Fall wollte ich wissen, was da alles drin war.

Der Geruch! Ja einen sonderbaren Geruch hatte ich von Anfang an wahrgenommen.

Es stank nach kaltem Rauch und schalem Bier. Aber irgendwie auch typisch für solche Eisenbahnabteile, die noch aus DDR-Zeiten stammten. Hätte man mich mit verbundenen Augen hier hereingebracht, ich hätte sofort sagen können, dass ich in einem alten Zug bin. dadong, dadong, dadong – der Zug polterte weiter durch dieses öde Niemandsland.

War denn gar kein Leben zwischen Berlin und Magdeburg?

War ich denn überhaupt zwischen Berlin und Magdeburg?

Resigniert schlug ich die Beine übereinander und startete einen neuen Versuch, in dem Buch zu lesen.

Von der Decke schien diffuses Licht herab. Die düstere Lampe erinnerte an die gespenstischen Funzeln schummriger Kneipen in blutrünstigen Krimis. „Noch eine Stunde bis zum Tod." Mich fröstelte.

Nein, es war hier auch wirklich kalt. Das verstärkte mein Unbehagen noch mehr, obwohl ich gedacht hätte, dass dies gar nicht mehr möglich wäre.

Ich nahm meinen Mantel vom Haken und kuschelte mich hinein.

Mit hochgeschlagenem Kragen und einer Hand in der Manteltasche setzte ich mich auf die vorderste Kante des Sitzpolsters.

Zuerst hatte es am Bahnhof geheißen: Schienenersatz. Na ja, heute war ja mein absoluter Glückstag!

Dann hatte man wohl irgendwo diesen Zug hier gefunden.

„Die Fahrkarten bitte!", hörte ich von weitem schon den Schaffner im Gang.

Mit brachialer Gewalt zerrte er die Abteiltür auf, so dass sie hart ans andere Ende anschlug. Ohne seinen Satz zu wiederholen, streckte er mir verlangend seine Hand entgegen.

Ich reichte ihm meinen Fahrausweis mit der Frage: „Wie lange fahren wir denn noch bis Magdeburg?"

„Der Zug fährt gar nicht nach Magdeburg“, hatte ich schon als Antwort erwartet. Zum Glück kam die Aussage: „Noch zirka eine Stunde.“

„Tut mir leid“, fügte er noch hinzu, als er mich kritisch von oben bis unten betrachtete.

„In den beiden letzten Waggons ist die Heizung ausgefallen. Versuchen Sie doch, in den drei vorderen Wagen noch einen Platz zu bekommen.“

„Sind die so voll?“

„Na ja, da konzentriert sich halt alles. Versuchen Sie´s einfach mal.“

Er gab mir meine Karte zurück und verschwand wieder mit dem entgegengesetzten Knallen der Tür.

Wenn da vorn so ein Gedränge herrscht, habe ich auch nichts gekonnt – dachte ich bei mir. Jetzt würde ich halt hier weiter leiden. Dadong, dadong, dadong...

Und da sah ich es! In der Ecke. So was Ekeliges! Wo vorher mein Mantel gehangen hatte, war ein Fleck Erbrochenes. Nur mit Mühe konnte ich verhindern, dass ich selbst gleich noch daneben spie.

„Das langt jetzt wirklich!“, erboste ich mich laut.

Schnell hatte ich den Mantel wieder ausgezogen, um nachzusehen, ob er etwa mit dem Fleck in Berührung gekommen war. Nein, zum Glück nicht.

Ich sammelte all meine Sachen auf und verließ fluchtartig das Abteil.

„Ist das eine Sauerei! In Magdeburg werde ich aber eine gpfefferte Kritik in der Bahnhofsinfo abgeben“, führte ich laut mein Selbstgespräch fort.

Nachdem ich die Sitzreihen im Nachbarabteil inspiziert hatte, knallte ich meine Tasche darauf und zog meinen Mantel wieder an.

Dieses Abteil war nur um den fehlenden Fleck besser. Derselbe überquellende Abfallbehälter, ebenso viele wabernde Flusen auf dem Boden, die schmutzigen Fenster und draußen das regnerische dunkle Niemandsland.

Noch zirka eine Stunde, hatte der Schaffner gesagt.

„Noch eine Stunde bis zum Tod.“

Nur blöd, ich hatte keine Uhr dabei und in dieser unwirtlichen Umgebung auch keinerlei Zeitgefühl.

Ich legte das Buch in meine Tasche zurück. (Aha, daher der Name „Taschenbuch“)

Es konnte mich nicht fesseln. Nicht nur wegen meiner schlechten Laune oder dieser miesen Umgebung. Es war auch vom Inhalt her öde. Ich hatte bereits im Bahnhofscafé bei einer Tasse Cappuccino über zehn Seiten gelesen. Vom Inhalt war nichts hängen geblieben.

Sollte ich es gleich zum Fenster rauswerfen? Nein, eine Chance gebe ich ihm noch.

Vielleicht in einer warmen Wanne bei einem Glas Rotwein.

„Oh, das wäre jetzt schön“, seufzte ich sehnsuchtsvoll.

In dem kleinen, fast erblindeten Abteilspiegel blickte mir eine alte Frau entgegen. Na ja gut: eine sehr übermüdete, abgespannte Frau. Sie erschreckte mich zutiefst.

Der ganze Schlamassel hatte heute Morgen begonnen. Eigene Selbstschuld und womöglich die gerechte Strafe.

Mit den beiden Kursteilnehmerinnen Isabelle und Rosi war ich schon vier Uhr nach Berlin aufgebrochen, um dort an einem Fachseminar teilzunehmen.

„Das Bilanzierungsrecht beziehungsweise die Bilanzierungspflicht für GmbH und Aktiengesellschaften im Allgemeinen und im Besonderen.“ Das würde hart werden.

Da uns nach der Ankunft des Zuges noch genügend Zeit blieb, suchten wir uns ein kleines Bistro im Hauptbahnhof. Wir gönnten uns ein ausgiebiges Frühstück und jede einen Piccolo.

Wir hatten die gesamte Fahrt schon viel gelacht und der Alkohol verstärkte noch unsere Kicherlaune. Auf dem Weg zum Bahnhofsausgang wollte ich noch kurz an der Auskunft vorbei, um mir einen Nachmittagszug nach Magdeburg heraussuchen zu lassen.

„Wieso willst du nachmittags noch nach Magdeburg?“ wollte Rosi wissen.

„Weil ein Mandant schon dort ist, zu einer zweitägigen Konferenz. Ich sollte schon mit ihm zusammen hin, dieses Berliner Seminar war aber schon gebucht. So bin ich dann wenigstens noch den zweiten Tag dabei.“

„Hallo Stress! Geht´s auch ohne?“ Isabelle rollte die Augen.

„Ist doch nicht so schlimm. Das lässt sich alles händeln“, war meine optimistische Antwort. Wir liefen also mit klappernden Stöckeln und wehenden Mänteln kichernd auf den Auskunftsschalter zu und stockten unwillkürlich vor diesem bösen Blick.

Die Dame hinterm Tresen hatte ihr Gesicht zur Faust geballt und konnte unserer übermütigen Laune gar nichts abgewinnen.

„Entschuldigung, ich brauche bitte eine Zugverbindung gegen 15 Uhr nach Magdeburg." Dabei lächelte ich sie höflich an. Das beeindruckte sie nicht.

Nachdem sie ihren Computer befragt hatte, hörte ich ein Mürrisches:„ vierzn zweeunvierzich.

Moment, ick druck noch wat aus, waa!" Und damit überreichte sie mir ein Blatt Papier.

„Na, das könnt ick mir ja jrad noch merken, waa", dachte ich, als ich den Zettel einsteckte.

Isabelle zerrte mich schon am Arm. „Danke vielmals", rief ich noch über die Schulter zurück und stürmte mit den beiden zum Ausgang.

Sicher hatte die Dame noch mitbekommen, wie wir uns über sie lustig machten.

Die Worte hatte sie hoffentlich nicht verstanden.

„Die ist von der Natur auch nicht gerade mit Charme gesegnet worden", feixte Rosi.

„Die weiß zum Feierabend sicher nicht mal, wie sie aus ihrem engen Schaffnerstuhl ′rauskommen soll", setzte Isabelle noch drauf und ich lachte unbeschwert mit.

Normalerweise bin ich nicht schadenfroh und schon gar nicht boshaft.

Aber in so einer Zicken-Clique vergisst man schon mal seine gute Erziehung.

Das Seminar war äußerst anstrengend. Uns dröhnten die Köpfe.

Die beiden wollten trotzdem noch shoppen gehen.

»Mein Mann hat mich gefragt, ob ich in der Hauptstadt noch einkaufen gehen würde", berichtete Rosi lachend. „Ich habe gesagt: nein Einkaufen nicht, aber Shoppen."

Für ihn gäbe es da keinen Unterschied. „Na Schatz: Einkaufen ist Mehl, Butter, Fleisch. Shoppen ist Schuhe, Handtaschen usw."

„Darauf hat er seine Geldbörse geöffnet und mir einen Hunderter gereicht. Süß, oder?"

Wir trennten uns also mit Kichern und Küsschen. Die zwei S-Bahn-Stationen bis zum Hauptbahnhof dauerten nur Minuten.

Was war ich müde und ausgepowert!

An der Fahrplanübersicht suchte ich nach „vierzen zweeunvirzich“ - Bahnsteig acht.

Das genannte Fernziel interessierte mich nicht, ich würde es ohnehin nicht kennen.

Schließlich kam ich aus der Provinz.

Bereits als der Zug, in dem ich es mir schon bequem gemacht hatte, anrollte und eine Lautsprecherstimme verkündete: „nächster Halt ...“ wusste ich, dass ich im falschen Zug saß.

Mir wurde ganz heiß. „Ich bin hier falsch“, begrüßte ich schon den Zugbegleiter, der meine Karte sehen wollte.

„Aber so was von falsch.“ Er klang mitleidig.

„Ihr Zug wäre ab Bahnhof Zoo gefahren. Jetzt müssen Sie bis Schöneweide und dann wieder zurück nach Zoo. Da fährt dann 21:27 Uhr der nächstmögliche nach Magdeburg.“ Er hatte sich zum Fahrplanblättern neben mich gesetzt und klopfte mir aufmunternd auf die Schulter. Zum Glück wollte er nicht auch noch eine Nachlösegebühr bis Schweineöde. Er hatte Mitleid mit mir.

Diese dusselige Kuh am Schalter! Das hätte sie doch dazusagen müssen: ab Bahnhof Zoo. Wer kommt denn darauf? Wenn ich am Hauptbahnhof frage, dass sie mir dann eine Verbindung ab Bahnhof Zoo sagt?

Ich holte den Computerausdruck aus meiner Manteltasche. Dort stand es: 14:42 Uhr ab Bahnhof Zoo. Ankunft Magdeburg: 16:51 Uhr.

Ich war die Blöde. Wer lesen kann, ist klar im Vorteil, würde mein Mann jetzt sagen.

Aus einer Telefonzelle am Haltepunkt „Schöneweide“ rief ich das Hotel in Magdeburg an und erwischte auch meinen Mandanten.

„Sie müssen allein zum Abendessen gehen, ich weiß nicht, wann ich komme.“

„Wo stecken Sie jetzt?“

„In Berlin Schöneweide.“

„Was? Wie sind Sie denn dahin gekommen?“

„Das ist ´ne längere Geschichte. Ich hab mich total verfahren.“

„Kann ich mir nicht erklären. Ich dachte immer, die Lokführer fahren die Züge.“

»Machen Sie sich nur lustig. Am besten verabreden wir uns für Morgen zum Frühstück.“

„Okay, aber verfahren Sie sich nicht wieder.“

Herr Muckel war für Späße immer zu haben. Da würde ich in den nächsten Tagen noch ´ne Menge an Spott ertragen müssen. Dadong, dadong, dadong...

„Noch eine Stunde bis zum Tod.“

Ich fror immer noch, war müde und missgelaunt. Der Mantel hielt gar nicht viel ab. Diese unbehagliche Kälte drang tief unter die Haut. Ich zog den Abteilvorhang zum Gang hin zu. Das würde nicht viel nützen, ich versuchte es aber trotzdem.

Dabei brach die Halteschiene ab und der Vorhang hing herunter wie ein Lappen. Er sah auch so aus.

Wenn mich die Dame vom Auskunftsschalter jetzt so sehen würde, hätte sie sicherlich ein schadenfrohes Lächeln für mich. Ja, ich hatte das verdient.

Ein fortdauerndes, unangenehmes Geräusch hatte sich eingestellt. Ich ging der Sache nach.

Unter dem Sitz rollte eine leere Flasche immer hin her. Ich konnte sie doch um Himmels willen nicht anfassen! Nach kurzem Überlegen holte ich das Buch aus meiner Tasche. Ich legte es unter den Sitz und arretierte damit die Flasche.

Chance vertan. So erfüllte das Buch einen nützlicheren Zweck. „Noch eine Stunde bis zum Tod“ dadong, dadong, dadong....

Erwartungsvoll schaute ich aus dem Fenster. Noch immer gab es nichts zu sehen. War diese Stunde denn *noch* nicht vorbei?

Vor lauter Frust über mich selbst wollte ich wie ein kleines Kind trotzig mit dem Fuß aufstampfen.

Selbstmitleid schnürte mir die Kehle zu. »Ich will nicht mehr! Ich kann nicht mehr! „Tränen der Wut rannen mir übers Gesicht und in deren Schleier sah ich ein Stellwerk vorbeihuschen.

Magdeburg, ja Magdeburg stand darauf. Sind wir denn *schon* da? Ich konnte mich tatsächlich auch noch selbst auf den Arm nehmen.

Minuten später hielt der Zug mit Quietschen und Ächzen.

Ich stand schon lange an der Tür. Nur ´raus hier - so ein Horrortrip!

23:39 Uhr zeigte die Bahnhofsuhr. Ich schleppte meine schwere Tasche über den langen Bahnsteig und die Stufen hinunter. (Damals hatten die Reisetaschen noch keine Rollen, man musste sie noch selbst tragen.)

Vor dem Bahnhofsgebäude steuerte ich direkt auf das nächste Taxi zu.

Der Fahrer stand vor seinem Wagen und rauchte. Er warf sofort seine Zigarette weg und lud meine Tasche ins Auto.

„Wohin soll ´s denn gehen, junge Frau?"

„Zum MARITIM, bitte."

Er sah mich verständnislos an: „Lady, das ist nicht ihr Ernst."

„Jetz sagen Sie nur, das gibst ´s hier nicht?" Ich merkte, dass ich schon wieder panisch wurde.

„Schauen sie mal da ´rüber." Er wies mit seiner Hand auf die gegenüberliegende Straßenseite.

„MARITIM" konnte ich in großen Leuchtbuchstaben erkennen.

Noch ehe ich etwas äußern konnte, setzte er hinzu: „Steigen sie ein, ich fahr sie ´rüber."

Er hatte erkannt, dass ich wohl nicht mehr in der Lage gewesen wäre, über die mehrspurige Fahrbahn gehen zu können.

Zwar war kaum noch Verkehr, auch in Magdeburg wurden abends die Bürgersteige hochgeklappt, aber ich hätte es mental nicht mehr geschafft.

Er verlangte nicht mal einen Fahrpreis.

Als ich ihm ein Trinkgeld gab, wünschte er mir noch schmunzelnd einen schönen Abend.

Welche Gedanken wird er sich wohl über mich gemacht haben.

Ebenso wie die Herren Portiers, die meine Nachfrage nach der Zimmerreservierung sehr zuvorkommend nachkamen. Die Aushändigung des Zimmerschlüssels war mit der Frage verbunden:

„Sollen wir ihnen behilflich sein?"

„Nein danke, das schaff' ich nun auch noch", murmelte ich eher zu mir selbst.

Nur noch unter die Dusche und ins Bett. Das warme Wasser tat soo gut. Es wusch alle Unannehmlichkeiten des Tages von mir ab.

Im Bett rollte ich mich wie ein Igel zusammen und schlief

schnell ein.

Das Letzte, was ich hörte, war „dadong, dadong, dadong..." Ich hatte nicht einmal mehr die Kraft, das Licht zu löschen.

Mit und in ihrem kleinen Büro hatte Henriette den optimalen Übergang vom Angestelltendasein zur Selbständigkeit geschafft. Ihre Planung war, diesen Job nach ein paar erfolgreichen Jahren auslaufen und in einen wohlverdienten Ruhestand übergehen zu lassen. Weit gefehlt. Da hatte sie nicht mit der Hartnäckigkeit ihrer Mandanten und ihrem Sprachfehler gerechnet. Sie konnte so schwer *nein* sagen.

Über die Jahre konnte sie zwar die Anzahl ihrer Kundschaft reduzieren, behielt aber noch lange einen kleinen illustren Kreis.

Keine Frage, dass dazu das *Weltsichten*-Büro gehörte.

Die absolute Sonderstellung, die den Helden der Weltumradlung zuteilwurde, basierte zum einen auf den Grundfesten von Patentante zu Patenkind; zum anderen ohne Frage auf der Tatsache, dass die beiden einfach nur liebenswert waren. Henriette hätte es nicht über ´s Herz gebracht, sie im Stich zu lassen.

Schon lange war ihr Betätigungsfeld dort mehr und mehr angewachsen.

Aus der Idee, ihre Erlebnisse in Vorträgen und Zeitungsartikeln einem interessierten Publikum zu vermitteln, wurde wie ein Selbstläufer zum expandierenden Unternehmen.

Sie organisierten professionelle DIA-Shows, schrieben Bücher, ja, gründeten sogar einen eigenen Verlag.

Immer aufs Neue zogen sie in die Welt, mit Fahrrädern, Paddelbooten und einer eigens für ihre Bedürfnisse und Ideen entstandenen Segel-Dschunke.

Jährlich hielten sie sich wenigstens sechs Monate irgendwo in der Welt auf.

Das Büro blieb herrenlos. Die niederen Dienste, wie Buchverkäufe und Organisationsmanagement, bewerkstelligten die in der Heimat gebliebenen Büromädels.

Henriette war eine dieser guten Seelen. Wechselnd engagierten sich taffe junge Frauen vor allem für die Vermarktung und Koordinierung der Vorträge. Jung und dynamisch sind natürlich per se optimale Voraussetzungen, führen aber durch Schwangerschaft und Geburt

Zu, zumindest zeitweiligen, Einschränkungen.

Das führte Henri in einem Herbst an die Grenzen ihrer Leistungsfähigkeit.

Schon von weitem, als ich an diesem Morgen mein Auto am Straßenrand abstellte, konnte ich erkennen, dass dies ein arbeitsreicher Tag werden würde. Der Postkasten quoll über. Ich hatte den Arm voller leerer Kartons, die ich im Laufe der Woche spontan zusammensammelte, um sie für Buchsendungen zu nutzen.

Zu faul, den Weg zum Briefkasten zweimal zu gehen, räumte ich alle Briefe und Zeitschriften in einen der Kartons, klemmte meinen Laptop unter den Arm und versuchte, auch die große Aktentasche am Henkel zu packen.

Es gelang mir nicht, aber nicht nur die Tasche, auch meine gesamten Kartons, inklusive der Post, fielen in den Dreck. Nein, sie fielen in die einzige Pfütze, die sich vor der Treppe angestaut hatte.

Fluchend beschloss ich, eins nach dem anderen, was ich schon vorher hätte tun sollen: in ´s Büro zu bringen.

Zur Reinigung meiner Tasche war ich in der Küche, die zum Büro gehörte, schon an der Tür entsetzt zurückgewichen. Ein bestialischer Gestank wehte mir entgegen. Ich war mir sicher, irgendwo gleich eine Leiche zu entdecken. Total konfus schloss ich die Tür erst einmal wieder. Was war das? Woher kam der Gestank?

Katarina hat noch einen Schlüssel. Ich werde sie anrufen, vielleicht ist ihr etwas bekannt. Sie geht nicht ans Telefon, ich hinterlasse eine Nachricht.

Der Gestank zieht schon auf den Korridor. Ich schließe die Tür zu meinem Büro mit Nachdruck und öffne die Fenster sperrangelweit. Meine Tasche säubere ich mit Tempos und Spucke.

Der Post ist zum Glück nichts weiter passiert. Die verschmutzten Umschläge wandern in den Papierkorb, der Inhalt wird sortiert.

Dreizehn Buchbestellungen sind dabei und auf dem Stapel Briefe, die mir Kat auf den Schreibtisch gelegt hat, befinden sich auch nochmal sieben.

Zurzeit laufen die Bücher gut, das ist erfreulich. Aber nur im pekuniären Sinn.

Für mich nicht. Für mich bedeuten sie eine Menge Arbeit.

Von Einzelbuchbestellungen bis zu Händler-Großbestellungen von fünfzig Exemplaren ist alles dabei. Dafür benötige ich die vielen Kartons.

Irgendwo muss ich anfangen. Systematisch und mit einiger Routine drucke ich über den Laptop Lieferscheine und Rechnungen aus, besorge mir die Titel im Buchlager

(dafür muss ich durch den Korridor und da stinkt es schon ganz ordentlich!) und verpacke schließlich alle Pakete. Die trage ich vor die Haustür und telefoniere mit dem Paketdienst.

Dieser Gestank geht mir nicht aus dem Sinn und nicht aus der Nase. Meine Phantasie spielt schon verrückt. Eine Maus? Für eine kleine Maus ist das ein zu großer Gestank!

Während meiner Buchaktionen unterbricht mich ständig Telefonläuten. Die Vorbestellungen für das nächste DIA-Festival und diverse Herbstvorträge sind in vollem Gange.

Vorerst notiere ich die Kundenwünsche nur, muss dann aber später auch die Karten heraussuchen und verschicken.

Meine eigentliche Tätigkeit, die Verbuchung von Bankauszügen und Buchverkäufen kann ich heute vergessen. Die Unterlagen dafür werde ich dann mit nach Hause nehmen.

Im Normalfall ist Anja im Büro. Aber das Baby macht Probleme, dafür kann sie wirklich nichts. Jedenfalls liegt sie im Krankenhaus, meldet sich aber ab und an per Handy. Nur aus dem Kreißsaal wird sie wohl nicht telefonieren.

Das Telefon klingelt. An der Nummer auf dem Display kann ich erkennen, dass der Anruf von Kat kommt.

„Hab deine aufgeregte Nachricht nicht richtig verstanden. Worum ging ′s?“

„In der Küche stinkt es. Nach einer Leiche – oder so? Kannst du sagen, was das sein könnte?

„Ach so! Hab vor paar Tagen ein Paket für Peter angenommen. Weiß nicht, was das ist. Es war an einer Ecke etwas feucht, als ob was durchweicht. Jetzt stinkt es?“

„Und wie! Bestialisch! Du machst dir gar kein Bild. Ich trau mich nicht mehr in die Küche.“

„Na, wenn es Peters ungewaschene Socken wären, wäre es ja nicht feucht, oder?“

Erstmal lachen wir beide.

Katarina bietet sich an, im Büro vorbeizukommen: Paket prüfen und vielleicht zusammen Kaffee trinken.

„Nein, lass gut sein. Wenn wir beide das Paket prüfen, vergeht uns auf alle Fälle die Lust auf Kaffee. Es sieht hier heute auch nach einer Riesenmenge Arbeit aus.

Ich schmeiß das Paket einfach aus dem Fenster auf die Wiese. Dann versuche ich, den Peter irgendwo per mail zu erreichen, vielleicht hab ich ja Glück.“

Wir verabschieden uns und Kat sagt noch kurz vorm Auflegen: „Aber verrate mir dann mal, was das war.“

Die ständigen Kartenbestell-Telefonate haben mich aufgehalten. Trotzdem liege ich ganz gut in der Zeit, weil ich mir ohnehin vorgenommen habe, die Buchhaltung zu Hause zu erledigen,

Im Hinterkopf formiert sich der Gedanke, in den nächsten Wochen zweimal in das Saalfelder Büro zu gehen. Ich schaffe das sonst nicht!

Aber schaffe ich denn dann meine anderen Mandanten?

„Selbständige arbeiten selbst und das ständig“, höre ich Brigitte.

Geht vorüber. Weihnachten lege ich die Füße hoch!

In der Post, die Katarina auf den Schreibtisch gelegt hatte, befand sich ein Brief vom Leipziger Plakatierer. Er braucht dringend, und das Schreiben ist schon vier Tage alt, einen Stapel Plakate DIN A2. Na toll! Diese Dinger sind extrem unhandlich und vor allem nimmt die Rollen, wie sie verschickt werden, der Paketdienst nicht an.

Es klingelt an der Haustür. Der Postbote hat ein großes Paket mit den erwarteten Festival-Flyern. Mann, sind die schwer!

Er steht im Türrahmen, während ich unterschreibe.

„Bei Ihnen riecht es aber sehr streng.“

„Ich weiß. Irgendwo liegt eine Leiche, aber ich habe sie noch nicht gefunden.“

Er schaut mich ungläubig an, oder so, als wäre ich nicht ganz dicht. Er sucht schnell das Weite.

In dem Stapel Briefe, die er mir noch überreicht hat, finde ich noch zwei Buchbestellungen und eine weitere Bestellung für Plakate zum „Australien-Vortrag“ in Rostock.

Vorher lag ich gut in der Zeit. Jetzt nicht mehr.

Langsam beginne ich, nervös zu werden. Nachmittagstee mit meinem lieben Gatten kann ich vergessen. Telefonische Absage:

„Du musst heute alleine *Liebe* machen. Ich schaff das nicht.“

Solche Anrufe ist er inzwischen gewöhnt. Wenn ich in meinem kleinen Büro zu Hause arbeite, machen wir *Liebe* jeden Nachmittag gemeinsam.

Wir haben eine neue Früchteteesorte entdeckt „Heiße Liebe“. Sehr lecker!

Fix noch die zwei Buchbestellungen.Telefonat: „Also ich möchte mich beschweren“,

plärrt mich eine Dame an. „Vorige Woche bereits habe ich per email sechs Karten für den Kanada-Vortrag bestellt und sie noch immer nicht erhalten! Das geht so nicht!“

„Es tut mir leid, es hat sich alles ein wenig verzögert. Heute gehen wieder Bestellungen raus. Da sind Ihre sicher dabei. Der Vortrag ist doch erst im Januar“, versuche ich noch abzuschwächen.

„Na und wenn schon. Ich wollte die Karten zu Weihnachten verschenken!“

„Bis Weihnachten sind auch noch sechs Wochen. Ich weiß, das geht gar nicht.“

„Genau. Meine Geschenkeplanung mache ich, nicht Sie!“

Sie hat den Hörer wohl aufgeknallt; ich tue dasselbe. Die Dame kann ja nicht wissen, wie ich hier rotiere.

Siedend heiß kommt mir in den Sinn, dass ich ja den Bürocomputer noch gar nicht eingeschaltet habe. Ich ahne, welche Flut an Emails mich erwartet.

Die unangenehmen Dinge sollte man sofort erledigen. Er fährt hoch.

Siebenundzwanzig echte Mails, ohne die Spam.

Nochmal fünf Buchbestellungen, zwölf Kartenwünsche, einmal Axel und einmal Anja.

Die Buchbestellungen arbeite ich sofort ab, um die Pakete noch mit zu den anderen vor die Tür stellen zu können.

Ob da noch eine Leiche dazugekommen ist? Der Weg über den Korridor zum Bücherlager muss mit zugehaltener Nase und angehaltenem Atem überwunden werden. Die Bücher sind jetzt alle verpackt. Ich reiße eine neue Packung Plakate auf und rolle zwei Pakete in der gewünschten Stückzahl zusammen.

Die schweren, unhandlichen Rollen verklebe und adressiere ich und schleppe sie ebenfalls vor die Haustür.

Mit Geldbörse und Haustürschlüssel bestückt mache ich mich auf den Weg zum Bäcker nebenan. Es ist jetzt schon 13:30 Uhr und mein Magen gibt keine Ruhe.

Eine der beiden Plakatrollen trage ich zum Auto. Ich muss sie heute Abend oder morgen Früh zur Post bringen, um sie zu verschicken. Mist! Autoschlüssel vergessen. Ich renne zurück ins Haus, kann das Paket nicht einfach so halb auf der Straße liegen lassen. An der Tür stelle ich fest, dass ich den Haustürschlüssel auf ´s Autodach gelegt hatte, mit der Brieftasche.

Also ehrlich: würde ich das in einem Film sehen, hielte ich es sicher für konstruiert.

Ich brauche dringend einen Kaffee zur Beruhigung!

Endlich im Bäckerladen kann ich mich mal wieder nicht entscheiden. Meine Hoffnung spekulierte auf frischen Streuselkuchen. Der war da! Daneben liegen aber auch noch die leckersten Windbeutel, die mein Auge je erblickt hat.

Ich erstehe je ein Stück von dem leckeren Süßkram. Schließlich habe ich heute noch nichts weiter gegessen, außer meinem Müsli heute Morgen. Ich kaufe noch einen *Kaffee to go,* denn die Küche will ich vorerst nicht betreten.

Während ich mir mit ein wenig schlechtem Gewissen mein Mahl schmecken lasse, öffne ich die Mails.

Anja schrieibt, dass es ihr unheimlich leid tue, mich hier allein zu lassen. Vielleicht könne ich ihr ja Korrespondenz ins Krankenhaus bringen, die sie vom Bett aus bearbeiten könne. Ich schreibe nur kurz: „Alles okay hier, mach dir keine Gedanken und krieg erstmal ein gesundes Kind. Alles Gute, bis später."

Axels Mail: „Hallo meine Liebe, brauchen dringend Geld! Eilt!!!

Kannst du per *Western Union* 1000 € schicken?

Kannst du mir eine Aufstellung machen, wieviel Eintrittskarten zu welchem Festival-Vortrag schon verkauft sind? Und eine Aufstellung der verkauften DIA-Vorträge?

Rufst du bitte mal in Lobenstein an, ob es bei dem Vortrag im Dezember bleibt?

Und, ach ja, beinahe vergessen. Aus dem Buchlager müsstest du ein Paket mit je zwei Exemplaren von allen Titeln zusammenstellen, die müssten dringend in die Stadtverwaltung. Kannst du sie hinbringen?

Geht es dir gut?

Wir sind hier noch zwei Tage per Mail zu erreichen, dann zurück im Regenwald.

Bis denne, Kussis!

P.S.: Peter sagt, er erwartet ein Paket mit Wildschwein-Frischfleisch von Konrad aus München. Kannst du das bitte in den Kühlschrank legen? Bitte die Schale dran lassen. Sein Freund kommt abholen.

Drück dich!“

Fast hätte es mir den Appetit verschlagen.

Während ich mir von den Fingern der linken Hand die Schlagsahne ablecke, schreibe ich mit der rechten:

„hi, alle deine wünsche kannst du voll vergessen. ich sitz hier mutterseelenallein im büro und weiß nicht, wo mir der kopf steht und ob ich männlein oder weiblein bin.

in der zwischenzeit schaukelt ihr euch die eier in der hängematte im amazonas urwald. fuck.

und ja, peters paket ist angekommen. die ganze wohnung stinkt nach leiche. Ich habe das fenster aufgemacht und es in die saale geworfen.

nein, kein scherz. Ihr könnt es ruhig glauben.

fuck.“

Die Idee mit dem Fleischpaket war mir direkt beim Telefonat mit Katarina gekommen.

Ich begebe mich widerwillig in die Küche, reiße mir einige Blätter von der Küchenrolle ab und halte die Luft an, so gut mir das möglich ist.

Adresse und Absender schneide ich aus dem Packpapier heraus, packe das Paket mit Hilfe des Krepppapiers und hieve es auf ´s Fensterbrett. Mit Schwung und Kraft werfe ich es hinunter. Ich beobachte befriedigt, wie es die Uferböschung hinunterrollt und im Saalewasser verschwindet.

Mit Sicherheit ist das jetzt Umweltverschmutzung. Das ist mir gerade ganz egal.

Der kleine Adressschnipsel allein stinkt auch schon. Ich wickle ihn in Alufolie ein und bringe ihn umgehend zur Mülltonne.

Alle Türen, alle Fenster weit geöffnet, verzieht sich der Gestank allmählich.

Während ich jetzt vom Computer alle Kartenbestellungen ausdrucke, sie mit den per Post erhaltenen zusammen sortiere und die Karten zuordne, erreicht mich ein Anruf der Stadtverwaltung. Sie hätten schon einmal angemahnt. Für eine Imagebroschüre hatten sie um einen Text, ein Porträt der beiden Fahrradhelden gebeten. Wann? Sehr zeitnah.

Ich rufe bei unserer OTZ-Redaktionsfreundin an, sie sagt mir auch sofort zu, das zu übernehmen. Sie ist ein Schatz!

Ich lege auf und schon wieder läutet das Telefon. Die Stadtverwaltung: „Entschuldigung, habe vergessen, wir brauchen auch aktuelle Fotos. Aber nicht die, die wir schon sechsmal hatten!“

„Oh, das passt mir jetzt gar nicht!“

„Ist aber dringend!“

„Im Computerarchiv hab ich neulich welche gesehen, aber wie bring ich die zu Ihnen?“

„Na ganz einfach mit Email-Anhang.“

„ÄH? Kann ich nicht. Sie müssen wissen, ich gehöre zu der älteren Generation.“

„Ist aber ganz leicht, einfach mal probieren!“

„Leicht gesagt, sowas trau ich mich nicht, habe auch gar keine Zeit.“

„Ach bitte! Ich versuche schon die ganze Woche, jemanden an die Strippe zu kriegen.“

Schweigen meinerseits.

„Ich hab ´ne Idee, wie Sie ´s machen. Sie gehen auf die Straße, greifen sich einen jungen Mann, nehmen den mit in ´s Büro. Der zeigt das Ihnen kurz.“

Ich bin sprachlos! Na, die traut sich was!

„Bitte“, sagt sie noch einmal. Na klar, die muss ihre Termine auch einhalten.

Was kann ich nun tun? Und vor allem, was tue ich zuerst?

„Bleiben Sie ruhig!“, sage ich förmlich zu mir.

Am besten rufe ich Daniel an, Er ist mein persönlicher Computer-Spezialist. Offensichtlich ist er gerade in einer Zigarettenpause, denn ich habe ihn gleich am Ohr. Er lacht, als ich ihm mein Problem schildere. In wenigen Minuten erklärt er mir den Vorgang.

„Keine große Sache. Ruf′ mich gleich zurück, wenn es nicht klappt“, bietet er mir noch an. Nach meinem „Danke mein Schatz.“ kommt von ihm lachend: „Immer wieder gern.“

Die Übermittlung der Fotos dauert wirklich nur einige Minuten, und ich bin stolz, das bewältigt und wieder was gelernt zu haben.

Ich schaue noch einmal aus dem Küchenfenster. Von meiner Wasser-Expressfracht ist nichts zu sehen. Ich habe zwar kein wirklich gutes Gefühl, aber wenigstens das Problem gelöst.

Den Eintrittskarten die entsprechenden Rechnungen zuzuordnen und die Briefumschläge mit Porto zu versehen, ist eine meiner letzten Aktivitäten für heute.

Den Umschlag für die empörte Dame am Telefon öffne ich noch einmal.

Mir ist eingefallen, dass es in dem letzten Drucksachen-Katalog schon Angebote für Firmen-Weihnachtskarten gab.

Einen pausbäckigen Weihnachtsmann unter einem kitschigen Weihnachtsbaum trenne ich aus dem Heft aus und lege ihn zu den Karten.

Auch einen Gruß. „Alles Gute zum Fest“ kann ich mir nicht verkneifen.

Soviel Zeit muss sein.

Henriette war an diesem Tag sehr schlecht gelaunt. „Arschloch!“, beschimpfte sie einen Autofahrer (er konnte es nicht hören), der ihr vorwärts eine Parklücke nahm, in die sie gerade rückwärts einparken wollte. Sie hatte auf dem Nachhauseweg noch alle Sendungen bei der Post abgeliefert und musste dafür dreimal zwischen Auto und Postschalter hin und herlaufen. Durch den Blödmann war der Weg nochmal weiter geworden.

In ihrem Büro schaltete sie kurz den Computer ein, um eventuell wichtige Nachrichten abzurufen.

Eine war von Axel gekommen. „sorry, sorry, sorry!“ und es folgten drei weinende Smilies. (heißen die auch smilies, wenn sie weinen?)

Da tat ihr die Schelte schon wieder leid und sie schickte noch eine Versöhnungsnachricht hinterher. Vor allem versprach sie, das Geld umgehend zu überweisen.

Als sie vor Peter ihrer Wut auf den blöden Autofahrer nochmal die lange Leine ließ, fiel ihr eine Begebenheit aus früheren Jahren wieder ein.

Jana, ihr Lehrling im Schokoladenwerk, absolvierte gerade die Fahrschule.

„Gestern Nachmittag hab ich beobachtet, wie ein Autofahrer in eine sooo enge Parklücke rückwärts einzufahren versuchte. Die war sooo eng, da konnte man gar nicht ′rein kommen.

Aber der fuhr kurz vor, dann zurück und nochmal nach vorne. Beim nächsten Rücksetzen war er kerzengerade ′drin. Das möchte ich auch mal können! Und als die Fahrertür aufging, saßen *Sie* da drin!“ Sie schaute ihre Chefin bewundernd an.

Henriette lachte. „Wenn Sie erstmal so lange fahren wie ich, können Sie das auch.“

„Hatten Sie schon mal einen Unfall?“

„Klar, noch mit unserem *Saporoshez.* Wir waren nachts von einer Betriebsfeier zurückgefahren. Die Straßen waren verschneit, darunter Eis. In einer Kurve war ich zu schnell und das Heck brach aus. Das Auto schlitterte unkontrolliert auf die Gegenfahrbahn (es war eine wenig befahrene Seitenstraße zum Glück). Ich hab genau das Falsche gemacht, nämlich gebremst. Es zog uns wie magisch in einen Straßengraben, direkt auf einen Holunderbusch zu. Den hab ich umgemäht. Es war ein hässlicher Strauch, ohne ihn sah der Graben viel besser aus.“

Henri musste in der Erinnerung lachen. „Es war nichts weiter passiert. Mein Mann war plötzlich total nüchtern und fuhr noch das Stück bis nach Hause. Blöd nur, dass es in der DDR kaum Autoersatzteile gab. Die Stoßstange und die vordere Haube (beim *Saporoshez* die Gepäckklappe) waren verbeult.“

Heidrun ist mal wieder sauer

Auf und ab – auf und ab. Jo – Jo eben.

„Du musst doch endlich mal einsehen, dass deine ganze Mühe für die Katz ist. Wir müssen eine Menge entbehren, nehmen auch ab. Doch sobald wir wieder *normal* essen, ist alles wieder da. Nein! Zu unserer Freude meist noch mehr!“ Heidrun ist frustriert. Ich eigentlich auch.

„Irgendwo hast du ja Recht“, gebe ich zu. „Ich habe mich erst heute wieder gewogen: ich bin immer noch zu klein. Und noch was finde ich eigenartig: je länger Kleider im Schrank hängen, umso enger werden sie!“

Ich habe schon fast alle Literatur erworben, die es über ´s Abnehmen gibt. Erstmal bin ich in dem Glauben, wenn ich die Bücher nur habe, ist schon der größte Schritt getan. Ich lese sie zuerst gar nicht. Wenn ich dann doch einen Blick hinein werfe, oft sogar die Regeln befolge, stellt sich meist auch ein Erfolg ein.

Aber was da steht, hat mit dem wirklichen Leben nichts zu tun.

Ohne Fett schmeckt alles fad und ohne Zucker hab ich keine Lebensfreude.

Alle Pfunde waren unbeirrt zurückgekehrt – *nach Glyx-Diät, Turbo-Diät, Wight Watchers, Trennkost, Monddiät, Blutgruppen-Diät, Denken Sie sich schlank, Schlank im Schlaf.* Eigentlich sagen alle das Gleiche: während man immer weniger isst, soll man sich immer mehr bewegen. Wer kann denn das auf Dauer?

„Ich kann allem widerstehen, nur nicht der Versuchung“, sagte Oscar Wilde

Natürlich gibt es Menschen, die konsequent sein können und durchhalten. Sie haben einen eisernen Willen. Den habe ich nicht. Ich habe Heidrun, meinen inneren Schweinehund. Kontraproduktiv!

Ich kenne auch zwei Personen, die ich wegen ihres Erfolges beneide.

Der eine war ein sehr gewichtiger Geschäftsführer. Er hat mit Trennkost viele Kilos und seine Persönlichkeit verloren. Eine junge Frau, früher eine dicke graue Maus, hat sich mit ihrer Halbierung zu einem wunderschönen Fräulein entwickelt. Die einfachste gymnastische Übung soll ja einfaches Kopfschütteln sein, immer wenn einem jemand etwas zu essen anbietet. Aber das geht doch nicht, das ist unhöflich!

Sicher habe ich bei meiner Aufzählung der Diätmethoden sogar noch einige vergessen. Peter sagt: „Das einzige, was abnimmt, ist dein Geldbeutel. Lass jetzt den Unfug; ich liebe jedes Pfund an dir!“

„Siehst du“, hakt Heidrun sofort ein. „Der will das gar nicht. Und ich auch nicht!“

„Ihr denkt aber nicht weiter. Ich habe inzwischen von allem zu viel: zu viel Gewicht, zu viel Busen, zu viel Po, zu hohen Blutdruck, zu hohe Blutzuckerwerte und langsam auch noch zu viel Sehschwäche. Das alles zusammen muss bekämpft werden. Und ich weiß auch schon wie.“

Heidrun befürchtet Schlimmes und ich würde sie nicht enttäuschen wollen.

(Meine Schwiegermutter sagt immer: da war ich aber angenehm enttäuscht)

Lass dich nicht bewegen, beweg dich selbst. – diesen Slogan beherzige ich ja schon im Fitness-Studio.

Als ich mich dann aber noch im „ZUMBA-Kurs“ angemeldet habe, schreit mich Heidrun empört an:

„Hast du schon mal auf deine Geburtsurkunde geschaut! Du bist eine alte Frau! Mach dich nicht auch noch lächerlich!“

„Nein, definitiv! Das will ich nicht!“, geifert sie noch hinterher.

„Tut mir leid, das zieh ich durch. Das macht mir wirklich Spaß, auch wenn ich die Älteste bin.

Bei allem Spaß. Nach einer Stunde bin ich mit hochrotem Kopf und rasendem Herzen außer Atem. Doch zu viel für meinen Kreislauf.

Heidrun sitzt obenauf. „Warum hörst du nie auf mich? Ich wusste, dass das schief geht.“

Zum Glück gibt es wunderschöne Alternativen. Durch einen reinen Zufall entdecke ich in der Zeitung das Angebot für eine Schnupperstunde für *line dance.*

Peter tanzt nicht gern. Bei *line dance* braucht man keinen Partner. Ist das nicht herrlich?

Die Tänze sind sehr viel komplizierter als man denkt. Alles sieht einfach aus, ist aber ein weiter Weg bis zur Perfektion.

„Euer Kopf muss euren Füssen sagen, was sie tun sollen", sagt Katrin, die Trainerin.

„Aber mein Kopf kommuniziert nicht immer mit meinen Füßen. Das hab ich erst wieder am Wochenende gemerkt, da war ich ein wenig betrunken", kontert Ursula.

Alle lachen, aber vielen geht es so. Wenn dann die Schritte erstmal im Kopf klar sind, gehen sie fast allein in die Füße. Ich will das können!

Ich stelle mich auch immer wieder zu blöd an. Die erste Hälfte vom Tanz habe ich begriffen, tanze voller Hingabe und Überzeugung, drehe mich lässig…und schaue meinen Mittänzerinnen ins Gesicht. Also: wiedermal falsch ´rum gedreht.

Verdammt! Ich will das können! Ich muss das lernen!

Sogar Heidrun hat ihre Freude daran. *„Tanzen ist die Poesie des Fußes"*

Auch wenn wir verschwitzt und geschafft auf die Bank fallen, wir lieben es!

Wahrscheinlich betrachtet Heidrun die Tanzerei nicht als sportliche Betätigung, ich lasse sie bei ihrem Glauben.

Ganz anders verhält sie sich, wenn ich mir die Walking-Stöcke aus der Garage hole.

„Dein Rücken schmerzt doch." oder „ Das ist doch kein Wetter zum Laufen!"

Und während des Laufens schnauft sie: „Jetzt ist es aber gut! Nimm den kürzeren Weg."

Was meine vielen Bücher mit den unzähligen Diäten angeht? Nun ich bin nach wie vor sehr skeptisch. Ich sehe immer die Vorher-Nachher-Bilder. *Ich* habe nur Vorherbilder. Trotz intensiven Fitness-Studio-Besuchen und einer neuen low-carb-Diät kommen die zwei Kilo, die ich gerade verloren habe, wieder zurück. Sie fühlen sich bei mir gut aufgehoben.

Als Letztes habe ich nun wieder die altbewährte Methode fdH (friss die Hälfte) für mich entdeckt. Ich achte darauf, eine gewisse Kalorienzahl in einer Woche nicht zu überschreiten.

Mit der Waage habe ich mich inzwischen angefreundet; sie kann ja auch nichts dafür. Heidrun meint, sie macht beim Wiegen sowieso immer die Augen zu.

Peter hat mir kürzlich ein Buch geschenkt „Lohn der Faulheit".

Das ist Heidruns Lieblingsbuch. Die Erkenntnis ist, dass der Mensch viel gesünder und ausgeglichener ist, wenn er sich nicht mit Erfolgszwängen, gleich welcher Art, unter Druck setzt.
Ich erinnere mich gerade an einen Termin zur Mammographie, zu tiefsten DDR-Zeiten. Man hatte mich im Warteraum scheinbar übersehen. Oder waren meine Unterlagen nicht zur Röntgenabteilung durchgegeben worden?

Als allerletzte wurde ich schließlich aufgerufen. Die Ärztin entschuldigte sich bei mir, dass sie mich so lange hat warten lassen. „Wir mussten erst in einer anderen Abteilung nachschauen lassen. Wir hatten hier *keine großen Filme mehr*!“

Mein großer Busen wäre sonst nur unvollständig auf der Röntgenaufnahme gewesen und hätte womöglich zu falschen Schlüssen geführt.

Na, mein Mann ist zufrieden. Er liebt, wenn ich große Ausschnitte trage und sagt immer: „Zeig nur, was mir gehört.“

Ich kann inzwischen gut mit allem erworbenen Wissen leben und zimmere mir meine eigene Strategie. Erfolgreich! Wenn ich auch an Gewicht kaum verliere, so hab ich doch bei den Blutzucker- und Blutdruck-Werten Erfolge erzielt und alle zufrieden gestimmt: meinen Mann, Heidrun, meine Ärztin und mich,

Mich auch? Mal sehen.

Habe in einer Zeitung „Welt der Frau“ oder so ähnlich bei der Ärztin eine Leserzuschrift gelesen: „Ich habe meine Ernährung umgestellt. Die Kekse stehen jetzt rechts neben dem Computer.“

Das Leben hat nicht nur Schattenseiten, sondern auch Nachteile

(unbekannt)

Sie hatten immer schon eine lose Verbindung gehalten: Henriette und ihre Studienfreundin Margot.

Die Mitteilung, dass Margot an Brustkrebs erkrankt war, Chemobehandlungen überstehen musste und es ihr beschissen ging, veranlasste Henri, sie öfters in Gera zu besuchen.

Sie versuchte, ihr so gut als möglich Trost zu spenden, indem sie ihr keinen Trost spendete. Sie war im Umgang mit ihr locker und unkompliziert, gab ihr das Gefühl, im ganz normalen Alltag zu sein.

Die gemeinsamen Erinnerungen an die Studienzeit mit ihren Höhen und Tiefen, mit Hoffen und Bangen, Ärger und Freude erheiterten sie aufs Neue. Henriette beobachtete die immer fortscheitende Besserung ihres Gesundheitszustandes und freute sich mit ihr darüber. Sie war wieder die Alte.

Der letzte Besuch Henriettes in Gera aber war frustrierend und sie denkt auf der Heimfahrt über diesen eigenartigen Besuch nach:

Ich freue mich, dass du wieder gesund bist.

Es war schön, dich so fröhlich und aktiv zu sehen.

Es war ein deutliches Zeichen, dass es dir gut geht.

Zu allererst hast du dich darüber beklagt, dass dein Sohn dir gegenüber so gleichgültig war, dich nicht einmal nach deinem Befinden befragt hatte, sondern nur von sich erzählte. Das hat dich maßlos geärgert.

Übergangslos hast du in den nächsten Stunden mit Begeisterung davon gesprochen, wie du dich mit A, B und C getroffen hast. Deine Feiern bei L, M und A habe ich gedanklich miterlebt. Die Ausflüge mit X, Y und Z müssen sehr spannend gewesen sein. Und die Familientreffen mit allen Kindern und Enkeln und deren Freundesfreunden kenne ich nun auch ganz genau.

Ich bin wirklich froh, dass du das alles wieder so genießen kannst.

Ich gönne es dir von Herzen.

Ich muss schmunzeln, obwohl mir ein wenig wehmütig ist.

Du hast dich genau so verhalten wie dein Sohn.

Hättest du mich *einmal* gefragt, hätte ich dir gern erzählt, dass es mir ganz beschissen geht.

Du hast Angst vor dem Tod – darum beneide ich dich wirklich nicht.

Ich habe Angst vor dem Leben.

Vor *dem* Leben, das jetzt vor mir liegt. Ich weiß nicht, wie ich das bewältige. Gern hätte ich mich mit jemandem darüber ausgetauscht, aber es hat mich niemand nach meinem Befinden gefragt.

Scheiß Selbstmitleid.

Alles und jeder bewegte sich in eingefahrenen Bahnen. Alles war gut – bis zum Tag X.

Es war voraussehbar, Leben geht so.

Peters Vater war mit 86 Jahren plötzlich gestorben. Einfach so, ohne Anzeichen, ohne Schmerzen. Für ihn ein schöner Tod.

Anfangs kam Frau Kaiser erstaunlich gut zurecht. Wenn man berücksichtigte, dass sie sich früher im täglichen Leben für nichts zu verantworten hatte, sich um nichts kümmerte, hatte sie es jetzt schnell gelernt.

Einmal wöchentlich ließ sich Peter bei ihr sehen, um anliegende Probleme zu besprechen oder zu beheben. Samstag war der Tag, an dem sie sich traditionsgemäß am Kaffeetisch ihres Sohnes einfand.

Mit ihr allein war dieser Termin für Henriette schwieriger als früher. Sie mutierte zu Omas

Gesellschaftsdame.

Doch nun konnte Henriettes Schwiegermutter nicht mehr allein in ihrer Wohnung bleiben. Sie war inzwischen zweiundneunzig.

Außer ihrem Diabetes erfreute sie sich guter Gesundheit, aber es entwickelte sich eine leichte Demenz.

Schon lange bevor es diese ersten Anzeichen gab, hatten sie an vielen Sonnabenden die Frage diskutiert, wo sie ihren Lebensabend verbringen wollte. Gegen ein Altersheim oder eine Alters-WG wehrte sie sich vehement. Was war zu tun? Am liebsten würde sie in ihrer Wohnung bleiben. Nur der Nachbarin war zu verdanken, dass kein Wohnungsbrand entstand, als sie alle vier Herdplatten angeschaltet hatte.

Zweimal hatte der medizinische Pflegedienst bereits einen Notruf an Peter abgesendet, da sie ihnen die Wohnung nicht öffnete. In einem der Fälle fand er sie bewusstlos auf dem Küchenboden liegend, nachdem er mit Hilfe des Schlüsseldienstes in die Wohnung gedrungen war.

Die erste Idee Henriettes war, eine abwechselnde Betreuung, zusätzlich zum Pflegedienst, in ihrer Wohnung zu realisieren. Das hieße zum Beispiel: eine Woche würde Peter bei ihr wohnen; auch dort schlafen und in der Folgewoche Henriette.

Das stieß auf alle Widerstände und sie merkte selbst, dass dies nicht praktikabel sein würde.

Das Ehepaar wäre ja dann nie mehr für sich; keine Privatsphäre.

Nach reiflicher Überlegung, nein, eher Überwindung schlug Henriette schließlich vor, die Schwiegermutter zu ihnen ins Haus zu holen. Frau Kaiser nahm den Vorschlag erleichtert und dankbar an. Sie fragte noch mehrmals zurück, ob Henri das auch ernst gemeint hätte. Sicherlich konnte sie sich nicht vorstellen, nach allen Vorfällen der Vergangenheit, dass ihre Schwiegertochter sich das gründlich überlegt hatte.

Peter war über den Vorschlag seiner Frau sehr befreit.

Er selbst hatte Henriette diesbezüglich nicht bedrängt, ja nicht einmal gefragt.

Richtigerweise konnte das nur ihr alleiniger Vorschlag sein.

Nein, leichtfertig hatte sie das nicht entschieden. Sie hatte ihre Schwiegermutter in den vergangenen 46 Jahren nicht geliebt. Sie konnte jetzt nicht plötzlich damit anfangen, auch wenn sie sie nun vierundzwanzig Stunden täglich um sich herum haben würde. Alle *Für* und sehr viel mehr *Wider* hatte sie ins Kalkül gezogen. Sie kannte ihre Schwiegermutter zu gut, um zu wissen: es würde schrecklich werden, das ahnte sie. Andererseits war Peter der einzige Sohn.

Auf wen soll eine Mutter bauen?

Es gibt einen Spruch, der besagt, dass eine Mutter wohl zehn Kinder aufziehen kann, aber die Kinder nicht in der Lage seien, sich um eine Mutter zu kümmern.

Henriette empfand es als ihre Pflicht. Sie wäre ja auch nicht auf sich allein gestellt. Peter wäre immer präsent, für sie und für seine Mutter.

Schließlich hatten sich ihre Schwestern auch um die Mutter und Tante Klara gekümmert. Sie würde das auch überleben.

Mit dem Tag der endgültigen Entscheidung begann der Nervenkrieg.

Jede Woche fragte Frau Kaiser nach, wann sie denn endlich umziehen könne, man hätte das doch schon lange zugesagt. Sie hatte nur schwer Verständnis für die vielen organisatorischen Dinge, die zu erledigen waren. Ihre Wohnung musste gekündigt werden, all ihre Verträge gekündigt oder umgeschrieben.

In Pößneck waren im Haus Umbauten nötig. Das elterliche Schlafzimmer wurde in die obere Etage geräumt. Daniel war schon vor drei Jahren ausgezogen und so war genügend Platz.

Im ehemaligen Schlafzimmer, das nun Omas Wohn- und Schlafraum werden sollte, waren neue Heizkörper einzubauen.

Die Toilette wurde mit altersgerechtem Toilettensitz aufgerüstet und Stolperfallen beseitigt.

Dann war es soweit. Der Umzugswagen transportierte Omas ausgewählte Möbel, Lampen und Bilder und ihre Gardinen nach Pößneck. Peter und Daniel richteten ihr neues Zimmer ein, während Oma und Henriette noch Kleinigkeiten besorgten und mit dem PKW nachfuhren.

Zur Kaffeezeit kamen die beiden Frauen an. Die Männer hatten den Kaffee schon gekocht und man nahm ihn in Omas neuem Zuhause ein. Sie war sichtlich gerührt und begeistert, ein so schönes Zimmer zu haben.

„Hier kann ich mich aber wirklich wohlfühlen. Ich danke euch."

Alle waren gerührt und zufrieden.

Die Tage liefen gut an, es stellte sich schon bald Routine ein. Während Peter den Frühstückstisch arrangierte, spritzte Henriette ihrem Pflegling Insulin.

Wenig später saßen sie dann zu dritt am Küchentisch. Gemeinsam berieten sie, was Henriette kochen solle und wie der Tag ansonsten verlaufen könne.

Oft holte Oma ihr Portemonnaie und gab Peter Geld, wenn er für den Nachmittag etwas Kuchen besorgen sollte. Sie half gern beim Gemüse putzen und versuchte auch noch, einfache Wäschestücke zu bügeln.

Oma im Glück.

Wenn Besuch erschien, richteten sie es so ein, dass die Kaffeezeremonie in Omas Zimmer stattfand.

Das sollte ihr das Gefühl geben, noch einen eigenständigen Haushalt zu haben – auch mit ihrem Geschirr.

Oma berichtete den Anderen, dass es ihr so gut ginge, wie lange nicht mehr.

Peter und Henriette atmeten auf, sie hatten sich das Zusammenleben komplizierter vorgestellt.

Natürlich gab es Zwischenfälle.

Was Oma gar nicht akzeptieren konnte war, dass es Tage gab, an denen sie nicht im Mittelpunkt stand.

Ja, natürlich. Daher rührte ihre Zufriedenheit. Sie war täglich der Mittelpunkt im Hause Kaiser.

Alles war nach ihren Bedürfnissen und Belangen geordnet.

Kaisers bekamen Besuch von Ulrike und Jürgen. An solchen Abenden probierten die Frauen neue Rezepte aus und die Männer neue Getränke. Alle vier schwatzten und lachten in der Küche.

Oma war schon mehrfach mit ihrem Glas in der Küche erschienen und begehrte Wasser.

Sonst musste man sie zum Trinken förmlich zwingen.

Zum dritten Mal kam sie dann ziemlich wütend, man hörte es am Schritt.

„Heute gibt es wohl gar kein Abendbrot? Ihr wisst, dass ich pünktlich essen muss!“ Ihre kleinen, blassen Augen funkelten dabei empört.

Henriette war sofort ganz Ohr und erwiderte besänftigend: „Mach keinen Stress. Es ist noch nicht sechs Uhr; wir sind in zwanzig Minuten fertig.“

Beleidigt zog sie wieder von dannen und knallte ihre Zimmertür. Keine fünf Minuten später stand sie, die Hände in die Hüften gestemmt, wieder da. „Ich verlange jetzt etwas zu essen, mir ist schon ganz schlecht!“

Ulrike schaute Henriette etwas hilflos an, sie fühlte sich in dieser Atmosphäre offensichtlich nicht wohl.

Peter drehte sich zu seiner Mutter um: „Mach doch nicht so ′n Druck. Deine Insulindosis reicht noch mindestens zwei Stunden. Es geht halt nicht immer so, wie du es gern hättest.“

„Das musst du gerade sagen!“ Sie war außer sich. Mit einer Handbewegung, die den ganzen Raum umfasste, deklarierte sie: „Ihr könnt euch das alles hier ja nur leisten, weil ihr mein Geld habt.“

„Jetzt langt ´s aber wirklich!“ Henriette wurde laut. „Du scheinst nicht zu wissen, was du sagst.“ Peter winkte Jürgen und Ulrike, mit ihm ins Wohnzimmer zu gehen. „Ich bleib hier“, ließ Uli tapfer hören.

Zu Henri sagte er: „Schatz bleib ruhig. Mach ihr halt ein Brot.“

Das tat sie auch. Sie beschmierte ihr zwei Scheiben mit Salami und Käse, legte ihr Tomate und Gurke auf den Teller und trug es in ihr Zimmer.

„Was denn, heute kann ich wohl nicht mit Euch am Tisch essen?“

„Nein, wir essen noch nicht. Außerdem hab ich heute genug von dir.“

„Das wird dir noch leidtun!“ Diese Drohung glaubte ihr Henri aufs Wort.

Als das Telefon klingelte, war Sandra am Apparat. „Schatz, ich ruf dich morgen zurück, ja? Bin am Kochen, Uli und Jürgen sind hier und Oma dreht am Rad, heute das große.“

„Oh, tut mir leid. Kannst du mir die Oma geben?“

„Ja, ist vielleicht ganz gut. Auf dich hört sie. Vielleicht kannst du sie beruhigen.“

Sie gab Oma das Telefon und konnte jetzt in Ruhe ihr Essen fertig kochen. Uli wollte wissen, ob Henri das so jeden Tag zu ertragen hätte.

„Nein, so schlimm ist es sonst eigentlich nicht. Ich befürchte aber, dass das erst die Spitze des Eisberges ist. Glaub mir, ich habe so etwas alles kommen sehen. Heute ist es eskaliert, weil sie nicht – wie sonst – im Mittelpunkt steht.“

„Na trotzdem, wir bewundern euch, das ihr das auf euch genommen habt.“

Es wurde ein sehr schöner Abend. Oma störte sie nicht mehr. Sie räumte sogar ihr Geschirr in die Küche. Dann hörten sie, wie sie ins Bad ging und anschließend offensichtlich zu Bett.

Sandra berichtete ihrer Mutter am nächsten Tag, dass Oma sich beschwert hatte. „Sie durfte nicht mit euch essen und hat stattdessen nur trockenes Brot bekommen. Natürlich habe ich das nicht geglaubt. Auf meine nochmalige Nachfrage hin war dann das Brot mit Käse und Salami belegt.“

Henriette stellte ihre Bedürfnisse hinten an, zu guter Letzt hatte sie gar keine mehr.

Das war natürlich übertrieben. Das schilderte sie, um von anderen bemitleidet zu werden. Sie war wohl auch nicht besser als ihre Schwiegermutter. Richtig war aber, dass sie ihre Bedürfnisse nach dem Wohlergehen der alten Frau unterordnete.

Ihren line-dance-Kurs besuchte Henri fast regelmäßig. Das entspannte sie total und sie dachte für zwei Stunden nicht an die häuslichen Probleme. Es war auch schon vorgekommen, dass sie sich mit ihrem e-book und einer Tafel Schokolade für zwei Stunden in einen Park setzte, nur um einmal ungestört zu sein.

Die Hand, die mich füttert, würde ich nicht schlagen…

Aber gleich zu glauben, sie würde sie jetzt mögen! Diesem Irrglauben war Henriette nicht aufgesessen. Natürlich schätzt sie ihre Schwiegertochter nun als Bedienstete, Köchin, Pflegerin. Deshalb hält sie sich zurück, ist tatsächlich diplomatisch.

Nach wie vor thront eine Kaiserin in ihren Gefilden, die die anderen duldet, weil es nur eine schlimmere Alternative gäbe.

Den Umständen geschuldet, musste Henriette ja nun täglich kochen. Peter hatte zwar vorgeschlagen, „Essen auf Rädern“ kommen zu lassen, aber dagegen wehrte sich Henri vehement. Auch wenn das sicher schmecken würde, sie käme sich dann ja gleich vor, wie in der Seniorenresidenz. Trotz aller Lüftung und Frischzonenprodukte roch es ja inzwischen auch schon so.

Nein, sie hatte aus dieser Not eine Tugend gemacht, sie probierte allerhand neue Rezepte aus.

Omas Kommentar zur Gurkensuppe, mit Sahne, Parmesan und Knoblauch, war unzweideutig: „Mal ehrlich, was sollte das denn jetzt?“

Sie bekam ein Leberwurstbrot und die Welt war wieder in Ordnung.

Kaisers hatten das nun so entschieden und mussten gute Miene zum bösen Spiel machen.

Oft beleuchteten sie Omas Situation in langen Disputen untereinander.

Sie war ihnen ja förmlich ausgeliefert. Alles ist neu für sie. Eine so radikale Veränderung in ihrem Alter! Was könnte man besser machen?

Was soll die Frage. Henriette hatte die Antwort und sie hätte auch die Lösung.

Sie selbst war das Problem!
Wenn es ihr doch nur gelänge, sie ein klein wenig zu mögen.
Sie brachte ihr als Mensch Achtung und Respekt entgegen, mehr geht aber nicht.
Henriette kann einfach nicht vergessen, dass ihr Frau Kaiser erst vor einem halben Jahr vorgeworfen hatte, eine Lügnerin und Erbschleicherin zu sein. Daraufhin hatte Henri die Wohnung verlassen und hatte wochenlang die Schwiegermutter nicht mehr besucht.
Peter war ebenso entsetzt wie seine Frau. Er versuchte, Henriette irgendwie zu beruhigen.
„Sie hat ein Gemüt wie ein Fleischerhund“, meinte er drastisch. Ich kann sie oft auch nicht leiden, wenn sie sich so benimmt! Komm, du kennst sie jetzt lang genug. Nimm es dir nicht an.“
Die Kraft des positiven Denkens. Henriette kannte sie; sie wusste, dass sie wirkt.
Jahrelang hatte sie sich mit der Erkenntnis über Wasser gehalten, dass alles einmal ein Ende hat. Dass es aber auch maßgeblich von einem selbst abhängt, *wie* dieses Ende aussieht.
In den meisten Situationen war es ihr gelungen, aus den widrigen Umständen etwas Positives herauszuholen, einfach dazu zu lernen.
Man kommt nicht weiter mit: hätte, wäre, wenn.
Eine neue Aufgabe stand bevor, die Entscheidung war gefallen. Jetzt mussten sie das Beste daraus machen.
Henriette gab unumwunden zu, dass Peters Mutter im Alltag sogar pflegeleicht war.
Sie war ruhig und genügsam, Toilette, Körperhygiene, Kleidung, alles lief selbständig.
Die gemeinsamen Mahlzeiten waren für sie willkommene Abwechslungen, die sie in der Regel auch genoss. Nur ab und an holte sie bei diesen Gelegenheiten ihren Stachel hervor.
In außergewöhnlichen Situationen konnte sie sich sogar zu einem „Danke“ hinreißen lassen, was beide freute. Henri hatte ihr einen großen Pfingstrosen Strauß auf ihren Tisch gestellt. Davon war sie begeistert. Von nun an brachte sie des Öfteren Blumen für sie mit. Als es zur Gewohnheit wurde, blieb auch das „Danke“ aus.

Es war ihr zu ruhig in der Wohnung. „Was heißt, es ist dir zu ruhig? Fernsehen magst du doch nicht.“

„Aber ich hätte schon gerne mal ne Ansprache.“

„Die bekommst du doch. Jede Mahlzeit reden wir miteinander, am Kaffeetisch sogar ausführlich.“

„Ja, aber in meinem Zimmer könnte sich doch mal jemand zu mir setzen und mir was erzählen.“

„Nein, wenn du eine Gesellschafterin suchst, kann ich dir nicht dienen. Wir haben beide zu tun und ich denke, viermal täglich sollte genügen. Im Übrigen“, fügte Henriette dazu, „Daniel wollte dir ein Hörbuch einrichten, da würde dir jemand eine Geschichte vorlesen.“

Sie winkte ohne Kommentar ärgerlich ab und schmiss ihre Zimmertür.

Immer schon, auch früher zu Opas Ärger, war sie gegen alles Neue.

Daniel hatte ihr dieses Hörbuch erklärt und wollte es ihr einrichten.

„Nein! Dieses neumodische Zeug lassen wir mal ganz. Ständig wollt ihr mir irgendwas *'aufoktroyieren'*, das kann ich nicht leiden.“

Wenn ihre kleinen Augen dann in ihrem Gesicht zu funkeln begannen und ihre Falten durch das Runzeln ihrer ärgerlichen Stirn noch verzehnfacht wurden, sah sie aus, wie ein böser Kobold.

(Der sie auch war, meinte Henriette).

Von Beginn an hatte Henriette die Sorge, sich selbst nicht im Griff zu haben. Sie hatte die Befürchtung, dass sie der Versuchung erliegen könne, sich für die vielen Jahre Missachtung, Kälte und Unnahbarkeit zu rächen. Zum Glück war sie doch so zivilisiert, dem widerstehen zu können. Aber Zuneigung? Nein, woher sollte die kommen?

Ihre Schwiegermutter war und blieb für sie eine kalte, egoistische Person.

Realitätsverlust

Wenn im Nebenraum die Schranktüren knallten, alle nacheinander und immer wieder, wusste Henriette, dass Oma in der nächsten Minute empört in der Bürotür stehen würde.

„Es sind schon wieder Pullover verschwunden. Zum wiederholten Mal. Ich finde auch gar keinen BH mehr, die werden besonders gern genommen."

„Wer sollte Interesse an deinen BHs haben?" Henriette musste schmunzeln.

„Na hör mal! Das sind *Triumph*. Die haben ′ne Menge Geld gekostet.

Henri stand auf. „Ich such sie dir." Und sie fand sie auch. Oma räumte zweimal am Tag ihren Schrank um, aber so viele Möglichkeiten gab es da nicht.

Schlimmer war es mit dem Geld. Von Peter verlangte sie, dass er ihr Bargeld von ihrem Konto mitbrachte. Sie wolle das gern um sich haben. Peter brachte es ihr, so hatte sie das Gefühl, eigenständig zu sein.

Sie legte sechshundert Euro in eine Brieftasche und fünfzig in ihr Portemonnaie.

Die sechshundert waren weg. Spurlos verschwunden. Die Brieftasche war leer. Erst suchte Peter, in jeder Ecke. Dann vollführte Henriette die gleiche Prozedur, erfolglos.

„Das hab ich immer schon befürchtet, dass das kommt!"

„Aber kein Mensch war hier, seit gestern."

„Na eben!" Sie schaute explizit ihre Schwiegertochter an.

„Was soll das denn heißen!", sprang die sofort darauf an. Oma zuckte mit den Achseln. Wütend begann Henri die Suche aufs Neue. Systematisch.

Zuerst griff sie Oma in die Jackentaschen. Nichts außer vier schmutzigen Taschentüchern. Die schmiss sie einfach auf den Boden. Dann der Schrank. Jeden Wäschestapel drehte sie um, jeden Schlüpfer, jedes Hemd nahm sie einzeln heraus.

Frau Kaiser zeterte, als Henri ihre vielen Pullover, einen nach dem anderen, auseinander faltete und einfach auf den Teppich schmiss. Mit ihren krakeligen Spinnenfingern wollte sie Henri am Arm zurückhalten.

Die drehte sich zu ihr um, packte sie hart an den Oberarmen und stauchte sie unsanft auf ihren Sessel.

„Hier bleibst du jetzt sitzen, bis ich das verdammte Geld gefunden habe!“

„Du wirst es nicht finden, weil du es längst in deinem Büro versteckt hast!“

„Ich lasse mir solche Verdächtigungen von dir nicht bieten. Halt jetzt endlich deinen verdammten Schnabel!“

„Mutter! Jette! Beruhigt Euch.“ Peter wollte Henriette zur Seite schieben und selbst weiter suchen. „Nein lass mich! Ich muss das finden, es kann ja nirgends anders sein.“

Henriette war wie im Rausch.

Der nächste Pullover, den sie gerade auseinanderlegte, versteckte im Ärmel sechshundert Euro. Die knallte sie ihr auf den Tisch und verließ ohne ein weiteres Wort das Zimmer.

Der Disput, den Peter anschließend mit seiner Mutter hatte, führte dazu, dass die kurz darauf in ihr Büro geschlichen kam. „Entschuldige. Ich vergesse den Vorfall ganz schnell wieder.“

„Na prima, wenn *du* ihn nur vergisst. Ich werde ihn bestimmt nicht vergessen.“

War sie jetzt wieder zu weit gegangen? Mit Sicherheit. Sie hätte ruhig bleiben müssen.

Verdammt, verdammt, verdammt! Erstmal können! Im Gegenteil. Beim Verlassen des Zimmers hatte sie sogar a la Loriot gemurmelt: „Morgen bringe ich sie um!“

„Wer ist denn der junge Mann, der immer mit uns am Frühstückstisch sitzt?“

Henriette bleibt fast das Herz stehen. „Aber Mutti, das ist dein Sohn.“

„Und sagen Sie nicht immer Mutti zu mir, und duzen Sie mich nicht!“

„Wie soll ich denn sonst sagen. So nenne ich dich seit über vierzig Jahren. Ich bin die Frau deines Sohnes.“

„Ich heiße Frau Kaiser. Das ist nicht mein Sohn. Den habe ich ganz anders in Erinnerung.“

Beim Nachmittagskaffee wollte Peter wissen, ob sie ihn denn jetzt erkenne. Henriette hatte ihre Zweifel berichtet.

„Ich hab ja keine Ahnung, was das hier für Leute sind und warum sie sowas auf sich nehmen?“

„Was *auf sich nehmen*?“

„Na, das Angebot, mich hier wohnen zu lassen. Die müssen ganz schön Mut haben.“

„Das hast du aber richtig erkannt“, entschlüpfte es Henriette, bevor Peter sie mit einem Zischlaut zur Ruhe aufforderte.

„Mutter, wie kannst du vergessen, dass ich dein Sohn bin?“ Er erzählte ihr daraufhin viele Episoden aus seiner Jugend und ihre Augen waren immer erstaunter auf ihn gerichtet.

Plötzlich weinte sie „Nein, das ist aber schlimm. Ich erkenne mein eigenes Kind nicht. Dafür schäme ich mich. Jetzt müssen ja alle denken, ich bin dumm.“

So tat sie Henriette leid. Was ist das für eine Krankheit, die die tiefsten Gefühle und Bindungen zerstört? Sie streichelte Ihrer Schwiegermutter, zum ersten Mal in ihrem gemeinsamen Leben, die Hände und die Wange und reichte ihr ein Taschentuch.

Gemeinsam redeten sie beruhigend auf sie ein. Das sei eine Krankheit – Demenz, wo man wichtige Dinge vorübergehend vergisst. Sie sei nicht dumm, höchstens verwirrt.

„Ich habe keine Demenz. Das kriegen alte Leute. Erst gestern habe ich zu meiner Mutter gesagt, sie solle mich nicht immer behandeln wie ein Kind. Ich bin schließlich selbst Mutter.

Und dann bist du also mein Sohn. Und wer ist dann die?“

Ich kann, weil ich will, was ich muss!

(Immanuel Kant)

Am nächsten Morgen wusste sie noch vieles. Sie lächelte ihren Sohn an und schmunzelte: „Schön, dass wir uns endlich kennengelernt haben.“

Das Leben sei nun viel entspannter, wo sie Klarheit hätte.

Spontan unternahmen wir eine Ausfahrt zu dritt nach Oberhof. Sie konnte sich für Land und Leute begeistern, genoss das Ambiente des kleinen Kaffees und wollte unbedingt die Zeche übernehmen.

Auf dem Heimweg plauderte sie drauflos wie schon lange nicht mehr.

Sie sprach noch drei Tage danach von diesem Ausflug.

Von Henriette wollte sie unverblümt wissen: „Warum verstehen wir uns eigentlich nicht?

Was habe ich eigentlich mit Ihnen zu tun und warum wohne ich hier?“

Zum x-ten Mal versuchte Henriette, ruhig und sachlich, ihr die Situation zu erklären.

„Na, wenn der da, der im Wintergarten im Schaukelstuhl sitzt, hier auch ins Haus gehört, dann glaube ich nicht, dass das meine Wohnung ist.“

„Der da im Schaukelstuhl ist dein Sohn, den du vorige Woche doch noch gekannt hast. Ihm gehört das Haus und du wohnst seit ein paar Monaten hier, weil du in deiner Wohnung nicht mehr allein bleiben konntest.“

„Und warum bin ich da nicht bei meiner Mutter. Sie hat immer gesagt, dass ich jederzeit zu ihr kommen könnte.“

„Deine Mutter ist längst gestorben. Du bist doch auch schon zweiundneunzig.“

Henriette sah, dass sie rechnete, aber zu keinem Ergebnis kam.

„Bist du dann meine Mutter?“

„Oh nein, eher umgekehrt! Meinst du nicht, dass ich etwas jünger aussehe?“

„Na jedenfalls sehe ich, dass du meine Pullover trägst. Da weiß ich wenigstens, wo sie immer hin verschwinden.“

Jetzt musste auch Peter laut lachen. „Das ist doch nicht dein Ernst. Die würden Jette doch gar nicht passen, mit ihrem großen Busen!“

„Die sind jetzt ausgeleiert, schließlich wäscht sie die Sachen ja auch. Offensichtlich falsch."

Kurzweg schlüpfte Henriette aus ihrem Shirt und saß folglich im BH am Kaffeetisch.

Sie reichte das Teil ihrer Schwiegermutter und meinte: „Schau aufs Etikett, da steht ´XL´ drin, du hast ´S´."

Peter warf auch einen Blick auf den Anhänger und lachte schallend. Henriette schaute ihn verdutzt an. „Da steht nicht ´XL´ Schatz, da steht sogar ´XXL´!"

„Ihr könnt mir viel erzählen", kam es aus Omas Ecke.

Gegen drei Uhr war die Nacht vorbei. Peter hatte bemerkt, dass Oma schon seit zwanzig Minuten im Bad herumwerkelte. Henri ging nachschauen. Sie fand sie ganz verzweifelt, nur mit dem Oberteil ihres Schlafanzuges bekleidet, am Waschbecken. Slip und Schlafanzughose hatte sie bereits ausgewaschen, aber auf dem Boden eine lange Spur breitgetreten. Das konnte sie gar nicht sehen.

Henriette funktionierte, auch wenn sie sich ekelte.

Sie half Oma, auch das Oberteil auszuziehen und führte sie unter die Dusche. Während sie sich wusch, säuberte Henri mit viel Wasser das Waschbecken und den Fußboden, entsorgte die Hausschuhe im Müll und legte den Schlafanzug ins Spülwasser.

Während die Oma sich abtrocknete, nahm Henriette einen neuen Schlafanzug aus dem Schrank und suchte ein Paar Gäste-Pantoffeln.

Frau Kaiser war ganz verzweifelt. Sie schämte sich und entschuldigte sich immer wieder.

Henriette versuchte, sie zu beruhigen. Das könne schon mal passieren, das sei doch nicht so schlimm. Sie streichelte sie mitleidig. Mit dem Vorschlag, in der Nacht vorbeugend eine Windelhose zu tragen, die Henriette schon längst besorgt hatte, konnte sie sich nicht anfreunden. Sie wehrte sich vehement dagegen.

„Du bist ab jetzt meine gute Freundin", waren ihre letzten Worte, als Henri sie zu Bett brachte.

Fahrradfahren, Schwimmen gehen, Kino- oder Theaterbesuche; geschweige denn größere Ausflüge oder Reisen: entweder einer allein oder gar nicht.

Da die beiden kaum noch Freizeit und Gelegenheit für sonstige Abwechslungen hatten, luden sie sich immer wieder ihre Freunde ein.

Eine Verabredung zum Grillen war mit Fichtes getroffen worden. Ines fragte nach, ob sie irgendeinen Salat mitbringen solle. Nein? Dann vielleicht einen selbstgebackenen Streuselkuchen? Ihr war bekannt, dass Henriette da nicht widerstehen konnte.

Eine Uhrzeit war gar nicht konkret ausgemacht worden. War auch egal, sie waren ohnehin zu Hause. Wegen des angekündigten Kuchens kam aber der Gedanke auf, Fichtes könnten bereits zum Kaffee erscheinen.

Es war nach fünfzehn Uhr, als Oma zum ersten Mal – und bereits ungehalten – wissen wollte, wo die denn bleiben.

„Wir hatten keine Zeit ausgemacht, wahrscheinlich kommen sie zum Abendessen", klärte Peter sie auf.

„Na wenn sie aber doch Kuchen mitbringen wollen! Ihr wisst genau, dass ich meine Mahlzeiten pünktlich einnehmen muss."

„Die kommen nicht wegen dir, die kommen wegen uns", konnte sich Henriette nicht verkneifen. Sie stand auf und bediente die Kaffeemaschine.

Wenig später erschien sie mit Kaffee und zwei Keksen auf der Terrasse, die sie vor ihre Schwiegermutter hinstellte.

Mit einer barschen Handbewegung schleuderte die den Teller weg, dass er auf den Pflastersteinen zerschellte. „Ich will keine Kekse, ich will Kuchen. Ich hatte mich so darauf gefreut. Ruf doch endlich mal bei denen an. Das ist unverschämt, die Leute so lange warten zu lassen!"

Henriette war stur und rief nicht an. Peter beschäftigte sich mit seinen Vorbereitungen für das Grillen und hielt sich raus. Wütend fing Oma immer wieder an zu schimpfen, wie unhöflich das doch sei. Sie war dabei penetrant ausdauernd und wurde in ihren Ausdrücken immer giftiger. Was sie denn nun von diesem Besuch halten solle!

„Also hör mal zu. Ein für alle Mal: es ist *unser* Besuch! Im Grunde geht dich das überhaupt nichts an."

Wie soll sie nur ruhig bleiben, wie ihre Tochter ihr immer rät? Es war, als wolle sie ihren eigenen Schatten überholen. Kann sie es noch lernen?

Sie wünschte sich das, denn diese Streitereien taten ihr ja selbst nicht gut.

Inzwischen besuchte sie alle vierzehn Tage eine Selbsthilfegruppe für Angehörige von Demenzerkrankten. Sie erfuhr viel über die Krankheit und den Umgang damit.

Da aber jeder Patient anders ist, kann auch der Umgang mit ihnen nur angepasst differenziert sein. Sie erfuhr dort auch, welches Glück sie noch mit ihrer Schwiegermutter hatte. Andere waren zu ihren Angehörigen total aggressiv. Es gab sogar körperliche Gewalt.

Wiedermal klapperten die Schranktüren. Gleich ist sie da, man konnte sich drauf verlassen.

Wie ein Rachengel stand sie da. „Ich hab die Schnauze voll! Alle Schlüpfer sind weg, ich brauch sie dringend!“

Wortlos stand Henriette auf und machte sich auf die Suche. Beim Öffnen der Zimmertür drang ihr ein sehr unangenehmer Uringeruch entgegen. Sie musste nur der Ausdünstung nachspüren und wurde in der zweiten Schranktür fündig. Zwei völlig durchnässte Unterteile und eine Tageshose lagen da hinter einer Decke versteckt. Sie nahm die Wäsche heraus, hielt sie Oma kurz an die Nase und wollte sich auf den Weg in den Keller machen.

„Wer macht denn so was?“ war Omas überraschte Frage.

Henriette kam mit einem Wassereimer und Desinfektionsspray aus dem Keller. Sie hatte bemerkt, dass der Sessel einen großen nassen Fleck aufwies. Sie riss beide Fenster sperrangelweit auf, reichte ihrer Schwiegermutter wortlos eine Windelhose und einen frischen Schlüpfer und machte sich dann an die Säuberung des Sessels.

„Wenn du umgezogen bist, kannst du auch gleich zum Kaffee kommen.“

Wie ein armer Sünder schlich sie schließlich in den Wintergarten, streichelte Henris Arm und flüsterte – mit einem ängstlichen Blick zu Peter: „Danke“

Henriette war schon viel ruhiger geworden. Je mehr sie sich auf die Bedürfnisse ihres Pfleglings einstellte, umso weniger war sie sie selbst. Durch das regelmäßige Kochen und Essen hatte sie zwei Kilogramm zugenommen, sogar das war ihr inzwischen egal.

Peter hatte auch einmal wieder Zeit gefunden, seine Flugzeugmodelle aus dem Keller zu holen und zu reparieren. Sie waren beide startklar und er wollte damit eine Flugbahn auf einem Feld suchen.

„Bist du zum Kaffee wieder da?", wollte Henriette wissen.

„Ich denke schon. Ich lass erst den einen abstürzen, dann lass ich den anderen abstürzen. Und dann komm ich wieder nach Hause."

Er hatte nicht genügend Zeit und Geduld zum Üben.

Zum Glück waren wiedermal Ulrike und Jürgen gekommen. Bald wird keiner mehr kommen, denn das Feeling ist hier äußerst angespannt. Sie würden aber heute später essen, hatten Pizzaservice bestellt.

So brachte Peter ihr wieder Brot mit Gurkensalat auf ihr Zimmer. Natürlich war ihr das nicht recht, denn mal wieder waren fremde Leute wichtiger.

„Wo sind meine Tabletten?" – „Hatte ich dir mit auf den Teller gelegt." – „Da lagen keine, wahrscheinlich wollt ihr mich so umbringen. Gut, dass Sie das gleich mal sehen", sagte sie zu Ulrike gewandt. Noch ehe die antworten konnte, nahm Peter seine Mutter an den Arm.

„So, du machst dich jetzt einfach mal fertig fürs Bett oder bleibst noch in deinem Sessel. Ich möchte dich heute hier draußen nicht mehr sehen. Wir lassen uns den Abend nicht wieder von dir verderben."

„Na hör mal! Ich mache euch das hier erst alles möglich! Ich bin schließlich der Geldgeber!"

Erst einmal verschwand sie. Nach einer halben Stunde ging die Tür ein klein wenig auf. Ihr spitzes Gesicht schaute durch den Spalt. „Mir ist ganz zittrig und ganz schlecht. Ich brauche meine Tabletten. Und die sind ja immer noch da! Es gehörte sich, dass sie nun mal gehen."

Bevor Henriette explodieren wollte, stürmte Peter zu seiner Mutter. Er schob sie, sicher etwas unsanft, in ihr Zimmer und drohte ihr hörbar: „Gib jetzt einfach Ruhe, unsere Geduld ist zu Ende!"

Am Frühstückstisch sprach Peter am nächsten Morgen „Das Wort zum Sonntag".

„Mutter, akzeptiere doch einfach mal, dass du hier nicht die *Kaiserin* bist und wir nicht deine Dienerschaft. Wir haben für dich allerhand aufgegeben. Aber das wussten wir und haben es nicht unüberlegt getan. Wir wollten einfach, dass du noch einen schönen Lebensabend in deiner einzigen Familie hast. Die Alternative wäre ein Alten- oder Pflegeheim. Das wolltest du um keinen Preis der Welt. Und wo wir nun schon mal beim Geld sind: Du zahlst uns eine Art Kostgeld. Das ist, denke ich nur fair und angemessen. Aber ansonsten brauchen wir dein Geld nicht und wollen es auch nicht. Hör also bitte auf, mit deinen Unterstellungen, vor allem Jette gegenüber. Und von wegen: du bist hier der Geldgeber.

Du gehörst zur Familie und du gehörst zum Haushalt. Aber wir haben hier alle ein Recht auf ein angenehmes Miteinander. Deine Belange werden alle befriedigt; vorrangig deine. Aber misch dich nicht ein in Dinge, die dich nichts angehen. Sei bitte so anständig und lass uns auch noch unser Leben leben. Mehr verlangen wir doch nicht.

Können wir das so vereinbaren? Hast du mich verstanden?“

Sie hatte einen sturen Blick auf ihren Sohn und antwortete ohne jede Emotion: „Ja klar hab ich verstanden. *Ich* bin die Doofe."

Mit einem verzweifelten Blick zu seiner Frau und Achselzucken seufzte Peter: „Ich glaube, es ist zwecklos.“

Aber es ging drei Tage. Übertrieben höflich: „Darf ich mir ein Glas Wasser nehmen?“, karikiert sie die Situation. Ist sie wirklich dement?

Ich bin wahrlich nicht stolz auf mich

…dachte Henriette, als sie an diesem Abend zu Bett ging.

Es gab solche Tage und *solche*. Heute war eher ein *solcher.*

Sie saßen am Nachmittag auf der Terrasse und genossen das herrliche Wetter. Nur an bestimmten Stellen – wo die Blätter der Weinranke über der Pergola nicht so dicht waren, schaffte es die Sonne, bis auf den Boden durchzuscheinen. Dadurch waren die Temperaturen angenehm erträglich, was man von der Atmosphäre nicht sagen konnte.

Peters Mutter hatte eine bunte Zeitschrift durchgeblättert, in der es nur um die Reichen und die Schönen dieser Welt ging.

Sie erinnerte sich an Peters „Wort zum Sonntag“ und machte ihn Henriette gegenüber schlecht. Er habe in seinem Leben doch gar nichts erreicht. (im Hinblick auf die aufregenden Personen ihrer Zeitschrift). Ja bereits als Kind habe er sie enttäuscht. Sie hatte sich ganz andere Dinge für ihn erhofft.

Das konnte Henriette nicht auf ihrem lieben Mann sitzen lassen. Für sie war er der Inbegriff von Zuverlässigkeit, Solidität und Stärke.

„Du kannst doch generell nur austeilen und machst nicht einmal vor deinem eigenen Kind halt! Wer bist du denn, dass du dich so aufblasen kannst? Du hast nicht einmal einen Beruf, hast nie gearbeitet und willst da mitreden? Dein Sohn ist das Beste, was mir im Leben passiert ist! Und das war auch deine einzige Lebensleistung, dass du deinen Sohn geboren hast! Ein Wunder, dass er bei *der* Mutter geworden ist, wie er ist!“

Peter war aus dem Garten gekommen und hatte alles mitgehört. Warnend wendete er sich seiner Gattin zu: „Jette, Jette, hör auf! Es reicht!“

Mit hochrotem Gesicht und schlagendem Herzen gab sie klein bei.

Sie hatte soeben eine neue Erfahrung über sich selbst gemacht: Sie hatte es genossen, ihrer Schwiegermutter weh zu tun.

Die Inkubationszeit für Rache ist lang. Henriette wusste, sie hatte den Bogen überspannt. Es tat ihr leid, aber zu einer Entschuldigung konnte sie sich nicht durchringen.

Als sie am anderen Morgen auf einem total zerwühlten Kissen erwachte, drehte sie sich zu Peter und küsste ihn. Dabei kamen ihr schon wieder die Tränen. Etwas Entsetzliches war passiert, sie hatte ihn beschimpft. „Ach leck mich doch…!“, waren ihre letzten Worte nach einer stundenlangen Auseinandersetzung. Einziges Thema des Disputes: Oma.

Peter war der Meinung, dass sie sich auch zurücknehmen müsse, sie wisse doch um ihren Gesundheitszustand. Oft sei sie es, die die Situation erst richtig aufpeitschte. Henriette wusste, dass er Recht hatte, aber nicht, wie sie es vermeiden könnte. Als sie kein Argument mehr hatte, war ihr der Götz von Berlichingen herausgerutscht und sie war unter Tränen schließlich doch eingeschlafen.

„So etwas darf uns nicht wieder passieren, dass wir untereinander so in Streit geraten. Wir sind doch ziemlich mit den Nerven runter.“

Peter streichelte ihre Wangen und küsste sie seinerseits.

„Fahr doch heute mal in ein Spaßbad, Wellnessoase oder so. Nur für dich, damit du ein wenig entspannst.“

„Das ist eine gute Idee, das mach ich.“ Ihren ersten Gedanken, ihre Schwester um ihre Begleitung zu fragen, verwarf sie wieder. Es wäre besser, allein zu sein. Sie wollte nicht reden und nicht erklären. Nur einfach genießen und vielleicht auch mal heulen, wenn ihr so war.

Sie kam erst am Abend zurück. Am Tisch fragte Oma spitz: „Na, ist die Madam auch wieder da?“ Ganz sanft antwortete Madam: „Und es war so schön! Ich würde dich ja mal mitnehmen, aber ich glaube, du kannst noch nicht mal schwimmen.“

Hätte sie das ´noch nicht mal´ weggelassen, wäre die Antwort mit ´sehr gut´ benotet worden.

Peter grinste trotzdem. Oma sagte etwas Unglaubliches: „Wenn du nicht da bist, fehlt die Seele im Haus.“ Henriette war geplättet!

Die Selbsthilfegruppe stand voll hinter ihr, als sie den Vorfall schilderte. Es sei nur normal, dass den Pflegenden auch mal der Geduldsfaden riss. Auch sie seien nur Menschen. Aber ihre Bemühungen müssten weiterhin darauf gerichtet sein, dass ihnen nicht die bekannte Person gegenüber stünde, sondern die heimtückische Krankheit.

Der Hausarzt Dr. Fröhlich hatte beim letzten Krankenbesuch einen wiederum erhöhten Blutzuckerspiegel festgestellt. Henriette sollte jetzt mehr Einheiten spritzen. Sollte es sich dann nicht einpegeln, müsste drei Mal täglich gespritzt werden.

Henri würde versuchen, das übers Essen und Kochen zu regeln; auch ihr Blutzuckerspiegel war erhöht.

Eine dreimalige Spritzkur würde ihr das letzte bisschen Freizeit am Abend auch noch nehmen.

Dr. Fröhlich kam regelmäßig alle vier Wochen und untersuchte Frau Kaiser gründlich.

Sie ist für ihn eine neue Patientin, denn in Saalfeld hatte sie eine Hausärztin, die auch die Ärztin von Henriette war. Sie selbst fuhr zu ihren Routinekontrollen gern nach Saalfeld, weil sie sich gut aufgehoben und behandelt fühlte. Aber für Oma musste eine andere Lösung gefunden werden.

Bei der Suche nach einem Arzt in ihrer neuen Umgebung, fiel Henriette Dr. Fröhlich ein, den sie von früher kannte. Er war schon länger im Rentenalter, praktizierte aber noch, da er keinen Nachfolger für seine Praxis fand.

Am Telefon fragte Henriette nach, ob er ihre Schwiegermutter als neue Patientin aufnehmen würde, sie sei schon zweiundneunzig.

„Na hat das überhaupt noch Sinn?“, war seine Antwort.

Henriette hatte es die Sprache verschlagen. Perplex blieb sie stumm.

Er bemerkte wohl seinen Fauxpas und erklärte lachend: „Ich hab doch mich gemeint, ich will doch eigentlich aufhören.“

Sie mussten beide herzlich lachen.

Daniel war zu Besuch und Oma schickte Peter und Henri aus dem Zimmer. Sie wolle mit Daniel unter vier Augen sprechen. Sie lobte ihn anschließend. Es sei ein sehr aufschlussreiches Gespräch gewesen. Jetzt könne sie auch beruhigter sein. Daniel sei ein guter Junge.

Daniel berichtete zusammenfassend:

„Sie weiß nicht, wer ihr seid. Das Haus erkennt sie wieder, da war sie früher viel zu Besuch.

Oma glaubt, es sei das Haus ihres Sohnes, der wäre aber nicht mehr da. Ihr seid in das Haus gezogen und hättet sie zu betreuen.

Ihr seid ihre Angestellten.

Sie wollte vor allem wissen, ob man euch vertrauen könne, ob sie und ihr Geld denn hier sicher wären. Schließlich laufen hier so viele fremde Leute rum.

Übrigens hat sie erkannt, dass ich ihr Enkel bin. Sie hat mir auch einen Hunderter zugesteckt."

Daniel grinste über das ganze Gesicht. „Hätte ich den nicht nehmen dürfen?"

„Aber ja doch. Du bist doch schließlich ihr einziger Verwandter", meinte Peter.

„Nein, stimmt nicht. Sandra kennt sie auch noch."

So richtig funktionieren die Bediensteten nicht. Immer Ärger mit dem Personal.

Die Essenszeiten werden nicht eingehalten, es gibt zu wenig und oft Essen, das nicht schmeckt. Ein Graus. Pünktlich eine halbe Stunde vor den Mahlzeiten zittern ihr die Knie und ihr ist schlecht. "Das kann so nicht weiter gehen, da muss doch mal ein Fachmann her oder vielleicht sogar die Polizei! Du hast doch gar keine Ahnung von der Krankheit."

„Nein, studiert hab ich das nicht. Wenn ich aber gewusst hätte, was ich mal für einen schwierigen Fall zu betreuen hab, hätte ich vielleicht. Medizin studiert.

Aber im Ernst. Deine Vorwürfe sind alle aus der Luft gegriffen. Unser Tagesablauf ist total darauf eingestellt, *deine* Bedürfnisse optimal zu befriedigen. Wir halten feste Essenszeiten ein, du bekommst auch reichlich. Wenn nicht, kannst du jederzeit mehr haben. Gebe ich dir aber eine Kartoffel mehr, beschwerst du dich, du würdest dich von mir nicht mästen lassen.

Kann sein, dass es dir nicht immer schmeckt. Dann sag ´s, dann bekommst du was anderes.

Dein Sohn ist jedenfalls mit meinen Kochkünsten zufrieden."

„Jetzt lass meinen Sohn aus dem Spiel, den habt ihr ja hier vergrault. Seit meinem Umzug ist er hier nicht mehr erschienen."

Nun hatte sie wieder diese traurige, grüblerische Miene. Dann ist ihr ganzes Gesicht eine einzige Sorgenfalte und sie könnte einem leidtun, wenn man sie mögen würde.

Peter fragt: „Möchtest du wieder ´Essen auf Rädern´ wie in Gorndorf?"

„Darauf antworte ich gar nicht."

„Wieso nicht? Ist doch eine ganz einfache Frage. Wenn dir doch Jettes Essen nicht schmeckt."

„Ich antworte nicht auf so eine blöde Frage. Jette, wer ist schon Jette? Die hat doch keine Ahnung.“

„Wir wollen doch nur herausfinden, wie wir dir helfen können.“

Oma sehr erbost: „ Wenn du stänkern willst, such´ dir gefälligst jemand anderen.“

Nach zehn Minuten kam sie wieder ganz aufgeregt aus dem Zimmer.

„Ich habe mit Erschrecken festgestellt, dass ich ja Zucker habe.“

„Ja, na und?“

„Das ist doch hier noch nie behandelt worden!“

„Was denkst du, warum wir jeden Morgen spritzen?“

„Ach so! Wahrscheinlich habt ihr doch recht. Ich bin manchmal doch zerstreut.“

Sandra wollte am Telefon von ihr wissen, was es denn zum Abendessen gegeben hätte.

„Na… So Zeugs…und nichts dazu.“ Es war Kartoffelsalat mit Wiener Würstchen.

Morgen würde Henriette das Menü machen, was Oma gerade beschrieben hatte: so Zeugs mit nichts dazu. Warum zerbrach sie sich eigentlich ständig den Kopf, was sie heute kochen sollte?

Aus Saarbrücken kam ein mehr als unangenehmer Anruf. Kaisers hatten Liedmachers nach Thüringen eingeladen. Peter nahm das Telefongespräch mit ihrer Absage entgegen.

Sie hatten sich getrennt. Hannelore war zu einem anderen Mann gezogen, hatte Lothar nach fast vierzig Jahren Ehe verlassen. Das war fast unglaublich! Natürlich hatten sie sich oft gestritten, oft auch wegen Belanglosigkeiten.

Hannelore hatte einmal gesagt: “Seine Mutter hat ihn auf einen Sockel gestellt. Da steht er heute noch. Aber ich weigere mich, ständig zu ihm aufzublicken.“

Es war wohl eine sehr unschöne Trennung. (sie sind ja meistens nicht schön).

Alles, was irgendwie von Wert war, hätte sie eingepackt und mitgenommen. Er säße jetzt auf Campingstühlen in seinem Wohnzimmer, wo sie ihm wohl wenigstens seine Bücher gelassen hätte. Auf den Vorschlag, dann doch vielleicht allein nach Thüringen zu kommen und sich so etwas abzulenken und mal auszusprechen, war seine Antwort erschreckend: „Tut mir leid, das kann ich nicht. Ich könnte eure heile Welt nicht sehen. Ich melde mich, wenn ich irgendwann in der Lage bin."

Henriette und Peter machte das traurig. Es war wirklich eine sehr angenehme Freundschaft gewesen.

„Das bestreite ich mit allem Nachdruck! Das kann ich dir aber sagen!", war Omas Antwort auf Henriettes Feststellung, dass sie selbst die Pullover mal wieder verlegt hätte.

Henri ließ sie stehen, sie regte sich nicht mehr auf. Oder?

„Was bekommst du für die Strümpfe, die du mir mitgebracht hast?"

„Die haben acht Euro gekostet."

Sie gab ihr zehn und Henri ihr ein Zwei-Euro-Stück zurück.

„Sind das zwei Euro?" (Kann noch Kopfrechnen!)

„Klar sind das zwei Euro, denkst du, ich bescheiß dich?"

Empört: „Na hör mal!"

„Du verstehst wohl keinen Spaß?"

„Nein, bei Geld verstehe ich keinen Spaß."

„Also wirklich, wegen zwei Euro!"

„Ist das vielleicht kein Geld?"

Eigentlich war das Henriette ja bekannt. Sie verstand keinen Spaß. Sie ist völlig humorlos. Henri konnte sich auch nicht erinnern, sie schon einmal so herzhaft lachen gesehen zu haben wie ihre eigene Mutter, zum Beispiel beim Kartenspielen. (Schummeln!)

In der Selbsthilfegruppe hatten sie gerade eindringlich gewarnt, dass die Pflegenden selbst den Humor nicht verlieren dürften.

„Können Sie denn irgendetwas Nettes über ihre Schwiegermutter sagen?", wollte die Leiterin wissen.

Nach längerem Überlegen fiel Henriette ein: „Sie konnte hervorragend stricken und buk eine spitzenmäßige Nusstorte. Und sie kleidete sich immer chic – eigentlich

bis heute. Und sie liebt ihre Enkelkinder."

Die Leiterin äußerte ihre Vermutung. Ihrer Einschätzung nach sei wohl die Schwiegermutter ihr Leben lang auf sie eifersüchtig und neidisch gewesen. Henriette hätte – im Gegensatz zu ihr – im Leben viel erreicht und viel geleistet. Sie erkannte ihre Defizite.

Wahrscheinlich hatte sie sogar Recht damit.

Wenn sie Henriette auch meist geflissentlich ignorierte, so war sie doch unruhig, wenn die nicht im Haus war. Prompt fing sie an zu zittern. Diagnose: Aufmerksamkeits-Defizit.

Nach einem halben Jahr Zusammenleben war das jetzt bekannt.

Etwas anderes, schreckliches hatten die beiden noch erkannt.

Sie brauchte Unruhe, Unfrieden. Damit stand sie auch im Mittelpunkt und hatte sogar noch erreicht, dass sie sich in die Wolle kriegten.

Mehr als drei harmonische Tage hintereinander gab es nicht. Das wäre Kuschelkurs.

„Was habt ihr denn eigentlich mit mir vor?“ - „Was meinst du?“

„Na, so gegenseitig anöden ist auch nicht gerade schön.“

„Na dann schneid ein Thema an, worüber du gern sprechen möchtest. Ich sitze ja nur wegen dir noch hier am Tisch.“

„Mir fällt nichts ein. Erzähl du mir was.“

„Bin ich deine Gesellschafterin? Es ist im Übrigen sehr anstrengend, mit dir zu reden, wenn du dich weigerst, dein Hörgerät zu benutzen.“

Sie würden ihr schon wieder etwas ′aufoktroyieren′, war ihr Kommentar, als die Hörhilfe ins Haus kam. Sie würde sie nicht benutzen.

„Ach, wenn ich das alles vorher gewusst hätte…“

„Du kannst jederzeit ins Heim, wenn du dir das anders überlegt hast. Kein Thema. Ich frage mich nur ständig: was willst du eigentlich?“

„Menschlichkeit, nur ein kleines bisschen Menschlichkeit.“

Henriette absolvierte einen Raketenstart.

Sie rannte in ihr Büro und knallte die Tür zu (die *immer* offen stand) und heulte wie ein Schlosshund.

Sie war wieder in diese infame Falle, die sich Provokation nannte, getappt.

Die letzte Bemerkung von Oma und Henriettes Abgang hatte Peter miterlebt. Er nahm sich seine Mutter zur Brust, diskutierte eine Stunde lang mit ihr.

Auf ihrem Weg zu ihrem Zimmer schaute sie in Henris Bürotür herein: „Bei diesem wichtigen Gespräch hätte es sich gehört, dass du dabei gewesen wärst.“

Immer wieder war Henriette versucht, zu denken: „Die kann doch nicht dement sein. Wie die sich immer ausdrückt. Die ist einfach nur böse und das abgrundtief und gern."

Es ist auch oft gar nicht das, was sie sagt, sondern *wie* sie es sagt.

Die Lage war für Frau Kaiser eskaliert, als sie zweimal an einem Tag Herrenbesuch bekam.

Ein Herr vom Medizinischen Dienst der Krankenkasse war hier. Kaisers hatten eine Pflegestufe beantragt. Er stellte allerhand Fragen und entschied, dass sie die Pflegestufe „0" bekommen würde. Demenz.

Oma hatte eine Heidenangst, dass man sie aufgrund falscher Antworten in ein Heim einweisen würde.

Als dann am Nachmittag auch noch Dr. Fröhlich im Korridor stand, um einen Krankenbesuch abzustatten. Schmiss sie ihre Tür zu: „Der kommt hier nicht rein!"

„Nein", meinte der Arzt. „Gegen ihren Willen untersuche ich sie nicht. Aber so habe ich Ihre Schwiegermutter noch nie gesehen!"

Henriettes bedeutsamer Blick ließ ihn noch ergänzen: „Ich sehe schon, Sie haben es nicht leicht."

„Ich weiß schon, was ihr mit mir vorhabt! Ich lass mich hier nicht wegschaffen. Da seid ihr aber dran! Ich hol die Polizei! Das kann ich euch sagen!"

„Wir dachten, du wolltest gerne weg?"

„Dazu besteht überhaupt keine Veranlassung!"

„Na, haben sich die Gemüter wieder beruhigt?", fragte sie, als sie am Kaffeetisch erschien.

Zu ihrem Sohn gewandt: „Bring mir doch bitte wieder etwas Bargeld von der Bank mit. Aber nicht so viel. Je mehr da ist, umso mehr verschwindet."

Zu Sylvester hatte sie sich den Arm ausgekugelt. Sie war über ihren Teppich gestürzt.

Peter hatte das Teil dann auch gleich rausgeschmissen und vierhundert Euro darunter gefunden. „Du hast *hier* Dein Geld versteckt!" – „Das müsst ihr mir erstmal beweisen."

Den Arm trug sie jetzt in einer Binde. Im Wartezimmer des Chirurgen fragte sie leise: „Kannst du mir mal sagen, wie ich heiße? Falls der Doktor mich dann fragt?“

Jetzt kamen auf Rezept eine Physiologin für den Arm und eine Podologin für die Füße.

Diese Frau hat auch noch zwei Gesichter. So nett und höflich, wie sie mit diesen beiden Damen umging, hatte Henriette sie in ihren besten Tagen nicht erlebt.

Na gut, besser als würde sie die vergraulen.

Peter auf Thüringisch:
„Oma grämt sich.“
„Wie kommst du darauf?“
„Na, ich rieche das.“
„Ach so, sie cremt sich!“

Ihre morgendliche Creme war eines Morgens so hartnäckig, dass sie sie nicht verreiben konnte. Peter stellte fest, dass es Zahnpasta war. Na, zum Glück keine Schuhcreme.

„Was habt ihr eigentlich für eine Ausbildung machen müssen? Kann man das mal erfahren?“

Die Erklärung, dass Henriette und Peter Ausbildungsberufe hatten, in denen sie bis zur Rente gearbeitet hatten, genügte ihr nicht.

„Das meine ich nicht. Ich meine, bevor ihr hierhergekommen seid. Was hat euer Arbeitgeber für Qualifikationen verlangt?“

Aha, Pflegeberufe oder so etwas!

Ausgangspunkt ihrer Frage war der Gehstock, den ihr Peter besorgen wollte, damit sie einen sicheren Halt hätte. Das lehnte sie einmal wieder kategorisch ab. „Sie müssen mir erstmal ihre berufliche Qualifikation nachweisen, bevor Sie mir solche Anweisungen geben!“

Die Notärztin kam nach einer Dreiviertelstunde. Da könnte man längst tot sein.

Oma war völlig außer Kontrolle. Sie schlug und trat um sich, krümmte sich vor Schmerzen und schrie: „Das können die mit mir nicht machen. Da muss sich doch jemand kümmern.“

Peter und Henriette waren total hilf- und ratlos und heilfroh, als endlich Hilfe kam.

Der Blutzucker war auf 2,9 mmol/l gesunken. Also Unterzucker. Die Ärztin verordnete ihr sofort eine starke Zuckerlösung. Man konnte förmlich zuschauen, wie Oma sich normalisierte. Auf die Fragen der Ärztin, wie es ihr gehe und wer sie sei, antwortete sie freundlich und korrekt mit der Schlussfrage: „Warum denn dieser ganze Aufwand?"

Woran keiner wirklich gedacht hatte, war das Horrorscenario, das einer von den beiden Bediensteten ausfallen könnte.

Endlich hatte der Hals-Nasen-Ohrenarzt herausgefunden, dass Peters ständig schwindende Hörfähigkeit auf dem linken Ohr und sei Schwindel von einem Tumor herrührte.

Der war wohl zu einer hohen Wahrscheinlichkeit gutartig. Aber er drückte auf den Hörnerv und wuchs weiter. Der Arzt überwies ihn nach Bad Berka.

Die Untersuchung in der Klinik klärte den Befund eindeutig und riet zur sofortigen Operation.

Oma hin oder her; das war jetzt vorrangig. Sie vereinbarten, einen Pflegedienst zu

engagieren und eine höhere Pflegestufe zu beantragen.

Die Organisation eines Pflegedienstes, der die morgendliche Toilette übernehmen sollte, bedurfte sorgsamer Recherchen, die sie noch gemeinsam vornahmen.

Peter wollte erst ins Krankenhaus, wenn hier im Haus alles geregelt wäre. Andererseits drängte die Operation.

Sandra reagierte, wie eine liebende Tochter und Enkelin reagieren musste.

Sie meldete sofort in ihrem Krankenhaus Sonderurlaub an und stieg in einen last-minute-Flieger.

Sie kam an dem Tag an, als Peter operiert wurde. So konnten sie – Mutter und Tochter – am nächsten Tag gemeinsam nach Bad Berka fahren, um nach ihrem Kranken zu schauen. Die achtstündige Operation war gut verlaufen und es gab keine Komplikationen.

Ein Gesichtsnerv musste bei der OP durchtrennt werden. Infolgedessen war Peters linke Gesichtshälfte gelähmt und entstellt wie nach einem Schlaganfall.

Henriette tröstete ihn scherzhaft: „Genommen hätte ich dich so nicht; aber jetzt behalte ich dich.“ Sie mussten lachen, er lachte mit, wenn auch nur mit seiner rechten Gesichtshälfte.

Sandra und Henriette waren froh, dass es so ohne Komplikationen abgegangen war.

Es war ein Segen, dass Sandra gekommen war. Und es war ein Segen, dass sie zwei dieser wunderbaren, sensiblen Kinder hatten.

Sandra übernahm die Oma-Organisation. Sie hatte berufliche Erfahrung und ihr kam außerdem zugute, dass die beiden sich mochten.

Die Enkelin erklärte Oma, dass sie jetzt täglich nachmittags zu Peter ins Krankenhaus fahren würden.

Mit Daniel im Bunde konnte ihre Betreuung so organisiert werden, dass immer einer von den Dreien zu Hause sein würde, während abwechselnd zwei nach Bad Berka fuhren.

Sandra machte ihrer Großmutter eindeutig (und liebevoll) klar, dass es jetzt nicht vorrangig um sie gehen könne, ihr kranker Sohn hätte Vorrang.

Sie fragte nicht einmal nach Peters Befinden. Was interessierte sie Personal.

Aber alles, was Sandra ihr anwies, befolgte sie ohne zu murren. Zwar ließ sie merken, dass sie ihre Enkelin am liebsten rund um die Uhr um sich gehabt hätte, fügte sich aber deren Anweisungen.

Dieser Springerdienst klappte ausgezeichnet. Der Zeitpunkt der Rückfahrt von Bad Berka wurde aus dem Auto aus zu Hause gemeldet, so dass sich derjenige, der für ´s Essen kochen zuständig war, einrichten konnte. Sogar Daniel zauberte einen großen Topf Spaghetti mit leckerer Bolognese auf den Tisch. Als die beiden Frauen zur Tür herein kamen, saß Oma bereits mit dem Löffel in der Hand am Tisch.

Es war so wunderschön, die beiden Kinder um sich zu haben und sie hatten richtig viel Spaß zusammen. Der Anlass war unschön, aber Peter ging es täglich besser. Er war ja auch erfreut, dass zu Hause alles so gut klappte und Henriette eine richtige Entlastung hatte.

Auch am Tage nahmen sich Sandra und Henriette Auszeiten, indem sie mit Walking-Stöcken wenigstens eine Stunde unterwegs waren. Oma murrte nicht, da sie es genoss, dass Sandra danach oft in ihrem Zimmer war und sich mit ihr unterhielt.

„Ich weiß, ich verwöhne sie jetzt. Du hast dafür ja gar keine Zeit. Aber ich bin ja so selten da.“ Sandra umarmte ihre Mutter. „Ich weiß, dass sie es hier bei euch gut hat. Das sieht man. Aber sie kennt wirklich nur noch Daniel und mich. Ich weiß auch, dass ihr es nicht leicht habt mit ihr. Deshalb bin ich auch gleich gekommen, ich konnte dich doch damit nicht allein lassen.“ Henriette betonte immer wieder, wie glücklich sie war, ihre Kinder jetzt so hilfreich um sich zu haben. Sie wusste, dass das nicht selbstverständlich war.

Peter wurde nach zehn Tagen aus dem Krankenhaus entlassen. Sie holten ihn selbst ab.

Er war zufrieden, wieder zu Hause zu sein. „Mein Gesicht kann zur Zeit gar nicht ausdrücken, wie glücklich ich wirklich bin“, bedauerte er.

Bei der Nahrungsaufnahme ergaben sich Schwierigkeiten, aber Sandra kannte auch dafür ihre Tricks. Nachts musste er einen „Uhrglas-Verband“ tragen, weil sich das linke Augenlid nicht schließen ließ.

Peter wollte sich nicht als Pflegefall einordnen lassen, war auch ansonsten nicht körperlich geschwächt und auch kess wie immer.

Am Frühstückstisch fragte er seine Frau, die gerade aus dem Bad kam. „Und mehr war wohl aus deiner Frisur heute nicht rauszuholen?“

Allerlei Vorkehrungen waren noch bis zum Beginn seiner REHA zu treffen, die sollte in vierzehn Tagen in Bad Tennstedt beginnen.

Sandra flog eine Woche vorher nach Kanada zurück. Sie wäre am liebsten noch die vier Wochen hiergeblieben, aber das ging ja nicht. Henriette würde jetzt professionelle Hilfe bekommen.

Es gab inzwischen eine Zusage des Pflegedienstes, der zeitgleich mit Peters REHA-Beginn seine Leistung bei Oma aufnehmen würde.

So war gewährleistet, dass Henriette die Betreuung von Oma zumindest für die morgendliche Hygiene abgenommen wurde.

Freizeit wäre für sie wohl kaum drin, aber es war ein überschaubarer Zeitraum.

Besuche in Bad Tennstedt erstattete meist Daniel oder auch mal Ulrike und Jürgen. Henriette konnte das nur zweimal mit Evelyn gemeinsam bewerkstelligen.

Henriette fürchtete sich jeden Tag, aufzustehen.

Meist wurde sie von den Rufen per Babyphone geweckt. Anfangs war sie bei jedem Geräusch in Omas Zimmer geeilt. Jetzt wusste sie aber, dass die alte Dame im Schlaf sprach und wartete ab. Zum Glück schnarchte sie nicht.

Heute war sie ohne das Ding aufgewacht. Batterien waren in Ordnung? Ja, wahrscheinlich musste Oma auch ausschlafen, hatte ja gestern wieder ordentlich lang Terror gemacht.

Henriette setzte sich auf ihrem Nachtlager auf. Sie schlief, seit Peter außer Haus war, in Daniels ehemaligem Zimmer. Sie schlief auf seiner Couch und in Sandras Bettzeug, das sie benutzt hatte, als sie die letzten Wochen hier war.

So war sie ihren beiden Kindern wieder sehr nahe und dachte an die Tage, an denen sich beide so liebevoll um sie und um Oma gekümmert hatten.

Wieviel Kraft erwuchs ihr aus der Liebe. Und wie herrlich war es doch, zu wissen, dass man geliebt wird. Das hat nichts zu tun mit den lockeren Sprüchen, die sie oft parat hatte, wie:

Man muss mich doch einfach lieben.

Geliebt zu werden war harte Arbeit und noch mehr Glück. Es war so ein weiches, geborgenes Gefühl. So schön, dass einem die Tränen kamen.

Das sollte einem genügen. Kann man mehr im Leben verlangen?

Peter schaute sie neulich ganz versonnen an: „Eigentlich musst du doch sehr glücklich sein."

„Ja, aber wieso?"

„Na, weil du mich hast."

Nichts hinzuzufügen.

Das Fernsehgerät, das die ganze Nacht lief, weil sie über dem Film eingeschlafen war, stellte sie aus. Es störte bei ihren Gedanken.

Wie ging es Ihr? Was erwartete sie?x

Wenn Peter wieder zu Hause wäre, würde alles leichter werden. Darauf hoffte sie.

Sie hatte sich in der Zeit der Betreuung ihrer Schwiegermutter auch noch einmal selbst und von einer ganz anderen Seite kennengelernt. Eine Seite, über die sie sehr erschrocken war.

Sie war stark, das wusste sie, weil sie es in ihrer Jugend oft hatte beweisen müssen. Aber war sie auch gerecht? Musste sie denn gerecht sein? Hatte sie einen Anspruch auf ein eigenes Leben? Ja, natürlich hatte sie das, aber nicht im Moment. Jetzt galten andere Prioritäten.

Sie hatte entschieden, dass ihre Schwiegermutter bei ihr leben sollte. Nicht Peter und Oma auch nicht, auch wenn die es so gehofft hatten.

Zu dieser Entscheidung musste sie stehen und das Beste daraus machen.

Aber zum Kuckuck, was war das Beste? Das Beste nur für Oma?

Sie war in einer argen Zwickmühle. Sie war nicht immer gerecht, das fühlte sie selbst. Die Auseinandersetzungen, die die beiden führten, brachten Henriette aber weniger Genugtuung, als sie sich erhofft hätte. Peters Mutter hatte eine Art von Überheblichkeit, die sich durch nichts rechtfertigte. Henriette fühlte sich in ihrer Gegenwart erdrückt, immer schon. Sie verspürte den Zwang, sich vor ihr verteidigen zu müssen und gleichzeitig die Lust, sie zu provozieren. Hier lag die Krux.

Erst kürzlich hatte Henri in einem Roman über eine unglückliche Frau gelesen:

Manche Menschen sind den Schmerz nicht wert, den es einem bereitet, sie zu lieben. Liebe will geschätzt wie auch verdient sein. Du warst gefühllos in deinen Worten und achtlos in deinen Taten.

Das würde sie eins zu eins auf ihre Schwiegermutter übertragen.

Aber warum war Henriette so nachtragend? Das war sonst nicht ihre Art.

Man konnte Henri nicht als kalt oder egoistisch bezeichnen. Natürlich egoistisch im Sinne eines gesunden Selbsterhaltungstriebes.

Peters Mutter hatte sie einmal vorgeworfen, ständig nur an sich selbst zu denken. Darauf erwiderte die wie selbstverständlich: „Na hör mal. Das ist doch schließlich normal, dass jeder zuerst immer nur an sich denkt!“

Sie wollte ja lieb sein, sie wollte ja nett sein. Aber, mein Gott! Es gelang ihr nicht immer.

Langweilig geht anders

„Hilfe, Hilfe…,warum hilft mir denn keiner?“

Ich wache aus meinem Traum auf und sitze kerzengerade und erschrocken im Bett.

Ich habe völlig mein Zeitgefühl verloren.

Es war wieder ein blöder Traum!

„Hilfe, Hilfe…“, höre ich aber immer noch.

Die zittrige Stimme kommt aus dem Babyphone, das neben meinem Kopfkissen liegt.

OMA – barfuß renne ich die Treppen hinunter. Blick auf die Uhr: 4:00, so fühle ich mich auch.

Als ich die Tür zu ihrem Zimmer öffne, herrscht sie mich sofort an: „Na hören Sie mal!“

„Was ist denn los? Musst du auf Toilette?“

„Ach, du bist das! Ich habe gerade getankt und keiner ist da, der mir das Geld abkassiert!“

„Na so was, dann fahr doch einfach weiter, wenn die dein Geld nicht wollen. Aber lass uns bei der Gelegenheit gleich auf die Toilette gehen.“

„Ich muss nicht, ich war erst.“

Ja, stimmt. Was ich die ganze Zeit rieche, ist kein Benzin. Ein nasser Fleck vor dem Bett und ich bin auch noch barfuß reingetreten. Igitt!

Also: OMA ins Bett zurück, Eimer, Wasser, Scheuerlappen für den Fleck und meine Füße besorgt und alles so gut wie möglich gereinigt.

Fenster sperrangelweit auf und selbst wieder ins Bett zurück.

Mit meinem e-book und einer guten Geschichte habe ich die nächsten zwei Stunden gut überstanden und muss irgendwann auf der spannenden Jagd nach dem Mörder doch eingeschlafen sein.

7:30 bin ich halbwegs panisch aus dem Bett, unter die Dusche, in die Klamotten, als pünktlich 8:00 die Klingel schellt.

Draußen steht Herr Blödmann von der Rentenversicherung.

Er wolle heute die Rentenbeitragsprüfung meines Mandanten Krause durchführen, wie ich ja informiert wäre.

Er hatte sich einen schlechten Tag ausgesucht. Meine Laune ist ziemlich weit unter meinem sonstigen Gutmütigkeitslevel.

„Herr Blödmann (natürlich hieß der anders, aber es sollte sich noch herausstellen, dass mein Name viel besser zu ihm passte): Den Termin kenne ich natürlich. Aber ich hatte Ihnen schriftlich mitgeteilt, dass wir gern die von Ihnen angebotene Vorlageprüfung (Prüfung außer Haus aufgrund übergebener Belege) genutzt hätten.

Darauf sind sie gar nicht eingegangen. Sie haben noch nicht einmal auf unser Schreiben geantwortet. Es gibt hier nämlich besondere Umstände, auf die Sie sich jetzt einstellen müssen. Mein Büro ist seit dem 31.03. geschlossen, ich habe hier eine Altenpflegestation und in wenigen Minuten kommt ein Pflegedienst."

„Das tut mir leid, für mich stand der Termin so wie angekündigt fest", sagt er etwas eingeschüchtert.

„Na ja, jetzt können wir nichts mehr daran ändern, alles ziemlich unglücklich."

Daraufhin führe ich ihn in mein Büro und gebe ihm den ersten Ordner.

„Schauen Sie da erstmal rein, ich bin in zwanzig Minuten zurück."

Ich schließe die Bürotür hinter mir und bereite das Frühstück für OMA zu. (Meines wird heute ausfallen)

Mit dem Frühstückstablett und der Insulinspritze in der Hand erscheine ich vor OMAs Bett.

„Aber so geht das überhaupt nicht", schimpft sie mit wütend funkelnden Augen und dem Gesicht zur Faust geballt.

„Ich bin hier fast am Erfrieren!"

„Dann wärmt dich der Kaffee wieder auf, ich mach das Fenster ja schon wieder zu."

Der Pipi-Geruch ist mir sofort wieder in der Nase. Ich sprühe nochmals mit Febreze über den Fleck, habe aber das Ganze damit wahrscheinlich verschlimmbessert.

Jetzt riecht ´s, als hätte jemand ins Rosenbeet gepinkelt.

Herr Blödmann ruft nach mir. Ich gehorche und gehe ins Büro zurück.

„Die Unterlagen 2010 bis 2012 sind in Ordnung. Den Hefter von 2013 brauche ich noch."

„Bitte". Zuerst denkt er wohl, ich will ihn zur Höflichkeit maßregeln. Aber es ist mein „Bitte", als ich ihm die neuen Belege übergebe.

„Danke", sagt er jetzt wenigstens.

Das Telefon läutet.
„Das ist ja wie auf dem Bahnhof hier“, entrüstet er sich etwas.
„Das kann noch schlimmer werden. Das wäre Ihnen erspart geblieben, hätten Sie der Vorlageprüfung zugestimmt oder wenigstens nochmal angerufen.“
„Ich werd ´s hoffentlich überstehen“, er stöhnt leicht, Lachen kann er nicht.
Zum Lachen geht er in den Keller, aber er weiß nicht, wo es hier im Haus zum Keller geht.
Ich schließe die Bürotür und nehme den Telefonhörer ab.
Peter berichtet mir erfreut, dass er in vier Tagen nach Hause kommt. Ich bin sehr erleichtert.
„Du hast aber den Arzt gefragt, ob du dir damit nicht womöglich schadest, und ob zwei Wochen länger für deine Genesung zuträglicher wären?“, frage ich besorgt.
„Nein, davon hat er nichts gesagt, es geht in Ordnung und außerdem will ich jetzt dringend nach Hause!“, seine Stimme wird weich und gefühlsbetont.
„Bevor du anfängst, Süßholz zu raspeln, muss ich das Gespräch abbrechen. Mein Büro wird zur Zeit von fremden Mächten okkupiert. Ich ruf dich heute am Nachmittag nochmal zurück.“
Ich hab ihn ziemlich abgewürgt. Das werde ich später am Tag wieder gut machen.
Es klingelt an der Haustür. 9:00 – der Pflegedienst kommt.
Ich schicke die Pflegerin allein zur OMA, sie kennt den Weg und das Prozedere.
Ich begebe mich zurück ins Büro. Triumphierend sitzt Herr Blödmann aufrecht im Stuhl:
„Also, was Sie hier gemacht haben ist – Entschuldigung – richtiger Blödsinn.“ Seine Vorwürfe werden von einem süffisanten Lächeln begleitet.
Sie haben die beiden Mitarbeiter in ein und demselben Zeitraum zweimal angemeldet und wieder abgemeldet. Warum? Was soll der Quatsch?“
Er ist sichtbar glücklich, etwas gefunden zu haben. Ich habe schon so viele Überprüfungen ohne bleibende Schäden überstanden, da lässt mich

das ziemlich ruhig bleiben. Außerdem habe ich inzwischen ganz andere Prioritäten.

„Kann ich bitte den Ordner mal haben?“, frage ich höflich.

„Da werden Sie nichts anderes feststellen als ich!“, sagt er überlegen.

„Das kann schon sein. Aber aus dem Kopf weiß ich den Vorgang nicht mehr, ich muss schon wenigstens nachsehen.“

Nach dem Durchblättern der Belege muss ich erkennen, dass er Recht hat.

„Es ist wie Sie sagen. So ein Blödsinn!“

„Ja, und wie gedenken Sie, das auszubügeln?“ Seine Augen funkeln freudig erregt.

Ich bleibe einfach ruhig. Viel ist wirklich nicht passiert.

„Ein Beinbruch ist es ja nun nicht, und falsche Beiträge wurden auch nicht gezahlt.

Ich rufe bei der Bundesknappschaft an und bitte die darum, mir einen Lösungsweg zu nennen.“

„Sie stellen sich das so locker vor, sowas darf einfach nicht passieren!“ Er ist sehr verärgert darüber, dass mich das nicht weiter aufregt.

„Also, jetzt lassen Sie einfach mal die Kirche im Dorf. Es ist ein Fehler, es sollte nicht passieren, aber ist passiert. Ich schaff das aus der Welt, mit den Leuten dort kann man reden. Ich habe schon öfter mit den Mitarbeitern zu tun gehabt.“

„Wenn Sie meinen! Ich habe jetzt noch zirka drei Stunden in der Gegend zu tun. Ich würde danach nochmal vorbeikommen und mir das Ergebnis Ihrer Rückfrage einholen.“

Ich lache ihn aus.

„Sie arbeiten doch selbst bei einer Behörde! Meinen Sie, dass ich dort am Freitag sofort eine kompetente Person an den Apparat bekomme und diese auch gleich stehenden Fußes mein Problem löst? Einen realistischen Zeitraum müssen Sie mir schon einräumen!“

Er überlegt widerwillig: „Die nächsten 10 Tage bin ich erstmal im Urlaub. Rufen Sie mich danach an und ich verbinde das, wenn ich wieder in der Gegend bin.“

Wir verabschieden uns höflich voneinander.

Ich kenne die Prüfer. Ich weiß, dass er frustriert ist, weil er nicht wirklich etwas „Richtiges“ gefunden hat, das eine Nachzahlung von mehreren Tausend Euro erbracht hätte.

Cest la vie!

Ganz schnell bin ich wieder in *meinem* Leben.

Pflegerin Katrin ist inzwischen mit der OMA fertig und hat sie im Sessel platziert.

Sie fragt nach dem Malheur, das man am Vorleger nicht übersehen und auch nicht überriechen kann. „Wie hat sie das gemacht? Die Windelhose war trocken.“

„Was!? Das geht doch gar nicht. Da müsste sie die doch ausgezogen, gepinkelt und wieder angezogen haben? Das ist aber wirklich ein Rätsel!“

„Sicherlich hat sie geträumt. Anders kann man das fast nicht erklären.“

Wir müssen beide lachen.

An der Tür fragt sie: „Ist der fort?“, und zeigt zum Büro.

„Herr Blödmann? Ja, eben.“

Ich gehe kopfschüttelnd zu OMA und frage sie, ob sie sich an das Ereignis erinnern könne, dass sie vor das Bett gepinkelt habe.

„Nein!“, sagt sie empört zurückweisend. Ich habe nur getankt.“

Das Telefon klingelt.

„Wie schön, dass ich dich erreiche. Wo bist du nur gewesen? Du warst jetzt schon dreimal nicht im Kurs? Willst du etwa aufhören? Ich habe schon zu Carmen gesagt…“

Es ist meine line-dance-Freundin Ursula. Wenn Ursula redet, hat man keine Chance.

Selbst wenn sie Fragen stellt, hat man gar keine Möglichkeit zu antworten.(sie nennt sich selbst eine Nervensäge)

„…und Carmen hat gemeint, wir wüssten doch, dass dein Mann zur REHA ist und du die Schwiegermutter nicht alleine lassen kannst. Was ist mit heute Abend?“

Stille im Apparat. Schnell ergreife ich die Gelegenheit zu einer Erwiderung. „Ich komme heute. Bestimmt. Ich freue mich schon drauf. Du kannst mir glauben, dass ich das Tanzen sehr vermisse.“

„Es beginnt aber heute schon 17: Uhr, kannst du das schaffen?“

„Ja, ich habe für heute eine Bekannte zum ´OMA-sitting´ engagiert. Das klappt.

Mach´s gut bis heute Abend."

Ursel ist eine ganz Liebe. Mit dem Mund schneller als mit den Beinen beim Tanzen. Aber da haben wir als line-dance-Anfängerinnen beide noch unsere Probleme.

Die Uhr zeigt 11:45. Was koche ich denn heute? Am besten Grießbrei, geht schnell und schmeckt. Das Problem ist fix und gut gelöst.

„Ich fahre dann mal auf den Friedhof. Ich muss Opas Grab neu bepflanzen, das wird höchste Zeit", kündige ich OMA während des Essens an.

„Ach, geh doch nicht weg, ich bin nicht gerne allein."

„Du machst doch sowieso deinen Mittagsschlaf. Ich bin zum Kaffee zurück."

„Na gut, aber nicht länger!"

Es klingelt an der Haustür.

„Hallo, Frau Nachbarin. Was du gestern befürchtet hast, ist eingetroffen. Du hast einen Bienenschwarm!"

„Oh nein! Ach Herbert, das kann ich heute nicht gebrauchen."

„Tut mir ja leid für dich. Da kann ich dir nicht helfen. Ich hab Schiss vor den Viechern.

Die schwirren noch herum."

Gemeinsam schauen wir zum Himmel in seine angezeigte Richtung.

Es ist schon ein imposantes Schauspiel, wie die Tausende von Bienen als eine dunkle Wolke in der Luft nach einem geeigneten Platz suchen, an dem sie sich vorerst niederlassen.

„Nicht zu ändern. Ich weiß schon einen Weg. Jetzt fahre ich erstmal zum Friedhof. Mit den Bienen muss ich jetzt nichts überstürzen."

„Na, als erfahrene Imkerfrau musst du das ja wissen", meint Herbert anerkennend.

„So mehr oder weniger. Ich danke dir erstmal für die Info."

Mit einem letzten Blick zum Himmel steige ich ins Auto und fahre in Richtung Gärtnerei, denn ich hab ja auch noch keine Pflanzen.

Die Frau Gärtnerin schaut mich an, als käme ich vom Mars.

Vorwurfsvoll sagt sie:

„Das tut mir leid, für ´s Grab hab ich aber gar nichts mehr da. Das ist doch schon längst alles durch!“

Ich kann ja schlecht sagen, dass ich vor lauter anderem Stress den Opa vergessen habe.

Wenn Peter es nicht vorgestern erwähnt hätte, wäre ich bis jetzt nicht draufgekommen, dass auf dem Grab noch die Pflanzen und das Gesteck vom Totensonntag sind. Jetzt haben wir Mai!

„Wissen Sie, ich war lange krank und konnte mich nicht kümmern.“

„Ja, ja, ich wollte ja auch nur sagen, dass ich nichts Winterhartes habe. Die Eisheiligen kommen ja erst noch, dann ist alles verdorben. Na, lassen Sie uns mal suchen.“

Was wir dann zusammengestellt haben, sieht recht hübsch aus – ein wenig unkonventionell.

Das Grab allerdings ist in einem erbärmlichen Zustand. Ich brauche eine geschlagene Stunde, um es ansehnlich herzurichten.

In diesem Moment kommt der Bruder von Herrn Blödmann auf den Friedhof und macht sich zwei Gräber weiter an einer Ligusterhecke zu schaffen.

Woher ich weiß, dass es sein Bruder ist?

Der Mann ist in meinem Alter. Diese Generation, und auch die folgende, wurde noch dazu erzogen, dass man Menschen, denen man auf engem Raum begegnet, zumindest grüßt.

Da kam nichts. Aber nach einer Weile steht er neben mir und fragt: „Könnte ich mal kurz Ihre kleine Hacke bekommen?“

„Nein, bestimmt nicht!“ erwidere ich borstig.

Er ist erstaunt und erschrocken und trollt sich wortlos.

Ich bin zum Glück fertig und trolle mich auch – auf den Heimweg.

Ich sehe ihn noch kurz bei dem Gestell mit den Gießkannen.

Sieben Stück hängen an der Hakenleiste: sechs mit dem Schnabel nach rechts und eine nach links.

Während er seine Kanne füllt, dreht er die abtrünnige in die *richtige* Richtung. Typisch!

Halt, zurück. Wollte ja noch ein frisches Brot kaufen, wenn Ulla heute mit OMA Abendbrot macht. Noch etwas Kuchen und zwei Packungen Eis in den Korb.

Ach ja, und tanken auch noch. Der Preis ist gerade günstig.

Dabei habe ich nicht so viel Glück wie die OMA heute Morgen, mir wird das Geld abkassiert.

Ich werde zu Hause freundlich begrüßt: „Ach, ich bin immer so froh, wenn ich die Tür klappen höre und weiß, dass du wieder zu Hause bist."

„Bis zum Kaffee ist noch Zeit. Ich muss mich jetzt erstmal noch um den Bienenschwarm kümmern."

Damit lasse ich sie erstmal wieder allein und gehe mit dem Handy in den Garten.

Den Bienenschwarm habe ich schnell gesichtet. Er hängt als eine große Traube am unteren Ast eines Apfelbaumes beim Nachbarn.

„Alte Königinnen fliegen nicht weit. Deshalb hat man eine gute Chance, solch einen Schwarm auch in der Nähe zu finden", erfahre ich später am Tag von einem erfahrenen Imker.

Ich setzte mich erstmal auf die Gartenbank und rufe Peter an:

„So, jetzt haben wir den Salat – würde unser kleiner Nachbar sagen", melde ich mich ohne weiteres Zeremoniell.

„Was ist? Du hast wohl einen Schwarm?"

„Genau so ist das: ***ich*** habe einen Schwarm!"

„Ach, das tut mir leid", sagt er mit echtem Bedauern. „Konnten die nicht noch ´ne Woche warten? Was willst du jetzt machen?"

„Na du bist gut, das wollte ich ja von dir wissen!"

„Ich bin jetzt völlig überrumpelt, lass mich überlegen. Kommst du an ihn dran? Hängt er sehr hoch? Sonst sprüh ihn erstmal mit Wasser ein, damit er nicht wieder abhaut."

„Gut, das mach ich, ich komme dran, er ist nicht so hoch. Und dann habe ich gedacht, ich rufe den Dr. Fischer an. Er hat mir vorige Woche angeboten zu helfen, falls so etwas eintritt. Allerdings fährt er nächste Woche in Urlaub für zehn Tage. Aber das würde ja gerade noch gehen."

„Ja, das ist eine gute Lösung. Obwohl es mir sehr widerstrebt. Andere Leute kümmern sich um meine Bienen, während ich hier faul herumliege und alle Verantwortung auf dir liegt."

„Mach dir da keinen Kopf und werde erstmal richtig gesund. Ich wollte nur dein o.k., dass ich dem Dr. Bescheid sage. Ich wollte ihm auch den

Schwarm anbieten, ich weiß doch nicht, wie ich ihn weiter behandeln muss."

„Ja, das ist wohl das Beste. Du müsstest eine neue Bienenbeute eröffnen und Mittelwände reinhängen. Da hab ich aber gar keine fertigen vorrätig, die müssen erst eingelötet werden. Ach Mensch, das kam ja alles so überraschend mit der OP, ich konnte ja nichts vorbereiten!"

Er klingt ganz verzweifelt.

„Nun sei doch nicht traurig, wir kriegen das schon alles auf die Reihe. Ich muss dich nur fragen, weil ich ja nichts davon verstehe."

„Du machst das ja schon toll. Ruf den Dr. Fischer an, hoffentlich hat er Zeit. Und halt mich auf dem Laufenden."

Es ist mir schon auch recht unangenehm, andere Leute mit meinen Problemen zu belästigen.

Ulla als Oma-Sitter und den Dr. Fischer jetzt als Bienen-Betreuer.

Ich wähle seine Nummer und er ist sofort am Apparat.

„Herr Dr., ich habe einen Schwarm."

„Mich etwa?" Wir lachen beide und meine Anspannung ist weg.

„Hängt er so, dass ich mir nicht den Hals breche?"

„Glauben Sie, ich will mich mit Ihrer Frau anlegen? Er hängt gut."

„O.K. ich komme im Laufe des Nachmittags, weiß noch nicht genau wann. Sprühen Sie ihn mit Wasser ein, dann haut er nicht wieder ab. Bis dann!"

Ich setze mich mit OMA an den Kaffeetisch, habe aber keine rechte Ruhe.

„Du bist heute so unruhig. Kannst du dich nicht auf unser Gespräch konzentrieren?"

„Welches Gespräch?" Wir führen keins.

„Entschuldige, ich muss nach den Bienen sehen."

Und schon bin ich wieder an der Tür.

„Das ist nicht in Ordnung! Schließlich geht es hier um mich! Dafür zahle ich das viele Geld! Aber wenn der große Zampano (das bin ich) beschließt, seinem Vergnügen nachzugehen, dann fragt er unsereinen gar nicht."

Ich lasse sie einfach wüten.

Der Bienenschwarm wird nochmal beregnet.

„Die sind aber ganz friedlich. Da traust du dich dran?“, fragt Herbert voller Respekt aus der Ferne.

„Du kannst ruhig näherkommen. Die sind jetzt total zahm. Sie schützen ihre Königin und weichen ihr nicht von der Pelle.“

Wir betrachten beide ehrfurchtsvoll den als Traube vom Ast herabhängenden Bienenklumpen, wo sich Biene an Biene aneinander kettet.

„Das ist, glaube ich, ein recht großer Schwarm. Peter ist ganz traurig. Gute Imker wollen das nach Möglichkeit vermeiden und ergreifen im Vorfeld Maßnahmen, dass gar nicht erst ein Schwarm abgeht. Aber er konnte ja nun nichts tun.“

„Und die Bienenbeute aus der die abgehauen sind, ist jetzt leer? Ich bange um meine Honigration, die ich jedes Jahr bei euch hole.“

„Nein, keine Bange. Das sind zwar eine Riesenanzahl Bienen und auch eine Menge Honig, die da weg sind. Aber bevor die schwärmen, ziehen sie eine neue Königin nach und lassen diese mit einer Hälfte Bienen in der Beute zurück. Sie haben sich einfach geteilt.

Normalerweise würde der Imker mit dem Schwarm eine neue Beute besetzen und hätte alles wieder. Aber das geht ja jetzt nicht, ich werde den Schwarm dem Dr. Fischer geben, für seine Mühe.“

„Was für einen Wert hat so ein Schwarm?“

„Der ideelle ist, glaube ich, noch größer. In der Zeitung stand kürzlich: *ein Bienenschwarm im Mai ist wert ein Fuder Heu.* Aber in Geld ausgedrückt kommst Du sicher auf 60 – 80€. Peter hatte die Königin gekauft, nicht selbst gezogen. Ich glaube, die hatte allein 40€ gekostet.“

„Frau Nachbarin, du kennst dich richtig gut aus“, nickt er anerkennend.

„Ich ärgere mich, dass ich nicht immer noch besser aufgepasst habe und mehr machen kann.

Vorgestern noch habe ich mit meinem Sohn zusammen nach Peters Anleitung bei dem stärksten Volk den Honigraum erweitert. Damit hatten wir gedacht, genug vorgebeugt zu haben. Nun ist das Malheur aber doch noch passiert.“

Ich merke, dass ich ganz schön gestresst bin.

„Jetzt hol erstmal tief Luft, es läuft doch alles“, sage ich mir selber, aber ich höre mir nicht zu.

Ein Blick auf die Uhr – 16 Uhr – sagt mir, dass ich das bis 17 Uhr zum line dance nicht schaffe.

Gerade kommt Ulla die Treppe ´rauf. „Ich bin schon bisschen eher, da können wir noch quatschen."

„Ich freu mich, dass du da bist. Ich danke dir."

„Ich hätte dich gar nicht gebraucht", kann ich ihr schlecht sagen und informiere sie stattdessen:

„Ich kann trotzdem nicht fort, wie eigentlich geplant. Ich habe einen Bienenschwarm und weiß nicht, wann mein Imkerhelfer kommt. Aber da machen wir uns halt einen gemütlichen Nachmittag, wir drei Weiber."

„Auch gut. Denkst du nicht, dass du noch wegkommst?"

„Nein, selbst wenn er jetzt gleich käme, könnte ich ihn ja mit dem Schlamassel nicht alleine lassen!"

„Ich geh einstweilen zur OMA rein, mal sehen, wie`s ihr geht."

„Ach Ulla, das ist aber schön, dass du mich besuchst!" Komisch, die Ulla erkennt sie immer.

Ich hänge mich wieder ans Telefon, Ursula anrufen. Sie ist auch gleich am Apparat.

„Hör zu, ich kann doch nicht kommen, ich habe einen Bienenschwarm im Garten und muss mich darum kümmern. Ich hatte mich so aufs Tanzen gefreut, aber heute ist einfach nicht mein Tag. Entschuldige mich bitte und sag, dass ich beim nächsten Mal auf alle Fälle wieder dabei bin. Nächste Woche kommt auch mein Mann wieder. Da wird alles besser."

Es hat ihr wohl die Sprache verschlagen, denn außer: „Schade, gut ich geb ´s weiter", sagt sie nichts.

Ich gehe wieder in OMAs Zimmer. Die beiden unterhalten sich angeregt über Krankheiten. Das heißt: Ulla erzählt und OMA hört zu. Wenn Ulla erzählt, hast du auch keine Chance, aber OMA braucht auch gar keine. Ich heute auch nicht, bin mit meinen Gedanken sowieso woanders.

Es klingelt an der Haustür. Der Dr. – mein Retter – ist da.

„Ach, Sie sind ein Schatz", mir fällt ein Stein vom Herzen. „Ich weiß gar nicht, was ich jetzt ohne Sie machen würde!"

„Na, deshalb habe ich´s doch angeboten. Und ich mach es wirklich gern!", betont er noch.

Wir gehen zusammen in den Garten.

Er hat eine Schwarmfangkiste, eine Luftpumpe und einen Smoker mitgebracht.

„Der hängt ja wirklich günstig“, beurteilt er. „Ich brauche zwar trotzdem eine kurze Leiter, weil ich die Kiste unmittelbar darunter halten muss. Aber das ist kein Problem.“

Er zündet den Smoker an.

„Wozu braucht man die Luftpumpe?“, will ich wissen.

Er lacht: „Das ist keine Luftpumpe, das ist eine Wasserspritze. Aber die brauchen wir ja nicht, Sie haben eine viel schönere.“

Damit nimmt er meine Spritzkanne und schickt noch eine Wasserladung in den Baum.

Nachbar Herbert hat sich wieder angeschlichen, hält sich aber in respektvoller Entfernung.

Wir haben inzwischen eine kurze Leiter angelehnt und er klettert drei Stufen hinauf.

Er hält die Schwarmfangkiste auf der linken Handfläche ganz dicht unter den Schwarm und klopft mit der rechten Hand kräftig an den Ast.

Wie ein nasser Lappen fallen die Bienen – am Stück – in die Kiste und er schließt den Deckel.

Ein paar wenige schwirren noch aufgeregt herum, aber die Masse ist drin.

„So, die Kiste stellen wir jetzt unter den Baum und lassen sie erstmal in Ruhe. Die anderen Bienen, die noch umherschwirren, finden von selbst den Weg zu ihrer Königin. Sie zeigen mir mal Ihr Bienenhaus von innen und ich schau, ob ich noch was Nützliches für den armen kranken Imkerfreund machen kann.“

„Wie soll ich das denn alles wieder gutmachen? Ihre Frau schimpft sicher mit mir, das ich Ihre kostbare Zeit stehle, wo sie doch in Urlaub fahren wollen.“

„Meine Frau ist glaub ich froh, dass ich ihr aus den Füßen bin. Was mich betrifft, so macht mir das unheimlich Spaß und in so einem ordentlichen Bienenstand…“, sagt er, nachdem er sich umgeschaut hat, „ist das auch direkt eine Freude.

Von Wiedergutmachung will ich sowieso nichts mehr hören. Sie haben mir schon den Schwarm angeboten, der hat seinen Wert, so groß wie der ist.“

Er öffnet alle Bienenbeuten und beschließt, dass er bei allen Völkern noch Mittelwände und Baurahmen einsetzen wird.

„Aber Mittelwände haben wir nicht mehr genug vorrätig“, werfe ich besorgt ein.

„Hier ist das Lötgerät. Wenn Sie mir noch verraten, wo die Wachsplatten sind, mach ich die Wände fix fertig.“

Kopfschüttelnd zeige ich ihm die Platten in einem Karton.

„Sie sind wirklich nicht mit Geld zu bezahlen!“

„Deshalb nehme ich auch keins.“

Ich bin so maßlos froh, er macht alles mit solch einer Ruhe und Freude, die man ihm ansieht.

Ich schaue nochmal kurz nach der Schwarmkiste und berichte ihm:

„So etwa 430 Bienen schwirren noch um die Kiste.“

Er lacht: „Die lassen wir in Ruhe ihren Weg finden, die sind sehr diszipliniert.“

„Ja, das sind sie, das kann ich bestätigen. Ich hatte denen gesagt, wenn sie vorhaben, zu schwärmen, dann sollten sie das noch in dieser Woche erledigen, solange Sie noch nicht im Urlaub sind.“

Wieder lacht er herzlich. „Sie haben ja wirklich Ihren Humor behalten, bei allem, was Sie zur Zeit um die Ohren haben. Jetzt verschwinden Sie aber und kümmern sich um die OMA, nicht, dass die auch noch schwärmt.“

Ich nehme einen großen Kopf Salat aus dem Gewächshaus mit und bereite unten das Abendbrot für uns drei zu.

Wir sind fast mit dem Essen fertig, als Dr. Fischer aus dem Garten kommt.

„Die Kiste hol ich dann wenn´s dunkel ist. Dazu brauche ich Sie aber nicht“, ruft er mir durchs geöffnete Fenster zu.

Ich gehe zu ihm auf die Terrasse. Die anderen Nachbarn haben ihn schon abgefangen und wollen wissen, ob mit dem Schwarm alles gut gegangen ist.

„Also Thomas, petz´ das ja nicht meinem Mann, dass ich mir fremde Kerle herhole, solang er nicht da ist!“

„Aber doch nicht so ´n Alten“, schmunzelt der Dr. und nimmt mich in den Arm und drückt mich fest.

Ich muss sehr an mich halten, dass ich nicht das Heulen anfange.

„Ich wünsche Ihnen einen wunderschönen Urlaub. Grüßen Sie Ihre Frau ganz lieb, sie soll nicht sauer sein.“

„Das ist sie nicht. Ihnen auch eine schöne Zeit. Die Bienen sollten das jetzt gut noch eine Woche ohne ihren Imker aushalten.“

Er fährt davon und ich gehe ins Haus zurück.

Es ist 19 Uhr. OMA geht unter Ullas Aufsicht ins Bett und ich räume die Küche auf.

Als Ulla dann weg ist, will ich noch einmal unter die Dusche.

Auf dem Weg ins Bad sehe ich eine kleine Maus unter meinen Büroschrank huschen.

Was hatte ich heute noch nicht? Noch hat der Tag ein paar Stunden.

Lasst Euch noch was einfallen ihr Nervensägen Monster!

Ich rufe verzweifelt bei Peter in der REHA an, weil ich die Mausefallen nicht finden kann.

Meine Katze, die mir das Mitbringsel reingetragen hat, schläft seelenruhig auf dem Sessel.

Hinter dem Schrank kann sie die Maus aber sowieso nicht kriegen.

Nachdem ich Peter alles berichtet habe, was in seinem Bienenhaus passiert ist, verrät er mir, wo ich die Fallen finden kann.

„Und da wolltest du mich überreden, die Verlängerung um zwei Wochen zu akzeptieren.

Wenn das so weitergeht, muss ich dann deinen Nervenzusammenbruch ausbaden. Da komme ich lieber.“

„Na gut, für mich ist der Tag auch gelaufen. Und du… leg dich wieder hin!“

Mit viel Fingerspitzengefühl und gebotener Vorsicht bestücke ich die Falle mit Käse, stelle sie vorsichtig auf den Fußboden und mach die Bürotür zu.

Hoffentlich hat das Vieh in der Nacht Hunger.

Ich muss noch fix meinen Sohn informieren, er hatte mir ja vorgestern beim Imkern assistiert.

„Stell dir vor, wir hatten heute einen Schwarm!", konfrontiere ich ihn gleich mit meinen Neuigkeiten.

„Ach, mach keinen Mist. Was hast´de da gemacht? Kannst du das?"

„Nein, ich hab den Dr. Fischer angerufen. Du weißt schon, meinen früheren Frauenarzt und späteren Mandanten."

„Und der ist auch Imker? Der hat den Schwarm gefangen? Das ist aber schön, wenn sich die Imkerfreunde so helfen. Da bin ich ja froh, dass er dir das abgenommen hat. Der ist aber lieb!"

„Ja sehr. Kennst du ihn eigentlich? Bist du ihm schon mal begegnet?"

„Nein, ich gehe eher selten zum Frauenarzt."

„Doch, du bist ihm schon begegnet, im Kreißsaal, da warst du gerade mal zwei Stunden alt."

„Ach ja, jetzt wo du´s sagst..."

Er bringt einen wirklich immerzu zum Lachen. Zweitgeliebtes Kind! So, jetzt duschen, Schlafanzug anziehen und dann ab zu Couch und Krimi.

Das Telefon klingelt. Ich kann nicht erkennen, wer´s ist.

„Schön, dass ich Sie antreffe. Sie sind so eine treue Leserin und wir haben einen ganz tollen Preis für Sie..."

„Machen Sie mit Ihrem Preis jemanden anderes glücklich, ich bin es bereits. Entschuldigung!"

Ich schließe fest die Badtür und lasse mich lange vom heißen Wasser berieseln.

Ein Glück, dass heute wenigstens Freitag ist. Es gibt einen internen Beschluss, dass wir freitags beim Fernsehen ein Eis am Stiel essen dürfen. (die Gelüste hatten wir früher öfter, aber das schlägt ja dermaßen auf die Hüften!)

Aber inzwischen, seit Peter zur Reha ist und zur Stressbelohnung, habe ich jeden zweiten Tag der Woche in Freitag umbenannt.

Das war ein Super-Einfall!

Heute werde ich ohne Skrupel genießen können, und freue mich d´rauf.

An den Pseudo-Freitagen hab ich doch ein klein wenig schlechtes Gewissen.

Nur gut, dass ich am Mittwoch-Freitag bemerkt habe, dass das Eis zur Neige geht. So habe ich heute eine Packung mitgebracht, um nicht am Sonntag-Freitag vor dem leeren Gefrierschrank zu stehen.

Ein Glück, dass Peter nächste Woche wiederkommt, damit hier wieder Zucht und Ordnung einkehrt. Und Liebe und so…

Zwischenzeitlich musste der Arzt die Oma ins Krankenhaus einweisen.

Kreislauf war kollabiert und extreme Wasserablagerungen in den Beinen.

Die Stationsärztin diagnostizierte, dass ihr das Wasser förmlich bis zum Hals stehe und das Herz stark vergrößert sei.

Peter war noch nicht von der REHA zurück.

So besuchte Henriette sie allein im Krankenhaus, nur um sich von ihr derart beschimpfen zu lassen, dass sie das Krankenzimmer nach zwanzig Minuten wieder verließ.

Sie hatte ihre alte, unfreundliche Form wieder gefunden, die sie während und auch kurz nach Sandras Besuch schon fast verloren hatte.

Das war Wunschdenken zu glauben, es bliebe so!

„Jetzt müsste doch aber endlich mal jemand die Polizei verständigen. Das ist doch ein Verbrechen, dass man mich hier so abgeschoben hat. Jetzt haben die mein Geld und können mich ja leicht entsorgen. Die soll doch der Teufel holen!“

Henriette war traurig. Die harmonischen Zeiten hatten nicht lange angehalten.

Natürlich waren nun wieder neue, fremde Umstände eingetreten, die sie verwirrten.

Wäre sie traurig, verzweifelt, ratlos; alles könnte man verstehen.

Aber in ihrem kleinen grauen Kopf haben nur wieder böse Gedanken Platz.

Henriette wollte ihre so unverhofft gewonnene Freiheit genießen und wusste gar nicht wie.

Im Kino schaute sie sich einen lustigen Film an. Zum Erstaunen einiger anderer Kinobesucher verließ sie die Vorführung verheult.

Anderntags war Oma mental besser drauf. Sie erzählte Henri sofort, welch großes Glück sie hatte. Gerade eben sei sie von einem sinkenden Schiff gerettet worden.

Außerdem hätte sie heute Morgen in ihrem Horoskop der Zeitung gelesen, dass ihr ein großer Umschwung bevorsteht. (Sie kann auch mit der stärksten Brille nicht mehr lesen).

„Sie haben meinem Mann aber nicht Bescheid gesagt, dass ich hier in Gewahrsam gekommen bin? Oder meiner Mutter? Die würden mich doch sonst besuchen!"

„Nein, hab ich nicht. Die sind beide auf dem Friedhof."

„Was, die sind gestorben? Warum sagt mir das denn keiner?"

Oma kam noch aus dem Krankenhaus, bevor Peters REHA beendet war.

Sie hatte jegliche Behandlung verweigert: Ultraschall und ähnliches. Henri konnte sich gut vorstellen, wie sie die Ärztin bei diesem Ansinnen angeblasen hatte.

Der Sozialdienst des Krankenhauses war bei der Entlassung sehr hilfreich. Die hatten angeregt, dass eine Erhöhung der Pflegestufe geprüft werden soll. Außerdem kümmerten sie sich um die Bereitstellung von Pflegebett und Toilettenstuhl.

Man würde sehen, ob sie überhaupt noch in der Lage sein würde, ein paar Schritte zu Toilette oder zu den Mahlzeiten zu gehen.

Der Tag beginnt jetzt halb sechs, da weckt Henriette ihre Schwiegermutter und geht mit ihr zur Toilette. Sie weigert sich einfach, in die Windel zu machen, aber sie trägt sie wenigstens.

Dann gehen beide noch einmal zu Bett. Das Frühstück bekommt sie jetzt nach dem Spritzen ans Bett serviert. Der Pflegedienst holt sie dann zur Morgenwäsche dort ab.

Die Damen von der Pflege behandelt Oma immer höflich und mit sehr viel Respekt. Gottseidank! Henri hat die Schwestern schon öfter missbraucht, wenn sie bei Oma etwas durchsetzen wollte. Sie hört auf sie.

So hatten sie ihr auch eingeredet, wie gut und sicher sie sich doch mit der Gehilfe bewegen könne. Seitdem lief sie keinen Schritt mehr ohne das Gestell.

Henriettes Tag hatte jetzt fünfundzwanzig gefühlte Stunden. Täglich war Oma ihr erster und ihr letzter Gedanke. Sie traute sie sich kaum, zum Einkaufen zu fahren. Selbst wenn sie nur in den Keller oder in den Garten ging, kamen schon wieder Omas Kontrollrufe.

Nachts bekam sie wenig Schlaf, weil sie ständig meinte, im Babyphone ihre Rufe zu hören.

Das Lob ihrer Nachbarn oder ihrer Familie, dass sie so selbstlos sei, wollte sie nicht. Das war ihr peinlich. Sie betrachtete ihren Einsatz als ihre Pflicht. Pflicht ist halt nicht immer schön. Sie gestand aber zumindest ihrer Katze, wenn die wohlig schnurrend auf ihrem Schoß lag, dass sie unglücklich war. Sie wusste im Moment nicht, woraus sie Kraft schöpfen sollte.

Wenn Peter erst wieder zu Hause wäre, würde alles besser und einfacher werden.

Von Peter hielt Henriette den häuslichen Stress noch fern, er hatte ohnehin ein schlechtes Gewissen. Für Haus und Garten gab er schon wieder verschiedene Anweisungen. Henriette nahm sie widerspruchslos entgegen. Sie würde ja doch machen, was sie will.

Er würde sowieso missbilligend den Kopf schütteln, wenn er die Schlamperei sehen könnte, die in seinem Haus eingezogen war. Henri schlief auf der Couch in der Mansarde, wo sie einfach bei laufendem Fernseher einschlafen konnte. Der weckte sie dann auch am Morgen.

Alle Geräte waren auf ´Stand-by´, alle Stecker in der Dose, immer Licht im Korridor. Erst kürzlich kämpfte sie mit dem Rasenmäher, den sie vorher noch nie bedient hatte.

Die zahlreichen Hilfsangebote der Nachbarn lehnte sie größtenteils dankend ab. Sie würde das schon bewältigen und ihr Sohn half ja schon, wo immer das nötig war.

Daniel war da, wann immer sie ihn brauchte. Aber sie wollte ihn nicht immerzu brauchen.

Mit Daniel war die Oma gern mal allein. Er sei so lustig. Wer weiß, was er ihr für ´n Scheiß erzählt hatte. Er zeigte ihr aber auch klar, wo ´s lang geht. Auf ihn hörte sie.

Da Peter seinen Aufenthalt auf Anraten der Ärzte und Fürsprache seiner Frau um eine Woche verlängert hatte, übernahm Daniel zweimal die Oma-Betreuung.

So konnte Henriette ihren Mann besuchen, zum line-dance-Kurs gehen und verschiedene, wichtige Wege besorgen.

Zur Zeit liebte die Oma auch ihre Schwiegertochter. Sie hatte Angst, sie könnte weg gehen und nicht mehr zurückkommen. „Ich bin so froh, dass ich Sie habe. Ich entschuldige mich auch, dass ich manchmal so böse bin. Das kommt einfach so in meinen Kopf."

Und kurz darauf fragte sie erstaunt: „Ihr Partner kommt wohl heute nicht zum Frühstück?"

Oma zog Henriettes Kopf zu sich herunter, als die ihr beim Ankleiden half. Sie küsste sie auf die Wange. „Du weißt wofür."

„Ja, ich weiß wofür. Aber das kommt einige Jahre zu spät."

„Besser spät als nie."

„Nein, das ist jetzt *zu* spät." Und dann bereute Henriette, dass sie sich den letzten Satz nicht verkniffen hatte.

Wenn Oma wüsste, dass sich Henriette am Abend zum line-dance fortgeschlichen hatte.

Sie hatte zwar ein schlechtes Gewissen, aber ihre Lust war größer. Alles ging gut.

Sie rief ihren Mann nach vierundzwanzig Uhr noch an: „Ich hab Sehnsucht!"

Je näher das Wiedersehen rückte, umso größer wurde die Ungeduld.

Vier Uhr dreißig war die Nacht vorbei. „Hallo, wo sind Sie denn nur?"

Henriette hatte das Babyphone einfach ausgeschalten, um einmal durchschlafen zu können.

„Wo bleiben Sie denn nur wieder, ich warte hier seit Stunden!"
Tatsächlich war sie vollständig angezogen und stand am Treppenabsatz.
„Ich dachte schon, es wäre etwas passiert!"

„Was sollte denn passiert sein?"

„Na zum Beispiel Blitzeinschlag."

„Was hättest du dann gemacht?"

„Angerufen."

„Und welche Nummer hättest du gewählt?"

„Ja, so fängt es ja schon an", ihr Blick war verzweifelt.

„Ach sei nur nicht böse, dass ich dich geweckt habe."

Und wieder so ´n verrückter Tag

Eine Dame vom Medizinischen Dienst hatte sich angekündigt, um den Antrag für die Erhöhung der Pflegestufe zu prüfen. Oma war dabei hilfreich.

Als Frau Küfner in ihr Zimmer kam, begrüßte sie sie freundlich: „Das ist aber schön, dass Sie mich auch einmal wieder besuchen. Einen Kaffee kann ich Ihnen aber nicht anbieten, ich kenne mich in diesem verdreckten Haushalt überhaupt nicht aus.

Außerdem versteckt die“, sei zeigte mit ihren dünnen Spinnenfingern auf mich „alles vor mir. Sogar mein Geld. Ich wollte deshalb schon lange zur Polizei.“

Frau Küfner schaute lächelnd zu mir.

Ihr waren solche Anschuldigungen nicht unbekannt. Ob sie ihr das Bad zeigen könne und ob sie selbständig auf Toilette ginge.

Oma lachte verschämt. „Soll ich Ihnen meine Windelhosen zeigen? Das ist widerlich! Deshalb will ja auch mein Mann nichts mehr von mir. Nur der junge Mann der mich manchmal wäscht, der schaut mich immer so an…“

Frau Küfner forschte weiter, wie es mit Ernährung, Körperhygiene, Medikamenten- einnahme aussähe. Sie nahm sich eine Stunde Zeit, um sich ein Bild zu machen. In der sehr ordentlichen Küche, wie sie lachend betonte, gab sie alle Daten in ihren Rechner ein.

„Frau Kaiser, das wird keine Pflegestufe *eins*.“ Ich war enttäuscht. „Das wird sogar eine *zwei*. Sie kann ja wirklich nichts mehr. Die AOK muss es aber noch bestätigen.“

Mir fiel ein Stein vom Herzen. Ich hatte auf die eins gehofft, aber ohne Frage waren wir mit Pflegestufe zwei aus dem Schneider.

Es war Zeit für ´s Mittagessen, als ich Frau Küfner zur Tür gebracht hatte.

„Ich mach uns schnell ein paar Eierkuchen“, rief ich in Omas Zimmer.

„Ist denn schon wieder Sonntag?“

Als Oma ihren Mittagsschlaf hielt, setzte ich mich mit einem Buch auf die Terrasse. Das heißt, ich *wollte* lesen.

Da sah ich über mir eine dunkle Wolke von 30 000 Bienen (oder wie viele?).

„Ach nein!“, fluchte ich. „Ihr blöden Biester konntet jetzt wirklich noch zwei Tage warten. Da ist euer Herrchen wieder da!“

Jetzt saß ich da, wie ein Häufchen Unglück. Im Moment konnte ich nichts tun. Erst mal abwarten, wo sie sich niederlassen.

Ich nahm mein Buch, legte die Beine auf einen Stuhl und begann zu lesen.

Nachdem ich drei Mal die gleiche Seite gelesen hatte und immer noch nicht wusste, um was es sich handelte, legte ich das Buch weg.

Ich konnte mich nicht konzentrieren. Was mach ich jetzt nur?

Dr. Fischer war im Urlaub. Erstmal Peter anrufen.

„Ach lass ihn einfach hängen“, war sein erster Gedanke. „Obwohl, es ist schon schade drum. In zwei Tagen wäre ich selbst da.“

„Die wollten nicht länger warten.“ Noch hatte ich meinen Humor nicht verloren.

Wir überlegten gemeinsam und uns fiel ein, dass es noch einen älteren Herrn in der Nachbarschaft gab, der auch noch Bienen hielt. Ihn würde ich bitten, mir zu helfen.

Als ich Herrn Bischof in den Garten holte, bet00 ätigte er mir, dass es auch für ihn schwierig werden könnte, diesen Schwarm zu bergen. Die Viecher hatten sich in einer Astgabel gesammelt und waren quasi in einer V-Form über zwei Äste verteilt.

Ich wollte einen Rückzieher machen. „Wir lassen den hängen, wenn es zu schwierig wird, ihn einzuschlagen.“

„Ne, ne, so schnell geb´ ich nicht auf. Versuchen will ich das auf jeden Fall. Imkerehre!“ Und tatsächlich, es gelang. Herr Bischof hatte ein wei-ßes Laken unter den Baum gelegt, falls der Schwarm während der schwierigen Aktion herunterfiele. Er hatte sich auch Hut und Schleier angelegt. „Bei denen weiß man nie; ist halt kein gewöhnlicher Schwarm.“

Alles ging gut. Herr Bischof hatte die richtige Seite, in der die Königin steckte, beim Anschlagen erwischt. So fing er sie fast alle in seiner Kiste auf.

„Die stellen sie in den Keller: Dunkelhaft. Bis Ihr Mann in zwei Tagen kommt, können die getrost da bleiben. Die haben sich ja mit Honig für eine längere Reise eingedeckt.“

Er wollte den Schwarm nicht als Dankeschön nehmen und meinte, Pe-ter habe ihm auch schon mit Mittelwänden und anderem Imkerzubehör ausgeholfen.

Ich war froh, dass diese Aktion auch noch glücklich über die Bühne gegangen war.

Nur noch zwei Tage, dann war mein Liebster endlich wieder zu Hause. Zwar sicher noch angeschlagen, aber mit Pflege kannte ich mich ja nun aus.

Statt zu lesen, sollte ich vielleicht doch mal einen großen Rundgang angehen und mein Chaos, das ich vielerorts entstehen ließ, aufräumen.

Oma war schon wieder im Sessel eingeschlafen. Ich hatte sie heute früh, im Hinblick auf die Prüferin, beizeiten geweckt.

Sie hatte sogar im Schlaf ein böses Gesicht.

„Jetzt will ich aber endlich nach Hause!“ Mit dieser forschen Ansage empfängt sie mich, als ich mit unseren Abendbrottellern in ihr Zimmer komme.

„Es wird Zeit, dass ich etwas zu Essen kriege, dann warte ich auf den Fahrer.“

„Wo soll er dich hinfahren?“

„Wieso immer ´dich´ und ´du´? Kaiser ist mein Name. Der schöne Name Kaiser. Mein Mann hat immer ´Kaiserin´ zu mir gesagt. Wir beide haben noch keine Schweine zusammen gehütet, dass Sie mich dauernd duzen.“

„Na so ein Zufall, ich heiße auch Kaiser.“

„Wieso das denn?“

„Ich habe Ihren Sohn geheiratet.“

Sie schlägt wütend auf den Tisch.

„Hab ich mir ´s doch gedacht. Das Schnäppchen konnten Sie sich nicht entgehen lassen! Die Alte kann man ja bald beerben, Das ist unerhört! Ich möchte jetzt nicht mit Ihnen mein Mal einnehmen. Ich habe nichts mit Erbschleichern gemein.“

Also nehme ich meinen Teller wieder mit nach draußen, weiß nicht, ob ich lachen oder heulen soll.

Ich rufe Peter an. „Ich wollte dir nur petzen, dass deine Mutter mal wieder unmöglich ist. Ich habe Sehnsucht nach dir!“

„Hältst du das noch bis übermorgen aus?“

„Schwer, sehr schwer.“

Als Henriette Omas Teller abräumte, lagen da die Zähne in einem Rest Salat. Mit spitzen Finger legte sie die in ein Wasserglas. Oma war bereits zu Bett gegangen und eingeschlafen.

Sie lag zugedeckt in voller Montur, sogar die Schuhe hatte sie angelassen.

Egal, was soll ´s.

Peter war gesundheitlich noch ziemlich angeschlagen und nervlich sicher auch. Er hatte jetzt weniger Geduld mit seiner Mutter und sagte ihr sehr direkt, was er von ihr erwartete.

„Sei doch nicht immer so rigoros!“

Der Bus, mit dem sie nachts um ein Uhr fahren wollte, war kaputt. Peter war ja schließlich technisch bewandert und sollte sich um die Panne kümmern. Deshalb stand sie wartend im Korridor und rief nach Peter, bis der endlich aufgewacht war. (das Babyphone hatte er übrigens gleich abgeschafft.)

„Wo willst du denn überhaupt hinfahren?“

„Eigentlich geht Sie das ja nichts an, ich sag ´s aber trotzdem. Mein Mann wartet schon seit Stunden auf mich und irgendwo muss ich ja auch mal schlafen.“

„Das würden wir auch gern“, resignierte ihr Sohn. „Ich kann aber an dem Bus nichts reparieren.“

Ausschweifend versuchten er und Henriette, die schließlich auch an die Bushaltestelle gekommen war, ihr das Vorhaben auszureden.

Hier würde kein Bus fahren und ihr Mann sei doch schon lange tot.

„Solchen Blödsinn habe ich ja lange nicht gehört. Das sind doch alles nur Vermutungen. Dann fahrt doch mit mir zum Bürgermeister, der mir das darlegen kann.“

Bevor sie mit ihrer bekannten beleidigten Miene in Ihr Zimmer schlurfte giftete sie noch Peter an: „Du hilfst mir nicht, weil du mir nicht helfen willst. Du bist sonst immer so schlau, aber hier versagst du völlig. Du hörst nur auf *die*.“

Noch zwei Mal in dieser Nacht rief sie nach ihren Bediensteten. Der Versuch, sie zu überhören, oder ihr Gitter am Bett hochzuklappen bereitete ihnen ein schlechtes Gewissen.

Somit war die Nacht gelaufen und am Morgen hingen sie durch wie ein Schluck Wasser in der Kurve.

„Du hast uns letzte Nacht ganz schön terrorisiert“, warf Peter seiner Mutter vor.

„Na und? Es hat euch doch nicht umgebracht.“

„Aber bald bring ich dich um!“, murmelte Henriette lachend.

„Komm, wir müssen spritzen.“

„Ach nur gut, dass du das bemerkt hast. Du bist doch vollkommener, als ich dachte.“

„Was wollen Sie denn eigentlich hier?“, fragte sie kurz darauf die Pflegeschwester.

Die begann eine Erklärung mit: „Ich glaube…“

„Was Sie glauben, ist mir völlig egal!“

Schwester Irma sah Henriette erschrocken an. Dieser Ton war für die Pflegerin eine neue Erfahrung.

Die letzte Untersuchung von Dr. Fröhlich ergab, dass Oma, bis auf ihren Diabetes, körperlich kerngesund sei. „Die kann locker hundert werden“, sagt er.

„Da muss ich aber dringend was dagegen tun“, ist Henriettes Antwort.

„Da arbeiten wir aber gegeneinander.“

„Kann mal einer das Licht ausschalten?“ Oma steht am Lichtschalter und betätigt ihn ständig rauf und runter.

„Das geht nicht auszuschalten, das ist die Sonne.“

Am Abend, als alle dachten, sie sei im Bett, stand sie im Schlafanzug an der offenen Kellertreppe, ganz nah am Abgrund. Sie wolle zum Bus. Aber in dem Aufzug, sie zeigte auf ihren Schlafanzug, könne sie ja nun nicht verreisen.

„Ich suche die Frau, die mir immer beim Anziehen hilft.“

Viel Diskussion und Überredungskunst brachte sie dann schließlich wieder zu Bett.

Peter und Henriette gingen auch Schlafen, aber schon mit dem Hintergedanken, dass es wieder eine kurze Nacht werden würde.

Seit zwei Wochen rief sie ständig ungehalten aller zwei Stunden die Treppe hinauf: „Warum kommt denn nur keiner?“

Die abstrusesten Geschichten mussten sie sich anhören. Beschimpfungen über zu wenig Wärme und fehlende Zuwendung waren das tägliche (besser nächtliche) Thema.

Henri war mit den Nerven am Ende. Sie heulte bei jeder Kleinigkeit. Das Paar geriet sich gegenseitig in die Wolle. Es war der blanke Horror.

Und dann ging alles sehr schnell.

Henriette wurde in einem Pflegeheim vorstellig, das sie per Telefon schon kontaktiert hatte.

Sie saß im Büro der Leiterin und heulte Rotz und Wasser, dass sie jetzt diesen Schritt ging. Die Leiterin konnte gut damit umgehen und sie beruhigen.

Überraschend war auch gerade ein Pflegeplatz frei und ihre Schwiegermutter könnte schon in der nächsten Woche einziehen.

Peter bereitete sie inzwischen mental auf den bevorstehenden Umzug vor. Sie reagierte recht vernünftig. Es machte sogar den Eindruck, als verstünde sie, worum es ging. Sie war allerdinge in dem Glauben, man könne ihr dort helfen, ihren Kopf wieder klar zu bekommen.

Er ließ sie bei dem Glauben.

Ihr Abgang war spektakulär. Peter half ihr beim Anziehen der Schuhe und der Jacke.

Als Henriette mit ihrer Reisetasche an ihr vorbeiging zischte sie: „Du AAS du elendes!"

Peter hört auf dem einen Ohr nichts, hat es nicht verstanden, nur ihre extrem aggressive Mimik gesehen.

Henriette konnte sich so nicht vergewissern, dass sie richtig gehört hatte. Aber es gab keinen Zweifel, das waren ihre Worte.

Schon nach zwei Tagen rief das Pflegeheim an. Sie teilten Peter mit, dass seine Mutter in Jena in der Klinik sei, weil sie im Heim gestürzt war.

In Jena trafen sie sie schon gar nicht mehr an. Der Krankentransport war mit ihr auf dem Rückweg ins Heim. Sie hatte in ihrer bekannt liebenswürdigen Art jede Behandlung verweigert und so hatten sie ihr nur eine Halskrause angelegt.

Jede Nacht stand sie auf – trotz Gitterbarriere und tyrannisierte die Schwestern. Sie hatte sogar eine Pflegerin in die Schulte gebissen, als die ihr ins Bett helfen wollte.

Peters Besuche; Henri verweigerte sich, ließ sie stoisch über sich ergehen. Sie kannte ihn ohnehin schon lange nicht mehr und so war er ihr auch egal.

Das Heimpersonal berichtete, dass sie oft die Nahrung verweigerte; sie ließe sich doch hier nicht mästen. (bei neununddreißig Kilogramm Körpergewicht).

Frau Kaiser hatte wohl beschlossen, nicht mehr länger leben zu wollen.

Nach nur drei Wochen im Heim verstarb sie in der Nacht, neben dem Bett sitzend.

Die Beisetzung fand entsprechend ihres Wunsches auf der grünen Wiese statt.

Was war mit den anderen Leben?

Henriettes Mutter war mit einhundert verstorben. Schon vor Jahren. Die beiden letzten Jahre war sie von Marion gepflegt worden. Die stieß damit oft an ihre physischen und psychischen Grenzen.

So oft es möglich war, überwanden Evelyn und Henriette die 500 km Entfernung, um ihr ein wenig unter die Arme zu greifen. Gemeinsame Kartenspiele mit ihrer Mutter waren kaum noch möglich, da die Altersdemenz fortschritt. Einmal fragte Frau König bei einem Spaziergang: „Wer seid ihr denn eigentlich?"

„Na, wir sind deine Töchter, du hast doch drei Töchter."

„Ha! Wenn ich Kinder hätte, das wüsste ich aber!"

Wenn sie zwei Brillen übereinandersetzte konnte sie auch noch ein Buch lesen, ihr Sparbuch. Das gefiel ihr gut, denn die Summe wuchs. Zwar geringfügig, aber stetig. Das begriff sie noch. „Wieso kommt da immerzu Geld dazu?", wollte sie von Marion wissen.

„Du bekommst doch monatlich deine Rente. Ich ziehe nur den Betrag ab, den deine anderen Töchter mir befohlen haben. Der Rest kommt auf dein Sparbuch."

„Na so was! Dass ich die Rente immer noch kriege?"

Sie glaubte wohl, keinen Anspruch mehr darauf zu haben, weil sie nicht mehr eigenständig war.

Nach dem Tod der Mutter verbrachten die drei Schwestern zusammen immer mal wieder Kurzurlaube, die sie ausgiebig genossen. Sie vereinte noch immer, oder aber: wieder, ein tiefes Zusammengehörigkeitsgefühl.

Evelyn hatte ihren Mann sehr früh verloren. Ein heimtückischer Knochenkrebs war viel zu spät erkannt worden und führte zu einem schnellen Ende. So wurden ihm quälende Monate erspart.

Schön, dass er seine vier wohlgeratenen Enkel noch erlebt hatte.

Zum Glück waren Max und Moritz mit ihren Familien in Evelyns Nähe. Sie unterstützten sich gegenseitig.

Für Max hatte sich noch zu DDR-Zeiten über einen Wohnungs-Ring-Tausch ein Einzug ins Elternhaus ergeben. Tanta Klara war nach dem

Hausverkauf, im Rahmen dieses Ringtausches, von Saalfeld nach Klingrode zu Evelyn gezogen und von ihr liebevoll bis zuletzt betreut worden.

Moritz hatte mit seiner kleinen Familie die Ausreise beantragt. Dem war nach langer Zeit und unter vielen widrigen Umständen auch stattgegeben worden.

Sie blieben gar nicht lang in Frankfurt, denn kurz darauf versprach die Wende ganz neue, aufregende Konstellationen in der Heimat.

Klingrode ohne Moritz ging eigentlich gar nicht und er sehnte sich genauso nach seiner heimatlichen Umgebung. Auf dem elterlichen Grundstück baute er sich ein schmuckes Haus.

Beide Söhne von Evi waren aktiv im Karnevalsverein tätig, zur Freude aller Angehörigen. Sie hatten ihren Frohsinn wohl vor allen Dingen von ihrem Opa väterlicherseits geerbt.

Unbeabsichtigt entstand an der Abendkasse einer Faschingsveranstaltung ein Witz, den Max verantwortete, der aber nicht für jedermann lustig war.

Die Saalorganisation und Platzvergabe befanden sich in seiner Obhut. Aber irgendein inkompetenter Mensch hatte sich auch daran vergriffen. So waren plötzlich bei einer völlig ausverkauften Veranstaltung sechs Plätze doppelt vergeben worden. Max konnte nächtelang nicht schlafen und grübelte und kalkulierte, fand aber keine Lösung zu diesem Problem.

Der besagte Abend war gekommen, Max saß sorgenvoll am Einlass und wartete auf ein Wunder. Und die gibt es ja – bekanntermaßen – immer wieder.

Tatsächlich! Ein älterer Herr stand etwas fahrig vor Max und fragte schüchtern: „Ist es möglich, die Karten hier zurückzugeben? Wir haben einen sehr dramatischen Trauerfall in der Familie?“

Max: „Aber das ist ja wunderbar!“

Das übertraf sogar die Story, die er sich im Sommer geleistet hatte.

Evelyns Katze war überfahren worden. Moritz, der eilig zur Arbeit musste, informierte seine Mutter nur darüber, dass er das Tier in einem Papiersack im Holzschuppen deponiert hätte. Max solle sich darum kümmern.

Natürlich war Evi sehr traurig über den Verlust ihres geliebten Haustieres. Sie wollte ihn nicht *so* noch einmal sehen. Deshalb bat sie Max, den Papiersack im Garten zu vergraben.

Ein tief gegrabenes Loch sollte verhindern, dass Moritz Hund die Katze womöglich ausbuddeln würde.

Nach sechs Wochen war mit der ganzen Familie ein Grillabend geplant. Moritz bereitete den Rost vor und holte sich im Schuppen die Holzkohle. Welche makabre Überraschung. In dem Papiersack lag eine mumifizierte Katze. Max hatte die Holzkohle begraben. Und zwar sehr tief.

Und Henriettes Freundinnen?

Jede ihrer Freundinnen hatte zwei Kinder – immer Pärchen. Henriette war es aufgefallen, als sie die Jahre ihrer langen Freundschaften überdachte.

Auch die Ehen hatten über die Jahre gehalten: bei ihr und Peter, bei Katarina und Rainer, bei Ulrike und Jürgen. Nur Susi und Konrad hatten auf halbem Wege schlappgemacht.

Zum Glück fanden sie, auch den Kindern zuliebe, eine freundschaftliche und respektvolle Art des zukünftigen Umgangs miteinander. Ihre neuen Partner wurden gut integriert.

Henriette war oft gefragt worden, was denn das Rezept für eine lange Ehe sei. Das war wirklich nicht so einfach zu beantworten. Sie selbst hob dabei als besonders wichtig hervor, dass man sich gegenseitig achtete und tolerierte. Gemeinsame Interessen wären hilfreich. Aber man sollte dem jeweils anderen auch immer Freiraum für eigene Vorlieben lassen.

Liebe hatte sie gar nicht genannt, das empfand sie als selbstverständlich. Nach der Rolle von Sex gefragt, meinte sie: „Sex wird überbewertet. Aber natürlich ist er wichtig."

Sich gegenseitig das Gefühl zu geben, in der Beziehung wichtig zu sein, die Meinung des anderen schätzen.

Oftmals ist es auch hilfreich, die Zeit für sich arbeiten zu lassen.

Als Resümee ihrer langjährigen, harmonischen Ehe befand Henriette: „Ich konnte ihn nicht immer leiden, aber ich habe ihn immer geliebt."

Eine gute Ehe ist wie geschliffenes Kristall. Sie funkelt und glänzt trotz Ecken und Kanten.

Henriette hatte auch nach so langer Zeit noch immer eine grenzenlose Dankbarkeit in sich ruhen.

Welch großes Glück war ihr widerfahren, Peter getroffen zu haben. Er hatte ***sie*** gewollt. Welche Auszeichnung! Mit jedem Halunken wäre sie durchgegangen, nur um Lehmanns zu entrinnen.

Seine Schultern waren so breit, seine Arme so stark, seine Zuneigung so ehrlich. Ihr Leben war so behaglich geworden, wie sie es in ihren kühnsten Träumen nicht zu hoffen gewagt hätte.

Sie befürchtete, ihn auszunutzen. All ihre Gefühle waren mit seinen gleichzusetzen. Aber sie forderte so viele Freiräume ein, dass ihr oft ein schlechtes Gewissen entstand.

Henriette war ruhelos – immer mit der Gewissheit des sicheren Hafens.

Ob es ihre Aktivitäten mit ihren Sportmädels, ihre line-dance-Gruppe oder das Treffen mit ehemaligen Kolleginnen oder diversen Nachbarschaftshilfen betraf; Peter gönnte ihr das Vergnügen.

Urlaube und Familienfeiern waren natürlich gemeinsame Begebenheiten. Darüber hinaus war er nur selten zu bewegen, Abenteuer außer Haus zu bestehen.

Eine Nachbarin nannte ihn „Heimscheißer“ (lieb gemeint). Und seine Reaktion war: „Ich hab mir doch nicht ein schönes Haus gebaut, um dann ständig draußen herumzuziehen.“

Peter surfte dann schon lieber im Internet, auf der Suche einer Lösung für die Weltpolitik.

Oft war er deshalb unzufrieden und wartete bereits morgens auf die Lektüre der Tageszeitung, damit er sich aufregen konnte. Die Nachbarin wollte ihn und ihren Vater schon zum *Nölarschtreffen* anmelden, das angeblich jeden Mittwoch in Rudolstadt stattfand. Natürlich war das liebevolle Hänselei.

Sie hatten sich arrangiert, stritten natürlich wie andere Paare auch oft über Belanglosigkeiten.

Dabei behielten sie ihre selbstgewählten Regeln im Auge, um sich nicht zu verletzen.

Man muss zusehen, dass man mit den Macken des Anderen zurechtkommt.

Henri meinte bei solchen Gelegenheiten infam: „Macken? Wenn *ich* welche hätte, ich würde es auch zugeben.“

Natürlich kann man nicht rund um die Uhr glücklich sein, es gibt immer auch schwierige Phasen. Aber sie gehen vorüber, das war immer so.

Man darf (oder muss) auch ruhig etwas dafür tun und aufeinander zugehen. Nicht nur warten, dass doch der Andere den ersten Schritt geht. Glück gehört immer dazu. Manches fällt einem in den Schoß, anderes muss man sich hart erarbeiten.

Peter brütet über seinem Kreuzworträtsel. „Schatz, was ist ′Garten Eden′?“ – „Na das Paradies! Du lebst seit fast fünfzig Jahren da, du solltest es wissen!“

Die Kinder waren ihnen wohlgeraten und erfüllten sie mit Stolz.

Sandras Familie besaß inzwischen die kanadische Staatsbürgerschaft. Sie lebten glücklich in diesem fremden Land und träumten bereits in englischer Sprache.

Sandra hatte sich wieder, neben ihrer beruflichen Tätigkeit im Krankenhaus, auf ihre kreativen Fähigkeiten besonnen. Ihre Bilder waren wunderschön und hingen schon in mehreren Ausstellungen.

Die Kunstwerke brachten ihr auch einen ordentlichen Nebenverdienst ein.

Fabian hatte mit einem Medizinstudium begonnen, wusste aber noch nicht, ob er damit die richtige Wahl getroffen hatte.

Single Daniel lebte zufrieden in seiner aufgeräumten Wohnung, mit einem Kühlschrankinhalt von Senf und Licht. Er war sein eigener Herr, von niemandem gegängelt oder bevormundet.

Einmal pro Woche erschien er bei Mutti und hatte noch vor der regulären Mahlzeit alle herumstehenden Fressalien getilgt. Henriette hatte daran ihre Freude.

Eine große Schüssel Kartoffelsalat stand auf dem Schrank, der für eine Grillfete am Abend gedacht war.

Henriette bat ihren Sohn, den einmal zu kosten. Das tat er gern. „Hmm, der ist gut!“ Sogleich schaufelte er einen zweiten großen Löffel in sich hinein.

„Du sollst nur kosten, nicht aufessen.“

„Na ich muss mir doch wenigstens eine zweite Meinung holen.“

Wenn bei Kaisers ein neues elektronisches Gerät in den Haushalt kam, fungierte er oft als Berater bei Installation und Betrieb. Die Eltern waren sehr froh, dass er ständig (und auch willig) zur Verfügung stand. Als *silver surfer* fehlte ihnen doch in vielen Dingen der Durchblick.

Die Inbetriebnahme eines neuen Küchenherdes sorgte für Erheiterung.

Peter und Henriette knieten vor der beleuchteten Backofen Tür und schauten hinein, um eine Funktion zu prüfen.

Daniel kam in die Küche: „Heute ist wohl nichts im Fernsehen?“

Henriette hatte aber gerade erfahren, dass auf diesem neuen Herd – mit Induktionsfeld – die Zubereitung ihrer Lieblingsmahlzeit *Ofendetscher* nicht mehr möglich sei.

„Konntest du das nicht erklären, bevor wir den Herd kaufen wollten?“, tadelte sie ihren Sohn.

„Du bist doch der Erste, der nach Ofendetschern verlangt. Dein Vater sagt natürlich nichts, der isst ja keine!“

„Ich hab daran auch gar nicht gedacht. Klar, die Platten brauchen ein magnetisches Medium. Aber, mach dir keine Sorgen. Ich hab schon eine Lösung.“

Tatsächlich brachte er nach ein paar Tagen zwei runde Stahlplatten mit einem Griff vorbei. Die konnte man auf das Induktionsfeld legen und so den Detscherteig wie gewohnt backen.

Daniel verbrachte seine Freizeit nach ganz eigenem Gusto. Nach einem anstrengen Arbeitstag waren seine Musikkombinationen und seine Computeraktivitäten ein adäquater Ausgleich.

Seine wunderschönen Melodien erfreuten das Ohr weniger Eingeweihter, außer den Angehörigen gab er sie niemandem preis.

Als Perfektionist zweifelte er ständig an der Kunstfertigkeit seiner Werke. Schade!

Was das weibliche Geschlecht anging?

Wenn er weibliche Gesellschaft brauchte, dann hatte er weibliche Gesellschaft. Wenn er Kumpels brauchte, dann traf er sich mit Kumpels.

„Alles ist gut“, war die Standardantwort auf Henriettes besorgte Nachfragen.

Und tatsächlich; er machte nicht den Eindruck, unglücklich zu sein.

Im Westen nicht Gutes

Marion lebte allein in ihrer großen Wohnung seit ihre Mutter verstorben und ihr Sohn gesundheitlich bedingt das Haus verlassen musste.

Die Räume waren zu groß; zu einsam und die Miete allein viel zu teuer.

Thomas war in einem Pflegeheim. Er saß im Rollstuhl und war nicht fähig, sich allein zu versorgen.

Nachdem mit der Pubertät die Epilepsie verschwand, hatte er zehn unbeschwerte Jahre, wie andere Jugendliche auch.

Zwar war sein Leben noch immer eingeschränkt: die Nachwirkungen und Folgeerscheinungen der vielen Medikamente hatte zu Beeinträchtigungen geführt. Andererseits schlug er, wie viele seiner Altersgenossen, kräftig über die Stränge.

Seine beiden Erziehungsberechtigten, von denen er sich schon lange nichts mehr sagen ließ, hatten ständig große Sorgen um ihn und mit ihm.

Der absolute Hammer war dann die Diagnose von MS. Die Erkrankung begann schubförmig, ging aber sehr schnell in eine Phase kontinuierlicher Verschlechterung über.

Schon nach kurzer Zeit hatte diese aggressive Form erreicht, dass er im Rollstuhl saß und von Pflegepersonal betreut werden musste.

Nein, das hatten sie nicht verdient. Thomas nicht und Marion schon mal gar nicht.

Wie ungerecht konnte das Leben sein?

Jeden Tag, meist mehrmals am Tag verbrachte Marion an seiner Seite, um ihm das Leben so angenehm, wie in seinem Fall nur möglich, zu gestalten.

Zum Heim gehörten kleine Appartements, die ältere, noch überwiegend selbständige Senioren bewohnten.

Die Heimleitung hatte Marion eine solche Wohnung vermittelt und sie war überglücklich und erleichtert. So war sie auf kürzestem Weg bei ihrem Sohn.

Ihre Schwestern, Peter und Max reisten im Ruhrgebiet an, um die große Wohnung auszuräumen und die neue wieder einzuräumen.

Das kostete eine straffe Woche straffer Arbeit, zwei Wohnungen zu renovieren. Sie lebten wie Zigeuner, völlig unkonventionell und mit viel Spaß an ihrem Zusammensein. Den Stress ließen sie am Abend bei Kartenspiel und Alkohol abklingen. Sie fielen zeitig auf ihr Matratzenlager und waren am Morgen fit für neue Taten.

Das Ergebnis war eine Puppenstuben-Wohnung, in der sich Marion vom ersten Tag an wohlfühlte.

In den folgenden Wochen: sie telefonierten jeden Sonntag mit Konferenzschaltung zu dritt, berichtete Marion immer wieder begeistert, wie schön es in ihrer kleinen Welt war.

Irgendwann klagte sie aber über anhaltende Schmerzen in Bauch und Unterleib. Die Aufforderung ihrer Schwestern, doch endlich einen Arzt aufzusuchen, tat sie ab.

Sie hatte keine Zeit, musste bei ihrem Sohn sein. Später sprach sie nicht mehr darüber, nur auf Nachfragen erfuhren Evelyn und Henriette, dass es nicht besser geworden war.

Endlich sagte sie zu, sich untersuchen zu lassen und ihr nächster Anruf erreichte die beiden direkt aus dem Krankenhaus.

Darmkrebs und Krebs in Gebärmutter und Eierstöcken. Schock für alle!

Marion klang am Telefon sehr optimistisch. Die Ärzte wären es ebenso.

Nachdem alles entfernt würde, könnte sie mit einem künstlichen Darmausgang gut weiterleben. Natürlich, sie musste weiterleben. Ihr Sohn brauchte sie schließlich!

Es war Ostern. Nach den Feiertagen war die große Operation angesetzt worden.

Die Schwestern hatten vereinbart, nach ihrer Krankenhaus-Entlassung für zwei, drei Wochen nach Essen zu kommen, um ihr im Haushalt behilflich zu sein.

Das war den Schwestern aber zu lang. „Sie liegt über die Feiertage allein in diesem Krankenbett. Keiner kann sie besuchen, das ist doch traurig. Lass uns einfach hinfahren, wir haben doch hier eh keine Ruhe“, war ihre einhellige Meinung.

Dank Navigationssystem fanden sie das Krankenhaus gut und hatten mehr Probleme, sich in den Korridoren des Gebäudes zurecht zu finden.

Marion war hocherfreut und voller aufgeregter Erwartung, was ihre OP betraf. Sie hatte auf Eile gedrungen. Sie übergab den beiden ihre EC Karte, damit sie ihr etwas Bargeld abholen und gleich noch zwei neue Nachthemden kaufen konnten.

Nach zwei Stunden verabschiedeten sie sich für den nächsten Tag mit dem Versprechen, morgen die Romeékarten mitzubringen.

Als sie Marions Wohnung aufschlossen, kam gerade die Nachbarin aus ihrer Wohnung. Sie erklärten ihr sofort, wer sie waren. Es hätte ja ein falsche Verdacht aufkommen können. „Nein, nein, keine Angst. Man sieht die familiäre Ähnlichkeit." Tatsächlich war Henriette eine jüngere Ausgabe ihrer großen Schwester.

Evelyn war beim ersten Schritt in die Wohnung sofort wieder begeistert.

„Das ist aber auch wirklich zu hübsch!" Marion hatte sich einige Möbelstücke neu zugelegt und alles sehr geschmackvoll eingerichtet. Die Schwestern erwarben auf ihrem Weg zur Wohnung in einem Blumengeschäft Balkonpflanzen, die sie auf dem Balkon in die vorgesehenen Kästen pflanzten.

Auch Thomas freute sich über den Besuch seiner Tanten, die allerlei Thüringer Wurst und andere Leckereien für ihn mitgebracht hatten.

Am nächsten Tag tranken sie an Marions Krankenbett gemeinsam Kaffee und spielten Karten wie in alten Zeiten. Morgen war OP Termin.

Von den Ärzten wurden sie bei ihrer Ankunft noch einmal für zwei Stunden vertröstet.

Marion war noch nicht aufgewacht. Der Arzt versprach, sie anzurufen, sobald sie ansprechbar wäre.

Er verhehlte ihnen aber auch nicht, dass es ein sehr komplizierter und lebensgefährlicher

Eingriff gewesen sei. Man müsste wohl auch mit dem Schlimmsten rechnen.

Evelyn und Marion schauten ihn an, als spräche er in einer fremden Sprache. Was meinte er gerade? Sprach er von ihrer Schwester?

Wie betäubt verließen sie das Krankenhaus und setzten sich auf dem Parkplatz in ihr Auto.

„Ich kann jetzt nicht Auto fahren", schluchzte Henriette und auch Evelyn konnte die Tränen nicht mehr aufhalten. Sie lagen sich heulend in den Armen, hatten kein Gefühl für Zeit.

Das Handy weckte sie aus ihrer Lethargie.

„Wenn Sie ihre Schwester noch einmal sehen wollen, müssen Sie jetzt kommen", klang die Stimme des Arztes aus dem Hörer. Henriette konnte nicht antworten. Sie schluckte, Evelyn verstand.

Wie in Trance stiegen sie aus dem Wagen und liefen über den Parkplatz. Der Arzt und eine andere junge Ärztin empfingen die beiden an der Tür zur Station und eskortierten sie bis zu

Marions Bett. Da lag sie, friedlich mit geschlossenen Augen, noch an der Beatmungsmaschine angeschlossen.

„Es war nichts mehr zu machen, der Krebs hatte sich zu weit ausgebreitet." Darauf folgten noch ein paar medizinische Erklärungen, die sie eh nicht verstanden, ja nicht einmal hörten.

Sie blickten voller Liebe und Traurigkeit auf ihre große Schwester, die sie offensichtlich nicht mehr wahrnehmen konnte. „Glauben Sie mir, Ihre Schwester weiß, dass Sie hier sind. Schauen Sie, wie unverkrampft und leise lächelnd sie da liegt. Es stand sehr, sehr schlimm um sie. Alle ihre Organe waren bereits vom Krebs befallen. Sie wäre ein Schwerst-Pflegefall geworden. Sehen Sie es als Erlösung." Die junge Ärztin streichelte ihnen die Hände. Sie rückte ihnen zwei Stühle auf jede Seite vom Bett. „Nehmen Sie sich so viel Zeit, wie sie brauchen."

Evelyn und Henriette saßen an Marions Seite und hielten ihre Hände. Ja, sie sah sehr friedlich aus. Nicht leidend oder gequält. Durch ihre Tränenschleier betrachteten die beiden dieses unfassbare Ereignis. Viele Jahre und viele Begebenheiten zogen an ihren Augen vorüber. Sie konnten nicht fassen, dass sie sie hier allein sitzen ließ.

Irgendwann – nach Stunden – trennten sie sich schwermütig von ihr. Wenn die Ärzte es sagen, dann war es sicher besser, als ebenfalls in einem Pflegeheim hilflos zu vegetieren.

Die beiden saßen die halbe Nacht in der Wohnung, ohne Schlaf oder Ruhe zu finden.

Thomas hatte es still, mit stoischem Gesichtsausdruck und bitteren Tränen zur Kenntnis genommen. Sie hatten lange vor seiner Tür gezögert, hatten sich nicht getraut, ihm die schlimme Nachricht zu überbringen.

Die anschließende Woche brachten sie mit Aktionismus zu und schafften es so, wenigstens nachts einen erschöpften Schlaf zu finden.

Sie organisierten mit Hilfe eines Dienstleisters für Haushaltsauflösungen die Räumung der Wohnung.

Nur ein halbes Jahr war Marion in ihrem neuen Paradies vergönnt gewesen. Die Trauerfeier und Beisetzung regelten die beiden. Schließlich waren auch wieder Peter und Max gekommen um mit einem Miet-Fahrzeug die Habseligkeiten, die die Schwestern zu Marions Andenken behalten wollten, nach Thüringen zu bringen.

Die Suche nach einem Heimplatz für Thomas in Thüringen lehnte er ab. Hier hatte er Freunde, die ihn regelmäßig besuchten.

Aber auch zu Hause sollte das Leben weitergehen.

Freiheit

…wie fühlt sich das an? Gut auf den ersten Blick.

So unverhofft dazu gekommen, war es ein sehr zwiespältiges Gefühl für beide Kaisers.

Es fehlte etwas. Auch wenn es ihnen mit Omas Betreuung nicht gutgegangen war; es fehlte der Druck. Die Verpflichtung, die ihnen die Zeit eingeteilt hatte, verwandelte sich in Ratlosigkeit.

Beschäftigung brachte die Lösung!

Geschirr und handbemalte Vasen, die Oma gehört hatten, wurden als Andenken eingepackt und aufbewahrt. Die Möbel und Kleidungsstücke wurden entsorgt. Leider galt das auch für den Teppich-Belag ihres ehemaligen Schlafzimmers.

Laminat war die Alternative.

Der begehbare Kleiderschrank verblieb im Zimmer. Er war ein funktionales Eigenbau-Werk, das Peter gleich nach der Wende erstellt hatte. Zweckmäßig, praktisch und schön.

Henriette hatte nur immer ein unwohles Gefühl, wenn die Türen in die Magnetschlösser klappten. Sie erwartete fast, dass plötzlich ihre Schwiegermutter mit vorwurfsvoller Miene neben ihr auftauchen würde.

So erging es ihnen aber auch an anderen Stellen im Haus, wo ihrer Anwesenheit noch spürbar war. Henriette veränderte deshalb vieles in der Wohnung, und wenn sie nur die Stühle umstellte.

Peter und Henriette fuhren zu einem ausgedehnten Einkaufsbummel los.

Bei Omas Einzug hatten sie die Möbel im Korridor und das Ehebett im oberen Besucherzimmer entsorgt. Hier gab es jetzt Ersatz-Bedarf.

Neues Bett: im Möbelhaus wurde ihr Blick schon auf der breiten Aufgangstreppe von einem lila Boxspringbett angezogen. Ein Wahnsinnsteil! Peter war sofort Feuer und Flamme.

Auch Henriette fand Gefallen daran, sie hatten ohnehin meist den gleichen Geschmack.

Der Preis war heftig und schon gefiel es ihnen nicht mehr ganz so gut.

Sie mussten rechnen. *Johann Nepomuk Nestroy hatte schon beklagt: Die Phönizier haben das Geld erfunden. Aber warum so wenig?*

Dieses Bett verfügte über mehrfache elektronische Finessen, die nach Meinung der Kaisers unnötig waren. „Na das Problem haben wir ganz schnell gelöst“; meinte der Verkäufer hoffnungsvoll. Er führte die beiden zum gleichen Bett, ohne den elektronischen Schnickschnack in einem kräftigen Gelb und erheblich preiswerter.

Der Kaufvertrag war rasch unterschrieben.

Die Tapete, mit der sie nur eine Wand im Zimmer dekorieren wollten, war nicht vorrätig.

Sie hätte bestellt werden müssen. Peter hatte keine Geduld zu warten.

Sie einigten sich auf ein anderes Muster: großblumig, aufregende Farben.

In einem anderen Möbelsalon erstanden sie am gleichen Tag (Kaisers waren immer schon von schnellen Entschlüssen) Dielenmöbel. Henriette hatte vor ihrem geistigen Auge weiße Möbel gesehen und sich eine vornehme dunkelgrüne Tapete dazu vorgestellt.

Im Geschäft hatten ihnen beiden dunkle – fast schwarze – Einzelteile gefallen. Tapete würde sich ergeben.

Die Tapete im Schlafzimmer war am nächsten Tag schon an der Wand und bereitet Henriette eine schlaflose Nacht, da ihr die Wand nicht gefiel.

Nein, die würde in ihrer aufregenden Musterung und Farbe nicht zu dem kräftigen Gelb des Bettes passen. (die Möbel waren noch nicht geliefert). Es würde aussehen wie in einem Kanari-Haus.

Beim Frühstück überzeugte sie Peter von ihren Bedenken. Er brummelte zwar etwas, dann war er aber einverstanden, die Tapete wieder von der Wand zu entfernen. Henriette sollte sie entfernen, er wollte damit nichts mehr zu tun haben.

Es war auch schnell erledigt. Henri hatte spontan die Idee, die Tapetenstreifen, die sogar bei der Aktion heilgeblieben waren, im Korridor an einer Wand anzukleben. Wenn die neuen Dielen-Möbel dann dort stünden, würde das sicherlich gut wirken. Gesagt, getan.

Im Schlafzimmer leuchtete nun eine satte braune Wand, ohne Muster. Vielleicht war sie ein wenig langweilig, aber sie sollte mit einigen Sandra-Bildern aufgepeppt werden.

Beim Zusammenbau der Möbel, die endlich angekommen waren, hatte Peter die Hilfe seines Sohnes.

„Wenn ich die Teile allein zusammengebaut hätte, wäre ich in der Hälfte der Zeit fertig gewesen“, meinte Daniel anschließend.

Die beiden Alphatiere machten sich oft gegenseitig Konkurrenz. Daniel wird seinem Vater immer ähnlicher, in Charakter, Mimik und Gestik.

„Das gute Aussehen haben unsere Kinder aber auch von mir“, sagte Peter. „Sie hat ihres ja noch!“

Ha, Ha.

Zu allem Unglück war sichtbar, dass die aufregende Tapete auch im Korridor nicht passte.

Henriette hatte sie beim Anbringen außerdem nicht ordentlich ausgerichtet. Das hatte man ohne Möbel nicht gesehen. Jetzt aber, wo der Spiegel hing und die Kommode darunter stand, hatte man das Gefühl, betrunken zu sein, wenn man auf die Wand schaute.

„Sieh nur zu, wie du das wieder hinbiegst“, meinte Peter unaufgeregt und vertrauensvoll und verschwand ins Bienenhaus.

Kurzerhand erstand Henriette zwei Rollen Tapete in einem braunen Streifenmuster, riss die Blumen von der Wand und brachte die Streifen an.

Im Nachhinein wusste Henri, dass es so hatte sein sollen. Die Tapete passte exzellent zu den neuen Möbeln und zum Raum. Es wirkte professionell.

Die Blumentapete war von Anfang an nur die zweite Wahl gewesen.

Das alte Leben gewöhnte sich auch wieder ein und nach und nach kehrten sie zu ihren Interessen zurück. Sie genossen ihren Alltag, ohne Zwänge, ohne Druck von außen.

Zum ersten Sylvester, das sie für sich allein hatten, sagte Peter: „Ich wünsche mir, dass alles so bleibt wie es ist. Wie könnte es noch schöner sein?“

Peter hatte seiner Auserwählten an einem gewöhnlichen Mittwoch einen riesengroßen Blumenstrauß überreicht. „Was ist denn heute?“, will sie wissen. „heute ist doch nur ein ganz normaler Tag?“

„Nein, heute ist der *ich-liebe-dich- ganz-besonders-sehr-Tag.“*

„Ach so, ja stimmt. Zu diesem Anlass habe ich dir ein großes Herz voller Liebe geschenkt.“

„Ach? Das habe ich doch gar nicht gefunden!“

„Na ja, ich hab es ja auch ganz besonders gut verpackt.

Taschendiebe

So beginnt ein schöner Tag. Sonnenschein und blauer Himmel, soweit das Auge reicht. Es ist Herbst und am Morgen noch recht frisch.

Wir werden heute noch einmal mit den Fahrrädern im „Neuseenland“ bei Leipzig unterwegs sein und den Cospudener See umrunden.

Als wir unser Auto gegen zehn Uhr abstellen, sind wir noch die einzigen auf dem Parkplatz. Schnell hölen wir die Räder vom Radträger herunter.

Ach Mist, Peter hat meinen Lenkerkorb nicht mitgenommen. Kurzerhand nehme ich Taschentücher, Handy und Bargeld aus meiner Handtasche und verstaue alles in den Jackentaschen des Anoraks.

Beschwingt radeln wir los. Von der Temperatur her ist es angenehm. Es sind nur wenige Leute unterwegs, wenn, dann mit Fahrrad oder Inlinern.

Zur Mittagszeit finden wir eine Bank in der Sonne mit Blick auf den See – es ist wie Urlaub.

Neben uns auf der Bank sitzt eine junge Frau, die ihr mitgebachtes Menü verspeist, so, wie wir das hier auch vorhaben.

Danach schlägt sie die Beine übereinander und beginnt genüsslich, ein Buch zu lesen. Ich stelle mir kurz vor, dass sie vielleicht bald *mein* Buch lesen wird?

Am liebsten würde ich ihr meinen Titel aufschreiben und ans Herz legen. Das traue ich mich natürlich nicht.

Es wurden im Zuge der Renaturierung noch andere Seen angelegt. Wir beschließen, noch einen anderen gegenüber der Autobahn aufzusuchen. Zu diesem Zweck müssen wir die Räder wieder aufs Auto laden, um mit dem PKW auf die andere Seite zu kommen.

Wir erreichen den Parkplatz und sehen das Malheur! Die Fensterscheibe der hinteren Tür ist eingeschlagen – viele kleine Glassplitter liegen im und vor dem Auto.

Meine Handtasche ist geklaut!

Oh, was bin ich auch blöd! Wie kann man die Tasche sichtbar auf dem Rücksitz liegen lassen! Immer wieder wird davor gewarnt.

Erstaunlicher Weise liegt mein Portemonnaies noch auf dem Sitz. Offensichtlich hatte der Täter nachgesehen und kein Bargeld gefunden. An Ausweisen und EC-Karte war er nicht interessiert. Gottseidank!

Was nun? Guter Rat teuer. Ein Anruf bei der 110 brachte nichts, es nimmt keiner ab.

Peter macht sich mit dem Rad auf die Suche nach der Polizeistation, ich bleibe am Auto. Als er zurückkommt, fahren wir auf Geheiß der Beamten bei der Inspektion vor, um unsere Meldung aufnehmen zu lassen.

Da ich als Halter in den Papieren stehe, möchte sich die Beamtin nur mit mir unterhalten. Peter muss warten.

Die Polizistin wirkt männlich, streng, unnahbar – furchteinflößend. Aber ich rufe mir ins Bewusstsein: ich bin ja nicht angeklagt, bin nur Zeugin.

Als wir in ihrem kahlen, unpersönlichen Vernehmungsraum sitzen, entpuppt sie sich als sehr zugänglich, freundlich und humorvoll.

Nach einem kurzen anfänglichen Wortwechsel meint sie: ich sei aber locker drauf. Ja was soll ich mich aufregen? Eigene Selbstschuld. Ich schildere ihr die Fakten, die ich kenne.

Sie fragt, ich antworte.

Dabei wandert mein Blick zum Regal, in dem nur ein Stapel Zettel und eine Packung Druckerpapier liegen. Die Verpackung des Druckerpapiers war aufgerissen worden und lag nun so zerfetzt auf dem Einlagenbrett.

Das tat mir ordentlichem Buchhalter weh.

Das geht gar nicht, ich muss dauernd hinschauen. Schließlich kann ich nicht mehr gegen meinen Instinkt ankämpfen.

„Darf ich mal…?“ Ich stehe auf, gehe zum Regal, nehme das Papier heraus und lege den Stapel ordentlich – ohne das Umhüllungspapier – wieder zurück.

Die Beamtin macht vor Erstaunen große Augen.

„Entschuldigung: Ordnungswahn!“

„Na ja, jeder hat so seine Macken!“, lacht sie und schüttelt leicht den Kopf.

„Also, was wurde gestohlen?“ – „Meine Lieblingshandtasche.“ – „Kosten?“ – „ 90 Euro“ – „Farbe?“ – „knallrot“ – „was noch?“ – „Führerschein“ – „in der Hülle?“ – „ja“ - „Farbe?“ – „knallrot“ – „noch was?“

„na ja, Taschentücher, Deo, Lippenstift, Spiegel, Schlüssel und Brille – und bevor Sie fragen – knallrot.“

Wir haben beide sehr lachen müssen. „Noch was“ – „Na ja, Kalender, Notizblock, Stifte, Nagelfeile, ein paar Bonbons…“ – „Ich seh´ schon, wie in meiner Handtasche“; unterbricht mich die Beamtin schmunzelnd.

„Mein Sohn sagt immer, wir Frauen könnten mit unseren Handtaschen stehenden Fußes das Land verlassen.“

Sie hat dann ihr Protokoll geschrieben, das wir eventuell für die Versicherung brauchen. Sie legt es vor mich hin und bittet mich, das Schriftstück durchzulesen und dann zu unterzeichnen.

„Tut mir leid, ich kann das nicht durchlesen.“ Fragezeichen in ihren Augen. „Meine knallrote Lesebrille wurde mir gestohlen.“

Wir müssen beide so lachen, dass sie eiligst zur Toilette rennt.

Gut, wieder was gelernt. Warnung an alle: nie etwas sichtbar im Auto liegen lassen!

Zeit …

…etwas, das Rentner angeblich nicht haben. Dummes Geschwätz.

Es ist eine Frage der Einteilung und der Einstellung.

Henriette war auf dem besten Weg dahin, dass sich für sie Zeit nicht über zwei Zeiger definierte; vielmehr über das Leben selbst, den Alltag.

Andere Prioritäten waren zu setzen, nachdem Peter von seinem Tumor und Henriette von ihrem Hautkrebs befreit waren.

Als hätte das Schicksal es getimt, war der Leberfleck erst dann entfernt worden, als Zeit dafür war. Peter war in vollem Umfang belastbar und Oma nicht mehr gegenwärtig.

Sie hatten Glück mit der Entwicklung ihrer Krankheiten. Wieder einmal schwor Henriette auf die Kraft der positiven Gedanken.

Natürlich bleibt ein Rest an Zweifeln, an Ungewissheit.

Aber nein, dem wird kein Raum gegeben.

Für sie beide ging es vorwärts, wenn auch mit dem Bewusstsein, dass ihre Zeit allein durch ihr Alter, überschaubar war.

Henriette äußerte oft, sie habe keine Angst vorm Älterwerden. Aber sie fürchtet sich davor, alt zu sein.

Dagegen konnte (musste) man ansteuern.

Peter widmete sich intensiv seiner Imkerei. Das Bienenhaus lag auf einer Anhöhe und so absolvierte er, inklusive der Gartenbetreuung, im Sommer mehrere schweißtreibende Aufstiege täglich.

Er brauche nicht ins Fitness-Studio, beschwor er.

Henriette rief ihn zu den Mahlzeiten. Bekam sie keine Antwort, so machte sie sich selbst auf, ihn zu suchen.

Oft fand sie ihn friedlich schlummernd auf dem Liegestuhl unter einem schattigen Baum.

Auch so ist Gartenarbeit gesund.

Ihre Auto-, Rad- und Wandertouren hatten keinen allzu großen Radius. Sie erfreuten sich an der Natur und an vielen alten Schlössern und Burgen ihrer Heimat.

Auch die Urlaubsreisen verbrachten sie in überschaubaren Entfernungen und Zeiträumen.

Beide stillten ihr Fernweh, das als Symptom nicht übermäßig ausgeprägt war, über Bücher oder Fernsehberichte.

Mit kurzen Worten: sie fühlten sich zu Hause am wohlsten.

Für Henriette gab es aber doch noch einige zusätzliche Interessen, denen sie sich mit großer Freude widmete.

Dazu gehörten vor allem das Schreiben ihrer Geschichten und die Pflege ihres Fan-Kultes zu ihrem Idol Chris de Burgh.

Ihre absolute Begeisterung gehörte unumwunden dem Line Dance. Sie bedauerte oft, diesen Tanzsport nicht früher entdeckt zu haben. So viele verlorene Jahre.

Sie war immer schon eine leidenschaftliche Tänzerin, wurde aber stets von ihrem *Tanzmuffel* ausgebremst. Tanzen ohne Partner, in Formationen mit anderen Tanzbegeisterten! Der absolute Traum.

Und wenn man dann noch an einem Wochenende zwei Glanzpunkte zusammenbringen kann? Fast zu schön, um wahr zu sein!

Das Ereignis hieß: Thüringen-Tag.

Henriettes Nachbarinnen, Cornelia zur Linken und Antonia zur Rechten, Freundinnen, die zusammen so alt sind, wie sie allein, begleiteten sie zum Open-Air-Konzert mit einem weiteren jungen Ehepaar.

Zuerst stand Jan Josef Liefers auf der Bühne, die Zuschauer im strömenden Regen.

Es schüttete aus Kannen. Regenmäntel, Kapuzenjacken und Schirme – sie nützten nicht wirklich viel. Es war im Gegenteil so, dass das Wasser vom Schirm des Vordermanns einem noch den endgültigen nassen Rest gab.

Aber die Darbietung war brillant, keiner verließ das Terrain.

Aber dann! Steigerung möglich! Chris de Burgh life. In Pößneck! Krass!

Der Regen hatte nachgelassen. Henriette zerfloss trotz alledem – in Euphorie und Hingabe.

Viele ihrer Lieblingssongs, die sie selbstverständlich mitsang, erklangen vom Podium.

Noch lange nach Beendigung des Konzertes schwelgte sie im Hochgefühl und folgte kritiklos und willig den jungen Leuten, was auch immer sie ansteuerten.

Shedhalle, Musik, Tanz, Alkohol. Bis drei Uhr am nächsten Morgen hielt sie auf der Tanzfläche durch.

Sie fühlte keinen Schmerz, keine Erschöpfung – nur ein Bedauern, dass es schon zu Ende war.

Am Sonntag lachte eine warme Sonne vom Himmel, als hätte sie niemals etwas anderes getan. Das war großartig für die vielen Events, die die Stadt organisiert hatte.

Pößneck war in Höchstform. Es hatte sich selbst übertroffen.

Als Höhepunkt gestaltete sich der Festumzug der Vereine und Sportgruppen mit dreieinhalb Tausend Mitwirkenden. Die zigfache Menge an Zuschauern tummelte sich an den Straßenrändern. Eine prickelnde Atmosphäre war zu spüren und verbreitete sich wie ein Virus.

Vier Line-Dance-Gruppen aus der Umgebung bildeten einen gemeinsamen Umzugsblock. Sie tanzten alle hundert Meter gemeinsam auf der Straße und begeisterten die Umstehenden. Ja, sie animierten sie sogar zu rhythmischen Bewegungen.

War es das anstrengende Marschieren-Tanzen-Marschieren, war es die Wärme?

Oder waren es vielleicht Übermüdung und Alkohol vom Morgen?

Nein, das Alter war´s. Heidrun wusste das, sie hatte ihr schon mehrfach gesagt, sie solle auch mal auf ihre Geburtsurkunde schauen.

Wirklich mit allerletzter Kraft schaffte Henriette die letzten Meter, bis ihre Gruppe aus dem Zug ausscheren konnte. Apathisch ließ sie sich auf einen Treppenabsatz zu einem Hausaufgang plumpsen und rief per Handy ihren Peter zu Hilfe.

Wem wollte sie eigentlich etwas beweisen? Nein, das war nicht ihr Antrieb. Sie hatte die Lust, sie fühlte sich einfach jünger, dynamischer. Gut, heute nicht mehr.

Als Peter sie wenig später auf der Straße förmlich auflas, erinnerte ihn nichts an seine energiegeladene Jette, die ständig versuchte, die noch umstehenden Bäume auszureißen.

Der Ausflug mit Katarina zum Open-Air-Konzert von David Garrett am Erfurter Domplatz war da schon wesentlich entspannter. Ein packender Auftritt, der nicht nur Kat, als ausgesprochener Liebhaberin dieses smarten Burschen mitriss.

Zwei Orientierungsidioten auf der Heimfahrt bei Dunkelheit, regennasser Fahrbahn und Zwielicht kurvten lachend und schimpfend durch die Hauptstadt. Nach einem Rückruf zu Hause bekamen sie eine grobe Orientierung Richtung Heimat.

„Und wenn ich nur bis Unterwellenborn fahren muss: beim nächsten Ausflug nehme ich unbedingt das Navigationsgerät mit“, resümierte Henriette.

„Tut mir leid, ich bin dir auch wirklich keine Hilfe“, meinte Katarina zerknirscht.

„Macht doch nichts. Jetzt packen wir es ja. Und dabei haben wir wieder einmal *Aufschwung Ost* gesehen.“ Das war nun schon seit fünfundzwanzig Jahren ihr Spruch, wenn sie sich verfahren hatte. (Was leider viel zu häufig vorkam.)

Ihre Ausflugstour nach Hasselfelde, die sie mit vier weiteren Line-Dance-Freundinnen zum line-dance-weekend in *Pullman City* führte, lief glatt. Nicht alle waren blinde Hühner.

An diesem Wochenende vergnügten sie sich in einem Pulk Gleichgesinnter auf den Tanzflächen. Ihre Augen und Münder standen erstaunt offen, als sie begriffen, dass es ihren Sport in dieser Perfektion gab. Es war eine Augenweide, die Tänzer aus ganz Deutschland zu erleben, wie sie mit einer Leichtigkeit und Leidenschaft über das Parkett flogen.

Da wollten sie auch hin. Irgendwann?

Noch lange schwärmten sie davon auf ihren Nachtlagern in dem gemütlichen Bungalow, den sie sich gemietet hatten. Der Entschluss stand fest: „Nächstes Jahr sind wir wieder dabei.“

Henriette rechnete an den Fingern. Sie hatte mit einigen Teilnehmern des Events, die sie so maßlos beeindruckt hatten, gesprochen. Viele waren schon seit fünfzehn Jahren aktiv.

Das würde sie wohl nicht mehr schaffen. Illusorisch, mit fünfundneunzig noch in *diesem* Takt zu hopsen. Schade eigentlich.

Diese Ereignisse konnte sie nur verbal mit Peter teilen. Wenn sie ausgepowert und überschwänglich erzählend in ihrem gemütlichen Heim strandete, war er da, mit offenen Armen und Ohren und brachte sie so wieder herunter in den Alltag.

Er kannte sie zu gut nach all den Jahren und wusste, er würde sie nicht bremsen können. Er wollte es wahrscheinlich auch gar nicht. Zufrieden, das alles nicht aktiv durchleben zu müssen, wartete er geduldig auf seine liebe Gattin, bis sie sich ausgetobt hatte.

Am Straßenfest nahm er gern teil, beteiligte sich auch an den diversen Organisationen. Zweimal hatten sie dieses Ereignis bereits veranstaltet. Es brachte sie mit ihren unmittelbaren Nachbarn noch näher zusammen und war alles in allem eine tolle Sache.

Manche, die man doch schon so viele Jahre zu kennen glaubte, erschienen in einem ganz anderen Licht.

Das erste Straßenfest war auch der Auftakt für ihre *Detscheraktion*. Conny besaß noch einen alten Herd ihrer Oma, mit Holzfeuerung, einem langen Abzugsrohr und massiven Ofenplatten.

Darauf wurden die dünngewalzten Teigfladen geröstet. Mit Zucker und viel zerlassener Butter versehen, waren sie – warm serviert, ein Hochgenuss.

Sie machten daraus ein heiteres Gemeinschaftserlebnis.

Conny, Toni und Peter pellten die Kartoffeln. Nein, die beiden jungen Dinger *schälten* die Pellkartoffeln, was Henriette über die Maßen erheiterte.

Aber schon bei der nächsten Detscher-Back-Aktion hatten sie Routine. Man konnte sie jetzt bestellen, eine weitere Nachbarin hatte sich dazugesellt. Für Kindergarten und Schule standen sie zur Verfügung und freuten sich daran, wie die Kleinen sie schon beim Backen umlagerten.

„Ich hab fünfe verdrückt“, meldete ein kleiner Knirps. Und ein anderer berichtete:

„Mein Opa macht auch immer Detscher. Aber eure schmecken viel besser.“

Ist das Leben nicht herrlich? Mit so paar Pellkartoffeln kann man schon so viel Freude spenden!

Die erste Lesung ihres ersten Buches war für Henriette eine freudige Überraschung.

Fast hundert Personen waren gekommen, um ihren Fantasie-Roman kennen zu lernen.

Oder waren sie gekommen, um ihre Line-Dancer tanzen zu sehen?

Halbe-Halbe sicherlich. Bei aller Aufregung war es eine herrliche Erfahrung für sie.

Es machte sie ungeheuer stolz und glücklich, ein so großartiges, wohlmeinendes feedback erhalten zu haben. Es gab ihr Mut, begeistert weiter zu schreiben.

Im Sommer fand das Leben auf der Terrasse statt. Die Nähe zu ihren beiderseitigen Nachbarn bezog sie automatisch in deren Leben ein, vor allem in das der Kinder.

In Ermangelung eigener Enkel engagierten sich Kaisers auch gern für diese lieben Kleinen.

Peter hatte über Nacht im Sandkasten ein paar Münzen eingegraben, die dann mit großem

Hallo gefunden wurden. Auf der Suche nach *Mehr* buddelten sie den gesamten Haufen zweimal um.

Und die Freude, als die Früchte am Zuckertütenbaum tatsächlich wuchsen und schließlich kleine Schultüten – gefüllt mit Stiften und Süßigkeiten – geerntet werden konnten.

Der Ausflug in den Tierpark war mit vier Kids recht turbulent für die *alten* Kaisers, auch wenn die Mütter dabei waren.

Da strengte es weniger an, wenn Peter die Kleineren auf den Schoß nahm, um am Computer mit ihnen Eisenbahnfahrten und Flugzeugabstürze zu simulieren.

Henriette buk dagegen mit ihnen Pfefferkuchenhäuser und bemalte Ostereier.

Sie stand auch gern zur Verfügung, wenn im Kindergarten zum *Omatag* eingeladen wurde oder beim Großen die Hospitation im Englisch-Unterricht möglich war.

Kaisers waren als Leih-Großeltern voll akzeptiert; es war eine win-win-Situation.

Klaus hielt in seiner Hand ein gelbes Bonbonpapier. „Hier, schau mal. Damit du weißt, was ich gerne esse.“ Er hielt es Henriette demonstrativ in die Höhe.

Aus dem Garagenfenster tauchte des Nachbarn Hand mit einer leeren Bierflasche auf: „Und hier zeig ich dir, was ich gern trinke.“

Im Umgang mit ihren agilen Nachbarn mussten die beiden sich hin und wieder ins Gedächtnis rufen, dass sie nicht mehr die Jüngsten waren und ihren Atem einzuteilen hatten.

Im Jahr ihrer Goldenen Hochzeit wechselten die Bravurstücke fast täglich.

Das größte Geschenk war die Ankunft der vier Kanadier.

Endlich konnten sie ihren Fabian, der seine Großeltern mittlerweile um Kopflängen überragte, in die Arme schließen. Auch wenn er zur eigentlichen Feier nicht mehr anwesend sein konnte, genossen sie täglich seine Gegenwart.

Um Stress-Situationen zwischen ihrem Hund und Kaisers Katze zu vermeiden, hatten sie sich für die Zeit ihres Aufenthaltes in einem Bungalow in der Nähe eingemietet. Eine gute Lösung.

Henriette und Peter konnten in vielen Situationen beobachten, wie geborgen sich ihre Tochter in der Nähe ihres Gatten fühlte. Die beiden taten sich gegenseitig gut; das machte die Eltern glücklich.

Während ihr Schwiegersohn mit dem Hund größere Ausflüge unternahm, widmete sich Sandra mit Hingabe ihren Dekorationsideen für ´s Fest. Ihre Mutter hatte aber auch bemerkt, dass sie zu konspirativen Treffen zu den Nachbarinnen schlich.

Dass sie gemeinsam einen *Junggesellinnen-Abschied* für sie vorbereiteten, war ihr bekannt.

Henriette hatte so ihre Befürchtungen.

Sie verfasste dazu eine ihrer Randnotizen:

Ich hatte einen Termin. Schnellen Schrittes und mit einem erwartungsvollen Lächeln auf dem Gesicht lief ich energisch meinem Ziel entgegen:

13:00 Uhr Gaststätte zur grünen Linde; sportliche Kleidung.

Hinter mir hupte ein Auto, das mich im gleichen Moment überholte.

Auf dem Seitenfenster des Kleinbus erkannte ich die Aufschrift: *Henriettes Junggesellinnen-Abschied.*

Ich musste lächeln, ich erwartete einiges. Für mich war unerklärlich, warum das Auto an der Kreuzung in die falsche Richtung abbog.

Aber zehn Minuten später rollte es mir pünktlich vor die Füße.

Freudig öffnete ich die Seitentür. Ich zog mein Bein erschrocken zurück und stutzte: wie kam meine Schwester in diesen Bus? Und auf dem Rücksitz entdeckte ich meine Freundin Ulrike? Nein und…? Nein, ich war in einem falschen Film: neben Regina saß Susanne! Sie wohnt in der Berliner Gegend, wieso ist sie hier? In diesem Bus?

Alle lachten und mir schossen Tränen aus den Augen.

Die waren alle extra wegen mir gekommen!

Conny, Toni und Sandra hatte ich erwartet. Die hatten das Spektakel ja organisiert. Aber die anderen drei! Unbändige Freude allerseits. Der erste Überraschungseffekt war ihnen gut gelungen.

Jetzt konnte ich mir auch Katarinas Entschuldigung erklären: „Es tut mir so leid. Deine Nachbarmädels haben für dich so tolle Sachen organisiert und deine Freundin kann nicht mitmachen."

Es dauerte fast bis Naumburg, bis ich mich einigermaßen beruhigt hatte. Dazu trugen auch die Piccolo bei, die schon mal die Runde machten.

Die Weinkellerei-Besichtigung, die als erstes geplant war, verpassten wir knapp.

Das war nicht schlimm, denn wir sichteten die Gartenterrasse eines Weinlokals, das idyllisch an einem Hang gelegen zum Besuch einlud. Die Terrasse lag in vollem Sonnenschein und ließ den Blick über die sattgrünen Rebenstöcke und die romantischen Saaleufer auf der anderen Seite schweifen.

Die Mädels hatten mir eine to-do-Liste übergeben, die ich abzuarbeiten hätte.

Die Auflistung von siebzehn Aufgaben ließ den Schluss zu, dass es sich eher um eine do-it-yourself-Liste handelte, die ich frei mit mach-es-dir-selbst übersetzen würde. Dabei war das Tragen eines Turbans aus Toilettenpapier noch das Einfachste. Alles andere waren Männer-Belästigungen.

Was soll´s, hier kannte mich keiner. Da ich einiges erwartet hatte, war ich schon mal froh, dass selbst bei den ausgefallenen Anforderungen *nicht noch schlimmeres*

verlangt wurde.

So steuerte ich zielsicher auf einen älteren Herrn zu und bat ihn, für mich sein Hemd und Unterhemd auszuziehen. Auf seinen Oberarm wollte ich ein Autogramm schreiben. Die Ehefrau des *Opfers* war mir behilflich.

Ebenso erging es mir bei meinem nächsten Ansinnen auf der Suche nach einem versteckten Tattoo. Die Dame in der Begleitung des von mir ausgesuchten Herren schob ihm kurzerhand das Hosenbein nach oben, so dass ich ein Herz auf seiner Wade fand. Alle Ausflügler, denen wir so am Saalestrand begegnet waren, hatten ihren Spaß mit uns und diesen Aktionen.

Ich war sehr erstaunt, wie offen und humorvoll sich die Leute gaben.

Den Deutschen sagt man doch immer nach, sie seien abweisend und humorlos.

Keiner verweigerte sich meinen Bitten um außergewöhnliche Dienste.

Na ja, wer könnte auch meinem Charme widerstehen?

In der Sonne sitzend tranken wir Wein und Kaffee. Alle waren aufgedreht – die Freundinnen mindestens so wie ich. Von Verblüffung und Freude wurde ich immerfort hin und her gerissen.

Mit „hi sexy" und Kusshand begrüßte ich alle Männer auf meinem Weg. Als Sahnehäubchen kam aufgrund unseres Tumultes ein ausnehmend gutaussehender, braungebrannter junger Mann zu uns an den Tisch.

Er ließ sich bereitwillig streicheln, küssen und fotografieren.

Auf dem Parkplatz kam ich nicht umhin, gemäß eines Programmpunktes wie ein go-go-girl an der Stange (Verkehrsschild) zu tanzen. Ich tat es hingebungsvoll, wie ich aus dem Film kannte und erntete großen Applaus einer Menge von Zuschauern.

Als wir schließlich für unsere Heimfahrt ins Auto stiegen, winkten und jubelten uns alle Leute in der Umgebung zu.

Ein unvergessenes Erlebnis!

Die Heimfahrt überstanden wir sehr aufgeputscht und Conny hatte ihre liebe Not, sich auf den Fahrweg zu konzentrieren.

Ich schaute kaum aus dem Fenster und war deshalb sehr überrascht, als das Auto in Klingrode vor Mayers Gaststätte hielt.

Bis zur letzten Sekunde hatten sie mit Überraschungen und Höhepunkten gespickt. So viele Erinnerungen an meine Kindheit und Jugend.

Ein Gedicht meiner *ältesten* Freundin Susanne über unsere gemeinsamen Jugendjahre und unsere so lange schon anhaltende Freundschaft, gab meinen Gefühlen den Rest. So viele Liebesbezeugungen! Habe ich das wirklich verdient?

Für die Jubiläums-Feier war alles gut vorbereitet.

Eigentlich hatten sie den Polterabend am Freitag veranstalten wollen.

Etwas Erfreuliches kam dazwischen. Henriette hatte zum Lesewettbewerb der OTZ einen Preis für ihre eingereichte Geschichte bekommen.

Die bei der Preisverleihung anwesenden Zuschauer schmunzelten, als Henriette gestand, ihren Polterabend extra wegen dieser Preisverleihung verschoben zu haben.

Den hatte sie also an diesem Abend schon hinter sich.

Er steckte aber noch in den Knochen, denn es war spät geworden.

Sandra, Conny und Toni hatten fleißig bei den Salaten geholfen. Die Männer – einschließlich Nachbarn – schafften Getränke und Biergarnituren heran.

Alles war aufgestellt, als in ausgelassener Stimmung die *alten Sportmädels* eintrafen.

In bewährter Tradition hatten sie die Ehrenpforte gebunden und brachten sie nun am Eingang an.

Sie war wunderschön und rührte Henriette zu Tränen. Auf die Mädels war Verlass.

Zwischenzeitlich hatte der Eine oder Andere auch schon Porzellan zerschlagen. Vor allem die Kinder hatten daran ihre Freude.

Als dann aber plötzlich ein LKW-Kipper rückwärts – ganz vorsichtig – die Straße herauf fuhr, fiel Peter das Gesicht runter. „Ich weiß nicht, ob ich mich darüber jetzt freuen kann“, zischte er Sandra ins Ohr. Er sah natürlich eine Menge Aufräumarbeit auf sich zukommen.

Henriette musste dem Fahrer einen Lieferschein unterschreiben, dann hob er die Ladefläche an.

Großes Gelächter allerseits. Auf der riesigen Ladefläche stand einsam ein Kaffeegedeck und rutschte polternd nach unten. Man konnte deutlich hören, wie Peter erleichtert die Luft eines Stoßseufzers abließ.

Es begann zu regnen. Mal weniger und mal stärker. Oh Mann, an die Organisation des Wetters hatte keiner gedacht.

Das Essen schmeckte und bei zunehmendem Alkoholspiegel scherte sich keiner mehr ums Wetter.

Oder hatte der Regen ohnehin schon aufgehört?

Feiern mit den alten Mädels: immer wieder schön.

Der Wirt der Gaststätte, in der die Goldene Hochzeit gefeiert werden sollte, stand ehrfürchtig staunend in der Tür zu seinem Festsaal.

Alle Tische waren wunderschön geschmückt. Auch die Stühle hatten goldene Schleifen und goldene Girlanden und Luftballons hingen verstreut im Saal.

„Nur schade, dass die Gäste das dann gleich wieder alles versauen", meinte er bedauernd.

Sandra hatte ihr Dekorationstalent in jedem Detail gezeigt. Henriette und Daniel waren willige Hilfskräfte an ihrer Seite.

Eigentlich wirklich zu schade zum Benutzen; der Wirt hatte Recht.

So war es auch mit seinem Büffet, es war ein Augen- und Gaumenschmaus – zu schade, es zu anzureißen.

Der Abend war vom ersten bis zum letzten Moment wunderschön und wird dem goldenen Paar für immer unvergessen bleiben.

Daniel hatte eine Art DIA-Show mit alten Fotos liebevoll zusammengestellt. Henriette konnte nicht verhindern, dass Tränen liefen und auch Peter war gerührt.

(komisch nur: auf so alten Fotos sieht man immer jünger aus!)

Der Auftritt ihrer Line-Dance-Freundinnen, die Aufführung von der schönen Fee und dem stolzen Prinzen durch die Kids (wie hieß das Märchen eigentlich?), das Keyboard-Spiel von Valentin – alles begeisterte auch die Gäste.

Die Line-Dancer animierten die Anwesenden zum Mitmachen bei Kreistänzen und später kamen Schlüpfertänze und andere Gesellschaftsspiele zur Unterhaltung.

Selbst Peter beteiligte sich rege. Als die beiden dann erschöpft in ihre Betten fielen, konnten sie noch lange nicht einschlafen. Peter nahm Henriettes Gesicht in beide Hände, küsste sie zärtlich und murmelte: „Ich würde dich immer wieder nehmen."

Die nächsten Wochen musste Zeit reserviert werden, alle Geschenk-Termine abzuarbeiten.

Was hatten ihre Lieben sich da alles einfallen lassen.

Peter war Eisenbahn-Fan. Die Nachbarn wussten das und hatten eine Draisinen-Fahrt organisiert. So hatten an einem wunderschönen Sonntag fünf Erwachsene und vier Kinder ein Erlebnis auf Schienen, das alle begeisterte.

Das würde man sicher später noch einmal wiederholen!

Katarina hatte zu einem Ausflug in den Thüringer-Wald eingeladen. Rainer hatte das beste Wetter bestellt und die schönste Wanderroute ausgesucht.

Zum Abend fuhr er dann zu einem *geheimen Ort*.

Als Mensch ohne Orientierung erriet Henriette lange nicht, wohin der Weg führen würde.

Doch irgendwann war es nicht zu übersehen.

„Fahren wir zu Kali-Merkers? Zum Stollen?“ – „Ja, mein Schatz“, bestätigte Katarina.

„Aber da singt heute Abend Chris de Burgh.“

„Na, ja, deswegen doch!“ – „Ihr seid doch wohl verrückt!“

„Nein das nicht. Du hattest mich ja auch mit David Garrett überrascht. Aber das Schlimme ist, dass du vorhin erzählt hast, dass du in dieser Woche beim Konzert von Chris de Burgh in Erfurt warst. Da kannst du dich doch gar nicht freuen. Mir war vorhin ganz schlecht, als du es erzähltest.“ Kat war ganz zerknirscht.

„Ach Dummchen! Ich freu mich total! Ich könnte fünf Mal die Woche zu seinem Konzert gehen, wenn mich dann nicht die Leute für verrückt erklären würden. Alles ist gut!

Nur, jetzt müsst ihr das ja auch ertragen; …wenn man kein Fan ist?“

„Rainer wollte auch eigentlich für sich und Peter eine Minen-Besichtigung buchen. Aber wenn ein Konzert stattfindet, sind keine Führungen. Die werden das schon überstehen. Um mich mach dir keine Gedanken, ich mag seine Lieder doch auch.“

Die Herren überstanden es gut und hatten auch Interesse, vor allem an dem gesamten Ambiente und der Organisation unter Tage.

Tatsächlich war Henriette in gerade dieser Woche mit Conny und Toni nach Erfurt gefahren, um dort das Konzert von Chris de Burgh zu erleben.

So hatte sie in einer Woche zwei Auftritte ihres Idols erlebt; das würde es auch nie wieder geben. Ach, ist das Leben schön!

Susanne und Ulrike hatten als Geschenk einen Ausflug für alle sechs nach Bad Kissingen

gebucht. Alle sechs reihten sich dort auf der Kurpromenade unter den Schönen und Reichen ein und genossen drei herrliche Tage unter Freunden.

Es war eine so wunderschöne Zeit, auch emotional wertvoll.

Das schreit förmlich nach Wiederholung. Und die ist auch schon geplant. Die Goldene Hochzeit von Ulrike und Jürgen steht bevor: eine Reise zu sechst ist das einzig richtige Geschenk.

Zu guter Letzt das Wahnsinns-Geschenk von ihren Kindern. Die hatten sich wochenlang die Köpfe zerbrochen, um schließlich mit der Buchung einer Fluss-Kreuzfahrt genau ins Schwarze zu treffen. Auf einem Riverboat (130 Passagiere) fuhren sie den Rhein hinunter.

Alles war, wie auf Kaisers zugeschnitten. Nicht zu groß nicht zu aufdringlich; nein eher bescheiden, vielleicht sogar *vornehm*?

Mit der überschaubaren Anzahl an Passagieren bildete sie bald eine Art von Familie.

Das Verwöhn Programm an Bord ließ keine Wünsche offen. Ob es die gediegenen Mahlzeiten waren oder der Tages-Drink auf der Sonnen-Terasse oder in der gemütlichen Bar.

Holland und Dänemark waren die Fernziele. Bei täglichen Ausflügen erkundeten sie interessante und lehrreiche Sehenswürdigkeiten. Trotz aller Bewegungen im Landgang, führte die kulinarische Fürsorge zu neuen Pölsterchen auf der Hüfte. Die waren die Sache wert. Ein wenig Wehmut stellte sich ein, als nach zehn Tagen der Abschied nahte.

Auch diese Reise hatte den Wunsch nach Wiederholung inne.

Was sie in diesem Jahr erlebt hatten, wird von Qualität und Quantität mit nichts zu übertreffen sein. Sie hatten ihre Zeit optimal genutzt und nicht einen Tag aus dem Gedächtnis verloren.

Sandra hatte auf der Glückwunschkarte geschrieben:

„Euer Hochzeitstag ist ein Tag, an dem ihr die Freuden von Heute, die Erinnerungen von Gestern und die Hoffnungen von Morgen feiert."

Dank aller lieben Gäste ist es so gewesen.

Epilog

Auf meiner Bühne der Selbstdarstellung habe ich viel preisgegeben. Von meinem Kummer, meinem Leid; aber ebenso von Freude und glücklichen Tagen.

Ich wäre erfreut, wenn ich Sie damit ein wenig unterhalten konnte.

Der Blick in sich hinein und über sein eigenes Leben, öffnet aber auch die Augen für längst vergessen geglaubte Ereignisse, aber auch über den eigenen Charakter.

Nicht alles ist schön, was man zu sehen bekommt.

Gerne möchte ich weiter schreiben, denn mein *Selbstversuch* ist noch nicht beendet.

Ich hoffe, es bleiben mir noch ein paar Jahre Zeit dafür.

Meine Intension ist beim Schreiben nicht, meine Leser und Leserinnen zu faszinieren oder sie gar erziehen zu wollen.

Vielmehr habe ich die Hoffnung, den Einen oder Anderen zu motivieren, über sich selbst und das eigene Leben nachzudenken und das vielleicht zu Papier zu bringen.

Denn: jedes Leben ist erzählenswert. Wir alle sind einzigartig.

Danke

Es ist mir ein Bedürfnis, mich bei allen zu bedanken, die mir maßgeblich dazu verholfen haben, dass dieses Buch entstanden ist.

Da fällt mit natürlich zuerst meine Familie ein, die mich mit Geduld ertragen hat, wenn ich aufgrund meiner Erinnerungen gehäuft von *früher* erzählt habe und ihre Meinung hören wollte.

Meiner Tochter gebührt besonderer Dank für die Gestaltung des Covers (auch schon für ´s erste Buch) und ihre hilfreiche Kritik.

Danke meinen Freundinnen, dass es sie noch immer gibt. Ohne sie gäbe es die Geschichte nicht.

Meine Nachbar-Freundinnen waren mir eine große Hilfe als Testleserinnen, Lektoren und Kritikerinnen. Dank Euch dafür.

Mein Freund Peter half mir bei vielen technischen Fragen der Typographie und Geheimnissen des Schreibens. Er hat mir einige Dinge beigebracht, die man bei der Gestaltung eines Buches wissen sollte.

Danke mein Mentor.

Besonderen Dank möchte ich Daniel Bieter vom *REDIROMA*-Verlag entgegenbringen. Seine freundliche, unkomplizierte Art der Kommunikation hat mir Selbstvertrauen gegeben. Die Zusammenarbeit – bereits beim ersten Buch – war äußerst angenehm.

Nicht zuletzt möchte ich mich bei meiner Katze „Tussi“ bedanken. Sie hat mit ihrem Kuschelbedürfnis oft für Zwangspausen beim Schreiben gesorgt, indem sie sich einfach über die Computer-Tastatur legte.

Ich würde mich sehr freuen, wenn Sie, meine lieben Leserinnen und Leser mit mir in Kontakt treten würden. Für jeden Hinweis, jede Anregung und jede Kritik habe ich ein offenes Ohr.

Sie erreichen mich über: www.dierotejette.de oder
mobilbuero@freenet.de

Das erste Buch von Barbara Schneyer:

Leben – unter anderem – ist Leben unter Anderen Oder: Die Schuhfetischistin

(ISBN 978-3-86870-868-4)

Annabell Ahrend ist eine schöne Frau. Sie weiß das auch. Allerdings hat sie einen Makel, aber den kennt nur sie und ihr Spiegel. Schuhe sind ihr Trost und ihre Leidenschaft.

Mit Männern hat sie kein Glück. Ihre erste ernstzunehmende Beziehung mit Dieter beendet sie.

Er ist maßlos eifersüchtig und kontrolliert jeden ihrer Schritte.

Die harmonische Ehe mit Rainer nimmt durch einen Autounfall ein jähes Ende. Sie verliert ihren Mann und wird auch selbst sehr schwer verletzt.

Zurück im Leben findet sie Befriedigung in Ihren Jobs. Bei beruflichen Terminen als Personalcoach und Buchautorin reist sie im ganzen Land umher.

Immer wieder trifft sie auf einen Stalker, der ihr Angst macht.

Ihre Freundin Corinna findet ihn dagegen charmant.

Als Cora aber eines Tages verschwindet, macht sie sich selbst auf die Suche. Sie riskiert dabei ihr eigenes Leben …